8° R 6987 2

Paris
1869

Kant, Immanuel

Critique de la raison pure

janvier

CRITIQUE

DE

LA RAISON PURE

TOME SECOND

OUVRAGES DU MÊME AUTEUR

Considérations *destinées à rectifier les jugements du public* sur la **Révolution française**, précédées de la Revendication de la liberté de penser auprès des princes de l'Europe qui l'ont opprimée jusqu'ici (1793), par Fichte, avec une introduction du traducteur. — 1 vol. in-8. 1859, Paris, Chamerot.

Les Martyrs de la libre pensée. — 1 vol. in-18, 1862, Genève, chez les principaux libraires.

Napoléon et son historien M. Thiers. — 1 vol. in-18, 1865. Genève, chez Georg et les principaux libraires. — Même ouvrage, 1 vol. in-18, 1869, Paris, Germer-Baillière.

Histoire des Idées morales et politiques en France au dix-huitième siècle. 2 vol. in-18, 1865-1867, Paris, Germer-Baillière.

    Tome Ier (Introduction. — L'abbé de Saint-Pierre. — Montesquieu. — Voltaire).
    Tome IIme (Jean-Jacques Rousseau. — Diderot. — D'Alembert).

La Morale dans la démocratie. 1 vol. in-8, 1868, Paris, Germer-Baillière.

Pour paraitre prochainement:

Histoire des idées morales et politiques en France au dix-huitième siècle. 3me et 4me volumes.

CRITIQUE
DE
LA RAISON PURE

PAR

Emmanuel KANT

TRADUIT DE L'ALLEMAND

PAR

Jules BARNI

AVEC UNE INTRODUCTION DU TRADUCTEUR
CONTENANT L'ANALYSE DE CET OUVRAGE

TOME SECOND

PARIS
GERMER-BAILLIÈRE, LIBRAIRE-ÉDITEUR
Rue de l'École-de-Médecine, 17
LONDRES   NEW-YORK
Hipp. BAILLIÈRE, 219, Regent-Street   BAILLIÈRE BROTHERS, 44, Broadway
MADRID
C. BAILLY-BAILLIÈRE, Plaza de Topete, 16

1869

GENÈVE. — IMPRIMERIE PFEFFER ET PURY

CRITIQUE DE LA RAISON PURE

DIALECTIQUE TRANSCENDENTALE

LIVRE DEUXIÈME

Des raisonnements dialectiques de la raison pure

On peut dire que l'objet d'une idée purement transcendentale est quelque chose dont on n'a nul concept, quoique la raison produise nécessairement cette idée suivant ses lois originaires. C'est qu'en effet d'un objet adéquat à la prétention de la raison, il n'y a point de concept intellectuel possible, c'est-à-dire de concept qui puisse être montré et rendu sensible dans une expérience possible. On s'exprimerait mieux cependant, et l'on serait moins exposé à être mal compris, en disant que nous ne saurions avoir aucune connaissance d'un objet correspondant à une idée, quoique nous en puissions avoir un concept problématique.

Or la réalité transcendentale (subjective) des concepts purs de la raison se fonde du moins sur ce que nous sommes conduits à ces idées par un raisonnement nécessaire. Il y a donc des raisonnements qui ne contiennent pas de prémisses empiriques et au moyen desquels nous concluons de quelque chose que nous connaissons à quelque autre chose dont nous n'avons encore aucun concept et à quoi nous attribuons pourtant de la réalité objective par l'effet d'une inévitable apparence. Ces sortes de conclusions, par leur résultat, méritent plutôt le nom de sophismes que celui de raisonnements [1]; toutefois, en vertu de leur origine, ils peuvent bien porter ce dernier nom, car ils ne sont pas factices ou accidentels, mais ils résultent de la nature de la raison. Ce sont des sophismes [2], non de l'homme, mais de la raison pure elle-même, et le plus sage de tous les hommes ne saurait s'en affranchir ; peut-être après bien des efforts parviendra-t-il à se préserver de l'erreur, mais il lui est impossible de dissiper l'apparence qui le poursuit et se joue de lui incessamment.

Il n'y a que trois espèces de raisonnements dialectiques, autant qu'il y a d'idées auxquelles aboutissent leurs conclusions. Dans les raisonnements de la *première* classe je conclus du concept transcendental du sujet, qui ne renferme point de diversité, à l'absolue unité de ce sujet lui-même, mais sans en avoir de cette manière aucune espèce de concept. Je donnerai à cette sorte de conclusion dialectique le nom de *paralogisme* transcendental. La *seconde* classe des conclusions sophistiques repose sur le concept transcendental de l'absolue totalité de la série des conditions d'un phénomène donné en général : de ce que, d'un côté, j'ai toujours un concept contradictoire de l'unité synthétique absolue de la série, je conclus, de

---

[1] *Sind eher vernünftelnde als Vernunftschlüsse zu nennen.* — [2] *Sophisticationen.*

l'autre, à la vérité de l'unité opposée, quoique je n'en aie pourtant non plus aucun concept. Je désignerai sous le nom d'*antinomie* de la raison pure l'état de la raison dans ces conclusions dialectiques. Enfin, dans la *troisième* espèce de raisonnements sophistiques, je conclus de la totalité des conditions qui me permettent de concevoir des objets, en tant qu'ils peuvent m'être donnés, à l'unité synthétique absolue de toutes les conditions de la possibilité des choses en général, c'est-à-dire de choses que je ne connais pas au moyen d'un concept transcendental, à un être de tous les êtres, dont je n'ai pas davantage de concept transcendental et de l'absolue nécessité duquel je ne puis me faire aucun concept. Je donnerai à ce raisonnement dialectique le nom d'*idéal* de la raison pure.

CHAPITRE PREMIER

Des paralogismes de la raison pure

Le paralogisme logique consiste dans un raisonnement faux quant à la forme, quel qu'en soit d'ailleurs le contenu; mais un paralogisme transcendental a un principe transcendental qui nous fait conclure faussement quant à la forme. Ainsi cette espèce de raisonnement a son fondement dans la nature de la raison humaine, et elle entraîne une illusion inévitable, mais dont il est possible de se rendre compte.

Nous arrivons maintenant à un concept qui n'a pas été compris plus haut dans la liste générale des concepts transcendantaux, mais qu'il faut y rattacher, sans qu'il soit nécessaire de modifier en rien cette liste et de la déclarer imparfaite. Je veux parler du concept, ou, si l'on aime mieux, du jugement : *je pense*. Il est aisé de voir qu'il est le véhicule de tous les concepts en général, et par conséquent aussi des concepts transcendantaux, qu'ainsi il y est toujours compris et est lui-même transcendantal, mais qu'il ne peut avoir de titre particulier, parce qu'il ne sert qu'à présenter toute pensée comme appartenant à la conscience. Cependant, si pur qu'il soit de tout élément empirique (de l'impression des sens), il sert à distinguer, d'après la nature de notre faculté représentative, deux espèces d'objets. *Moi*, comme pensant, je suis un objet du sens intérieur et m'appelle *âme*. Ce qui est un objet des sens extérieurs s'appelle *corps*. Le mot *moi*, en tant qu'il signifie un être pensant, indique donc déjà l'objet de la psychologie ; celle-ci peut être désignée sous le titre de science rationnelle de l'âme, lorsque je ne veux savoir de l'âme rien de plus que ce qui, indépendamment de toute expérience (laquelle me détermine plus particulièrement et *in concreto*) peut être conclu de ce concept *moi*, en tant qu'il s'offre dans toute pensée.

Or la psychologie *rationnelle* est bien réellement une entreprise de ce genre ; car, si le moindre élément empirique de ma pensée, si quelque perception particulière de mon état intérieur se mêlait aux connaissances fondamentales de cette science, elle ne serait plus une psychologie rationnelle, mais empirique. Nous avons donc déjà devant nous une prétendue science, qui doit être construite sur cette seule proposition : *je pense*, et dont nous pouvons parfaitement rechercher ici la solidité ou l'inanité, conformément à la nature d'une philosophie transcendentale. Il ne faut pas s'arrêter à ce que dans cette proposition, qui exprime la perception de soi-même, j'ai une expérience interne, et qu'ainsi la psychologie rationnelle, qui est construite sur ce fondement, n'est jamais pure, mais qu'elle est fondée en partie sur un principe empirique. Car cette perception interne n'est que la simple aperception : *je pense*, laquelle rend possibles tous les concepts transcendentaux mêmes, où l'on dit : je pense la substance, la cause, etc. En effet l'expérience intérieure en général et sa possibilité, ou la perception en général et son rapport à une autre perception, ne peuvent être regardés comme des connaissances empiriques, si quelque distinction particulière ou quelque détermination n'est pas donnée empiriquement ; il n'y a là qu'une connaissance de l'empirique en général, et cela rentre dans la recherche de la possibilité de toute expérience, recherche qui est assurément transcendentale. Mais le moindre objet de la perception (le plaisir ou la peine, par exemple), qui s'ajouterait à la représentation générale de la conscience de soi-même, changerait aussitôt la psychologie rationnelle en psychologie empirique.

Je pense, voilà donc l'unique texte de la psychologie rationnelle; c'est de là qu'elle doit tirer toute sa science. On voit aisément que, si cette pensée doit se rapporter à un objet (à moi-même), elle n'en peut contenir que des prédicats transcendentaux, puisque le moindre prédicat empirique altérerait la pureté rationnelle de la science et son indépendance par rapport à toute expérience.

Nous n'avons qu'à suivre ici le fil des catégories : seulement, comme dans ce cas une chose, le moi, en tant qu'être pensant, nous est d'abord donné, sans changer l'ordre des catégories entre elles, tel qu'il a été présenté plus haut, nous commencerons ici par la catégorie de la substance, qui représente une chose en elle-même, et nous suivrons à rebours la série des catégories. La topique de la psychologie rationnelle, d'où doit dériver tout ce qu'elle peut contenir, sera donc la suivante :

1
L'âme est
une substance.

2	3
Simple, quant à sa qualité.	Numériquement identique, c'est-à-dire **unité** (non pluralité), quant aux différents temps où elle existe.

4
En rapport
avec des objets <i>possibles</i> dans l'espace*.

C'est de ces éléments que résultent tous les concepts de la psychologie pure; il suffit de les réunir, sans avoir aucun autre principe à reconnaître. Cette substance, con-

---

* Le lecteur qui ne découvrirait pas aisément le sens psychologique de ces expressions dans leur abstraction transcendentale, et demanderait comment le dernier attribut de l'âme appartient à la catégorie de l'*existence*, les trouvera suffisamment expliquées et justifiées dans la suite. Au reste, si, dans cette section, comme dans tout le cours de cet ouvrage j'ai eu recours aux expressions latines de préférence aux expressions allemandes correspondantes, et si je me suis écarté ainsi des habitudes du bon style, c'est que j'aime mieux sacrifier quelque chose du côté de l'élégance du langage que d'embarrasser la marche de la science par la moindre obscurité.

sidérée uniquement comme objet du sens intérieur, donne le concept de l'*immatérialité;* comme substance simple, celui de l'*incorruptibilité;* son identité, comme substance intellectuelle, donne la *personnalité;* et les trois choses ensemble constituent la *spiritualité*. Son rapport aux objets placés dans l'espace donne le commerce avec les corps; elle représente donc la substance pensante comme le principe de la vie dans la matière, c'est-à-dire comme une âme (*anima*), et comme le principe de l'*animalité*. L'âme renfermée dans les limites de la spiritualité représente l'*immortalité*.

De là quatre paralogismes d'une psychologie transcendentale, que l'on prend faussement pour une science de la raison pure touchant la nature de notre être pensant. Nous ne pouvons lui donner d'autre fondement que cette simple représentation, qui par elle-même est vide de tout contenu, *moi*, et que l'on ne saurait même appeler un concept, mais qui n'est qu'une pure conscience, accompagnant tous les concepts. Par ce moi, ou cette chose qui pense, on ne se représente rien de plus qu'un sujet transcendental des pensées $= x$; ce sujet ne peut être connu que par les pensées, qui sont ses prédicats, et en dehors d'elles nous n'en avons pas le moindre concept. Nous ne faisons donc ici que tourner dans un cercle, en nous servant d'abord de cette représentation du moi pour porter certains jugements touchant le moi, et c'est là un inconvénient qui en est inséparable, puisque la conscience n'est pas en soi une représentation qui distingue un objet particulier, mais une forme de la représentation en général, en tant que celle-ci mérite le nom de connaissance. En effet tout ce que j'en puis dire, c'est que je conçois quelque chose par ce moyen.

Mais il doit d'abord sembler étrange que la condition qui me permet de penser en général, et qui par conséquent n'est qu'une qualité de mon sujet, s'applique en même temps à tout ce qui pense, et que nous prétendions fonder sur une proposition qui paraît empirique un jugement apodictique et universel, tel que celui-ci : tout ce qui pense est constitué comme la conscience déclare que je le suis moi-même. La raison en est que nous attribuons nécessairement *à priori* aux choses toutes les propriétés constituant les conditions qui seules nous permettent de les concevoir. Or je ne puis avoir la moindre représentation d'un sujet pensant par aucune expérience extérieure, mais seulement par la conscience de moi-même. Je ne fais donc rien autre chose que de transporter ma propre conscience à d'autres objets, qui ne peuvent être représentés comme des êtres pensants qu'à cette condition. Mais cette proposition : je pense, n'est prise ici que dans un sens problématique : on ne l'envisage pas en tant qu'elle peut contenir la perception d'une existence (comme le *cogito, ergo sum* de Descartes), mais au point de vue de sa seule possibilité, afin de voir quelles propriétés peuvent découler d'une si simple proposition relativement à son sujet (que celui-ci existe ou non.)

Si nous donnions pour fondement à notre connaissance purement rationnelle de l'être pensant en général quelque chose de plus que le *cogito*, si nous invoquions en outre les observations que nous pouvons faire sur le jeu de nos pensées et les lois naturelles du moi pensant que nous en pouvons tirer, il en résulterait une psychologie empirique, qui serait une espèce de *physiologie* du sens intime, et qui servirait peut-être à en expliquer les phénomènes, mais ne saurait jamais découvrir des qualités indépendantes de toute expérience possible (comme celle de la simplicité), et nous donner de la nature de l'être pensant en général quelque connaissance *apodictique*. Ce ne serait plus une psychologie rationnelle.

Or, comme la proposition *je pense* (prise problématiquement) contient la forme de tout jugement de l'entendement et qu'elle accompagne toutes les catégories comme leur véhicule, il est clair que les conclusions qu'on en tire peuvent renfermer un usage purement *transcendental* de l'entendement, qui exclut tout mélange empirique, et du succès duquel, d'après ce que nous avons montré plus haut, nous ne saurions nous faire une idée avantageuse. Nous le suivrons donc d'un œil critique à travers tous les prédicaments de la psychologie pure (*a*), mais en évitant, pour plus de brièveté, d'interrompre l'enchaînement de cet examen.

Voici d'abord une remarque générale qui peut servir à appeler plus particulièrement l'attention sur l'espèce de raisonnement dont il s'agit ici. Je ne connais pas un objet par cela seul que je pense; mais c'est seulement en déterminant une intuition donnée relativement à l'unité de la conscience, où réside toute pensée, que je puis connaître un objet. Je ne me connais donc pas moi-même par cela seul que j'ai conscience de moi comme être pensant, mais si j'ai conscience de l'intuition de moi-même, comme d'un acte déterminé relativement à la fonction de la pensée. Tous les *modes* de la conscience

---

(*a*) A partir d'ici jusqu'à la fin du chapitre, la première édition présentait un examen des paralogismes de la psychologie rationnelle, que Kant a entièrement modifié dans la seconde, et que j'ai dû rejeter à la fin de ce volume, à cause de son étendue.   J. B.

de soi dans la pensée ne sont donc pas encore par eux-mêmes des concepts intellectuels d'objets (des catégories), mais de simples fonctions logiques, qui ne font connaître à la pensée aucun objet, et par conséquent ne me font pas non plus connaître moi-même comme objet. Ce qui constitue l'objet, ce n'est pas la conscience du *moi déterminant*, mais celle seulement du *moi déterminable*, c'est-à-dire de mon intuition intérieure (en tant que les éléments divers en peuvent être liés conformément à la condition générale de l'unité de l'aperception dans la pensée).

1° Or, dans tous les jugements, je ne suis jamais que le *sujet déterminant* du rapport qui constitue le jugement. Que le moi qui pense ait toujours dans la pensée la valeur d'un *sujet*, et qu'il puisse être regardé comme quelque chose qui n'appartient pas seulement à la pensée à titre de prédicat, c'est là une proposition apodictique et même *identique :* mais elle ne signifie pas que je sois, comme objet, un *être* existant par moi-même ou une *substance*. Cette dernière proposition a une bien autre portée, et c'est pourquoi elle exige des données qu'il ne faut pas chercher dans la pensée, et que peut-être (en tant que j'envisage simplement l'être pensant comme tel) je ne trouverai pas davantage partout ailleurs (en lui).

2° Que le moi de l'aperception, et par conséquent le moi dans toute pensée, soit quelque chose de *singulier*, qui ne puisse se résoudre en une pluralité de sujets, et que par conséquent il désigne un sujet logiquement simple, c'est ce qui est déjà renfermé dans le concept de la pensée, et ce qui est par conséquent une proposition analytique ; mais cela ne signifie pas que le moi pensant soit une *substance simple*, ce qui serait une proposition synthétique. Le concept de la substance se rapporte toujours à des intuitions; or en moi les intuitions ne peuvent être que sensibles, et par conséquent elles sont tout à fait hors du champ de l'entendement et de la pensée, dont pourtant il s'agit exclusivement, quand on dit que le moi est simple dans la pensée. Aussi bien serait-il étrange que ce qui exige ailleurs tant de précautions, pour discerner ce qui est proprement substance dans ce que présente l'intuition, et à plus forte raison pour reconnaître si cette substance peut être simple (comme quand il s'agit des parties de la matière), me fût donné ici par une sorte de révélation, et cela justement dans la plus pauvre de toutes les représentations.

3° La proposition qui exprime ma propre *identité* dans toute diversité dont j'ai conscience est également contenue dans les concepts mêmes et par conséquent analytique; mais cette identité du sujet dont je puis avoir conscience dans toutes ses représentations n'est pas l'objet d'une intuition où le sujet serait donné comme objet, et c'est pourquoi elle ne saurait signifier l'identité de la personne, c'est-à-dire la conscience de l'identité de notre propre substance, comme être pensant, dans tout changement d'état. Pour prouver celle-ci, il ne suffit plus d'analyser la proposition : je pense; mais il faudrait divers jugements synthétiques fondés sur l'intuition donnée.

4° Dire que je distingue ma propre existence, comme être pensant, des autres choses qui sont hors de moi (et dont mon corps aussi fait partie), c'est encore là une proposition analytique; car les autres choses sont celles que je conçois comme *distinctes* de moi. Mais cette conscience de moi-même est-elle possible sans les choses hors de moi par lesquelles les représentations me sont données, et par conséquent puis-je exister simplement comme être pensant (sans être homme)? c'est ce que je ne sais point du tout par là.

L'analyse de la conscience de moi-même dans la pensée en général ne me fait donc pas faire le moindre pas dans la connaissance de moi-même comme objet. C'est à tort que l'on prend un développement logique de la pensée en général pour une détermination métaphysique de l'objet.

Ce serait une grande pierre d'achoppement contre toute notre critique, et même la seule qu'elle eût à redouter, si l'on pouvait prouver *à priori* que tous les êtres pensants sont en soi des substances simples, qu'à ce titre par conséquent (ce qui est une suite du même argument) ils emportent inséparablement la personnalité et qu'ils ont conscience de leur existence séparée de toute matière. Car alors nous aurions fait un pas en dehors du monde sensible, nous serions entrés dans le champ des *noumènes*, et personne ne nous contesterait plus le droit de nous y étendre de plus en plus, d'y bâtir et d'en prendre possession, suivant notre bonne fortune à chacun. En effet, dire que tout être pensant est comme tel une substance simple, c'est là une proposition synthétique *à priori;* puisque, d'une part, elle sort du concept qui lui sert de principe et ajoute à la pensée en général le *mode d'existence*, et que, d'autre part, elle joint à ce concept un prédicat (celui de la simplicité), qui ne peut être donné dans aucune expérience. Les propositions synthétiques *a priori* ne seraient donc pas seulement praticables et admissibles par rapport à des objets d'expérience possible et comme principes de la possibilité de cette expérience, mais elles pourraient aussi s'appliquer aux choses envisagées en général et en elles-mêmes. Cette conséquence porterait un coup mortel à toute notre critique et nous forcerait à revenir à l'ancienne méthode. Mais en regardant la chose de plus près, on voit que le danger n'est pas si grand.

Il y a un paralogisme qui domine les procédés de la psychologie rationnelle; il est représenté par le syllogisme suivant :

Ce qui ne peut être conçu autrement que comme sujet n'existe aussi que comme sujet et par conséquent est une substance;

Or un être pensant, considéré simplement comme tel, ne peut être conçu que comme sujet;

Donc il n'existe aussi que comme sujet, c'est-à-dire comme substance.

Dans la majeure il est question d'un être qui peut être conçu sous tous les rapports en général et aussi par conséquent comme il peut être donné dans l'intuition. Mais dans la mineure il n'est plus question du même être qu'autant qu'il se considère lui-même comme sujet uniquement par rapport à la pensée et à l'unité de la conscience, mais non pas en même temps par rapport à l'intuition, qui donnerait cette unité comme objet à la pensée. La conclusion est donc tirée *per sophisma figuræ dictionis*, c'est-à-dire par un raisonnement captieux*.

* La *pensée* est prise dans les deux prémisses en des sens entièrement différents : dans la majeure, elle s'applique à un objet en général (tel, par conséquent, qu'il peut être donné dans l'intuition); dans la mineure au contraire, on ne l'envisage que dans son rapport à la cons-

Ainsi ce fameux argument se résout en un paralogisme. C'est ce que l'on comprendra clairement, si l'on veut bien se reporter à la remarque générale sur la représentation systématique des principes et à la section des noumènes, où il a été prouvé que le concept d'une chose, qui peut exister en soi comme sujet et non pas seulement comme prédicat, n'emporte avec lui aucune réalité objective; c'est-à-dire qu'il est impossible de savoir si quelque objet y correspond, puisqu'on n'aperçoit pas la possibilité d'un tel mode d'existence, et que par conséquent nous n'en avons absolument aucune connaissance. Pour que ce concept désigne, sous le nom de substance, un objet qui puisse être donné, pour qu'il devienne une connaissance, il faut donc qu'il ait pour fondement une intuition constante, ce qui est la condition indispensable de la réalité objective de tout concept et ce par quoi seulement un objet est donné. Or dans l'intuition intérieure nous n'avons rien de fixe, puisque le *je* n'est que la conscience de ma pensée. Si donc nous nous en tenons à la pensée, nous sommes privés de la condition nécessaire pour appliquer au moi comme être pensant le concept de la substance, c'est-à-dire d'un être existant en soi, et la simplicité inhérente à la substance

-cience de soi, et par conséquent il n'y a plus ici d'objet conçu, mais on se représente seulement le rapport à *soi* comme à un sujet (en tant que ce rapport est la forme de la pensée). Dans la première, il s'agit des *choses* qui ne peuvent être conçues autrement que comme *sujets* ; dans la seconde au contraire, il ne s'agit plus des *choses*, mais (puisque l'on fait abstraction de tout objet) de la *pensée,* dans laquelle le *je* sert toujours de sujet de conscience. On ne saurait donc en déduire cette conclusion : je ne puis exister autrement que comme sujet, mais celle-ci seulement : je ne puis dans la pensée de mon existence me servir de moi que comme d'un sujet du jugement, ce qui est une proposition identique, qui ne révèle absolument rien sur le mode de mon existence.

s'évanouit avec la réalité objective du concept, pour se transformer en une unité purement logique qui sert à qualifier la conscience de soi dans la pensée en général, que le sujet soit ou non composé.

Réfutation de l'argument de Mendelssohn en faveur de la permanence de l'âme

Ce philosophe pénétrant découvrit aisément l'insuffisance de l'argument par lequel on prétend ordinairement prouver que l'âme (une fois que l'on admet qu'elle est un être simple) ne peut pas cesser d'être par *décomposition*[1]; il vit bien que cet argument ne démontre pas nécessairement la permanence de l'âme, puisque l'on pourrait admettre qu'elle cessât d'exister *par extinction*[2]. Il chercha donc, dans son *Phédon*, à défendre l'âme contre cette manière de finir, qui serait un véritable anéantissement, et voici comment il se flatta de prouver qu'un être simple ne peut pas cesser d'être: comme un tel être ne peut pas être diminué et par conséquent perdre peu à peu quelque chose de son existence de manière à se trouver ainsi insensiblement réduit à rien (car il n'a pas de parties et par conséquent de pluralité), il n'y aurait aucun temps entre le moment où il est et celui où il ne serait plus, ce qui est impossible. — Mais il ne songea point que, même en accordant à l'âme cette simplicité de nature qui fait qu'elle n'est pas composée de parties placées les

---

[1] *Durch Zertheilung.* — [2] *Durch Verschwinden.*

unes en dehors des autres et qu'elle n'est pas par conséquent une quantité extensive, on ne saurait cependant lui refuser, pas plus qu'à n'importe quel être, une quantité intensive, c'est-à-dire un degré de réalité relativement à toutes ses facultés et même en général à tout ce qui constitue l'existence, que ce degré peut décroître de plus en plus indéfiniment, et qu'ainsi la prétendue substance (la chose dont la permanence n'est pas d'ailleurs assurée) peut se réduire en rien, sinon par décomposition, du moins par une diminution (*remissio*) de ses forces (ou par une sorte d'alanguissement[1], s'il m'est permis de me servir de cette expression). En effet, la conscience même a toujours un degré, qui peut toujours diminuer*, et il en est de même par conséquent de la faculté d'avoir conscience de soi, comme en général de toutes les autres facultés. — La permanence de l'âme, considérée simplement comme objet du sens intérieur, n'est donc nullement démontrée et même elle est indémontrable, bien qu'elle soit claire d'elle-même dans la vie où l'être pensant (comme homme) est en même temps pour soi

---

[1] *Elanguescenz*.

* La clarté n'est pas, comme disent les logiciens, la conscience d'une représentation; car un certain degré de conscience, mais trop faible pour donner lieu au souvenir, doit se rencontrer même dans beaucoup de représentations obscures, puisque, s'il n'y avait point du tout de conscience, nous ne ferions aucune différence dans la liaison des représentations obscures, ce que pourtant nous pouvons faire pour le caractère de certaines idées (comme celles de droit et d'équité, ou celles que le musicien associe, lorsqu'il groupe ensemble plusieurs notes dans une fantaisie). Mais une représentation est claire, lorsque la conscience que nous en avons est telle que nous ayons aussi la *conscience de la différence* qui la distingue des autres. Que si elle suffit à nous les faire distinguer, sans nous donner la conscience de cette distinction, la représentation doit encore être appelée obscure. Il y a donc un nombre infini de degrés de conscience jusqu'à son extinction.

un objet de sens extérieurs. Mais cela ne suffit pas à la psychologie rationnelle, qui entreprend de prouver par de simples concepts l'absolue permanence de l'âme au delà de cette vie*.

* Ceux qui, pour mettre en avant une nouvelle possibilité, s'imaginent avoir assez fait en nous défiant de trouver une contradiction dans leurs hypothèses (comme font tous ceux qui croient apercevoir la possibilité de la pensée même après cette vie, bien qu'ils n'en trouvent d'exemples que dans les intuitions empiriques de la vie actuelle), ceux-là peuvent être mis dans un grand embarras par d'autres possibilités qui ne sont pas plus hardies. Telle est celle de la division d'une *substance simple* en plusieurs substances, et réciproquement de la réunion (coalition) de plusieurs en une simple. En effet, si la divisibilité suppose un composé, elle ne suppose pourtant pas nécessairement un composé de substances, mais seulement un composé de degrés (de diverses puissances) d'une seule et même substance. Or, de même que l'on peut concevoir toutes les forces et toutes les facultés de l'âme, même celle de la conscience, diminuées de moitié, mais de telle sorte qu'il reste toujours quelque substance, on peut aussi se représenter sans contradiction cette moitié éteinte comme conservée, non pas dans l'âme, mais hors d'elle. Seulement, comme ici tout ce qui est réel en elle, et par conséquent a un degré, en un mot, comme toute son existence a été diminuée de moitié, sans que rien ne manque, il en résulterait alors une substance particulière hors d'elle. En effet, la pluralité qui a été divisée existait déjà auparavant, non pas comme pluralité de substances, mais de réalités formant le quantum de son existence, et l'unité de la substance n'était qu'une manière d'exister, qui n'a été changée en une pluralité de subsistance que par cette division. De même plusieurs substances simples pourraient à leur tour se réunir en une seule, où rien ne périrait, si ce n'est la pluralité de subsistance, puisque cette unique substance renfermerait le degré de réalité de toutes les précédentes ensemble. Peut-être les substances simples, qui nous donnent le phénomène d'une matière (par l'effet d'une influence réciproque, non pas sans doute mécanique ou chimique, mais inconnue et dont le degré seul constituerait le phénomène), produisent-elles les âmes des enfants au moyen d'une semblable division dynamique des âmes des parents, considérées comme quantités intensives, lesquelles répareraient leurs pertes en s'unissant à une nouvelle matière de la même espèce. Je suis d'ailleurs bien éloigné d'accorder la moindre valeur à ces rêveries ; aussi bien les principes établis plus haut par l'analytique nous ont-ils suffisamment enjoint de ne faire des catégories (par exemple de celle de la substance) qu'un usage empirique. Mais si, sans aucune intuition par laquelle un objet

Si donc nous prenons nos précédentes propositions comme formant un enchaînement *synthétique*, ainsi qu'il convient de les prendre en tant qu'elles s'appliquent à tous les êtres pensants, dans le système de la psychologie rationnelle, et si, partant de la catégorie de la relation avec cette proposition : tous les êtres pensants sont comme tels des substances, nous parcourons à rebours la série des catégories, jusqu'à ce que le cercle en soit fermé, nous arrivons enfin à l'existence de ces êtres. Dans ce système, non-seulement ils ont conscience de cette existence indépendamment des choses extérieures, mais ils peuvent encore la déterminer par eux-mêmes (relativement à la permanence, qui fait nécessairement partie du caractère de la substance). Mais la conséquence de ce système rationaliste, c'est inévitablement l'*idéalisme*, du moins un idéalisme problématique : si l'existence des choses extérieures n'est nullement nécessaire à la détermination de notre propre existence dans le temps, c'est bien gratuitement que l'on continuera de l'admettre, et l'on n'en pourra jamais donner une preuve.

Si au contraire nous suivons la méthode *analytique*, en prenant pour fondement le *je pense* comme une proposition donnée qui renferme déjà en elle une existence, c'est-à-dire en partant de la modalité, et si nous décom-

---

soit donné, et uniquement parce que l'unité de l'aperception dans la pensée ne lui permet aucune explication par le composé, le rationaliste est assez hardi pour faire de la simple faculté de penser un être subsistant par lui-même, au lieu d'avouer, ce qui vaudrait beaucoup mieux, qu'il ne saurait expliquer la possibilité d'une nature pensante, pourquoi le *matérialiste*, quoiqu'il ne puisse pas davantage invoquer l'expérience en faveur de ses hypothèses, ne ferait-il pas avec la même hardiesse de son principe un usage contraire, tout en conservant l'unité formelle du premier ?

posons cette proposition pour en connaître le contenu
et savoir si et comment ce moi détermine par là son
existence dans l'espace ou dans le temps, alors les propositions de la psychologie rationnelle ne partiront pas
du concept d'un être pensant en général, mais d'une réalité, et c'est de la manière dont on la conçoit, après en
avoir abstrait tout ce qui est empirique, que l'on dé-
duira ce qui convient à un être pensant en général. C'est
ce que montre la table suivante :

1

Je pense,

2   3

comme sujet.   *comme sujet simple,*

4

comme sujet identique
dans chaque état de ma pensée.

Or, comme la seconde proposition ne détermine pas
si je ne puis exister et être conçu que comme sujet et
non comme prédicat d'un autre sujet, le concept d'un
sujet est pris ici dans un sens purement logique, et il
reste à savoir s'il faut ou non entendre par là une substance. Mais dans la troisième proposition l'unité absolue
de l'aperception, le moi simple est déjà, pour la représentation à laquelle se rapporte toute liaison ou toute
séparation qui constitue la pensée, quelque chose d'important de soi, quoique je n'aie encore rien décidé sur
la nature ou la subsistance du sujet. L'aperception est
quelque chose de réel, et sa simplicité est déjà impliquée
dans sa possibilité. Or il n'y a dans l'espace rien de réel
qui soit simple ; car les points (qui sont la seule chose
simple qu'il y ait dans l'espace) ne sont que des limites,

et non quelque chose qui serve, comme partie, à constituer l'espace. Il suit donc de là qu'il est impossible d'expliquer la nature du moi (comme sujet simplement pensant) par les principes du *matérialisme*. Mais, comme dans la première proposition mon existence est considérée comme donnée, puisqu'elle ne signifie pas : tout être pensant existe (ce qui exprimerait une nécessité absolue, et par conséquent dirait beaucoup trop), mais seulement : *j'existe* pensant, cette proposition est empirique et ne peut déterminer mon existence qu'au point de vue de mes représentations dans le temps. D'un autre côté, comme j'ai besoin ici de quelque chose de permanent, et que rien de semblable ne m'est donné dans l'intuition interne, il est impossible de déterminer par cette simple conscience que j'ai de moi-même la manière dont j'existe, si c'est à titre de substance ou d'accident. Si donc le *matérialisme* est insuffisant à expliquer mon existence, le *spiritualisme* ne l'est pas moins : et la conséquence qui sort de là, c'est que nous ne pouvons connaître, de quelque manière que ce soit, la nature de notre âme, en ce qui concerne la possibilité de son existence séparée en général.

Et comment d'ailleurs serait-il possible de sortir de l'expérience (de notre existence actuelle) à l'aide de l'unité de la conscience, que nous ne connaissons que parce qu'elle est pour nous la condition indispensable de la possibilité de l'expérience, et d'étendre ainsi notre connaissance de la nature de tous les êtres pensants en général au moyen de cette proposition empirique, mais indéterminée par rapport à toute espèce d'intuition : je pense ?

La psychologie rationnelle n'existe donc pas comme

doctrine ajoutant quelque chose à la connaissance de nous-mêmes. Mais, comme *discipline*, elle fixe dans ce champ des bornes infranchissables à la raison spéculative : elle l'empêche, d'une part, de se jeter dans l'abîme d'un matérialisme sans âme, et, d'autre part, de se perdre dans les rêves d'un spiritualisme sans fondement pour nous dans la vie. Dans ce refus de toute réponse opposé par la raison aux questions ambitieuses dont l'objet sort des limites de cette vie, elle nous montre un signe qui nous avertit de détourner notre étude de nous-mêmes de la spéculation transcendentale, qui est oiseuse, pour l'appliquer à l'usage pratique, qui seul est fécond. Tout en s'appliquant uniquement à des objets d'expérience, cette dernière méthode n'en puise pas moins ses principes à une source plus élevée, et elle détermine la conduite comme si notre destination s'étendait infiniment au delà de l'expérience et par conséquent de cette vie.

On voit par tout cela que la psychologie rationnelle tire son origine d'une pure confusion. L'unité de la conscience, qui sert de fondement aux catégories, est prise ici pour une intuition du sujet en tant qu'objet, et la catégorie de la substance y est appliquée. Mais cette unité n'est autre que celle de la *pensée*, qui à elle seule ne donne point d'objet, et à laquelle par conséquent ne s'applique pas la catégorie de la substance, qui suppose toujours une *intuition* donnée, de telle sorte qu'ici le sujet ne peut être connu. Le sujet des catégories ne saurait donc recevoir, par cela seul qu'il les conçoit, un concept de lui-même comme objet de ces catégories ; car, pour les concevoir, il lui faut supposer en principe la pure conscience de soi, qui a dû cependant être expliquée.

De même le sujet dans lequel la représentation du temps a originairement son fondement ne peut déterminer par là sa propre existence dans le temps; et, si cette dernière chose est impossible, la première, c'est-à-dire la détermination de soi-même (comme être pensant en général) ne saurait non plus avoir lieu au moyen des catégories*.

<hr>

* Le *je pense* est, comme on l'a déjà dit, une proposition empirique, et renferme la proposition : *j'existe*. Mais je ne puis dire : tout ce qui pense existe ; car alors la propriété de la pensée ferait de tous les êtres qui la possèdent autant d'êtres nécessaires. Mon existence ne peut donc pas non plus être regardée, ainsi que Descartes l'a cru, comme déduite de la proposition : je pense (puisqu'autrement il faudrait supposer cette majeure : tout ce qui pense existe) mais elle lui est identique. Cette proposition exprime une intuition empirique, c'est-à-dire une perception indéterminée (ce qui prouve par conséquent que déjà la sensation, qui appartient à la sensibilité, sert de fondement à cette proposition concernant l'existence); mais elle précède l'expérience, qui doit, au moyen des catégories, déterminer l'objet de la perception relativement au temps. L'existence n'est donc pas ici une catégorie, en tant qu'elle se rapporte, non à un objet donné d'une manière indéterminée, mais à un objet dont on a un concept et dont on veut savoir s'il existe ou non en dehors de ce concept. Une perception indéterminée ne signifie ici que quelque chose de réel qui est donné, mais seulement pour la pensée en général, et non par conséquent comme phénomène ou comme chose en soi (comme noumène) quelque chose en un mot qui existe en fait et qui est désigné comme tel dans la proposition : je pense. Car il est à remarquer que, si j'ai appelé la proposition : *je pense*, une proposition empirique, je n'ai point voulu dire par là que le *je* soit dans cette proposition une représentation empirique ; c'est bien plutôt une représentation intellectuelle, puisqu'elle appartient à la pensée en général. Sans doute, sans une représentation empirique qui fournit à la pensée sa matière, l'acte : je pense, n'aurait pas lieu ; mais l'élément empirique n'est que la condition de l'application ou de l'usage de la faculté intellectuelle pure.

Ainsi se résout en une attente illusoire une connaissance que l'on cherche en dehors des limites de l'expérience possible, en la demandant à la philosophie spéculative, et qui pourtant intéresse au plus haut degré l'humanité. Mais qu'on ne se récrie point contre cette sévérité de la critique : en même temps qu'elle démontre l'impossibilité de décider dogmatiquement quelque chose, en dehors des limites de l'expérience, touchant un objet de l'expérience, elle rend à la raison un service qui n'est pas sans importance pour l'intérêt qui la préoccupe, en la rassurant contre toutes les assertions possibles du contraire. De deux choses l'une en effet : ou bien on démontre apodictiquement sa proposition ; ou bien, si cela ne réussit pas, on cherche les causes de cette impuissance. Or, si ces causes résident dans les bornes nécessaires de notre raison, il faut que tout adversaire se soumette également à la loi qui lui ordonne de renoncer à toute affirmation dogmatique.

Le droit et même la nécessité d'admettre une vie future, suivant les principes de l'usage pratique de la raison, uni à son usage spéculatif, ne se trouvent d'ailleurs nullement compromis par là ; car la preuve purement spéculative n'a jamais pu avoir la moindre influence sur la raison commune de l'humanité. Cette preuve ne repose que sur une pointe de cheveu, si bien que l'école elle-même n'a pu la maintenir qu'en la faisant tourner sans fin sur elle-même comme une toupie, et qu'elle ne saurait y voir une base solide sur laquelle on puisse élever quelque chose. Les preuves qui sont à l'usage du monde conservent au contraire toute leur valeur, et elles ne font que gagner en clarté et produire une conviction naturelle, en repoussant toute prétention dogmatique et en plaçant la raison dans son véritable domaine, dans l'ordre des fins, qui est en même temps celui de la nature. Alors la raison, comme faculté pratique par elle-même, sans être bornée aux conditions de ce second ordre, se trouve fondée à étendre le premier et avec lui notre propre existence au delà des limites de l'expérience et de la vie. Suivant l'*analogie avec la nature* des êtres vivant dans ce monde, pour lesquels la raison doit nécessairement admettre en principe qu'il n'y a pas un organe, pas une faculté, pas un penchant, rien enfin qui soit inutile ou en désaccord avec son usage et par conséquent sans but[1], mais que tout, au contraire, est exactement approprié à sa destination dans la vie; suivant cette analogie, l'homme, qui pourtant seul peut contenir en lui le dernier but final de toutes ces choses, devrait être la seule créature qui fît exception au principe. En effet, les dispositions de sa nature, je ne parle pas seulement des talents et des penchants qu'il a reçus pour en faire usage, mais surtout de la loi morale, ces dispositions sont tellement au-dessus de l'utilité et des avantages qu'il en pourrait tirer dans cette vie, qu'il apprend de la loi morale même à estimer par-dessus tout la simple conscience de l'honnêteté des sentiments, au préjudice de tous les biens et même de cette ombre qu'on appelle la gloire, et qu'il se sent intérieurement appelé à se rendre digne, par sa conduite dans cette vie et en foulant aux pieds tous les autres avantages, de devenir le citoyen d'un monde meilleur dont il a l'idée. Cette preuve puissante, à jamais irréfutable, à laquelle se joignent la connaissance toujours croissante de la finalité qui se manifeste

---

[1] *Unzweckmässiges*.

dans tout ce que nous avons devant les yeux, et l'idée de l'immensité de la création, par conséquent aussi la conscience de la possibilité d'une certaine extension illimitée dans nos connaissances, ainsi que le penchant qui y correspond, cette preuve subsiste toujours, quand même nous devrions désespérer d'apercevoir, par une connaissance purement théorétique de nous-mêmes, la durée nécessaire de notre existence.

Conclusion de la solution du paralogisme psychologique.

L'apparence dialectique dans la psychologie rationnelle vient de ce que l'on confond une idée de la raison (l'idée d'une pure intelligence) avec le concept indéterminé à tous égards d'un être pensant en général. Je me conçois moi-même en vue d'une expérience possible; et, faisant abstraction de toute expérience réelle, j'en conclus que je puis avoir conscience de mon existence même en dehors de l'expérience et des conditions empiriques de cette existence. Je confonds donc l'*abstraction* possible de mon existence empiriquement déterminée avec la prétendue conscience d'une existence du moi pensant possible *séparément;* et je m'imagine connaître ce qu'il y a en moi de substantiel comme un sujet transcendental, tandis que je n'ai dans la pensée que l'unité de la conscience qui sert de fondement à tout acte de détermination considéré comme simple forme de la connaissance.

Le problème qui a pour but l'explication du commerce de l'âme avec le corps n'appartient pas proprement à cette psychologie dont il est ici question, puisque celle-ci se propose de démontrer la personnalité de l'âme même en dehors de ce commerce (après la mort), et qu'ainsi elle est *transcendante* dans le sens propre du mot, bien qu'elle s'occupe d'un objet de l'expérience, mais en tant seulement qu'il cesse d'être un objet de l'expérience. Cependant cette question même peut recevoir dans notre doctrine une réponse satisfaisante. La difficulté qu'elle soulève consiste, comme on sait, dans la prétendue hétérogénéité de l'objet du sens intime (de l'âme) et de ceux des sens extérieurs, attendu que l'intuition du premier ne suppose d'autre condition formelle que le temps, tandis que celle des seconds suppose en outre l'espace. Mais, si l'on songe qu'il n'y a pas entre ces deux espèces d'objets de différence intrinsèque, que seulement l'une se manifeste[1] à l'autre extérieurement, et que par conséquent ce qui sert de fondement, comme chose en soi, à la manifestation de la matière[2], pourrait bien n'être pas d'une nature si hétérogène, alors la difficulté s'évanouit, et il n'en reste plus d'autre que celle de savoir comment est possible en général un commerce de substances. Or la solution de cette dernière difficulté est tout à fait en dehors du champ de la psychologie ; et même, comme le lecteur le jugera aisément d'après ce qui a été dit dans l'analytique des forces constitutives et des facultés, elle est sans aucun doute hors du champ de toute connaissance humaine.

[1] *Erscheint.* — [2] *Der Erscheinung der Materie.*

Remarque générale concernant le passage de la psychologie rationnelle à la cosmologie

La proposition : je pense, ou : j'existe pensant, est une proposition empirique. Mais cette proposition a pour fondement une intuition empirique, et par conséquent aussi l'objet pensé comme phénomène. Il semble donc que, d'après notre théorie, l'âme, même dans la pensée, se transforme en phénomène, et qu'ainsi notre conscience même, n'étant plus qu'une pure apparence, ne soit plus rien de réel.

La pensée, prise en elle-même, n'est que la fonction logique et par conséquent la simple spontanéité de l'esprit dans la liaison des éléments divers d'une intuition purement possible, et elle ne présente nullement le sujet de la conscience comme un phénomène, par la raison bien simple qu'elle n'a point égard à la nature de l'intuition, ou à la question de savoir si elle est sensible ou intellectuelle. Je ne me représente ainsi à moi-même, ni comme je suis, ni comme je m'apparais ; mais je ne me conçois que comme je conçois en général tout objet où je fais abstraction de la nature de l'intuition. Quand je me représente ici comme *sujet* des pensées ou même comme *principe* de la pensée, ces modes de représentation ne désignent pas les catégories de la substance ou de la cause ; car celles-ci sont des fonctions de la pensée (du jugement) qui sont déjà appliquées à notre intuition sensible, et dont je ne saurais sans doute me passer pour me connaître. Or je ne veux avoir conscience de moi que comme pensant ; je laisse de côté la question de savoir comment mon propre moi est donné dans l'intuition.

car alors il pourrait bien n'être qu'un simple phénomène pour moi qui pense, mais non pas en tant que je pense. Dans la conscience que j'ai de moi-même avec la pure pensée, je suis l'*être même;* il est vrai que par là rien de cet être ne m'est encore donné à penser.

Mais, si la proposition : je pense, signifie : j'*existe* pensant, elle n'est plus une fonction purement logique; elle détermine le sujet (lequel est en même temps objet) par rapport à l'existence, et elle ne saurait avoir lieu sans le sens intérieur, dont l'intuition ne donne jamais l'objet comme chose en soi, mais simplement comme phénomène. Dans cette proposition, il n'y a donc plus seulement spontanéité de pensée, il y a en outre réceptivité d'intuition, c'est-à-dire que la pensée de moi-même est appliquée à l'intuition empirique du même sujet. Or c'est dans cette dernière que le moi pensant devrait chercher les conditions de l'application de ses fonctions logiques aux catégories de la substance, de la cause, etc., pour pouvoir, non-seulement se qualifier soi-même par *le moi* comme un objet en soi, mais encore déterminer le mode de son existence, c'est-à-dire se connaître comme noumène. Mais cela est impossible, puisque l'intuition empirique intérieure est sensible et ne fournit autre chose que les données du phénomène, lesquelles n'apportent à l'objet de la *conscience* pure rien qui fasse connaître son existence séparée; elle ne peut servir qu'à l'expérience.

Supposez que nous trouvions plus tard, non pas dans l'expérience, mais dans certaines lois de l'usage de la raison pure, établies *à priori*, et concernant notre existence (je ne parle pas, par conséquent, de règles purement logiques), une occasion de nous supposer tout à fait *à priori* dictant des lois à notre propre *existence* et même déterminant cette existence, nous découvririons ainsi une spontanéité qui nous servirait à déterminer notre réalité, sans que nous eussions besoin des conditions de l'intuition empirique, et nous remarquerions alors que dans la conscience de notre existence *à priori* il y a quelque chose qui peut servir à déterminer, au point de vue d'une certaine faculté intérieure et de sa relation avec un monde intelligible (que nous ne faisons, il est vrai, que concevoir), notre existence, que d'ailleurs nous ne saurions complétement déterminer qu'au point de vue sensible.

Mais cela ne seconderait pas le moins du monde les tentatives de la psychologie rationnelle. En effet, grâce à cette merveilleuse faculté que me révèle seule la conscience de la loi morale, j'aurais bien un principe purement intellectuel pour déterminer mon existence; mais par quels prédicats? Uniquement par ceux qui me seraient donnés dans l'intuition sensible. J'en reviendrais donc au point où j'en étais dans la psychologie rationnelle, c'est-à-dire que j'aurais toujours besoin d'intuitions sensibles pour donner une signification à mes concepts intellectuels, de substance, de cause, etc., sans lesquels je ne puis avoir aucune connaissance de moi-même. Or ces intuitions ne sauraient m'élever au-dessus du champ de l'expérience. Cependant, au point de vue de l'usage pratique, qui d'ailleurs ne s'adresse jamais qu'à des objets d'expérience, je serais fondé à appliquer ces concepts à la liberté et à son sujet, conformément à la signification analogue qu'ils représentent dans l'usage théorétique. Je n'entends par là, en effet, autre chose que les fonctions logiques du sujet et du prédicat, du principe et de la conséquence, conformément auxquelles sont déterminés les actes ou les effets conformes aux lois morales, de telle sorte que, bien qu'ils dérivent d'un tout autre principe, ces actes ou ces effets peuvent toujours s'expliquer, ainsi que les lois de la nature, par les catégories de la substance et de la cause. Cette remarque n'a d'autre but que de prévenir la confusion à laquelle est sujette la doctrine de l'intuition de soi-même comme phénomène. Nous trouverons dans la suite l'occasion d'en faire usage.

CHAPITRE II

Antinomie de la raison pure

Nous avons montré, dans l'introduction de cette partie de notre œuvre, que toute apparence transcendentale de la raison pure repose sur des conclusions dialectiques, dont la logique donne le schème dans les trois espèces formelles de raisonnements en général, à peu près comme les catégories trouvent leur schème logique dans les quatre fonctions de tous les jugements. La *première espèce* de ces raisonnements sophistiques tendait à l'unité absolue des conditions *subjectives* de toutes les représentations en général (du sujet ou de l'âme), et correspondait aux raisonnements *catégoriques*, dont la majeure ou le principe exprime le rapport d'un prédicat à un sujet. La *seconde espèce* d'arguments dialectiques prendra pour objet, par analogie aux raisonnements *hypo-*

thétiques, l'unité absolue des conditions objectives du phénomène. La *troisième* enfin, dont il sera question dans le chapitre suivant, a pour thème l'unité absolue des conditions objectives qui rendent possibles les objets en général.

Il est remarquable que le paralogisme transcendental ne produit d'apparence par rapport à l'idée du sujet de notre pensée que d'un seul côté, et que l'assertion contraire n'en reçoit pas la moindre des concepts rationnels. L'avantage est tout à fait du côté du pneumatisme, bien que cette doctrine ne puisse nier le vice originel qui la condamne à se dissiper en fumée au creuset de la critique, malgré toute l'apparence dont elle se flatte.

Il en est tout autrement lorsque nous appliquons la raison à la *synthèse objective* des phénomènes : elle croit pouvoir faire valoir avec beaucoup d'apparence son principe de l'unité absolue, mais bientôt elle s'engage en de de telles contradictions qu'elle se voit forcée de renoncer à ses prétentions en matière cosmologique.

Ici, en effet, se manifeste un nouveau phénomène de la raison humaine, c'est-à-dire une antithétique toute naturelle, où nul n'a besoin de chercher à nous entraîner au moyen de pièges adroitement tendus, mais où la raison tombe d'elle-même et inévitablement. Celle-ci se trouve sans doute préservée par là de l'assoupissement d'une persuasion imaginaire, produite par une apparence unique ; mais elle court aussi le risque ou de s'abandonner au désespoir du scepticisme ou de s'armer d'une confiance dogmatique et de s'entêter dans certaines assertions, en refusant d'ouvrir ses oreilles et de rendre justice aux raisons contraires. Dans l'un et l'autre cas, toute saine philosophie est frappée de mort : le premier cependant peut être regardé comme une belle mort, ou comme l'*euthanasie* de la raison pure.

Avant d'exposer la scène de discorde et de déchirements à laquelle donne lieu ce conflit des lois (cette antinomie) de la raison pure, nous présenterons quelques explications destinées à éclaircir et à justifier la méthode dont nous nous servons dans l'examen de notre objet. J'appelle toutes les idées transcendantales, en tant qu'elles concernent l'absolue totalité dans la synthèse des phénomènes, des *concepts cosmologiques* [1], en partie à cause de cette totalité absolue sur laquelle se fonde le concept de l'univers [2], qui n'est lui-même qu'une idée, en partie parce qu'elles tendent simplement à la synthèse des phénomènes, et, par conséquent, à une synthèse empirique, tandis qu'au contraire l'absolue totalité dans la synthèse des conditions de toutes les choses possibles en général produira un idéal de la raison pure, qui est entièrement différent du concept du monde, bien qu'il y soit lié. C'est pourquoi, de même que les paralogismes de la raison pure servaient de fondement à une psychologie dialectique, l'antinomie de la raison pure exposera les principes transcendantaux d'une prétendue cosmologie pure (rationnelle), non sans doute pour la faire valoir et se l'approprier, mais afin, comme l'indique déjà l'expression de conflit de la raison, de la présenter, dans son apparence éblouissante, mais fausse, comme une idée qui ne saurait se concilier avec des phénomènes.

[1] *Weltbegriffe*. — [2] *Weltganz*.

PREMIÈRE SECTION

Système des idées cosmologiques

Afin de pouvoir énumérer ces idées suivant un principe et avec une précision systématique, nous devons remarquer *d'abord* que c'est seulement de l'entendement que peuvent émaner les concepts purs et transcendentaux ; que la raison ne produit proprement aucun concept, mais qu'elle ne fait qu'affranchir le *concept de l'entendement* des restrictions inévitables d'une expérience possible, et qu'ainsi elle cherche à l'étendre au delà des bornes des choses empiriques, tout en le maintenant en rapport avec elles. C'est ce qui a lieu par cela même que pour un conditionnel donné elle exige la totalité absolue du côté des conditions (auxquelles l'entendement soumet tous les phénomènes de l'unité synthétique), et qu'elle fait ainsi de la catégorie une idée transcendentale, afin de donner une absolue perfection à la synthèse empirique en la poursuivant jusqu'à l'inconditionnel (lequel ne se trouve jamais dans l'expérience, mais seulement dans l'idée). La raison l'exige en vertu de ce principe : si le *conditionnel* est donné, la *somme* entière des *conditions* l'est aussi, et par conséquent l'*inconditionnel absolu*, qui seul rendait possible le premier. Ainsi *d'abord* les idées transcendentales ne sont proprement rien autre chose que des catégories élevées jusqu'à l'absolu, et elles peuvent se ramener à un tableau ordonné suivant les titres de ces dernières. *Ensuite* il faut dire que toutes les catégories ne sont pas bonnes pour cela, mais seulement celles où la synthèse constitue une *série*, et encore une série de conditions subordonnées (et non coordonnées) entre elles par rapport à un conditionnel. L'absolue totalité des conditions n'est exigée par la raison qu'autant qu'elle porte sur la série ascendante des conditions d'un conditionnel donné, et non par conséquent lorsqu'il s'agit de la ligne descendante des conséquences, ni même de l'assemblage des conditions coordonnées de ces conséquences. En effet, quand un conditionnel est donné, on en présuppose déjà les conditions et on les regarde même comme données avec lui; tandis que, comme les conséquences ne rendent pas leurs conditions possibles, mais bien plutôt les présupposent, on n'a pas à s'inquiéter, dans la progression des conséquences (ou en descendant de la condition donnée au conditionnel), si la série cesse ou non, et en général la question relative à leur totalité n'est nullement une supposition de la raison.

Ainsi l'on conçoit nécessairement comme donné (bien que nous ne puissions pas le déterminer) un temps entièrement écoulé jusqu'au moment présent. Mais, pour ce qui est du temps à venir, comme il n'est pas la condition nécessaire pour arriver au présent, il est tout à fait indifférent, pour comprendre celui-ci, de le traiter de telle ou telle façon, de le faire cesser à un certain moment ou de le prolonger à l'infini. Soit la série m, n, o, où n est donné comme conditionnel par rapport à m, et en même temps comme la condition de o, la série est ascendante du conditionnel n à m (l, k, i, etc.), tandis qu'elle est descendante de la condition n au conditionnel o (p, q, r, etc.). Il faut supposer la première série pour pouvoir considérer *n* comme donné, et *n* n'est possible, suivant la raison (la totalité des conditions), qu'au moyen de cette série; mais sa possibilité ne repose pas sur la série suivante *o, p, q, r*, qui par conséquent ne pourrait être considérée comme donnée, mais seulement comme *dabilis*.

J'appellerai *régressive* la synthèse d'une série de conditions, c'est-à-dire celle qui part de la condition la plus voisine du phénomène donné pour remonter aux conditions plus éloignées; et *progressive*, celle qui, s'attachant au conditionnel, descend de la conséquence la plus proche aux conséquences plus éloignées. La première va *in antecedentia*; la seconde, *in consequentia*. Les idées cosmologiques s'occupent donc de la totalité de la synthèse régressive, et vont *in antecedentia*, non *in consequentia*. Suivre l'ordre inverse, ce ne serait pas traiter un problème nécessaire de la raison pure, mais s'en créer un arbitrairement, puisque, pour comprendre parfaitement ce qui est donné dans le phénomène, nous n'avons pas besoin des conséquences, mais des principes.

Pour pouvoir dresser la table des idées d'après celle des catégories, nous devons prendre d'abord les deux *quanta* originaires de toute notre intuition, le *temps* et l'*espace*. Le temps est en soi une série (et la condition formelle de toutes les séries), et c'est pourquoi on y peut distinguer *à priori*, par rapport à un présent donné, les *antecedentia* comme conditions (le passé) des *consequentia* (de l'avenir). L'idée transcendentale de l'absolue totalité de la série des conditions pour un conditionnel donné ne concerne donc que tout le temps écoulé. D'après l'idée de la raison, tout le temps passé est nécessairement conçu comme donné, en tant qu'il est la condition du moment donné. Quant à l'espace, il n'y a pas à distinguer en lui de progression et de régression, parce que, ses parties existant simultanément, il ne constitue pas une *série*, mais un *agrégat*. Je ne puis considérer le moment présent que comme conditionnel par rapport au temps passé, et non comme la condition de ce temps, puisque ce moment n'est amené que par le temps écoulé (ou plutôt par l'écoulement du temps passé); mais, comme les parties de l'espace sont coordonnées, au lieu d'être subordonnées, une partie n'est pas la condition de la possibilité d'une autre, et il ne constitue pas en soi une série comme le temps. Cependant la synthèse des diverses parties de l'espace, cette synthèse au moyen de laquelle nous l'appréhendons lui-même, est successive, et par conséquent elle a lieu dans le temps et constitue une série. Et comme, dans cette série des espaces agrégés (par exemple des pieds dans une perche), les espaces ajoutés les uns aux autres, à partir d'un espace donné, sont toujours la *condition* qui sert à limiter les précédents, la *mesure* d'un espace doit être aussi considérée comme la synthèse d'une série de conditions relatives à un conditionnel donné; seulement le côté des conditions n'est pas en soi différent de celui auquel appartient le conditionnel, et par conséquent le *regressus* et le *progressus* semblent être identiques dans l'espace. Toutefois, puisqu'une partie de l'espace n'est pas donnée, mais seulement limitée par les autres, nous devons regarder chaque espace limité comme étant conditionnel à ce titre, c'est-à-dire comme supposant un autre espace qui serve à le limiter lui-même, et ainsi de suite. Au point de vue de la limitation la progression dans l'espace est donc aussi une régression; l'idée transcendantale de l'absolue totalité de la synthèse dans la série des conditions concerne donc aussi l'espace, et je puis tout aussi bien élever une question sur l'absolue totalité des phénomènes dans l'espace que sur leur totalité dans le temps écoulé. Nous verrons plus tard s'il y a en général une réponse possible à cette question.

En second lieu, la réalité dans l'espace, c'est-à-dire la *matière*, est un conditionnel dont les parties de l'espace sont les conditions internes, et les parties des parties les conditions éloignées, de telle sorte qu'il y a ici une synthèse régressive, dont la raison exige l'absolue totalité, et qui n'est possible qu'au moyen d'une division complète, où la réalité de la matière se réduit soit à rien, soit à quelque chose qui n'est plus matière, c'est-à-dire au simple. Il y a donc ici encore une série de conditions et une progression vers l'inconditionnel.

En troisième lieu, pour ce qui concerne les catégories du rapport réel entre les phénomènes, la catégorie de la substance et de ses accidents ne convient point à une idée transcendentale, c'est-à-dire que par rapport à cette catégorie la raison n'a pas sujet de rétrograder vers certaines conditions. En effet les accidents (en tant qu'ils sont inhérents à une substance unique) sont coordonnés entre eux et ne forment point une série. Ils ne sont pas proprement subordonnés à la substance, mais ils sont la manière d'exister de la substance même. Ce qui pourrait paraître ici une idée de la raison transcendentale, ce serait le concept du *substantiel*; mais, comme il ne faut entendre par là rien autre chose que le concept de l'objet en général, qui subsiste lorsqu'on ne fait que concevoir en lui le sujet transcendental indépendamment de tous ses prédicats, et comme il ne s'agit ici que de l'inconditionnel dans la série des conditions, il est clair que le substantiel ne saurait former un membre de cette série. La même chose s'applique aux substances dans leur rapport de réciprocité : elles sont à cet égard de simples agrégats, et n'ont pas d'exposants d'une série, puisqu'elles ne sont pas subordonnées les unes aux autres comme conditions de leur possibilité, comme on pourrait le dire des espaces, dont la limite ne peut jamais être déterminée que par un autre espace, et non en soi. Il ne reste donc que la catégorie de la *causalité*, qui présente une série de causes pour un effet donné, où l'on puisse remonter de cet effet, comme conditionnel, à ces causes, comme conditions, et répondre à la question élevée par la raison.

En quatrième lieu, les concepts du possible, du réel et du nécessaire ne conduisent à aucune série, sinon en ce sens que le *contingent* dans l'existence doit toujours être considéré comme conditionnel, et que, suivant la règle de l'entendement, il indique une condition, qui nous renvoie nécessairement à une autre plus élevée, jusqu'à ce que la raison trouve dans la totalité de cette série la *nécessité* absolue.

Il n'y a donc que quatre idées cosmologiques, suivant les quatre titres des catégories, si l'on s'en tient à celles qui impliquent nécessairement une série dans la synthèse du divers.

1
L'intégrité absolue
de l'*assemblage*[1]
de tous les phénomènes donnés.

2
L'intégrité absolue
de la *division*[2]
d'un *tout* donné
dans le phénomène.

3
L'intégrité absolue
de l'*origine*[3]
d'un phénomène
en général.

4
L'intégrité absolue
de la *dépendance* de l'*existence*[4]
de ce qu'il y a de changeant dans le
phénomène.

Il faut remarquer ici d'abord que l'idée de l'absolue totalité ne concerne que l'*exposition* des *phénomènes*, et que par conséquent elle n'a rien de commun avec le concept purement intellectuel d'un ensemble des choses en général. Des phénomènes sont donc ici considérés comme donnés, et la raison exige l'intégrité absolue des conditions qui les rendent possibles, en tant qu'ils constituent une série, c'est-à-dire qu'elle exige une synthèse absolument (sous tous les rapports) complète, qui permette d'exposer le phénomène suivant les lois de l'entendement.

Ensuite, c'est proprement l'inconditionnel seul que la raison recherche dans cette synthèse des conditions dont la série est régressive, comme elle exige l'intégrité dans la série des prémisses qui réunies n'en supposent plus d'autres. Or cet inconditionnel est toujours renfermé *dans la totalité absolue des séries*, telle qu'on se la repré-

---

[1] *Zusammensetzung.* — [2] *Theilung.* — [3] *Entstehung.* — [4] *Abhängigkeit des Daseyns.*

sente dans l'imagination. Mais cette synthèse absolument complète n'est à son tour qu'une idée; car on ne peut savoir, d'avance du moins, si elle est possible aussi dans les phénomènes. Si l'on se représente un tout au moyen des seuls concepts purs de l'entendement, et indépendamment des conditions de l'intuition sensible, on peut dire exactement que pour un conditionnel donné, la série entière des conditions subordonnées est donnée aussi; car le premier n'est donné que par celles-ci. Mais dans les phénomènes il y a quelque chose qui restreint tout particulièrement la manière dont les conditions sont données; car elles ne le sont qu'au moyen de la synthèse successive des éléments divers de l'intuition, synthèse dont la régression doit être complète. C'est encore un problème de savoir si cette intégrité est possible au point de vue sensible; mais l'idée de cette intégrité n'en réside pas moins dans la raison, indépendamment de la possibilité ou de l'impossibilité de lui trouver des concepts empiriques parfaitement adéquats. C'est pourquoi, puisque l'inconditionnel est nécessairement renfermé dans l'absolue totalité de la synthèse régressive des éléments divers compris dans le phénomène (suivant la direction des catégories qui la représentent comme une série de conditions pour un conditionnel donné), et que l'on peut, d'ailleurs, laisser indécise la question de savoir si et comment cette totalité peut se réaliser, la raison prend ici la détermination de partir de l'idée de la totalité, bien qu'elle ait proprement pour but final l'inconditionnel, soit dans toute la série, soit dans une partie.

Or on peut concevoir cet inconditionnel de deux manières : ou bien il réside simplement dans la série totale, dont, par conséquent, tous les membres sans exception sont conditionnels et dont l'ensemble seul est absolument inconditionnel, et alors la régression est dite infinie : ou bien il est une partie de la série, à laquelle sont subordonnés tous les autres membres de cette série, mais qui elle-même n'est soumise à aucune autre condition*. Dans le premier cas la série est *à parte priori* sans limites (sans commencement), c'est-à-dire infinie et pourtant donnée entièrement ; mais la régression n'y est jamais achevée, et elle ne peut être appelée infinie que virtuellement [1]. Dans le second cas, la série a un premier terme, et ce premier terme s'appelle, par rapport au temps écoulé, le *commencement du monde* [2] ; par rapport à l'espace, les *limites du monde* [3] ; par rapport aux parties d'un tout donné dans ses limites, le *simple* [4] ; par rapport aux causes, la *spontanéité* [5] absolue (la liberté) ; par rapport à l'existence, la *nécessité naturelle* [6] absolue.

Nous avons deux expressions, *monde* et *nature*, qui sont quelquefois prises dans le même sens. La première signifie l'ensemble mathématique de tous les phénomènes et la totalité de leur synthèse, en grand aussi bien qu'en petit, c'est-à-dire dans le développement progressif de cette synthèse par assemblage aussi bien que par divi-

---

* L'ensemble absolu de la série des conditions pour un conditionnel donné est toujours inconditionnel ; car en dehors de lui il n'y a plus de conditions relativement auxquelles il puisse être conditionnel. Mais cet ensemble absolu d'une série de ce genre n'est qu'une idée ou plutôt un concept problématique, dont il faut rechercher la possibilité, ne fût-ce que relativement à la manière dont y peut être compris l'inconditionnel, en tant qu'il est proprement l'idée transcendentale à laquelle il se rapporte.

[1] *Potentialiter*. — [2] *Weltanfange*. — [3] *Weltgrenze*. — [4] *Einfache*. — [5] *Selbsthätigkeit*. — [6] *Naturnothwendigkeit*.

sion. Ce même monde s'appelle nature*, en tant qu'il est considéré comme un tout dynamique; on n'a point d'égard ici à l'agrégation dans l'espace ou dans le temps, pour l'envisager comme une quantité, mais à l'unité dans l'*existence* des phénomènes. Or, comme on appelle cause la condition de ce qui arrive, et liberté, la causalité absolue de la cause dans le phénomène, la cause conditionnelle se nomme, au contraire, cause naturelle dans le sens étroit du mot. Le conditionnel dans l'existence en général s'appelle contingent, et l'inconditionnel, nécessaire. La nécessité inconditionnelle des *phénomènes* peut être appelée nécessité naturelle.

J'ai nommé idées cosmologiques les idées dont nous nous occupons maintenant, en partie parce que l'on comprend sous le mot monde l'ensemble de tous les phénomènes, et que nos idées ne poursuivent l'inconditionnel que parmi les phénomènes, en partie parce que, dans son sens transcendental, ce mot signifie l'absolue totalité de l'ensemble des choses existantes, et que nous avons uniquement en vue la perfection de la synthèse (bien que nous ne l'envisagions proprement que dans sa régression vers les conditions). Si l'on considère qu'en outre ces idées sont toutes transcendantes, et que, bien qu'elles ne dépassent pas l'objet, c'est-à-dire les phénomènes, *quant*

---

* La nature, prise *adjectivement* (*formaliter*), signifie l'assemblage des déterminations d'une chose opérée suivant un principe interne de la causalité. Au contraire on entend par nature, prise *substantivement* (*materialiter*), l'ensemble des phénomènes, en tant qu'ils sont tous unis en vertu d'un principe interne de la causalité. Dans le premier sens on parle de la nature de la matière fluide, du feu, etc., et l'on ne se sert de ce mot qu'*adjectivement;* au contraire, quand on parle des choses de la nature, on pense à un tout subsistant.

à *l'espèce*, mais qu'elles portent uniquement sur le monde sensible, elles poussent néanmoins la synthèse jusqu'à un degré qui dépasse toute expérience possible; on peut les désigner toutes très-exactement, suivant moi, sous le nom de *concepts cosmologiques*[1]. Au point de vue de la distinction de l'absolu mathématique et de l'absolu dynamique, auquel tend la régression, j'appellerais les deux premières idées des *concepts du monde*, dans le sens étroit du mot (concepts du monde en grand et en petit), et les deux autres des *concepts transcendants de la nature*[2]. Cette distinction ne semble pas à présent d'une grande importance, mais elle paraîtra plus importante dans la suite.

DEUXIÈME SECTION

Antithétique de la raison pure

Si l'on désigne sous le nom de *thétique* tout ensemble de doctrines dogmatiques, j'entends par *antithétique*, non les affirmations dogmatiques du contraire, mais le conflit qui s'élève entre des connaissances dogmatiques en apparence, sans que l'une ait plus de titres que l'autre à notre assentiment. L'antithétique ne s'occupe donc nullement d'assertions dirigées dans le même sens, mais elle se borne à envisager les connaissances générales de la raison dans leur conflit et dans les causes de ce conflit. L'antithétique transcendentale est une recherche sur l'antinomie de la raison pure, ses causes et son résultat.

[1] *Weltbegriffe*. — [2] *Transcendente Naturbegriffe*.

Lorsque nous ne nous bornons plus à appliquer notre raison à des objets de l'expérience en nous servant des principes de l'entendement, mais que nous essayons de l'étendre au delà des bornes de cette expérience, il en résulte des propositions dialectiques, qui n'ont ni confirmation à espérer, ni contradiction à craindre de l'expérience, et dont chacune non-seulement est par elle-même exempte de contradiction, mais même trouve dans la nature de la raison des conditions qui la rendent nécessaire; malheureusement l'assertion contraire ne repose pas sur des raisons moins bonnes et moins nécessaires.

Les questions qui se présentent naturellement dans cette dialectique de la raison pure sont donc celles-ci : 1° Quelles sont proprement les propositions où la raison pure est inévitablement soumise à une antinomie ? 2° Quelles sont les causes de cette antinomie ? 3° La raison peut-elle cependant, au milieu de ce conflit, trouver un chemin qui la conduise à la certitude, et de quelle manière ?

Une thèse dialectique de la raison pure se distingue donc de toutes les propositions sophistiques par les signes suivants : d'abord elle a pour objet, non pas une question arbitraire, que l'on mettrait en avant à plaisir, mais un problème que toute raison humaine rencontre nécessairement dans sa marche ; ensuite elle présente avec son antithèse, non pas une apparence purement artificielle et qui s'évanouisse au premier regard, mais une apparence naturelle et inévitable, qui, alors même qu'elle ne trompe plus, ne cesse pas de faire illusion, et que par conséquent l'on peut bien rendre inoffensive, mais non détruire.

Cette doctrine dialectique n'aura point de rapport à

l'unité de l'entendement dans les concepts de l'expérience, mais à celle de la raison dans de pures idées ; et, comme il faut pourtant que la condition de cette unité s'accorde d'abord avec l'entendement, comme synthèse opérée suivant des règles, et ensuite avec la raison, comme unité absolue de cette synthèse, si elle est adéquate à l'unité de la raison, elle sera trop grande pour l'entendement, et si elle est appropriée à l'entendement, elle sera trop petite pour la raison ; d'où résulte nécessairement un conflit, qu'il est impossible d'éviter, de quelque manière qu'on s'y prenne.

Ces assertions captieuses ouvrent donc une arène dialectique, où la victoire appartient au parti auquel il est permis de prendre l'offensive, et où celui qui est forcé de se défendre doit nécessairement succomber. Aussi des champions alertes, qu'ils combattent pour la bonne ou pour la mauvaise cause, sont-ils sûrs de remporter la couronne triomphale, s'ils ont soin de se ménager l'avantage de la dernière attaque, et s'ils ne sont pas obligés de soutenir un nouvel assaut de l'adversaire. On pense bien que cette arène a été souvent foulée jusqu'ici, qu'un grand nombre de victoires y ont été remportées de part et d'autre, mais que l'on a toujours pris soin de réserver la dernière, celle qui devait décider l'affaire, au chevalier de la bonne cause, en interdisant à son adversaire de prendre de nouveau les armes et en laissant ainsi le premier seul maître du champ de bataille. Juges impartiaux du combat, nous n'avons pas à chercher si c'est pour la bonne ou pour la mauvaise cause que luttent les combattants, et nous devons les laisser d'abord terminer entre eux leur affaire. Peut-être qu'après avoir épuisé leurs forces les uns contre les autres, sans s'être fait aucune blessure, ils reconnaîtront la vanité de leur querelle et se sépareront bons amis.

Cette manière d'assister à un combat d'assertions, ou plutôt de le provoquer, non sans doute pour se prononcer à la fin en faveur de l'un ou de l'autre parti, mais pour rechercher si l'objet n'en serait point par hasard une pure illusion, à laquelle chacun s'attache vainement et où l'on n'aurait rien à gagner, quand même on ne rencontrerait pas de résistance, cette manière d'agir peut être désignée sous le nom de *méthode sceptique*. Elle est tout à fait distincte du *scepticisme*, ce principe d'une ignorance artificielle et scientifique, qui mine les fondements de toute connaissance, pour ne laisser nulle part, s'il est possible, aucune certitude. La méthode sceptique, en effet, tend à la certitude, en cherchant à découvrir, dans un combat loyalement engagé et conduit avec intelligence des deux côtés, le point de dissentiment, afin de faire comme ces sages législateurs qui s'instruisent eux-mêmes, par l'embarras des juges dans les procès, de ce qu'il y a de défectueux ou de ce qui n'est pas suffisamment déterminé dans leurs lois. L'antinomie qui se révèle dans l'application des lois est, pour notre sagesse bornée, la première pierre de touche de la nomothétique : c'est ainsi que la raison, qui, dans la spéculation abstraite, ne s'aperçoit pas aisément de ses faux pas, deviendra plus attentive aux moments à observer dans la détermination de ses principes.

Mais cette méthode sceptique n'est essentiellement propre qu'à la philosophie transcendentale, et en tous cas on peut s'en passer dans tout autre champ d'investigations que celui-ci. Dans les mathématiques, il serait absurde de l'employer, car il n'y a pas d'assertions fausses qui puissent se cacher et rester invisibles dans cette science, attendu que les preuves y suivent toujours le fil de l'intuition pure et même procèdent au moyen d'une synthèse toujours évidente. Dans la philosophie expérimentale, un doute provisoire peut bien avoir son utilité, mais il n'y a pas du moins de malentendu qui ne puisse être aisément dissipé, et, tôt ou tard, on finit toujours par trouver dans l'expérience les derniers moyens de décider le différend. La morale peut montrer aussi tous ses principes, avec leurs conséquences pratiques, *in concreto*, au moins dans des expériences possibles, et éviter ainsi l'équivoque de l'abstraction. Au contraire, les assertions transcendentales qui prétendent à des connaissances dépassant le champ de toutes les expériences possibles, sont de telle nature que, d'une part, leur synthèse abstraite ne saurait être donnée dans quelque intuition *à priori*, et que, d'autre part, le malentendu qu'elles occasionnent ne pourrait être découvert au moyen de quelque expérience. La raison transcendentale ne nous fournit donc pas d'autre pierre de touche que celle qui consiste à essayer d'unir entre elles ses assertions, et, par conséquent, à les laisser d'abord lutter les unes contre les autres librement et sans obstacle. C'est ce conflit que nous allons représenter*.

---

* Les antinomies se succèderont suivant l'ordre, précédemment indiqué, des idées transcendentales.

PREMIER CONFLIT DES IDÉES TRANSCENDENTALES

Thèse

Le monde a un commencement dans le temps, et il est aussi limité dans l'espace.

Antithèse

Le monde n'a ni commencement, ni limites dans l'espace, mais il est infini dans le temps comme dans l'espace.

PREUVE

En effet, si l'on admet que le monde n'ait pas de commencement dans le temps, à chaque moment donné il y a une éternité écoulée, et par conséquent une série infinie d'états successifs des choses du monde. Or l'infinité d'une série consiste précisément en ce que cette série ne peut jamais être achevée par une synthèse successive. Donc une série infinie écoulée dans le monde est impossible, et par conséquent un commencement du monde est une condition nécessaire de son existence même. Ce qu'il fallait d'abord démontrer.

Quant au second point, si l'on admet le contraire de notre thèse, le monde sera un tout infini donné de choses existantes ensemble. Or nous ne pou-

PREUVE

En effet, admettons qu'il ait un commencement : comme le commencement est une existence précédée d'un temps où la chose n'est pas, il doit y avoir eu un temps antérieur où le monde n'était pas, c'est-à-dire un temps vide. Or dans un temps vide il n'y a pas de naissance possible de quelque chose, puisque aucune partie de ce temps ne contient plutôt qu'une autre une condition distinctive de l'existence qui l'emporte sur celle de la non-existence (soit que l'on suppose que cette condition naisse d'elle-même, ou par une autre cause). Donc il peut y avoir dans le monde des séries de choses qui commencent, mais le monde lui-même ne saurait avoir de commencement. et par conséquent il est

vons concevoir la grandeur d'un *quantum* qui n'est pas donné dans certaines limites propres à toute intuition*, qu'au moyen de la synthèse des parties, et la totalité d'un *quantum* de ce genre que par la synthèse complète ou par l'addition répétée de l'unité**. Donc, pour concevoir comme un tout le monde remplissant tous les espaces, il faudrait regarder comme complète la synthèse successive des parties d'un monde infini, c'est-à-dire qu'il faudrait qu'un temps infini fût considéré comme écoulé dans l'énumération de toutes les choses coexistantes, ce qui est impossible. Donc un agrégat infini par rapport au temps écoulé.

Pour ce qui est du second point, si l'on admet d'abord la thèse contraire, à savoir que le monde est fini et limité dans l'espace, il se trouve dans un espace vide, qui n'est pas limité. Il n'y aurait point seulement par conséquent un rapport des choses *dans l'espace*, mais encore un rapport des choses *à l'espace*. Or, comme le monde est un tout absolu en dehors duquel il n'y a pas d'objet d'intuition, et par conséquent pas de corrélatif avec lequel il soit en rapport, le rapport du monde à l'espace vide ne serait pas un rapport à un objet. Mais un rapport de ce genre n'est rien, et par conséquent aussi la limitation du monde par l'espace vide. Le monde n'est donc pas limité dans l'espace, c'est-à-dire qu'il est infini en étendue*.

---

* Nous pouvons percevoir un *quantum* indéterminé comme un tout, quand il est renfermé dans des limites, sans avoir besoin d'en construire, en le mesurant, la totalité, c'est-à-dire la synthèse successive des parties. En effet les limites déterminent déjà cette totalité, puisqu'elles écartent toute autre grandeur.

** Le concept de la totalité n'est pas autre chose en ce cas que la représentation de la synthèse complète de ses parties ; car, comme ce n'est pas de l'intuition du tout (qui dans ce cas est impossible) que nous pouvons tirer le concept, nous ne pouvons le saisir, du moins en idée, qu'au moyen de la synthèse des parties élevée jusqu'à l'infini.

* L'espace est simplement la forme de l'intuition extérieure (une intuition formelle), et non une chose réelle qui puisse être l'objet d'une intuition extérieure. L'espace, avant toutes les choses qui le déterminent (le remplissent ou le limitent), ou plutôt qui donnent une *intuition empirique* en harmonie avec sa forme, ou ce qu'on nomme l'espace absolu, n'est pas autre chose que la simple possibilité de phénomènes extérieurs.

fini de choses réelles ne peut être considéré comme un tout donné, ni par conséquent comme donné *en même temps*. Donc un monde *n'est pas infini* quant à son étendue dans l'espace, mais il est renfermé dans des limites ; ce qui était le second point à démontrer.

en tant qu'ils peuvent ou exister par eux-mêmes ou s'ajouter à des phénomènes donnés. L'intuition empirique n'est donc pas composée des phénomènes et de l'espace (de la perception et de l'intuition vide). L'un n'est pas le corrélatif de la synthèse de l'autre, mais ils sont unis dans une seule et même intuition empirique, comme matière et forme de cette intuition. Veut-on mettre l'un de ces deux éléments en dehors de l'autre (l'espace en dehors de tous les phénomènes), il en résultera toutes sortes de déterminations vides de l'intuition extérieure qui ne sont pas des perceptions possibles par exemple le mouvement ou le repos du monde dans l'espace vide infini, détermination du rapport de deux choses entre elles qui ne peut jamais être perçue, et par conséquent est elle-même le prédicat d'un pur être de raison.

Remarques sur la première antinomie

1° Sur la thèse

Dans ce conflit d'arguments je n'ai point cherché à produire l'illusion, en apportant une preuve d'avocat (comme on dit), c'est-à-dire ce genre de preuve qui consiste à tourner à son avantage l'imprudence de l'adversaire et à profiter de l'am-

2° Sur l'antithèse

La preuve de l'infinité de la série donnée du monde et de l'ensemble du monde se fonde sur ce que, dans le cas contraire, un temps vide ainsi qu'un espace vide formeraient les limites du monde. Or je n'ignore pas que l'on cherche à échapper

biguité de la loi qu'il invoque pour faire valoir, en le réfutant sur ce point, des prétentions injustes. Chacun de ces arguments est tiré de la nature des choses, et laisse de côté l'avantage que pourraient fournir les paralogismes où tombent les dogmatiques des deux côtés.

J'aurais pu aussi prouver en apparence la thèse, en mettant en avant, suivant l'usage des dogmatiques, un concept vicieux sur l'infinité d'une quantité donnée. Une quantité est infinie, quand il ne peut y en avoir de plus grande (c'est-à-dire qui dépasse la multitude de fois qu'une unité donnée y est contenue). Or il n'y a pas de multitude qui soit la plus grande possible, puisqu'on peut toujours y ajouter une ou plusieurs unités. Donc une grandeur infinie donnée est impossible, et par conséquent aussi un monde infini (sous le rapport de la série écoulée aussi bien que de l'étendue); il est donc limité des deux côtés. J'aurais pu produire cette preuve; mais ce concept ne s'accorde pas avec ce que l'on entend par un tout infini. On ne se représente pas ici en effet combien ce tout est grand, et par conséquent le concept que nous en avons n'est pas celui à cette conséquence, en prétendant qu'il peut bien y avoir une limite du monde, quant au temps et à l'espace, sans qu'il soit nécessaire d'admettre un temps absolu avant le commencement du monde, ou un espace absolu, s'étendant en dehors du monde réel; ce qui est impossible. Cette dernière partie de l'opinion des philosophes de l'école de Leibnitz me satisfait complétement. L'espace est simplement la forme de l'intuition extérieure; il n'est pas quelque chose de réel qui puisse être l'objet d'une intuition extérieure, et il n'est pas un corrélatif des phénomènes, mais leur forme même. L'espace ne peut donc précéder absolument (par lui seul) dans l'existence des choses comme quelque chose de déterminant, puisqu'il n'est pas un objet, mais simplement la forme d'objets possibles. C'est pourquoi les choses, comme phénomènes, déterminent bien l'espace, c'est-à-dire que de tous ses prédicats possibles (grandeur et rapport), elles font que ceux-ci ou ceux-là appartiennent à la réalité; mais l'espace ne peut pas réciproquement, comme quelque chose qui existerait par soi-même, déterminer la réalité des choses, sous le rapport de la grandeur ou de

d'un *maximum*; mais on ne conçoit par là que son rapport à une unité que l'on peut prendre à volonté, et relativement à laquelle il est plus grand que tout nombre. Or, suivant que l'on prendrait une unité plus grande ou plus petite, l'infini serait plus grand ou plus petit; mais l'infinité, résidant uniquement dans le rapport à cette unité donnée, demeurerait toujours la même, bien que la quantité absolue du tout ne fût nullement connue par là ; ce dont il n'est pas d'ailleurs ici question.

Le vrai concept (transcendental) de l'infinité, c'est que la synthèse successive de l'unité dans la mesure d'un quantum ne puisse jamais être achevée*. Il suit de là très-certainement qu'il ne peut y avoir une éternité écoulée d'états réels se succédant les uns aux autres jusqu'à un moment donné (jusqu'au moment actuel), et que par conséquent le monde doit avoir un commencement.

Quant à la seconde partie de la thèse, la difficulté relative à une série infinie et pourtant la forme, puisqu'il n'est rien de réel en soi. Un espace (qu'il soit plein ou vide*) peut donc bien être borné par des phénomènes ; mais des phénomènes ne peuvent être *bornés par un espace vide* en dehors d'eux. Il en est de même du temps. Or, tout cela accordé, il n'en est pas moins incontestable qu'il faut nécessairement admettre ces deux non-êtres, l'espace vide en dehors du monde et le temps vide avant le monde, dès qu'on admet une limite du monde, soit dans l'espace, soit dans le temps.

En effet on a beau vouloir échapper à cette conséquence qui nous fait dire que, si le monde a des limites dans le temps et dans l'espace, le vide infini détermine nécessairement l'existence des choses réelles par rapport à leur quantité, ce subterfuge vient, sans qu'on s'en aperçoive, de ce que l'on conçoit, au lieu d'un *monde*

---

* Il contient ainsi une multitude (relativement à l'unité donnée) qui est plus grande que tout nombre, ce qui est le concept mathématique de l'infini.

* On comprend aisément ce que nous voulons dire par là : c'est que *l'espace vide, en tant qu'il est limité par des phénomènes,* par conséquent celui qui est *dans l'intérieur du monde*, ne contredit pas du moins les principes transcendentaux, et que par conséquent on peut l'admettre au point de vue de ces principes (sans affirmer par là même sa possibilité).

écoulée tombe d'elle-même ; car les diverses parties d'un monde infini en étendue sont données *simultanément*. Mais, pour concevoir la totalité d'une telle multitude, comme nous ne pouvons invoquer des limites qui déterminent par elles-mêmes cette totalité dans l'intuition, nous devons rendre compte de notre concept, et ici notre concept ne peut aller du tout à la multitude déterminée des parties, mais il lui faut démontrer la possibilité du tout par la synthèse successive des parties. Or, comme cette synthèse ne saurait jamais constituer une série complète, on ne peut concevoir une totalité avant elle, et par conséquent on ne peut la concevoir non plus par elle. En effet le concept de la totalité même est dans ce cas la représentation d'une synthèse achevée des parties, et cet achèvement est impossible, et partant aussi son concept.

sensible, je ne sais quel *monde intelligible ;* au lieu du premier commencement (sorte d'existence que précède un temps de non-existence), une existence en général qui *ne présuppose aucune autre condition* dans le monde ; au lieu des limites de l'étendue, des *bornes* de l'univers ; et de ce que l'on sort ainsi du temps et de l'espace. Mais il n'est ici question que du *monde des phénomènes (mundus phænomenon)*, et de sa grandeur, et l'on n'y saurait faire abstraction de ces conditions de la sensibilité, sans en détruire l'essence. Si le monde sensible est limité, il réside nécessairement dans le vide infini. Laisse-t-on de côté ce vide et par conséquent l'espace comme condition *à priori* de la possibilité des phénomènes, tout le monde sensible disparaît. Or dans notre problème ce dernier seul nous est donné. Le *monde intelligible (mundus intelligibilis)* n'est rien que le concept universel d'un monde en général, où l'on fait abstraction de toutes les conditions de l'intuition de ce monde, et qui par conséquent ne peut donner lieu à aucune proposition, soit affirmative, soit négative.

DEUXIÈME CONFLIT DES IDÉES TRANSCENDENTALES

Thèse

Toute substance composée dans le monde l'est de parties simples, et il n'existe absolument rien que le simple ou le composé du simple.

PREUVE

En effet, supposez que les substances composées ne le soient pas de parties simples : Si vous supprimez par la pensée toute composition, aucune partie composée ne subsistera, et (puisqu'il n'y a point de partie simple), il n'y aura non plus aucune partie simple, c'est-à-dire qu'il ne restera plus rien, et que par conséquent aucune substance ne sera donnée. Ou bien donc il est impossible de supprimer par la pensée toute composition, ou bien il faut qu'après cette suppression il reste quelque chose qui subsiste indépendamment de toute composition, c'est-à-dire le simple. Or, dans le premier cas, le composé ne serait pas formé de substances (puisque la composition n'est

Antithèse

Aucune chose composée dans le monde ne l'est de parties simples, et il n'y existe absolument rien de simple.

PREUVE

Supposez qu'une chose composée (comme substance) le soit de parties simples. Puisque toute relation extérieure et par conséquent toute composition de substances ne sont possibles que dans l'espace, autant il y a de parties dans le composé, autant il doit y en avoir aussi dans l'espace qu'il occupe. Or l'espace ne se compose pas de parties simples, mais d'espaces. Chacune des parties du composé doit donc occuper un espace. Mais les parties absolument premières de tout composé sont simples. Le simple occupe donc un espace. Or, puisque tout réel, qui occupe un espace, renferme en lui des parties diverses placées les unes en dehors

qu'une relation accidentelle de substances, qui peuvent subsister sans elle, comme des êtres existants par eux-mêmes). Mais, comme ce cas contredit la supposition, il ne reste plus que le second, à savoir que le composé substantiel dans le monde est formé de parties simples.

Il suit de là immédiatement que les choses du monde sont toutes des êtres simples, que la composition n'est qu'un état extérieur de ces choses, et que, quoique nous ne puissions jamais faire sortir les substances élémentaires de cet état d'union et les isoler, la raison n'en doit pas moins les concevoir comme les premiers sujets de toute composition, et par conséquent comme des êtres simples, antérieurement à cette composition.

des autres, et par conséquent est composé, et cela non pas d'accidents, puisqu'il est un composé réel (car les accidents ne peuvent être extérieurs les uns aux autres sans substance), mais de substances, il suit que le simple est un composé substantiel; ce qui est contradictoire.

La seconde proposition de l'antithèse, à savoir que dans le monde il n'existe rien de simple, ne signifie pas ici autre chose, sinon que l'existence de quelque chose d'absolument simple ne peut être prouvée par aucune expérience, ni aucune perception, soit extérieure, soit intérieure, et qu'ainsi la simplicité absolue n'est qu'une pure idée, dont aucune expérience possible ne saurait jamais démontrer la réalité objective, et qui par conséquent est sans application et sans objet dans l'exposition des phénomènes. En effet, si l'on admettait que l'on peut trouver dans l'expérience un objet correspondant à cette idée transcendentale, il faudrait que l'intuition empirique de quelque objet fut reconnue pour une intuition ne contenant absolument aucune diversité d'éléments placés les uns en dehors des autres et ramenés à l'unité.

Or comme, de ce que nous n'avons pas conscience d'une diversité de ce genre, on ne peut conclure qu'elle soit entièrement impossible dans quelque intuition d'un objet, mais que, d'un autre côté, cette dernière condition est tout à fait nécessaire pour pouvoir affirmer l'absolue simplicité, il suit que cette simplicité ne peut être déduite d'aucune perception, quelle qu'elle soit. Puis donc que rien ne peut être donné dans aucune expérience possible comme un objet absolument simple, et que le monde sensible doit être regardé comme l'ensemble de toutes les expériences possibles, il n'y a rien de simple qui soit donné en lui.

Cette seconde proposition de l'antithèse a plus de portée que la première : tandis que celle-ci ne bannit le simple que de l'intuition du composé, elle l'exclut de toute la nature. Aussi n'a-t-elle pu être démontrée par le concept d'un objet donné de l'intuition extérieure (du composé), mais par son rapport à une expérience possible en général.

Remarques sur la deuxième antinomie

1° Sur la thèse

Quand je parle d'un tout qui se compose nécessairement de parties simples, j'entends par là uniquement un tout substantiel, comme le composé propre, c'est-à-dire l'unité accidentelle d'une diversité qui, *donnée séparément* (du moins en pensée), est unie par une liaison réciproque et forme ainsi quelque chose d'un. L'espace n'est pas, à proprement parler, un composé, mais un tout, puisque ses parties ne sont possibles que dans le tout, et que le tout ne l'est point par les parties. En tout cas, ce ne serait qu'un *compositum ideale*, et non un *compositum reale*. Mais cela est une pure subtilité. Comme l'espace n'est pas un composé de substances (pas même d'accidents réels), dès que je supprime en lui toute composition, il ne doit plus rien rester, pas même un point; car celui-ci n'est possible que comme limite d'un espace (par conséquent d'un composé). L'espace et le temps ne se composent donc pas de parties simples. Ce qui n'appartient qu'à

2° Sur l'antithèse

Le principe de la division infinie de la matière, dont la preuve est purement mathématique, a été attaqué de telle sorte par les partisans des monades qu'on a pu les soupçonner de ne pas vouloir admettre que les preuves mathématiques les plus claires nous fassent connaître la nature de l'espace, en tant qu'il est en réalité la condition formelle de la réalité de toute matière, mais de les regarder comme des conséquences dérivées de concepts abstraits, mais arbitraires, qui ne sauraient s'appliquer à des choses réelles. Comme s'il était possible d'imaginer une autre espèce d'intuition que celle qui est donnée dans l'intuition originaire de l'espace, et comme si les déterminations *à priori* de cet espace ne touchaient pas en même temps tout ce qui n'est possible qu'à la condition de le remplir ! Si l'on écoutait ces philosophes, il faudrait, outre le point mathématique, qui est simple et n'est pas une partie, mais uniquement la limite d'un espace, concevoir l'état d'une substance (par exemple, le changement), bien qu'ayant une quantité, ne se compose pas non plus du simple, c'est-à-dire qu'un certain degré de changement ne résulte pas de l'addition de plusieurs changements simples. Notre conclusion du composé au simple ne s'applique qu'à des choses existantes par elles-mêmes. Or des accidents d'état n'existent point par eux-mêmes. On court donc le risque de ruiner la preuve de la nécessité du simple, comme formant les parties constitutives de tout composé substantiel, et de perdre ainsi sa cause, en étendant cette preuve outre mesure et en l'appliquant à tout composé sans distinction, comme on l'a déjà fait plus d'une fois.

Je ne parle d'ailleurs ici du simple qu'autant qu'il est nécessairement donné dans le composé, puisque celui-ci y peut être résolu comme dans ses parties constitutives. Le mot *monade*, dans sa signification propre (suivant le langage de Leibnitz), ne devrait s'entendre que du *simple* qui est *immédiatement* donné comme substance simple (par exemple dans la conscience), et non comme élément du composé, élément qu'il vaudrait mieux encore des points physiques, qui à la vérité sont simples aussi, mais ont l'avantage de remplir l'espace par la seule agrégation, comme parties de cet espace. Sans répéter ici les réfutations aussi claires que vulgaires de cette absurdité, réfutations qui se présentent en foule, comme il est d'ailleurs inutile de vouloir obscurcir par des concepts purement discursifs l'évidence des mathématiques, je me bornerai à faire remarquer que, si la philosophie chicane ici les mathématiques, c'est qu'elle oublie que, dans cette question, il s'agit uniquement des *phénomènes* et de leur condition. Il ne suffit pas ici de trouver, pour le concept du composé pur que nous donne l'*entendement*, le concept du simple, mais il s'agit de trouver, pour l'*intuition* du composé (de la matière), l'intuition du simple, et cela est tout à fait impossible suivant les lois de la sensibilité, et par conséquent aussi en fait d'objets des sens. On peut donc bien dire d'un tout composé de substances, conçu par l'entendement pur, que nous devons avoir le simple antérieurement à toute composition de ce tout, mais cela ne s'applique pas au *totum substantiale phænomenon*, le-

appeler *atome*. Et, comme je ne veux démontrer l'existence des substances simples que par rapport aux composés dont elles sont les éléments, je pourrais désigner l'antithèse de la seconde antinomie sous le nom d'*atomistique* transcendentale. Mais, d'un autre côté, comme cette expression est depuis longtemps employée pour désigner une explication particulière des phénomènes corporels (*molecularum*), et qu'elle suppose ainsi des concepts empiriques, on peut l'appeler le principe dialectique de la *monadologie*.

quel, comme intuition empirique ayant lieu dans l'espace, implique cette propriété nécessaire, qu'aucune partie n'en est simple, puisqu'aucune partie de l'espace n'est simple. Cependant, les partisans des monades se sont montrés assez avisés pour vouloir éluder cette difficulté en refusant d'admettre l'espace comme une condition de la possibilité des objets de l'intuition extérieure, et en plaçant au contraire dans celle-ci et dans la relation dynamique des substances en général la condition de la possibilité de l'espace. Mais nous n'avons un concept des corps qu'en tant qu'ils sont des phénomènes, et en cette qualité ils supposent l'espace comme la condition de la possibilité de tout phénomène extérieur. Le subterfuge est donc vain, comme nous l'avions déjà suffisamment montré dans l'esthétique transcendentale. Il faudrait que les phénomènes fussent des choses en soi, pour que la preuve des partisans de la doctrine des monades eût une valeur absolue.

La seconde assertion dialectique a ceci de particulier qu'elle a contre elle une assertion dogmatique, la seule, entre toutes les assertions sophistiques, qui entreprenne de prouver manifestement par un objet de l'expérience la réalité de ce que nous avons rattaché plus haut aux idées transcendentales, en cherchant à démontrer que l'objet du sens intime, le moi qui pense, est une substance absolument simple. Sans revenir sur ce point (qui a été suffisamment examiné plus haut), je ferai seulement remarquer que, si je conçois simplement quelque chose comme objet, sans y joindre rien qui en détermine synthétiquement l'intuition (comme il arrive dans cette représentation toute nue : moi), je ne puis assurément percevoir rien de divers ni aucune composition dans une représentation de ce genre. D'un autre côté, comme les prédicats au moyen desquels je conçois cet objet, ne sont que des intuitions du sens intérieur, je n'y puis rien trouver qui prouve une diversité de parties placées les unes en dehors des autres, et par conséquent une composition réelle. La conscience de soi a donc cela de particulier que, puisque le sujet qui pense est en même temps son propre objet, il ne peut pas se diviser lui-même (bien qu'il puisse diviser les déterminations qui lui sont inhérentes); car, par rapport à lui-même, tout objet est une unité absolue. Mais il n'en est pas moins vrai que, si ce sujet est envisagé *extérieurement*, comme objet de l'intuition, il manifestera bien pourtant une composition dans le phénomène. Or c'est toujours ainsi qu'il faut l'envisager dès qu'on veut savoir s'il y a ou non en lui une diversité de parties placées les unes en dehors des autres.

TROISIÈME CONFLIT DES IDÉES TRANSCENDENTALES

Thèse

La causalité déterminée par les lois de la nature n'est pas la seule d'où puissent être dérivés tous les phénomènes du monde. Il est nécessaire d'admettre aussi, pour les expliquer, une causalité libre.

PREUVE

Si l'on admet qu'il n'y a pas d'autre causalité que celle qui est déterminée par des lois de

Antithèse

Il n'y a pas de liberté, mais tout dans le monde arrive suivant des lois naturelles.

PREUVE

Supposez qu'il y ait une *liberté* dans le sens transcendental, c'est-à-dire une espèce parla nature, tout *ce qui arrive* suppose un état antérieur, auquel il succède inévitablement suivant une règle. Or cet état antérieur doit être lui-même quelque chose qui soit arrivé (qui soit devenu dans le temps ce qu'il n'était pas auparavant), puisque, s'il avait toujours été, sa conséquence n'aurait pas commencé d'être, mais qu'elle aurait aussi toujours été. La causalité de la cause par laquelle quelque chose arrive est donc toujours elle-même quelque chose d'*arrivé*, qui suppose à son tour, suivant la loi de la nature, un état antérieur et la causalité de cet état, celui-ci un autre plus ancien, et ainsi de suite. Si donc tout arrive suivant les seules lois de la nature, il y a toujours un commencement subalterne, mais il n'y a jamais un premier commencement ; et, par conséquent, en général la série du côté des causes dérivant les unes des autres n'est jamais complète. Or la loi de la nature consiste précisément en ce que rien n'arrive sans une cause suffisamment déterminée *à priori*. Donc la proposition qui veut que toute causalité ne soit possible que suivant des lois naturelles se contredit elle-même quand on la prend sans resticulière de causalité, suivant laquelle les événements du monde pourraient avoir lieu, c'est-à-dire une faculté de commencer absolument un état et par conséquent aussi une série d'effets résultant de cet état, non-seulement une série commencera absolument en vertu de cette spontanéité, mais encore l'acte par lequel cette spontanéité même est déterminée à produire cette série, c'est-à-dire la causalité, de telle sorte qu'il n'y aura rien antérieurement qui détermine suivant des lois constantes l'acte qui arrive. Mais tout commencement d'action suppose un état de la cause qui n'agit pas encore, et un premier commencement dynamique d'action suppose un état qui n'a aucun rapport de causalité avec l'état précédent de la même cause, c'est-à-dire qui n'en dérive en aucune façon. Donc la liberté transcendentale est contraire à la loi de la causalité, et un enchaînement des états successifs des causes efficientes, d'après lequel aucune unité d'expérience n'est possible, et qui par conséquent ne se rencontre dans aucune expérience, est un vain être de raison.

Il n'y a donc que la *nature* où nous puissions chercher l'en-

triction dans toute son universalité, et il est impossible d'admettre cette sorte de causalité comme la seule.

D'après cela, il faut admettre une causalité par laquelle quelque chose arrive, sans que la cause en soit déterminée aussi par une autre cause antérieure, suivant des lois nécessaires, c'est-à-dire une *spontanéité absolue* des causes ayant la vertu de commencer par elle-même une série de phénomènes, qui se déroule suivant des lois naturelles, par conséquent une liberté transcendentale, sans laquelle, même dans le cours de la nature, la série des phénomènes ne serait jamais complète du côté des causes.

chaînement et l'ordre des événements du monde. La liberté (l'indépendance) à l'égard des lois de la nature *affranchit*, il est vrai, de la contrainte, mais elle affranchit aussi du *fil conducteur* de toutes les règles. En effet, on ne peut pas dire que des lois de la liberté prennent dans la causalité du cours du monde la place des lois de la nature, puisque, si la liberté était déterminée par des lois, elle ne serait plus de la liberté, mais la nature même. Il y a donc entre la nature et la liberté transcendentale la même différence qu'entre la soumission à des lois [1] et l'affranchissement de toutes lois [2]. La première, il est vrai, importune l'entendement de la difficulté de remonter toujours plus haut dans la série des causes pour y chercher l'origine des événements, puisque la causalité y est toujours conditionnelle ; mais elle promet en revanche une unité d'expérience universelle et régulière. L'illusion de la liberté, au contraire, offre bien à l'entendement un repos dans son investigation à travers la chaîne des causes, en la conduisant à une causalité

[1] *Gesetzmäszigkeit*. — [2] *Gesetzlosigkeit*.

inconditionnelle, qui commence l'action d'elle-même ; mais comme cette causalité est aveugle, elle rompt le fil des règles sans lequel il n'y a plus de liaison générale possible dans l'expérience.

Remarques sur la troisième antinomie

1º Sur la thèse

L'idée transcendentale de la liberté est loin de former tout le contenu du concept psychologique de ce nom, concept qui est en grande partie empirique : elle se borne à présenter la spontanéité absolue de l'action, comme étant le fondement propre de l'imputabilité ; mais elle n'en est pas moins la pierre d'achoppement de la philosophie, qui trouve des difficultés insurmontables à admettre cette sorte de causalité inconditionnelle. Ce n'est donc proprement qu'une difficulté *transcendentale* qui, dans la question de la liberté de la volonté, a si fort embarrassé jusqu'ici la raison spéculative : il s'agit seulement de savoir si l'on admettra une faculté capable de

2º Sur l'antithèse

Ceux qui défendent la toute-puissance de la nature (*physiocratie* transcendentale) contre la doctrine de la liberté, pourraient opposer la proposition suivante aux arguments captieux de cette doctrine : *Si vous n'admettez dans le monde rien de mathématiquement premier sous le rapport du temps, vous n'avez pas besoin non plus de chercher quelque chose de dynamiquement premier sous le rapport de la causalité.* Qui vous a priés d'imaginer un état absolument premier du monde, et, par conséquent, un commencement absolu de la série des phénomènes successifs, et d'imposer des bornes à la nature qui n'en a pas, afin de pouvoir procurer un point de

commencer *d'elle-même* une série de choses ou d'états successifs. Il n'est pas aussi nécessaire de pouvoir répondre à la question de savoir comment une telle faculté est possible, car nous ne sommes pas plus avancés à l'égard de la causalité qui a lieu suivant des lois naturelles : il faut également que nous nous contentions de reconnaître *à priori* qu'une causalité de ce genre doit être admise, bien que nous ne comprenions en aucune façon comment il est possible qu'un certain état d'une chose soit amené par celui d'une autre, et qu'à cet égard nous devions nous en tenir à l'expérience. Or nous n'avons proprement démontré la nécessité de placer dans la liberté le premier commencement d'une série de phénomènes, que pour pouvoir comprendre l'origine du monde, tandis que l'on peut prendre tous les états successifs comme dérivant les uns des autres suivant de simples lois naturelles. Mais, puisque la faculté de commencer tout à fait spontanément une série dans le temps a été une fois prouvée (bien qu'elle ne soit pas saisie en elle-même), il nous est permis aussi maintenant de faire commencer spontanément, sous repos à votre imagination? Puisque les substances ont toujours été dans le monde, ou que du moins l'unité de l'expérience exige cette supposition, il n'y a point de difficulté à admettre aussi que le changement de leurs états, c'est-à-dire la série de leurs changements a toujours été, et que, par conséquent, il n'est pas besoin de chercher un premier commencement, ni mathématique, ni dynamique. Il est impossible, à la vérité, de comprendre comment les phénomènes peuvent ainsi dériver les uns des autres à l'infini, sans un premier membre par rapport auquel tous les autres seraient purement successifs; mais, si vous rejetez pour cette raison ces énigmes de la nature, vous vous verrez forcés de rejeter beaucoup de propriétés synthétiques fondamentales (de forces constitutives), que vous ne pouvez pas comprendre davantage, et même la possibilité d'un changement en général doit vous être une pierre d'achoppement. En effet, si vous ne trouviez pas par l'expérience qu'elle est réelle, jamais vous ne pourriez imaginer *à priori* comment est possible cette succession perpétuelle d'être et de non-être.

D'ailleurs, quand même on

le rapport de la causalité, diverses séries de phénomènes dans le cours du monde, et d'attribuer à leurs substances la faculté d'agir en vertu de la liberté. Il ne faut pas se laisser arrêter ici par ce malentendu, à savoir que, comme une série successive ne peut avoir dans le monde qu'un commencement relativement premier, puisqu'il y a toujours dans le monde un état antérieur des choses, il ne peut y avoir de commencement absolument premier des séries dans le cours du monde. En effet nous ne parlons pas ici du commencement absolument premier quant au temps, mais quant à la causalité. Si (par exemple) je me lève maintenant de mon siége tout à fait librement et sans subir l'influence nécessairement déterminante des causes naturelles, alors avec cet événement et tous les effets naturels qui en dérivent à l'infini commence absolument une nouvelle série, bien que, par rapport au temps, cet événement ne soit que la continuation d'une série précédente. Cette résolution et cet acte ne sont donc pas une simple conséquence de l'action de la nature, mais les causes naturelles déterminantes qui ont précédé cet événement cessent tout à fait par rapport

reconnaîtrait une puissance transcendentale de liberté, qui servirait de point de départ aux changements du monde, du moins cette puissance ne pourrait être qu'en dehors du monde (quoique ce soit toujours une prétention bien téméraire que celle d'admettre, en dehors de l'ensemble de toutes les intuitions possibles, un objet qui ne peut être donné dans aucune intuition possible). Mais il ne peut jamais être permis d'attribuer une pareille faculté aux substances qui existent dans le monde même, puisqu'alors disparaîtrait en grande partie l'enchaînement des phénomènes qui se déterminent nécessairement les uns les autres suivant des lois universelles, et, avec cet enchaînement, que l'on désigne sous le nom de nature, la marque de la vérité empirique, qui distingue l'expérience du rêve. En effet, à côté d'une faculté affranchie de toutes lois comme la liberté, il n'y a plus guère de place pour la nature; puisque les lois de celle-ci seraient incessamment modifiées par l'influence de celle-là, et que le jeu des phénomènes, au lieu d'être régulier et uniforme, comme il arriverait avec la seule nature, serait ainsi troublé et incohérent.

à lui ; et, s'il leur succède, il n'en dérive pas, et par conséquent il peut bien être appelé un commencement absolument premier, non pas à la vérité sous le rapport du temps, mais sous celui de la causalité.

Il y a une chose qui confirme d'une manière éclatante le besoin qu'éprouve la raison de chercher, pour la série des causes naturelles, un premier commencement dans la liberté, c'est que tous les philosophes de l'antiquité, à l'exception de ceux de l'école épicurienne) se sont crus obligés d'admettre, pour expliquer les mouvements du monde, un *premier moteur*, c'est-à-dire une cause librement agissante, qui ait commencé d'abord et d'elle-même cette série d'états. En effet ils ont désespéré de pouvoir faire comprendre un premier commencement avec la seule nature.

QUATRIÈME CONFLIT DES IDÉES TRANSCENDENTALES

Thèse

Il y a dans le monde quelque chose qui, soit comme sa partie, soit comme sa cause, est un être absolument nécessaire.

Antithèse

Il n'existe nulle part aucun être absolument nécessaire, ni dans le monde, ni hors du monde, comme en étant la cause.

PREUVE

Le monde sensible, comme ensemble de tous les phénomènes, contient en même temps une série de changements. En effet, sans cette série, la représentation même de la succession du temps, comme condition de la possibilité du monde sensible, ne nous serait pas donnée*. Mais tout changement est soumis à une condition qui le précède dans le temps et dont il est l'effet nécessaire. Or tout conditionnel, qui est donné, suppose, relativement à son existence, une série complète de conditions jusqu'à l'inconditionnel absolu, qui seul est absolument nécessaire. Il faut donc qu'il existe quelque chose d'absolument nécessaire, pour qu'un changement existe comme sa conséquence. Mais ce nécessaire appartient lui-même au monde sensible. En effet supposez qu'il soit en dehors du monde, la série des changements du monde en

* Le temps, comme condition formelle de la possibilité des changements, leur est, à la vérité, objectivement antérieur ; mais subjectivement et dans la réalité de la conscience la représentation n'en est donnée, ainsi que toute autre, qu'à l'occasion des perceptions.

PREUVE

Supposez que le monde lui-même soit un être nécessaire, ou qu'il y ait en lui un être nécessaire, ou bien il y aurait dans la série de ses changements un commencement qui serait absolument nécessaire, c'est-à-dire sans cause, ce qui est contraire à la loi dynamique de la détermination de tout phénomène dans le temps ; ou bien la série elle-même serait sans aucun commencement, et, bien que contingente et conditionnelle dans toutes ses parties, elle serait absolument nécessaire et inconditionnelle dans le tout, ce qui est contradictoire. En effet l'existence d'une multiplicité ne peut pas être nécessaire, quand aucune de ses parties ne possède une existence nécessaire en soi.

Supposez au contraire qu'il y ait en dehors du monde une cause du monde absolument nécessaire, cette cause, étant le premier membre dans la *série des causes* des changements du monde, commencerait d'abord l'existence de ces changements et de leur série*. Or

* Le mot *commencer* se prend en deux sens. Le premier est *actif*,

QUATRIÈME ANTINOMIE

dériverait, sans que cette cause nécessaire appartînt elle-même au monde sensible. Or cela est impossible. En effet, puisque le commencement d'une succession de temps ne peut être déterminé que par ce qui précède dans le temps, la condition suprême du commencement d'une série de changements devait exister dans le monde alors que cette série n'existait pas encore (car qui dit commencement, dit une existence qu'a précédée un temps où la chose qui commence n'existait pas encore). La causalité de la cause nécessaire des changements, partant aussi la cause même, appartient donc au temps, et par conséquent au phénomène (dans lequel seulement le temps est possible comme sa forme); on ne peut donc la concevoir séparée du monde sensible, c'est-à-dire de l'ensemble de tous les phénomènes. Il y a donc dans le monde même quelque chose d'absolument nécessaire (que ce soit la série entière du monde, ou une partie de cette série).

il faudrait alors qu'elle commençât aussi à agir, et sa causalité rentrerait dans le temps, par conséquent dans l'ensemble des phénomènes, c'est-à-dire dans le monde, d'où il suit qu'elle-même, la cause, ne serait pas hors du monde, ce qui est contraire à la supposition. Il n'y a donc ni dans le monde, ni hors du monde (comme en étant la cause). un être absolument nécessaire.

et signifie que la cause commence (*infit*) une série d'états qui sont ses effets ; le second est *passif*. et signifie que la causalité commence (*fit*) dans la cause même. Je conclus ici du premier au second.

Remarques sur la quatrième antinomie

1° Sur la thèse

Pour prouver l'existence d'un être nécessaire, je ne dois me servir ici que de l'argument *cosmologique*, qui s'élève du conditionnel dans le phénomène à l'inconditionnel dans le concept, en regardant cet inconditionnel comme la condition nécessaire de la totalité absolue de la série. Il appartient à un autre principe de la raison de chercher une preuve dans la seule idée d'un être suprême entre tous les êtres en général, et cette preuve devra être présentée à part.

Or l'argument cosmologique pur ne peut prouver l'existence d'un être nécessaire qu'en laissant indécise la question de savoir si cet être est le monde lui-même, ou s'il en est différent. En effet, pour répondre à cette question, il faut des principes qui ne sont plus cosmologiques et qui ne se trouvent pas dans la série des phénomènes ; il faut des concepts d'êtres contingents en général (envisagés simplement comme objets de l'entendement), et un principe qui rattache ces êtres

2° Sur l'antithèse

Si, en remontant la série des phénomènes, on pense rencontrer des difficultés contre l'existence d'un être suprême absolument nécessaire, elles ne doivent pas non plus se fonder sur de simples concepts de l'existence nécessaire d'une chose en général, et, par conséquent, elles ne doivent pas être ontologiques ; mais il faut qu'elles résultent de la liaison causale qui nous force à remonter dans la série des phénomènes jusqu'à une condition qui soit elle-même absolue, et par conséquent qu'elles soient cosmologiques et déduites suivant des lois empiriques. Il s'agit en effet de montrer qu'en remontant la série des causes (dans le monde sensible), on ne peut jamais s'arrêter à une condition empiriquement inconditionnelle, et que l'argument cosmologique que l'on tire de la contingence des états du monde, à cause de ses changements, est contraire à la supposition d'une cause première et commençant absolument la série.

à un être nécessaire au moyen de simples concepts. Or tout cela rentre dans la philosophie *transcendante*, qui n'a pas encore ici sa place.

Dès que l'on a une fois commencé à suivre la preuve cosmologique, en prenant pour fondement la série des phénomènes et leur régression, au point de vue des lois empiriques de la causalité, on ne peut plus ensuite la quitter brusquement pour passer à quelque chose qui ne ferait plus partie de la série comme membre. En effet, une chose, pour servir de condition, devrait être prise justement dans le même sens où serait prise la relation du conditionnel à sa condition dans la série, qui conduirait à cette suprême condition par une progression continue. Or, si cette relation est sensible et appartient à l'usage empirique possible de l'entendement, la condition ou la cause suprême ne peut clore la régression que suivant les lois de la sensibilité, c'est-à-dire comme faisant partie de la série du temps, et l'être nécessaire doit être considéré comme le membre le plus élevé de la série du monde.

On s'est permis pourtant de faire un saut de ce genre (μεταβασις εις αλλο γενος). On

Mais il y a dans cette antinomie un étonnant contraste : le même argument qui servait à conclure dans la thèse l'existence d'un être premier, sert à conclure sa non-existence dans l'antithèse, et cela avec la même rigueur. On disait d'abord : *il y a un être nécessaire*, parce que tout le temps passé renferme la série de toutes les conditions, et par conséquent aussi l'inconditionnel (le nécessaire). On dit maintenant : *il n'y a pas d'être nécessaire*, précisément parce que tout le temps passé renferme la série de toutes les conditions (qui par conséquent sont toutes à leur tour conditionnelles). Voici la raison de ce contraste. Le premier argument ne regarde que la *totalité absolue* de la série des conditions, dont l'une détermine l'autre dans le temps, et il acquiert ainsi quelque chose d'inconditionnel et de nécessaire. Le second envisage au contraire la *contingence* de tout ce qui est déterminé dans la *série du temps* (puisqu'antérieurement à chaque détermination, il y a un temps où la condition doit être à son tour déterminée elle-même comme conditionnelle); ce qui fait entièrement disparaître tout inconditionnel et toute néces-

conclut en effet des changements qui arrivent dans le monde à sa contingence empirique, c'est-à-dire à sa dépendance à l'égard de causes empiriquement déterminantes, et l'on obtint une série ascendante de conditions empiriques, qui était d'ailleurs tout à fait juste. Mais, comme on n'y pouvait trouver de premier commencement ni de membre suprême, on abandonna tout à coup le concept empirique de la contingence, et l'on prit la catégorie pure : celle-ci fournit une série purement intelligible, dont l'intégrité reposait sur l'existence d'une cause absolument nécessaire, qui, n'étant désormais liée à aucune condition sensible, était affranchie aussi de la condition chronologique de commencer elle-même sa causalité. Mais cette manière de procéder est tout à fait illégitime, comme on peut le conclure de ce qui suit.

Le contingent, dans le sens pur de la catégorie, est ce dont l'opposé contradictoire est possible. Or on ne saurait nullement conclure de la contingence empirique à cette contingence intelligible. Le contraire de ce qui change (de son état) est réel en un autre temps, et, par conséquent aussi, possible ; il sité absolue. Cependant la conclusion dans les deux cas est tout à fait conforme à la raison commune : aussi arrive-t-il souvent à celle-ci de se mettre en désaccord avec elle-même, lorsqu'elle envisage son objet de deux points de vue différents. Une difficulté analogue sur le choix du point de vue ayant donné lieu à une dispute entre deux célèbres astronomes, M. *de Mairan* regarda cette dispute comme un phénomène assez remarquable pour en faire l'objet d'un traité particulier. L'un raisonnait ainsi : *la lune tourne autour de son axe*, parce qu'elle montre toujours le même côté à la terre ; l'autre disait : *la lune ne tourne pas autour de son axe*, précisément parce qu'elle montre toujours le même côté à la terre. Les deux conclusions étaient justes, suivant que l'on choisissait tel ou tel point de vue pour observer le mouvement de la lune.

n'est donc pas l'opposé contradictoire de l'état précédent : il faudrait pour cela que, dans le même temps où était l'état précédent, le contraire de cet état eût pu être à sa place, ce qui ne peut être conclu du changement. Un corps, qui était en mouvement $= A$, passe au repos $= non\ A$. Or, de ce qu'un état opposé à l'état A le suit, on ne saurait nullement conclure que l'opposé contradictoire de A fût possible et par conséquent contingent; car il faudrait pour cela que, dans le temps même où le mouvement avait lieu, le repos eût pu exister à sa place. Or tout ce que nous savons, c'est que le repos était réel dans un autre temps et par conséquent aussi possible. Mais le mouvement dans un temps et le repos dans un autre ne sont pas contradictoirement opposés l'un à l'autre. La succession de déterminations opposées, c'est-à-dire le changement, ne prouve donc nullement la contingence suivant les concepts de l'entendement pur, et, par conséquent, il ne saurait conduire, suivant ces concepts, à l'existence d'un être nécessaire. Le changement ne prouve que la contingence empirique, c'est-à-dire que, suivant la loi de la causalité, le nouvel état ne peut avoir lieu par lui-même sans une cause qui appartienne au temps précédent. Mais, de cette manière, la cause, la regardât-on comme absolument nécessaire, doit se trouver dans le temps et faire partie de la série des phénomènes.

TROISIÈME SECTION

De l'intérêt de la raison dans ce conflit avec elle-même

Nous avons maintenant devant les yeux tout le jeu dialectique des idées cosmologiques, de ces idées qui ne permettent pas qu'un objet correspondant leur soit donné dans quelque expérience possible, ou même que la raison les conçoive en harmonie avec les lois générales de l'expérience, et qui pourtant ne sont pas arbitrairement imaginées, mais auxquelles la raison est nécessairement conduite dans le progrès continuel de la synthèse empirique, lorsqu'elle veut affranchir de toute condition et embrasser dans sa totalité absolue ce qui ne peut jamais être déterminé par les règles de l'expérience que d'une manière conditionnelle. Ces affirmations dialectiques sont autant de tentatives ayant pour but de résoudre quatre problèmes naturels et inévitables de la raison : il ne peut y en avoir ni plus ni moins, puisqu'il n'y a pas un plus grand nombre de séries de suppositions synthétiques, limitant *à priori* la synthèse empirique.

Pour représenter les brillantes prétentions de la raison, étendant son domaine au delà de toutes les bornes de l'expérience, nous n'avons eu recours qu'à de sèches formules, qui en contiennent les simples motifs; et, comme il convient à une philosophie transcendentale, nous les avons dépouillées de tout élément empirique, bien que les assertions de la raison ne puissent briller dans tout leur éclat que grâce à cette liaison. Mais dans cette application et dans l'extension croissante de l'usage de la raison, la philosophie, en partant du champ de l'expérience et en s'élevant insensiblement jusqu'à ces idées sublimes, montre une telle dignité, que, si elle pouvait soutenir ses prétentions, elle laisserait bien loin derrière elle toutes les autres sciences humaines, puisqu'elle promet d'assurer les fondements sur lesquels reposent nos plus hautes espérances, et de nous donner des lumières sur les fins dernières vers lesquelles doivent converger en définitive tous les efforts de la raison. Le monde a-t-il un commencement, et y a-t-il quelque limite à son étendue dans l'espace? Y a-t-il quelque part, peut-être dans le moi pensant, une unité indivisible et impérissable, ou n'y a-t-il rien que de divisible et de passager? Suis-je libre dans mes actions, ou, comme les autres êtres, suis-je conduit par le fil de la nature et du destin? Y a-t-il enfin une cause suprême du monde, ou les choses de la nature et leur ordre forment-ils le dernier objet où nous devions nous arrêter dans toutes nos recherches? Ce sont là des questions pour la solution desquelles le mathématicien donnerait volontiers toute sa science; car celle-ci ne saurait satisfaire en lui le besoin le plus important, celui de connaître la fin suprême de l'humanité. La dignité même qui est propre aux mathématiques (cet orgueil de la raison humaine) vient de ce qu'elles fournissent à la raison un guide qui lui permet de pénétrer la nature, en grand aussi bien qu'en petit, dans l'ordre et la régularité qui y règnent, ainsi que dans la merveilleuse unité des forces qui la meuvent, bien au delà de tout ce que peut attendre une philosophie qui bâtit sur l'expérience vulgaire, et de ce qu'elles font naître et encouragent ainsi un usage de la raison qui dépasse toute expérience, en même temps qu'elles procurent à la philosophie, qui s'occupe de ces recherches, les meilleurs matériaux, pour appuyer ses investigations, autant que le permet leur nature, sur des intuitions appropriées.

Malheureusement pour la spéculation (mais heureusement peut-être pour la destination pratique de l'homme), la raison se voit, au milieu de ses plus grandes espérances, si embarrassée d'arguments pour et contre, que ne pouvant, tant par honneur que dans l'intérêt même de sa sûreté, ni reculer, ni regarder avec indifférence ce procès comme un jeu, ne pouvant non plus demander la paix, lorsque l'objet de la dispute est d'un si haut prix, il ne lui reste qu'à réfléchir sur l'origine de cette lutte avec elle-même, pour voir si par hasard un simple malentendu n'en serait pas la cause, et si, ce malentendu une fois dissipé, les prétentions orgueilleuses de part et d'autre ne feraient pas place au règne tranquille et durable de la raison sur l'entendement et les sens.

Avant d'entreprendre cette explication fondamentale, il convient de nous demander de quel côté nous nous rejetterions le plus volontiers, si nous étions forcés de prendre parti. Comme nous ne consultons point dans ce cas la pierre de touche logique de la vérité, mais simplement notre intérêt, si cette recherche ne décide rien par rapport au droit litigieux des deux parties, elle aura du moins l'avantage de faire comprendre pourquoi ceux qui prennent part à cette lutte se tournent plutôt d'un côté que de l'autre, sans y être déterminés par une connaissance supérieure de l'objet. Elle expliquera aussi d'autres choses, par exemple, le zèle ardent de l'une des parties.

et la froide affirmation de l'autre, pourquoi l'on applaudit avec joie à la première, tandis que l'on se montre irrévocablement prévenu contre la seconde.

Mais il y a quelque chose qui, dans cette appréciation provisoire, détermine le seul point de vue d'où l'on puisse l'établir d'une manière suffisamment solide ; je veux parler de la comparaison des principes d'où partent les deux parties. On remarque entre les affirmations de l'antithèse une parfaite uniformité de pensée et une complète unité de maximes, c'est-à-dire un principe de pur *empirisme*, qui sert non-seulement à expliquer les phénomènes dans le monde, mais encore à résoudre les idées transcendentales touchant l'univers même. Au contraire, les affirmations de la thèse prennent pour fondement, outre le mode d'explication empirique employé dans le cours de la série des phénomènes, certains principes intellectuels, et, en ce sens, la maxime n'en est pas simple. Je la désignerai, d'après son caractère essentiellement distinctif, sous le nom de *dogmatisme* de la raison pure.

Du côté du *dogmatisme*, dans la détermination des idées cosmologiques de la raison, ou du côté de la *thèse*, on trouve donc :

En premier lieu, un certain *intérêt pratique*, auquel prend part de bon cœur tout homme sensé qui comprend son véritable avantage. Que le monde ait un commencement, que mon moi pensant soit d'une nature simple et partant incorruptible, qu'il soit en même temps libre dans ses actions volontaires et qu'il échappe à la contrainte de la nature, qu'enfin l'ordre entier des choses qui constituent le monde dérive d'un être premier, duquel tout emprunte son unité et son harmonie ; ce sont là autant de pierres fondamentales de la morale et de la religion. L'antithèse nous enlève ou semble du moins nous enlever tous ces appuis.

En second lieu, il y a aussi de ce côté un *intérêt spéculatif* pour la raison. En effet, en admettant et en employant de cette manière les idées transcendentales, on peut embrasser tout à fait *à priori* la chaîne entière des conditions et comprendre la dérivation du conditionnel, puisque l'on part de l'inconditionnel. Or cet avantage ne se trouve pas dans l'antithèse : c'est pour celle-ci une mauvaise recommandation, que de ne pouvoir donner aucune réponse aux questions qui s'élèvent sur les conditions de sa synthèse et que l'on ne peut pas toujours poser sans fin. Suivant elle, il faut s'élever d'un commencement donné à un commencement antérieur, chaque partie conduit à une partie encore plus petite, chaque événement a toujours pour cause un autre événement au-dessus de lui, et les conditions de l'existence en général s'appuient toujours sur d'autres, sans jamais trouver un point d'appui absolu dans une chose existant par elle-même comme être premier.

En troisième lieu, ce côté a aussi l'avantage de la popularité, qui n'est certainement pas son moindre titre de recommandation. Le commun des intelligences ne trouve pas la moindre difficulté dans les idées du commencement absolu de toute synthèse ; car elles sont d'ailleurs plus accoutumées à descendre aux conséquences qu'à remonter aux principes, et le concept d'un être absolument premier (dont elles ne sondent pas la possibilité) leur semble commode, en leur fournissant un point ferme où elles peuvent attacher le fil qui doit diriger leurs pas, tandis qu'au contraire, en remontant toujours du conditionnel à la condition, elles ont toujours en quelque sorte un pied en l'air et ne peuvent jamais trouver de repos.

Du côté de l'*empirisme*, dans la détermination des idées cosmologiques, ou du côté de l'*antithèse*, on ne trouve d'*abord* aucun intérêt pratique résultant de principes purs de la raison, comme celui que renferment la morale et la religion. L'empirisme semble bien plutôt leur enlever à toutes deux toute force et toute influence. S'il n'y a pas un être premier distinct du monde, si le monde est sans commencement et par conséquent aussi sans auteur, si la volonté n'est pas libre et si l'âme est divisible et corruptible comme la matière, les idées morales mêmes et leurs principes perdent toute valeur, et s'évanouissent avec les idées *transcendentales*, qui forment leurs appuis théorétiques.

En revanche, l'empirisme offre à l'intérêt spéculatif de la raison des avantages qui sont fort attrayants et qui surpassent de beaucoup ceux que peut promettre la doctrine dogmatique des idées rationnelles. En le suivant, l'entendement reste toujours sur son propre terrain, c'est-à-dire dans le champ des expériences possibles ; il peut toujours en rechercher les lois, et, au moyen de ces lois, étendre sans cesse ses sûres et claires connaissances. Ici l'entendement peut et doit exhiber [1] l'objet, aussi bien en lui-même que dans ses rapports, au moyen de l'intuition, ou du moins de concepts dont l'image peut toujours être clairement et distinctement présentée dans des intuitions analogues données. Non-seulement il n'a pas besoin d'abandonner cette chaîne de l'ordre naturel pour s'attacher à des idées dont il ne connait pas les objets,

---

[1] *Darstellen.*

parce que, étant des choses de pensée [1], ils ne peuvent jamais être donnés ; mais il ne lui est même pas permis de quitter son œuvre, et, sous prétexte qu'elle est achevée, de passer dans le domaine de la *raison idéalisante*. Il ne lui est donc pas permis de s'élever à des concepts transcendentaux, où il n'aurait plus besoin d'observer et de suivre le fil des lois de la nature, mais où il n'aurait plus qu'à penser et à inventer, sûr de n'être jamais contredit par les faits de la nature, puisqu'il ne dépendrait point de leur témoignage, et qu'il aurait le droit de n'en pas tenir compte ou même de le soumettre à une autorité supérieure, je veux dire à celle de la raison pure.

L'empirique[2] ne permettra donc jamais de regarder aucune époque de la nature comme la première absolument, ni aucune limite imposée à sa vue dans l'étendue de la nature comme la dernière. Il ne permettra pas non plus de passer des objets de la nature, que l'on peut analyser par l'observation et les mathématiques et déterminer synthétiquement dans l'intuition (des objets étendus) à ceux que ni les sens ni l'imagination ne sauraient jamais exhiber (*in concreto*). Il ne permettra pas davantage de prendre pour fondement, même dans la *nature*, une puissance capable d'agir indépendamment des lois de la nature (la liberté), et d'abréger ainsi la tâche de l'entendement, qui est de remonter à l'origine des phénomènes suivant le fil de lois nécessaires. Il ne permettra pas enfin de chercher en dehors de la nature la cause première de quoi que ce soit (un être premier), puisque nous ne connaissons rien autre chose qu'elle, et

---

[1] *Gedankendinge*. — [2] *Der Empirist*.

qu'elle est la seule chose qui nous fournisse des objets et nous instruise de ses lois.

Reconnaissons-le : si le philosophe empirique, en posant son antithèse, n'avait d'autre but que de rabattre l'indiscrète curiosité et la présomption de la raison, qui méconnaît sa véritable destination, s'enorgueillit de sa *pénétration* et de son *savoir*, là où il n'y a plus proprement ni pénétration ni savoir, et prétend donner pour la satisfaction d'un intérêt spéculatif ce qui n'a de valeur qu'au point de vue de l'intérêt pratique, afin de pouvoir rompre, dès que cela lui convient, le fil des recherches physiques, et, sous prétexte d'étendre la connaissance, de rattacher ce fil à des idées transcendantes, dont on ne connaît proprement autre chose sinon qu'on n'en sait rien ; si, dis-je, l'empirique se bornait là, son principe serait une maxime qui nous recommanderait la modération dans nos prétentions et la réserve dans nos assertions, et qui en même temps nous inviterait à étendre le plus possible notre entendement à l'aide du seul maître que nous ayons proprement, l'expérience. En effet, dans ce cas, il ne nous serait pas interdit de nous livrer, en vue de notre intérêt pratique, à certaines *suppositions intellectuelles* et d'admettre certaines croyances ; seulement on ne pourrait pas les présenter sous le titre pompeux de science et de vues rationnelles, puisque le *savoir* proprement spéculatif ne peut avoir d'autre objet que celui de l'expérience, et que, si l'on en transgresse les limites, la synthèse, qui cherche des connaissances nouvelles et indépendantes de l'expérience, n'a aucun substratum d'intuition où elle puisse s'appliquer.

Mais, si l'empirisme devient lui-même dogmatique par rapport aux idées (comme il arrive ordinairement), et s'il nie avec assurance ce qui est au-dessus de la sphère de ses connaissances intuitives, il tombe alors à son tour dans une intempérance d'esprit qui est d'autant plus blâmable que l'intérêt pratique de la raison en reçoit un irréparable dommage.

Telle est l'opposition entre l'*Épicuréisme** et le *Platonisme*.

Chacun d'eux dit plus qu'il ne sait. Le premier encourage et aide le savoir, mais au préjudice de l'intérêt pratique; le second fournit des principes excellents au point de vue de cet intérêt, mais par là même, en matière de savoir purement spéculatif, il nous autorise à nous attacher à des explications idéalistes des phénomènes naturels et à négliger à leur endroit l'investigation physique.

Pour ce qui est enfin du troisième *moment* que l'on peut envisager dans le choix à faire provisoirement entre les deux parties opposées, il y a une chose tout à fait

---

* C'est cependant encore une question de savoir si Épicure a jamais présenté ces principes comme des assertions objectives. Si par hasard ils n'avaient été pour lui que des maximes de l'usage spéculatif de la raison, il aurait montré en cela un esprit plus véritablement philosophique qu'aucun des philosophes de l'antiquité. Que dans l'explication des phénomènes il faille procéder comme si notre champ d'investigation n'était limité par aucune borne ni par aucun commencement du monde; qu'il faille admettre la matière du monde dans le sens où nous devons le faire, quand nous voulons en être instruits par l'expérience; que l'on ne doive invoquer d'autre origine des événements que celle qui est déterminée par les lois immuables de la nature; enfin que l'on ne doive recourir à aucune cause distincte du monde; ce sont là, aujourd'hui encore, des principes très-justes, quoique très-peu observés, qui nous permettent d'étendre la philosophie spéculative, et en même temps de découvrir les principes de la morale indépendamment de tout secours étranger, sans que celui qui veut *ignorer* ces principes dogmatiques, tant qu'il ne s'agit que de pure spéculation, puisse être accusé de les vouloir *nier*.

étonnante : c'est que l'empirisme exclut toute espèce de popularité. On serait tenté de croire au contraire que le commun des esprits devrait accepter avec empressement une méthode qui lui promet de le satisfaire en lui offrant exclusivement des connaissances expérimentales et en les enchaînant conformément à la raison, tandis que le dogmatisme transcendental le contraint à s'élever à des concepts qui dépassent de beaucoup les vues et la puissance rationnelle des esprits les plus exercés à la pensée. Mais c'est justement là ce qui détermine les intelligences dont nous parlons. En effet elles se trouvent alors dans un état où les plus savants mêmes n'ont aucun avantage sur elles. Si elles n'y entendent rien ou peu de choses, personne du moins ne saurait se vanter d'y entendre davantage ; et, bien qu'elles ne puissent en discourir aussi méthodiquement que d'autres, elles peuvent en raisonner infiniment plus. C'est qu'elles errent là dans la région des pures idées, où l'on n'est si disert que parce que *l'on n'en sait rien*, tandis que, en matière de recherches physiques, il leur faudrait se taire tout à fait et avouer leur ignorance. Commodes et flatteurs pour la vanité, voilà donc déjà une puissante recommandation en faveur des principes du dogmatisme. En outre, s'il est très-difficile à un philosophe d'admettre en principe quelque chose dont il soit incapable de se rendre compte, ou même de présenter des concepts dont la réalité objective ne puisse être aperçue, rien n'est plus habituel aux intelligences vulgaires. Elles veulent avoir un point d'où elles puissent partir en toute sûreté. La difficulté de comprendre une pareille supposition ne les arrête pas, parce que (comme elles ne savent pas ce que c'est que comprendre) cette difficulté ne leur vient jamais à la pensée et qu'elles tiennent pour connu ce qu'un usage fréquent leur a rendu familier. Enfin tout intérêt spéculatif s'évanouit pour elles devant l'intérêt pratique, et elles s'imaginent apercevoir et savoir ce que leurs craintes ou leurs espérances les poussent à admettre ou à croire. Ainsi l'empirisme qui frappe la raison dans son idéalisation transcendentale [1] est dépourvu de toute popularité; et, quelque nuisible qu'il puisse être d'ailleurs aux premiers principes pratiques, il n'y a pas à craindre qu'il sorte jamais de l'enceinte des écoles et qu'il obtienne dans le monde quelque autorité et se concilie la faveur de la multitude.

La raison humaine est de sa nature architectonique, c'est-à-dire qu'elle envisage toutes les connaissances comme appartenant à un système possible, et que par conséquent elle ne permet que des principes qui n'empêchent pas du moins une connaissance donnée de s'accorder dans un système avec d'autres. Mais les propositions de l'antithèse sont de telle nature qu'elles rendent tout à fait impossible l'accomplissement d'un système de connaissances. Suivant elles, il y a toujours au-dessus d'un état du monde un autre plus ancien encore; dans chaque partie il y en a toujours d'autres, qui sont divisibles à leur tour; avant chaque événement il y en avait un autre, qui à son tour avait été produit par un plus ancien; enfin dans l'existence en général tout est toujours conditionnel, sans qu'on puisse reconnaître quelque part un être absolu et premier. Puis donc que l'antithèse n'admet nulle part un premier terme et un commencement qui puisse absolument servir de fondement à l'édi-

---

[1] *Der Empirismus der transcendental-idealisirenden Vernunft.*

fice, un système complet de la connaissance est tout à fait impossible avec des suppositions de ce genre. L'intérêt architectonique de la raison (qui exige, non une unité empirique, mais une unité purement rationnelle et *à priori*) contient donc une recommandation naturelle en faveur des assertions de la thèse.

Mais supposez qu'un homme puisse s'affranchir de tout intérêt, et, indifférent sur toutes les conséquences, estimer les assertions de la raison d'après la valeur de leurs principes : cet homme serait dans un état d'oscillation perpétuelle, s'il ne connaissait pas d'autre moyen de sortir d'embarras que d'adopter l'une ou l'autre des doctrines opposées. Aujourd'hui il se verrait persuadé que la volonté humaine est libre; mais demain, envisageant la chaîne indissoluble de la nature, il tiendrait pour certain que la liberté n'est qu'une illusion intérieure et que tout est *nature*. Mais, dès qu'il en vient à l'action, ce jeu de la raison spéculative s'évanouit comme un songe, et il choisit ses principes d'après l'intérêt pratique. Cependant, comme il convient à un être réfléchi et investigateur de consacrer un certain temps au simple examen de sa propre raison, en se dépouillant absolument de toute partialité et en communiquant publiquement aux autres ses remarques critiques, on ne saurait blâmer ni à plus forte raison empêcher personne de produire les thèses et les antithèses, comme elles peuvent être défendues, en dépit de toutes les menaces, devant des jurés du même rang (c'est-à-dire participant à notre faible humanité).

QUATRIÈME SECTION

Des problèmes transcendentaux de la raison pure, en tant qu'il doit absolument y en avoir une solution possible.

Prétendre résoudre tous les problèmes et répondre à toutes les questions serait une fanfaronnade si effrontée et une présomption si extravagante qu'on se rendrait aussitôt par là indigne de toute confiance. Pourtant il y a des sciences dont la nature est telle que toute question qui s'y élève doit être absolument résolue par ce que l'on sait, puisque la réponse doit dériver des mêmes sources que la question. Dans ces sciences il n'est nullement permis de prétexter une ignorance inévitable, mais on a le droit d'exiger d'elles une solution. Ce qui est *juste* ou *injuste* dans tous les cas possibles, il faut qu'on puisse le savoir en consultant la règle, puisqu'il s'agit ici de notre obligation et que nous ne sommes point obligés à ce que nous ne pouvons savoir. Mais dans l'explication des phénomènes de la nature il doit y avoir beaucoup de choses incertaines et beaucoup de questions insolubles pour nous, car ce que nous savons de la nature est bien loin de suffire dans tous les cas à ce que nous avons à expliquer. Il s'agit donc de savoir si dans la philosophie transcendentale il y a quelque question, concernant un objet proposé à la raison, qui soit insoluble pour cette même raison pure, et au sujet de laquelle on ait le droit de refuser toute réponse décisive, en la donnant pour absolument incertaine (d'après tout ce que nous pouvons connaître) et en la rangeant à ce titre parmi les choses dont nous avons assez l'idée pour en faire la matière d'une question, mais dont nous n'avons nullement les moyens et la faculté de trouver la solution.

Or je dis que la philosophie transcendentale a cela de particulier entre toutes les connaissances spéculatives, qu'aucune question, concernant un objet donné à la raison pure, n'est insoluble pour cette même raison humaine, et qu'on ne saurait jamais prétexter une ignorance inévitable et l'impénétrable profondeur du problème pour s'affranchir de l'obligation d'y répondre d'une manière pleine et entière; car le même concept qui nous met en état d'élever la question doit aussi nous rendre pleinement capables d'y répondre, puisque l'objet (de même qu'en matière de juste et d'injuste) ne se trouve point en dehors du concept.

Il n'y a dans la philosophie transcendentale que les questions cosmologiques pour lesquelles on puisse exiger à juste titre une réponse satisfaisante, qui concerne la nature de l'objet, sans qu'il soit permis au philosophe de se soustraire à cette obligation en prétextant une obscurité impénétrable, et ces questions ne peuvent se rapporter qu'à des idées cosmologiques. En effet l'objet doit être donné empiriquement, et la question ne porte que sur sa convenance avec une idée. L'objet est-il transcendental et par conséquent inconnu lui-même; par exemple s'agit-il de savoir si ce quelque chose dont la manifestation (en nous-mêmes) est la pensée, est en soi un être simple, s'il y a une cause première de toutes les choses ensemble qui soit absolument nécessaire, etc.; nous devons alors chercher à notre idée un objet dont nous puissions avouer qu'il nous est inconnu, mais sans être pour cela impossible*. Les idées cosmologiques ont seules cette propriété qu'elles peuvent supposer comme donnés leur objet et la synthèse empirique qu'exige leur concept ; et la question qui en sort ne concerne que le progrès de cette synthèse, en tant qu'il contient nécessairement une absolue totalité qui n'est plus rien d'empirique, puisqu'elle ne peut être donnée dans aucune expérience. Or, puisqu'il n'est ici question d'une chose que comme d'un objet d'expérience possible, et non comme d'une chose en soi, la réponse à la question cosmologique transcendante ne peut se trouver nulle part en dehors de l'idée. En effet elle ne concerne pas un objet en soi ; et, quand il s'agit de l'expérience possible, on ne demande pas ce qui peut être donné *in concreto* dans quelque expérience, mais ce qui est dans l'idée, dont la synthèse empirique doit simplement se rapprocher. Il faut donc que cette question puisse tirer sa solution uniquement de l'idée, puisque celle-ci est une pure création de la raison et

---

* On ne saurait, il est vrai, faire aucune réponse à la question de savoir *ce que c'est* qu'un objet transcendantal, ou qu'elle en est la nature, mais on peut bien dire que la *question* elle-même *n'est rien*, parce qu'elle n'a point d'objet donné. Toutes les questions de la psychologie transcendantale sont donc susceptibles d'une solution et elles sont réellement résolues ; car elles concernent le sujet transcendantal de tous les phénomènes intérieurs, lequel n'est pas lui-même un phénomène et par conséquent n'est pas *donné* comme objet, et auquel aucune des catégories ne trouve moyen de s'appliquer (c'est sur elles cependant que porte proprement la question). C'est donc ici le cas de dire, suivant une expression fréquemment employée, que l'absence de réponse est aussi une réponse, c'est-à-dire qu'une question sur la nature de ce quelque chose que nous ne saurions concevoir au moyen d'aucun prédicat déterminé, puisqu'il réside tout à fait hors de la sphère des objets, est entièrement nulle et vide.

qu'à ce titre elle ne saurait décliner toute réponse en prétextant un objet inconnu.

Il n'est donc pas aussi extraordinaire qu'il le paraît d'abord, qu'une science ait le droit de ne demander et de n'attendre, sur toutes les questions qui rentrent dans sa sphère (*questiones domesticæ*), que des solutions *certaines*, bien qu'on ne les ait peut-être pas encore trouvées. En dehors de la philosophie transcendentale il y a encore deux sciences rationnelles pures, l'une en matière purement spéculative, l'autre en matière pratique; je veux parler des *mathématiques pures* et de la *morale pure*. A-t-on jamais entendu un mathématicien, alléguant en quelque sorte l'ignorance nécessaire des conditions, donner pour une chose incertaine le rapport exact du diamètre à la circonférence en nombres rationnels ou irrationnels? Comme ce rapport ne pouvait être naturellement donné par la première espèce de nombres, et qu'on ne l'avait pas encore trouvé par la seconde, on jugea que l'impossibilité de cette solution pouvait au moins être connue avec certitude, et Lambert en donna la preuve. Dans les principes généraux de la morale il ne peut rien y avoir d'incertain, puisque les propositions, sous peine d'être tout à fait nulles et vides de sens, doivent découler de nos concepts rationnels. Il y a au contraire dans la physique une foule de conjectures sur lesquelles il est impossible d'arriver jamais à la certitude, parce que les phénomènes naturels sont des objets qui nous sont donnés indépendamment de nos concepts et dont la clef par conséquent n'est pas en nous et dans notre pensée pure, mais en dehors de nous, de sorte que dans beaucoup de cas on peut fort bien ne pas la trouver et se voir ainsi forcé de renoncer à toute solution certaine. Je ne parle pas ici des questions de l'analytique transcendentale, qui concernent la déduction de notre connaissance pure, parce qu'il ne s'agit maintenant que de la certitude des jugements par rapport aux objets et non par rapport à l'origine de nos concepts mêmes.

Nous ne saurions donc décliner l'obligation de donner au moins une solution critique aux questions rationnelles proposées, en nous plaignant des bornes étroites de notre raison et en confessant, avec l'apparence d'une humble connaissance de nous-mêmes, qu'il n'est pas donné à cette faculté de décider si le monde a existé de toute éternité, ou s'il a eu un commencement; si l'espace du monde est rempli d'êtres à l'infini, ou s'il est renfermé dans certaines limites; s'il y a dans le monde quelque chose de simple, ou si tout peut être divisé à l'infini; s'il y a quelque création ou quelque production libre, ou si tout dépend de la chaîne de l'ordre naturel; enfin s'il y a un être absolument inconditionnel et nécessaire en soi, ou si tout est conditionnel dans son existence et par conséquent extérieurement dépendant et contingent en soi. Toutes ces questions en effet concernent un objet qui ne peut être donné nulle part ailleurs que dans nos pensées, je veux dire la totalité absolument inconditionnelle de la synthèse des phénomènes. Si nous ne pouvons rien dire et rien décider de certain à cet égard avec nos propres concepts, nous ne pouvons nous en prendre à la chose qui se cacherait à nous, car il n'y a point de chose de ce genre qui puisse nous être donnée (puisqu'elle n'existe nulle part en dehors de notre idée); mais nous en devons chercher la cause dans notre idée même, laquelle est un problème qui ne comporte point de solution, et que nous nous acharnons pourtant à traiter comme si un objet réel lui correspondait. Une claire exposition de la dialectique qui réside dans notre concept même, nous conduirait bientôt à une entière certitude sur ce que nous devons penser d'une telle question.

Que si vous prétextez votre ignorance sur ces problèmes, on peut d'abord vous opposer cette question, à laquelle vous êtes au moins tenus de répondre clairement : d'où vous viennent les idées dont la solution vous jette ici dans un si grand embarras ? S'agit-il par hasard de phénomènes que vous avez besoin d'expliquer, et dont vous n'avez à chercher, d'après ces idées, que les principes ou la règle d'exposition ? Supposez que la nature se découvre entièrement devant vous, que rien ne demeure caché à vos sens et à la conscience de tout ce qui tombe sous votre intuition, vous ne pourrez connaître *in concreto* par aucune expérience l'objet de vos idées (car outre cette complète intuition il faudrait encore une synthèse parfaite et la conscience de son absolue totalité, conscience qui n'est possible par aucune connaissance empirique); par conséquent votre question n'est point du tout nécessaire à l'explication d'un phénomène qui se présente à vous, et ainsi elle ne peut être donnée en quelque sorte par l'objet lui-même. En effet l'objet ne saurait jamais se présenter à vous, puisqu'il ne peut être donné par aucune expérience possible. Vous demeurez toujours soumis, dans toutes les perceptions possibles, aux *conditions* de l'espace ou du temps, et vous n'arrivez jamais à rien d'inconditionnel, de manière à décider si cet inconditionnel doit être placé dans un commencement absolu de la synthèse, ou dans une absolue totalité de la série sans aucun commencement. L'idée d'un tout dans le sens empirique n'est jamais que comparative. Le tout absolu de la quantité (l'univers), de la division, de la dérivation, de la condition de l'existence en général, et toutes les questions de savoir s'il résulte d'une synthèse finie ou d'une synthèse qui s'étende à l'infini, ne concernent en rien aucune expérience possible. Vous n'expliqueriez pas mieux ni même autrement, par exemple, les phénomènes d'un corps, en admettant qu'il est formé de parties simples qu'en supposant qu'il l'est toujours de parties composées ; car aucun phénomène simple ni aucune composition infinie ne sauraient jamais s'offrir à vous. Les phénomènes ne veulent d'autre explication que celle dont les conditions sont données dans la perception, mais tout ce qui peut jamais y être donné, compris en un *tout absolu*, est lui-même une perception. Or ce tout est proprement ce dont on demande l'explication dans les problèmes transcendentaux de la raison.

Puis donc que la solution même de ces questions ne saurait jamais se présenter dans l'expérience, vous ne pouvez pas dire qu'on ne sait pas ce qui doit être ici attribué à l'objet. En effet, votre objet n'existe que dans votre tête, et ne peut être donné en dehors d'elle ; aussi n'avez-vous qu'à prendre soin de vous mettre d'accord avec vous-mêmes et d'éviter l'amphibolie, qui convertit votre idée en une prétendue représentation d'un objet empiriquement donné, et par conséquent aussi susceptible d'être connu au moyen des lois de l'expérience. La solution dogmatique n'est donc pas incertaine, mais impossible. Mais la solution critique, qui peut être parfaitement certaine, n'envisage pas du tout la question objectivement, mais seulement par rapport au fondement de la connaissance sur lequel elle repose.

CINQUIÈME SECTION

Représentation sceptique des questions cosmologiques soulevées par les quatre idées transcendentales.

Nous renoncerions volontiers à la prétention de voir nos questions dogmatiquement résolues, si nous comprenions bien d'avance que, quelle que fût la réponse, elle ne ferait qu'augmenter notre ignorance et nous précipiter d'une incompréhensibilité dans une autre, d'une obscurité dans une plus grande encore et peut-être même dans des contradictions. Si notre question réclame uniquement une affirmation ou une négation, c'est agir avec prudence que de laisser là provisoirement les raisons apparentes de la solution, et de considérer d'abord ce que l'on gagnerait, si la réponse était dans un sens ou dans un autre. Or, s'il se trouve que dans les deux cas on aboutit à un pur non sens, nous avons alors un juste motif d'examiner notre question même au point de vue critique, et de voir si elle ne reposerait pas sur une supposition dénuée de fondement et si elle ne jouerait pas avec une idée qui montre mieux sa fausseté dans son application et dans ses conséquences que dans sa forme abstraite. Telle est la grande utilité qui résulte de la manière sceptique de traiter les questions que la raison pure adresse à la raison pure ; on peut ainsi se débarrasser à peu de frais d'un grand fatras dogmatique, en y substituant une critique modeste, qui, comme un véritable cathartique, fera disparaître la présomption et sa suite, une vaine polymathie.

Si donc je pouvais savoir d'avance d'une idée cosmologique que, de quelque côté qu'elle se tournât dans l'inconditionnel de la synthèse régressive des phénomènes, elle serait ou *trop grande* ou *trop petite* pour chaque *concept de l'entendement*, je comprendrais que, cette idée n'ayant affaire qu'à un objet de l'expérience, laquelle doit être appropriée à un concept possible de l'entendement, il faut qu'elle soit entièrement vide et dénuée de sens, puisque l'objet ne s'y adapte pas, de quelque manière que j'essaie de l'y approprier. Et tel est réellement le cas de tous les concepts cosmologiques ; aussi jettent-ils la raison, qui s'y attache, dans une inévitable antinomie. En effet supposez :

1° *Que le monde n'ait pas de commencement*, il est alors *trop grand* pour *votre* concept ; car celui-ci, consistant dans une régression successive, ne saurait jamais atteindre toute l'éternité écoulée. Supposez au contraire *qu'il ait un commencement*, il est alors *trop petit* pour votre concept de l'entendement dans la régression empirique nécessaire. En effet, puisque le commencement présuppose toujours un temps antérieur, il n'est pas encore lui-même inconditionnel ; la loi qui règle l'usage empirique de l'entendement vous force à remonter à une condition de temps plus élevée encore, et par conséquent le monde est évidemment trop petit pour cette loi.

Il en est de même de la double réponse faite à la question qui concerne la grandeur du monde quant à l'espace. En effet, est-il *infini* ou illimité, il est alors *trop grand* pour tout concept empirique possible. Est-il *fini* ou limité, on demande encore à bon droit : qu'est-ce qui détermine cette limite ? L'espace vide n'est pas un corrélatif des choses existant par lui-même, et il ne saurait être une condition à laquelle vous puissiez vous arrêter, encore moins une condition empirique constituant une partie d'une expérience possible (car qui peut avoir une expérience du vide absolu?). Mais l'absolue totalité de la synthèse empirique exige toujours que l'inconditionnel soit un concept expérimental. Un monde *limité* est donc *trop petit* pour votre concept.

2° Si tout phénomène dans l'espace (toute matière) se compose *d'un nombre infini de parties*, la régression de la division sera toujours trop grande pour votre concept ; et si la *division* de l'espace doit *s'arrêter* à quelqu'un de ses membres (au simple), cette régression est *trop petite* pour l'idée de l'absolu. En effet ce membre laisse encore place à une régression vers un plus grand nombre de parties contenues en lui.

3° Si l'on admet qu'en tout ce qui arrive dans le monde il n'y a rien qui ne soit une conséquence des lois de la *nature*, la causalité de la cause est toujours à son tour quelque chose qui arrive, et elle vous force incessamment à remonter à des causes plus élevées encore, et par conséquent à prolonger la série des conditions *à parte priori*. La simple *nature* efficiente est donc *trop grande* pour tout votre concept dans la synthèse des événements du monde.

Admettez-vous, par-ci par-là, des événements *sponta-*

nément produits, et par conséquent une création *libre*, le pourquoi vous renvoie à une loi naturelle inévitable, et vous oblige à remonter au delà de ce point suivant la loi causale de l'expérience, en sorte que vous trouvez cette espèce de totalité de liaison *trop petite* pour votre concept empirique nécessaire.

4° Si vous admettez un être *absolument nécessaire* (soit le monde même, ou quelque chose dans le monde, ou la cause du monde), vous le placez dans un temps infiniment éloigné de tout moment donné, puisqu'autrement il dépendrait d'un autre être plus ancien ; mais alors cette existence est inaccessible à votre concept empirique, et elle est *trop grande* pour que vous puissiez jamais y arriver par quelque régression continue.

Que si, dans votre opinion, tout ce qui appartient au monde (soit comme conditionnel, soit comme condition) est *contingent*, toute existence qui vous est donnée est *trop petite* pour votre concept. En effet elle vous oblige à chercher encore une autre existence d'où elle dépende.

Nous avons dit dans tous ces cas que l'*idée du monde* est ou trop grande ou trop petite pour la régression empirique, et par conséquent pour tout concept possible de l'entendement. Pourquoi n'avons-nous pas renversé cet ordre et n'avons-nous pas dit que dans le premier cas le concept empirique était toujours trop petit pour l'idée, et qu'il était trop grand dans le second ; et pourquoi par conséquent n'avons-nous pas en quelque sorte rejeté la faute sur la régression empirique, au lieu d'accuser l'idée cosmologique de s'écarter par excès ou par insuffisance de son but, c'est-à-dire de l'expérience possible? En voici la raison. L'expérience possible est ce qui peut seul donner de la réalité à nos concepts; sans elle, tout concept n'est qu'une idée, sans vérité et sans rapport à un objet. Le concept empirique possible était donc la mesure d'après laquelle il fallait juger l'idée, pour savoir si elle était une simple idée et un être de raison, ou si elle avait son objet dans le monde. En effet, on ne dit d'une chose qu'elle est trop grande ou trop petite par rapport à une autre, que quand on ne l'admet que pour celle-ci et qu'on la règle uniquement d'après elle. C'était une sorte de jeu dans les anciennes écoles dialectiques que cette question : si une boule ne peut passer par un trou, faut-il dire que c'est la boule qui est trop grande, ou le trou qui est trop petit? Il est indifférent dans ce cas de s'exprimer d'une manière ou de l'autre; car on ne sait pas laquelle des deux choses existe pour l'autre. Mais vous ne direz pas qu'un homme est trop grand pour son habit; vous direz au contraire que l'habit est trop petit pour l'homme.

Nous sommes donc au moins conduits à soupçonner avec quelque raison que les idées cosmologiques et avec elles toutes les affirmations dialectiques opposées les unes aux autres ont peut-être pour fondement un concept vide et purement imaginaire sur la manière dont l'objet de ces idées nous est donné, et ce soupçon peut déjà nous mettre dans la bonne voie pour arriver à découvrir l'illusion qui nous a si longtemps trompés.

SIXIÈME SECTION

L'idéalisme transcendental comme clef de la solution de la dialectique cosmologique

Nous avons suffisamment établi dans l'esthétique transcendentale que tout ce qui est perçu dans l'espace et dans le temps, ou que tous les objets d'une expérience possible pour nous ne sont pas autre chose que des phénomènes, c'est-à-dire de simples représentations, et que par conséquent, en tant que nous nous les représentons comme des êtres étendus ou comme des séries de changements, ils n'ont point, en dehors de nos pensées, d'existence fondée en soi. C'est ce point de doctrine que je désigne sous le nom d'*idéalisme transcendental**. Le réaliste, dans le sens transcendental, fait de ces modifications de notre sensibilité des choses subsistantes par elles-mêmes, et par conséquent convertit de *simples représentations* en choses en soi.

Ce serait bien mal nous comprendre, que de nous attribuer cet idéalisme empirique, depuis longtemps si décrié, qui, tout en admettant la réalité propre de l'espace, nie ou au moins trouve douteuse l'existence des êtres étendus dans l'espace, et qui n'admet point à cet égard

---

* Je l'ai appelé aussi quelquefois *idéalisme formel*, pour le distinguer de l'*idéalisme matériel*, c'est-à-dire de l'idéalisme ordinaire, qui met en doute ou nie l'existence des choses extérieures mêmes. Il semble sage dans beaucoup de cas de se servir de cette dernière expression, de préférence à la première, afin de prévenir toute équivoque (a).

(a) Cette note a été ajoutée dans la seconde édition.

entre le rêve et la vérité de différence qu'on puisse suffisamment prouver. Pour ce qui est des phénomènes du sens intime dans le temps, ce système ne trouve aucune difficulté à les admettre comme des choses réelles; il soutient même que cette expérience intérieure prouve seule suffisamment l'existence de son objet (en soi, y compris toute cette détermination de temps).

Notre idéalisme transcendental accorde au contraire que les objets de l'intuition extérieure existent réellement comme ils sont représentés dans l'espace, et tous les changements dans le temps comme les représente le sens intérieur. En effet, puisque l'espace est lui-même une forme de cette intuition que nous nommons extérieure, et que sans objets dans l'espace il n'y aurait point de représentation empirique, nous pouvons et nous devons y admettre comme réels des êtres étendus, et il en est de même du temps. Mais cet espace même, ainsi que ce temps, et tous les phénomènes avec eux, ne sont pourtant pas des choses en soi; ce ne sont rien que des représentations, et ils ne sauraient exister en dehors de notre esprit. L'intuition intérieure et sensible de notre esprit même (comme d'un objet de la conscience), dont la détermination est représentée par la succession de divers états dans le temps, n'est pas non plus proprement le moi, tel qu'il existe en soi, ou le sujet transcendental, mais seulement une manifestation donnée à la sensibilité de cet être qui nous est inconnu. L'existence de ce phénomène intérieur, comme chose existante en soi, ne peut être admise, puisqu'elle a pour condition le temps et que le temps ne peut être une détermination de quelque chose en soi. Mais la vérité empirique des phénomènes dans l'espace et le temps est assez assurée, et elle se distingue suffisamment du rêve, dès que ces deux sortes de phénomènes s'accordent exactement et complétement, suivant des lois empiriques, au sein d'une expérience.

Les objets de l'expérience ne sont donc jamais donnés en soi, mais seulement dans l'expérience, et ils n'ont aucune existence en dehors d'elle. Qu'il puisse y avoir des habitants dans la lune, quoique personne ne les ait jamais vus, c'est ce qu'il faut sans doute accorder; mais cela signifie seulement qu'avec le progrès possible de l'expérience, nous pourrions arriver à les découvrir. En effet on nomme réel tout ce qui s'accorde en un contexte avec une perception suivant les lois qui règlent la marche de l'expérience. Ils sont donc réels, s'ils s'accordent avec ma conscience réelle de manière à former une liaison empirique, bien qu'ils ne le soient pas en soi, c'est-à-dire en dehors de ce progrès de l'expérience.

Rien ne nous est réellement donné que la perception et la progression empirique de cette perception à d'autres perceptions possibles. Car en eux-mêmes les phénomènes, comme simples représentations, ne sont réels que dans la perception, laquelle n'est dans le fait autre chose que la réalité d'une représentation empirique, c'est-à-dire un phénomène. Nommer objet réel un phénomène avant la perception, c'est dire que nous devons rencontrer cette perception dans le cours de l'expérience, ou c'est ne rien dire du tout. En effet qu'il existe en soi, sans rapport à nos sens et à l'expérience possible, cela pourrait sans doute se dire, s'il s'agissait d'une chose en soi; mais, comme il n'est ici question que d'un phénomène dans l'espace et dans le temps, et que l'espace et le temps ne sont pas des déterminations des choses en soi, mais seulement de notre sensibilité, ce qui est en eux, les phénomènes ne sont pas quelque chose en soi, mais de simples représentations, qui, dès qu'elles ne sont pas données en nous (dans la perception) n'existent nulle part.

La faculté d'intuition sensible n'est proprement qu'une capacité d'être affecté d'une certaine manière par des représentations dont la relation réciproque est une intuition pure de l'espace et du temps (simples formes de notre sensibilité), et qui s'appellent *objets*, en tant que dans ce rapport (l'espace et le temps) elles sont liées et déterminables suivant des lois de l'unité de l'expérience. La cause non sensible de ces représentations nous est entièrement inconnue, et nous ne saurions l'apercevoir comme objet; car un objet de cette nature ne pourrait être représenté ni dans l'espace ni dans le temps (comme conditions de la représentation sensible), et sans ces conditions nous ne saurions concevoir aucune intuition. Nous pouvons cependant appeler objet transcendental la cause purement intelligible des phénomènes en général, afin d'avoir ainsi quelque chose qui corresponde à la sensibilité considérée comme une réceptivité. Nous pouvons rapporter à cet objet transcendental toute l'étendue et tout l'enchaînement de nos perceptions possibles, et dire qu'il est donné en soi antérieurement à toute expérience. Mais les phénomènes, par rapport à cet objet, ne sont donnés que dans cette expérience, et non en soi, puisqu'ils sont de simples représentations, qui ne désignent un objet réel que comme perceptions, c'est-à-dire quand ces perceptions s'accordent avec toutes les autres suivant les règles de l'unité de l'expérience. Ainsi l'on peut dire que les choses réelles du temps passé sont données dans l'objet transcendental de l'expérience; mais elles ne sont des objets pour moi et ne sont réelles dans le temps passé qu'autant que je me représente qu'une série régressive de perceptions possibles liées par des lois empiriques (soit suivant le fil de l'histoire, soit suivant l'enchaînement des causes et des effets), ou qu'en un mot le cours du monde conduit à une série de temps écoulé comme à une condition du temps présent. Cette série n'est cependant représentée comme réelle que dans l'ensemble d'une expérience possible, et non en soi, de telle sorte que tous les événements écoulés depuis le temps immémorial qui a précédé mon existence ne signifient rien autre chose que la possibilité de prolonger la chaîne de l'expérience, à partir de la perception présente jusqu'aux conditions qui la déterminent dans le temps.

Quand je me représente ainsi tous les objets sensibles existants dans tous les temps et dans tous les espaces, je ne les y place pas avant l'expérience, mais cette représentation n'est autre chose que la pensée d'une expérience possible dans son absolue intégrité. C'est en elle seule que sont donnés ces objets (qui ne sont rien que de simples représentations). Si l'on dit qu'ils existent antérieurement à toute mon expérience, cela signifie seulement qu'ils se doivent rencontrer dans la partie de l'expérience vers laquelle il me faut toujours remonter en partant de la perception actuelle. Quelle est la cause des conditions empiriques de ce progrès; par conséquent quels membres puis-je rencontrer, ou même jusqu'où puis-je en rencontrer dans la régression? C'est ce qui est transcendental et par conséquent me demeure inconnu. Aussi bien n'est-ce pas de cela qu'il s'agit, mais de la règle de la progression de l'expérience, où les objets, c'est-à-dire les phénomènes, me sont donnés. Il est d'ail-

leurs tout à fait indifférent pour le résultat que je dise :
je puis avec le progrès de l'expérience trouver dans l'espace des étoiles cent fois plus éloignées que les plus éloignées que j'aperçois, ou que je m'exprime ainsi : il y en a peut-être dans l'espace du monde, bien qu'aucun homme ne les ait jamais vues ou ne doive jamais les voir. En effet, quand même elles seraient données en général comme des choses en soi, sans rapport à l'expérience possible, elles ne sont pourtant quelque chose pour moi, et par conséquent des objets, qu'autant qu'elles sont contenues dans la série de la régression empirique. Ce n'est que sous un autre rapport, c'est-à-dire lorsque ces phénomènes doivent être appliqués à l'idée cosmologique d'un tout absolu, et lorsque par conséquent il s'agit d'une question qui dépasse les limites de l'expérience possible, c'est alors seulement qu'il importe de distinguer la manière dont on entend la réalité de ces objets des sens, afin de prévenir l'opinion trompeuse qui résulterait inévitablement d'une fausse interprétation de nos concepts expérimentaux.

SEPTIÈME SECTION

Décision critique du conflit cosmologique de la raison avec elle-même

Toute l'antinomie de la raison pure repose sur cet argument dialectique : quand le conditionnel est donné, la série entière de toutes ses conditions l'est aussi ; or les objets des sens nous sont donnés comme conditionnels ; donc, etc. Ce raisonnement, dont la majeure semble si naturelle et si claire, introduit, suivant la différence des conditions (dans la synthèse des phénomènes), en tant qu'elles constituent une série, autant d'idées cosmologiques, qui postulent l'absolue totalité de ces séries et qui par là même mettent inévitablement la raison en contradiction avec elle-même. Mais avant de chercher à découvrir le côté fallacieux de cet argument dialectique, il est nécessaire de nous préparer à cette tâche, en rectifiant et en déterminant certains concepts qui se présentent ici.

D'abord, c'est une proposition claire et indubitablement certaine que celle-ci : quand le conditionnel est donné, une régression dans la série de toutes ses conditions nous *est donnée* par là même ; car le concept du conditionnel implique déjà que quelque chose est rapporté à une condition, et cette condition à son tour, si elle est elle-même conditionnelle, à une autre plus éloignée, et ainsi pour tous les membres de la série. Cette proposition est donc analytique, et elle n'a rien à craindre d'une critique transcendantale. Elle est un postulat logique de la raison, qui consiste à suivre par l'entendement et à pousser aussi loin que possible cette liaison d'un concept avec ses conditions qui est déjà inhérente au concept même.

Ensuite, si le conditionnel ainsi que sa condition sont des choses en soi, alors, quand le premier est donné, non-seulement la régression vers la seconde est donnée, mais celle-ci même est réellement *donnée* par là ; et. puisque cela s'applique à tous les membres, la série complète des conditions. par conséquent aussi l'inconditionnel est donné ou plutôt présupposé par cela même qu'est donné le conditionnel, qui n'était possible que par cette série. La synthèse du conditionnel avec sa condition est ici une synthèse du seul entendement, qui représente les choses telles qu'elles sont, sans se demander si et comment nous pouvons arriver à les connaître. S'agit-il au contraire de phénomènes, qui, comme simples représentations, ne sont nullement donnés, si je n'arrive pas à leur connaissance (c'est-à-dire à eux-mêmes, puisqu'ils ne sont rien que des connaissances empiriques), je ne puis pas dire dans le même sens que, quand le conditionnel est donné, toutes ses conditions (comme phénomènes) le sont aussi, et par conséquent je ne saurais nullement conclure à l'absolue totalité de leur série. En effet les *phénomènes* ne sont rien autre chose dans l'appréhension qu'une synthèse empirique (dans le temps et dans l'espace), et par conséquent ils ne sont donnés que dans celle-ci. Or il ne suit pas du tout que, si le conditionnel (dans le phénomène) est donné, la synthèse, qui constitue sa condition empirique, soit aussi donnée ou présupposée par là même ; mais elle a lieu d'abord dans la régression, et jamais sans elle. Mais on peut bien dire en pareil cas qu'une *régression* vers les conditions, c'est-à-dire une synthèse empirique continue est exigée ou *donnée* de ce côté, et qu'il ne peut manquer de conditions données par cette régression.

Il résulte clairement de là que la majeure du raisonnement cosmologique prend le conditionnel dans le sens transcendental d'une catégorie pure, et la mineure dans le sens empirique d'un concept de l'entendement appliqué à de simples phénomènes, et que par conséquent l'on tombe ici dans l'erreur dialectique appelée *sophisma fi-*

guræ dictionis. Mais cette erreur n'a rien d'artificiel; elle est une illusion toute naturelle de la raison commune. Par suite de cette illusion en effet, lorsque quelque chose est donné comme conditionnel, nous présupposons, en quelque sorte sans nous en apercevoir, les conditions et leur série (dans la majeure), parce qu'en cela nous ne faisons qu'obéir à la règle logique qui exige pour une conclusion donnée des prémisses complètes ; et, comme dans la liaison du conditionnel avec sa condition, il n'y a point d'ordre de temps, nous les présupposons en soi comme données *simultanément*. En outre il n'est pas moins naturel (dans la mineure) de regarder des phénomènes comme des choses en soi, et comme des objets donnés au pur entendement, ainsi qu'il est arrivé dans la majeure, où j'ai fait abstraction de toutes les conditions d'intuition sans lesquelles des objets ne peuvent être donnés. Mais il y avait ici, entre les concepts, une importante différence, que nous avons négligée. La synthèse du conditionnel avec sa condition et toute la série des conditions (dans la majeure) n'impliquent aucune détermination de temps ni aucun concept de succession. Au contraire la synthèse empirique et la série des conditions dans le phénomène (subsumé dans la mineure) sont nécessairement successives et ne sont données que sous cette condition de temps. Je ne pouvais donc pas présupposer ici comme là l'absolue totalité de la synthèse et de la série ainsi représentée, puisque là tous les membres de la série sont donnés en soi (sans condition de temps), tandis qu'ici ils ne sont possibles que par une régression successive, laquelle n'est donnée qu'autant qu'on l'accomplit réellement.

Lorsqu'on a une fois convaincu d'un tel vice l'argument sur lequel se fondent communément les assertions cosmologiques, on a bien le droit de renvoyer les deux parties contendantes, comme n'appuyant leurs prétentions sur aucun titre solide. Mais leur querelle ne serait pas encore terminée par cela seul qu'on leur aurait prouvé que l'une d'elles ou que toutes les deux ont tort (dans la conclusion) dans la chose même qu'elles affirment sans pouvoir l'appuyer sur des arguments valables. Il semble cependant qu'il n'y ait rien de plus clair que ceci : de deux assertions, dont l'une soutient que le monde a un commencement, et l'autre qu'il n'en a pas et qu'il existe de toute éternité, il faut nécessairement que l'une ait raison contre l'autre. Mais aussi, comme la clarté est égale des deux côtés, il est impossible de décider jamais de quel côté est le droit, et la querelle continue après comme avant, bien que les parties aient été renvoyées dos à dos par le tribunal de la raison. Il ne reste donc qu'un moyen de terminer le procès une bonne fois et à la satisfaction des deux parties : c'est de les convaincre que, si elles peuvent si bien se réfuter l'une l'autre, c'est qu'elles se disputent pour rien, et qu'une certaine apparence transcendentale leur a représenté une réalité là où il n'y en a aucune. Tel est donc le moyen par lequel nous allons essayer de mettre fin à un différend qu'il est impossible de décider autrement.

Zénon d'Élée, ce dialecticien subtil, a déjà été traité par Platon de méchant sophiste, pour avoir cherché, afin d'étaler son art, à démontrer certaines propositions par des arguments spécieux et à renverser bientôt après ces mêmes propositions par d'autres arguments tout aussi forts. Il affirmait que Dieu (qui vraisemblablement n'était pour lui rien autre chose que le monde) n'est ni fini ni infini, qu'il n'est ni en mouvement, ni en repos, qu'il n'est ni semblable ni dissemblable à aucune autre chose. Il semblait à ceux qui le jugeaient d'après cela qu'il voulût nier absolument deux propositions contradictoires, ce qui est absurde. Mais je ne trouve pas que ce reproche lui puisse être justement adressé. J'examinerai bientôt de près la première de ces propositions. Pour ce qui est des autres, si par le mot *Dieu* il entendait l'univers, il devait sans doute dire que celui-ci n'est ni toujours présent en son lieu (en repos), ni changeant de lieu (en mouvement), puisque il n'y a de lieux que dans l'univers et que celui-ci par conséquent n'est lui-même en aucun lieu. Si l'univers contient en soi tout ce qui existe, il n'est non plus à ce titre ni semblable, ni dissemblable à aucune autre chose, puisqu'il n'y a en dehors de lui *aucune autre chose* à laquelle il puisse être comparé. Quand deux jugements opposés l'un à l'autre supposent une condition impossible, ils tombent alors tous deux, malgré leur opposition (qui n'est pas proprement une contradiction), puisque la condition sans laquelle chacun d'eux ne saurait avoir de valeur tombe elle-même.

Si l'on dit : tout corps ou sent bon ou sent mauvais, il y a un troisième cas possible, c'est qu'il ne sente rien (qu'il n'exhale aucune odeur), et alors les deux propositions contraires peuvent être fausses. Mais si je dis : tout corps ou est odoriférant ou n'est pas odoriférant (*vel suaveolens vel non suaveolens*), les deux jugements sont opposés contradictoirement, et le premier seul est faux; son opposé contradictoire, à savoir que quelques corps ne sont pas odoriférants, comprend aussi les corps qui ne sentent rien du tout. Dans la précédente opposition (*per disparata*) la condition accidentelle du concept des corps (l'odeur) restait encore, malgré le jugement contraire, et par conséquent elle n'était pas supprimée par ce jugement; ce dernier n'était donc pas l'opposé contradictoire du premier.

Quand donc je dis : ou le monde est infini dans l'espace, ou il n'est pas infini (*non est infinitus*), si la première proposition est fausse, son opposé contradictoire, à savoir que le monde n'est pas infini, doit être vrai. Je ne fais par là qu'écarter un monde infini, sans en poser un autre, un monde fini. Mais si je dis : le monde est ou infini ou fini (non infini), ces deux propositions pourraient bien être fausses. En effet j'envisage alors le monde comme déterminé en soi quant à sa grandeur, puisque dans la proposition opposée je ne me borne pas à supprimer l'infinité et peut-être avec elle toute son existence propre, mais que j'ajoute une détermination au monde comme à une chose réelle en soi; ce qui pourrait bien être faux, si en effet le monde ne devait pas être donné comme *une chose en soi*, et par conséquent comme infini ou comme fini sous le rapport de sa grandeur. Qu'on me permette de désigner ce genre d'opposition sous le nom d'*opposition dialectique*, et celle qui consiste dans la contradiction, sous celui d'*opposition analytique*. Deux jugements dialectiquement opposés l'un à l'autre peuvent donc être faux tous deux, puisque l'un ne se borne pas à contredire l'autre, mais qu'il dit quelque chose de plus qu'il n'est nécessaire pour la contradiction.

Si l'on regarde les deux propositions : le monde est

infini en grandeur, le monde est fini en grandeur, comme contradictoirement opposées, on admet alors que le monde (la série entière des phénomènes) est une chose en soi. En effet il demeure, soit que je supprime la régression infinie ou la régression finie dans la série de ses phénomènes. Mais, si j'écarte cette supposition ou cette apparence transcendentale, et que je nie que le monde soit une chose en soi, alors l'opposition contradictoire des deux assertions se change en une opposition purement dialectique; et, puisque le monde n'existe pas en soi (indépendamment de la série régressive de mes représentations), il n'existe ni comme un tout infini en soi, ni comme un tout fini en soi. Il ne peut se trouver que dans la régression empirique de la série des phénomènes et non pas en soi. Si donc celle-ci est toujours conditionnelle, elle n'est jamais entièrement donnée, et par conséquent le monde n'est pas un tout inconditionnel; il n'existe donc non plus, comme tel, ni avec une grandeur infinie, ni avec une grandeur finie.

Ce qui vient d'être dit des premières idées cosmologiques, c'est-à-dire de l'absolue totalité de la grandeur dans le phénomène, s'applique aussi aux autres. La série des conditions ne se trouve que dans la synthèse régressive même; elle ne réside pas en soi dans le phénomène, comme dans une chose propre, donnée avant toute régression. Je devrai donc dire aussi que la multitude des parties dans un phénomène donné n'est en soi ni infinie, ni finie, puisque le phénomène n'est rien d'existant en soi, et que les parties sont données uniquement par la régression de la synthèse de décomposition et dans cette régression, qui n'est jamais donnée entièrement, ni comme finie, ni comme infinie. Il en est de même de la série des causes subordonnées les unes aux autres, ou de la série des existences conditionnelles jusqu'à l'existence absolument nécessaire : elle ne peut jamais être regardée ni comme finie, ni comme infinie en soi, sous le rapport de sa totalité, puisque, comme série de représentations subordonnées, elle ne réside que dans la régression dynamique, et qu'elle ne saurait exister en soi avant cette régression et comme une série de choses qui subsisterait par elle-même.

On fait donc disparaître l'antinomie de la raison pure dans ses idées cosmologiques, en montrant qu'elle est purement dialectique, et qu'elle est un conflit produit par une apparence résultant de ce que l'on applique l'idée de l'absolue totalité, laquelle n'a de valeur que comme condition des choses en soi, à des phénomènes, qui n'existent que dans la représentation, et, lorsqu'ils constituent une série, dans la régression successive, mais non pas autrement. En revanche on peut aussi tirer de cette antinomie une véritable utilité, non pas sans doute dogmatique, mais critique et doctrinale : je veux parler de l'avantage de démontrer indirectement par ce moyen l'idéalité transcendentale des phénomènes, si par hasard la preuve directe donnée dans l'esthétique transcendentale n'avait pas paru suffisante. Cette démonstration consisterait dans ce dilemme : si le monde est un tout existant en soi, il est ou fini ou infini. Or le premier cas aussi bien que le second sont faux (suivant les preuves, rapportées plus haut, de l'antithèse d'un côté, et de la thèse de l'autre). Il est donc faux aussi que le monde (l'ensemble de tous les phénomènes) soit un tout existant en soi. D'où il suit par conséquent que les phénomènes en général ne sont rien en dehors de nos représentations, et c'est précisément ce que nous voulions dire en parlant de leur idéalité transcendentale.

Cette remarque a de l'importance. On voit par là que les preuves données plus haut des quatre antinomies ne sont pas des artifices destinés à tromper l'esprit, mais qu'elles ont leur solidité, si l'on suppose que les phénomènes et le monde sensible qui les comprend tous sont des choses en soi. Mais le conflit des propositions qui en résultent montre que cette supposition contient une fausseté, et il nous conduit ainsi à découvrir la véritable nature des choses, comme objets des sens. La dialectique transcendentale ne vient donc point du tout en aide au scepticisme, mais bien à la méthode sceptique, qui peut y montrer un exemple de sa grande utilité. Qu'on laisse les arguments de la raison lutter les uns contre les autres dans toute leur liberté : s'ils ne nous donnent pas à la fin ce que nous cherchons, du moins nous fourniront-ils toujours quelque chose d'utile et qui pourra servir à rectifier nos jugements.

HUITIÈME SECTION

Principe régulateur de la raison pure par rapport aux idées cosmologiques

Puisque le principe cosmologique de la totalité ne saurait donner aucun maximum à la série des conditions du monde sensible considéré comme chose en soi, mais que ce maximum ne peut être donné que dans la régression de cette série, le principe de la raison pure dont il s'agit ici, ainsi ramené à sa véritable signification, conserve sa valeur propre, non sans doute à titre d'*axiome*, nous servant à concevoir la totalité comme réelle dans l'objet, mais à titre de *problème* pour l'entendement, par conséquent pour le sujet, servant à établir et à poursuivre, en vue de l'intégrité de l'idée, la régression dans la série des conditions relatives à un conditionnel donné. En effet dans la sensibilité, c'est-à-dire dans l'espace et dans le temps, toute condition à laquelle nous pouvons arriver dans l'exposition de phénomènes donnés est à son tour conditionnelle, puisque ces phénomènes ne sont pas des objets en soi, où l'inconditionnel absolu puisse trouver place, mais des représentations purement empiriques, dont la condition se trouve toujours dans l'intuition, qui les détermine quant à l'espace ou au temps. Le principe de la raison n'est donc proprement qu'une *règle*, qui, dans la série des conditions de phénomènes donnés, exige une régression à laquelle il n'est jamais permis de s'arrêter dans un inconditionnel absolu. Ce n'est donc pas un principe servant à rendre possible l'expérience et la connaissance empirique des objets des sens, c'est-à-dire un principe de l'entendement ; car toute expérience est renfermée dans ses limites (conformément à l'intuition donnée). Ce n'est pas non plus un principe *constitutif* de la raison, destiné à étendre le concept du monde sensible au delà de toute expérience possible. C'est un principe servant à poursuivre et à étendre l'expérience le plus loin possible, et d'après lequel il n'y a point de limite empirique qui puisse avoir la valeur d'une limite absolue ; par conséquent un principe de la raison, qui postule comme *règle* ce qui doit arriver par nous dans la régression et *n'anticipe* pas ce qui est donné en soi dans l'*objet* antérieurement à toute régression. C'est pourquoi je l'appelle un principe *régulateur* de la raison, tandis que celui de l'absolue totalité de la série des conditions, considérée comme donnée en soi dans l'objet (dans les phénomènes) serait un principe cosmologique *constitutif*. J'ai voulu montrer par cette distinction l'inanité de ce dernier, et en même temps empêcher, ce qui sans cela arrive inévitablement, que (par une subreption transcendentale) on n'attribue de la réalité objective à une idée qui sert simplement de règle.

Pour déterminer convenablement le sens de cette règle de la raison pure, il faut d'abord remarquer qu'elle ne peut pas dire *ce qu'est l'objet*, mais *comment il faut instituer la régression empirique*, pour arriver au concept complet de l'objet. En effet, si le premier cas avait lieu, il serait un principe constitutif, c'est-à-dire un principe qui ne peut jamais sortir de la raison pure. On ne saurait donc nullement avoir ici l'intention de dire que la série des conditions relatives à un conditionnel donné est finie ou infinie en soi; car ce serait alors convertir une simple idée de l'absolue totalité, laquelle n'existe que dans cette idée même, en une conception d'un objet qui ne peut être donné dans aucune expérience, puisqu'on attribuerait à une série de phénomènes une réalité objective indépendante de la synthèse empirique. L'idée de la raison ne fera donc que prescrire à la synthèse régressive dans la série des conditions une règle qui lui permette de s'élever, au moyen de toutes les conditions subordonnées les unes aux autres, du conditionnel à l'inconditionnel, mais sans jamais atteindre celui-ci.

Car l'inconditionnel absolu ne se trouve point du tout dans l'expérience.

Or à cette fin il faut d'abord déterminer exactement la synthèse d'une série, en tant qu'elle n'est jamais complète. On se sert ordinairement à cet effet de deux expressions qui doivent représenter ici quelque distinction, mais sans qu'on sache indiquer au juste la raison de cette distinction. Les mathématiciens parlent simplement d'un *progressus in infinitum*. Ceux qui scrutent les concepts (les philosophes) veulent qu'on substitue à cette expression celle de *progressus in indefinitum*. Sans m'arrêter à examiner le scrupule qui a suggéré à ceux-ci cette distinction, et son utilité ou son inutilité, je veux chercher à déterminer exactement ces concepts par rapport à mon but.

On peut dire avec raison d'une ligne droite qu'elle peut être prolongée à l'infini, et ici la distinction de l'infini et de l'indéfini (*progressus in indefinitum*) serait une vaine subtilité. Sans doute, lorsque l'on dit : prolongez une ligne, il est plus exact d'ajouter : *in indefinitum*, que : *in infinitum*, parce que la première expression signifie uniquement : prolongez-la autant que vous voulez, tandis que la seconde veut dire : *vous ne devez* jamais cesser de la prolonger (ce dont il n'est pas ici question); mais, lorsqu'il ne s'agit que du *pouvoir*, l'expression d'infini est tout à fait exacte; car vous pouvez toujours prolonger votre ligne à l'infini. Et il en est de même dans tous les cas où l'on ne parle que du progrès qui consiste à aller de la condition au conditionnel; ce progrès possible s'étend à l'infini dans la série des phénomènes. En partant d'un couple d'aïeux vous pouvez avancer sans fin suivant une ligne descendante de la génération, et concevoir que cette ligne se continue ainsi réellement dans le monde. Ici en effet la raison n'a jamais besoin de la totalité absolue de la série, puisqu'elle ne la suppose pas comme condition et comme donnée (*datum*), mais seulement comme quelque chose de conditionnel qui est simplement possible (*dabile*) et s'accroît sans fin.

Il en est tout autrement de la question de savoir jusqu'où s'étend la régression qui dans une série s'élève du conditionnel donné aux conditions, si je puis dire que cette régression va à l'infini ou seulement qu'elle s'étend *indéfiniment* (*in indefinitum*), et si, par conséquent, en partant des hommes actuellement vivants, je puis remonter à l'infini dans la série de leurs aïeux, ou si je dois me borner à dire que, quelque loin que je remonte, je ne trouverai jamais un principe empirique où je puisse borner la série, de telle sorte que je sois autorisé et en même temps obligé, sinon à supposer, du moins à chercher encore au delà les aïeux des aïeux.

Je dis donc que, si le tout est donné dans l'intuition empirique, la régression va à l'infini dans la série de ses conditions intérieures. Mais, s'il n'y a qu'un membre de la série donné, et que la régression doive aller de ce membre à la totalité absolue, cette régression est alors simplement indéfinie (*in indefinitum*). Aussi l'on doit dire de la division d'une matière donnée avec ses limites (d'un corps) qu'elle va à l'infini. Car cette matière est donnée tout entière et par conséquent avec toutes ses parties possibles dans l'intuition empirique. Or, comme la condition de ce tout est sa partie, et la condition de cette partie la partie de la partie, et ainsi de suite, et que, dans cette régression de la décomposition, on ne trouve jamais de membre inconditionnel (indivisible) de cette série de conditions, non-seulement il n'y a point de raison empirique pour s'arrêter dans la division, mais les membres ultérieurs de la division à poursuivre sont eux-mêmes empiriquement donnés antérieurement à cette division continue. C'est ce que l'on exprime en disant que la division va à l'infini. Au contraire, la série des aïeux pour un certain homme n'est donnée dans son absolue totalité par aucune expérience possible. La régression n'en va pas moins de chaque membre de cette génération à un membre plus élevé, de telle sorte qu'il n'y a point de limite empirique qui présente un membre comme absolument inconditionnel ; mais, comme les membres qui pourraient fournir ici la condition ne sont pas dans l'intuition empirique du tout antérieurement à la régression, celle-ci ne va pas à l'infini (dans la division de la chose donnée), mais elle s'étend indéfiniment dans la recherche d'un plus grand nombre de membres qui servent de condition aux individus donnés et qui, à leur tour, ne sont jamais donnés que comme conditionnels.

Dans aucun des deux cas, qu'il s'agisse du *regressus in infinitum* ou du *regressus in indefinitum*, la série des conditions n'est considérée comme infiniment donnée dans l'objet. Ce ne sont pas des choses qui soient données en elles-mêmes, mais seulement des phénomènes qui, comme conditions les uns des autres, ne sont donnés que dans la régression même. La question n'est donc plus de savoir combien grande est en elle-même la série des conditions, si elle est finie ou infinie, car elle n'est rien en soi ; mais comment nous devons instituer la régression empirique et jusqu'où nous devons la poursuivre. Et il y a ici une importante distinction à faire par rapport à la règle de cette marche. Si le tout est donné empiriquement, *il est possible* de remonter *à l'infini* dans la série de ses conditions intérieures. Que s'il n'est pas donné, ou s'il ne doit l'être que par la régression empirique, tout ce que je puis dire, c'est qu'il est *possible à l'infini* de s'élever dans la série à des conditions plus hautes encore. Dans le premier cas je pouvais dire : il y a toujours plus de membres, empiriquement donnés, que je n'en atteins par la régression (de la décomposition); mais dans le second je dois me borner à dire : je puis toujours aller plus loin dans la régression, puisqu'aucun membre n'est empiriquement donné comme absolument inconditionnel, et que par conséquent il y a toujours un membre plus élevé possible, dont la recherche est nécessaire. Dans le premier cas il était nécessaire de *trouver* toujours un plus grand nombre de membres de la série; dans le second il est nécessaire d'en chercher toujours un plus grand nombre, puisqu'aucune expérience ne fournit une limite absolue. En effet ou bien vous n'avez point de perception qui limite absolument votre régression empirique, et alors vous ne devez pas tenir cette régression pour achevée; ou bien vous avez une perception qui limite votre série, et alors cette perception ne peut pas être une partie de votre série déjà accomplie (puisque ce qui limite doit être différent de ce qu'il sert à limiter), et vous devez par conséquent poursuivre votre régression pour cette condition même, et ainsi de suite.

La section suivante mettra ces observations dans tout leur jour en les appliquant.

NEUVIÈME SECTION

De l'usage empirique du principe régulateur de la raison par rapport à toutes les idées cosmologiques.

Comme il n'y a point, ainsi que nous l'avons montré plusieurs fois, d'usage transcendental des concepts de l'entendement, non plus que de ceux de la raison, et comme l'absolue totalité des séries de conditions du monde sensible se fonde uniquement sur un usage transcendental de la raison, qui exige cette intégrité absolue de ce qu'elle suppose comme chose en soi, attendu que le monde sensible ne contient rien de pareil, il ne peut plus jamais être question de la quantité absolue des séries dans ce monde sensible : il ne s'agit plus de savoir si elles peuvent être en soi limitées ou illimitées, mais seulement jusqu'où nous devons remonter dans la régression empirique, en ramenant l'expérience à ses conditions, afin de ne nous arrêter, suivant la règle de la raison, à aucune autre solution de ses questions qu'à celle qui est conforme à l'objet.

Il ne nous reste donc plus d'autre *valeur* à attribuer au *principe rationnel* que celle d'une règle relative à la *progression* et à la grandeur d'une expérience possible, puisque nous avons suffisamment prouvé qu'il n'en avait aucune comme principe constitutif des phénomènes en soi. Aussi, si nous parvenons à mettre cette valeur hors de doute, le conflit de la raison avec elle-même sera-t-il tout à fait terminé, puisque, par cette solution critique, non-seulement l'apparence qui la divisait avec elle-même sera dissipée, mais qu'à sa place le sens où elle s'accorde avec elle-même et dont l'ignorance était la seule cause du conflit, se trouvera établi, et qu'un principe jusque-là *dialectique* sera converti en un principe *doctrinal*. Dans le fait, si l'on peut justifier le sens subjectif de ce principe, qui consisterait à déterminer le plus grand usage possible de l'expérience conformément aux objets de cette expérience, c'est précisément comme si, à la manière d'un axiome (ce qui est impossible par la raison pure), il déterminait *à priori* les objets en eux-mêmes. Car un axiome même ne pourrait pas, par rapport aux objets de l'expérience, exercer une plus grande influence sur l'extension et la rectification de notre connaissance que ne le ferait ce principe en s'appliquant à donner le plus d'étendue possible à l'usage expérimental de notre entendement.

I

Solution de l'idée cosmologique de la totalité de la réunion des phénomènes en un univers

Ici, comme dans les autres questions cosmologiques, le fondement du principe régulateur de la raison est cette proposition, que, dans la régression empirique, on ne peut trouver *aucune expérience d'une limite absolue*, par conséquent d'aucune condition qui, comme telle, soit *au point de vue empirique absolument inconditionnelle*. La raison en est qu'une semblable expérience devrait renfermer une limite assignée aux phénomènes par rien, ou par le vide, auquel aboutirait, au moyen d'une perception, la régression poussée jusque-là, ce qui est impossible.

Or cette proposition, qui revient à dire que, dans la régression empirique, je n'arrive jamais qu'à une condition qui elle-même à son tour doit être considérée comme empiriquement conditionnelle, cette proposition contient *in terminis* cette règle, que, si loin que je sois ainsi parvenu dans la série ascendante, de fait je dois toujours m'enquérir d'un membre plus élevé de la série, que ce membre puisse ou non m'être connu par l'expérience.

Pour résoudre le premier problème cosmologique, il n'est donc besoin que de décider si, dans la régression vers la grandeur inconditionnelle de l'univers (au point de vue du temps et de l'espace), cette ascension qui ne trouve jamais de limite peut être appelée une *régression à l'infini* ou seulement une *régression indéfiniment poursuivie* (*in indefinitum*).

La simple représentation générale de la série de tous les états passés du monde, ainsi que des choses qui sont simultanément dans l'espace du monde, n'est pas elle-même autre chose qu'une régression empirique possible, que je conçois, bien que d'une manière encore indéterminée, et qui seule peut donner lieu au concept d'une telle série de conditions pour une perception donnée*.

---

* Cette série du monde ne peut donc être ni plus grande, ni plus petite que la régression empirique possible sur laquelle seule repose son concept. Mais, comme ce concept ne saurait donner un infini dé-

Or l'univers n'est toujours pour moi que l'objet d'un concept, mais jamais d'une intuition (comme tout). Je ne puis donc conclure de sa grandeur à celle de la régression, et déterminer celle-ci d'après celle-là; je ne puis au contraire me faire un concept de la grandeur du monde que par la grandeur de la régression empirique. Mais de celle-ci je ne sais rien de plus sinon que, de chaque membre donné de la série des conditions, je dois toujours m'avancer empiriquement vers un membre plus élevé (plus éloigné). La grandeur de l'ensemble des phénomènes n'est donc pas absolument déterminée par là, et par conséquent on ne peut pas dire non plus que cette régression aille à l'infini, puisqu'on anticiperait ainsi sur les membres auxquels la régression n'est pas encore parvenue, qu'on s'en représenterait une telle quantité qu'aucune synthèse empirique n'y pourrait atteindre, et que par conséquent on *déterminerait* (bien que d'une manière purement négative) la grandeur du monde avant la régression, ce qui est impossible. Le monde en effet ne m'est donné par aucune intuition (dans sa totalité), et par conséquent sa grandeur ne m'est pas donnée non plus avant la régression. Nous ne pouvons donc rien dire du tout de la grandeur du monde, pas même qu'il y a en lui un *regressus in infinitum*, mais c'est seulement d'après la règle qui détermine en lui la régression empirique qu'il faut chercher le concept de sa grandeur. Or cette règle ne dit rien de plus sinon que, quelque loin que nous

---

terminé et pas davantage un fini déterminé (limité absolument), il est clair que nous ne pouvons admettre la grandeur du monde ni comme finie, ni comme infinie, puisque la régression (au moyen de laquelle elle nous est représentée) ne permet ni l'un ni l'autre.

soyons arrivés dans la série des conditions empiriques, nous ne devons admettre nulle part une limite absolue, mais que nous devons subordonner tout phénomène, comme conditionnel, à un autre phénomène, comme à sa condition, et par conséquent après l'un continuer de marcher vers l'autre, ce qui est le *regressus in indefinitum*, lequel, ne déterminant aucune grandeur dans l'objet, se distingue assez clairement du *regressus in infinitum*.

Je ne puis donc pas dire que le monde est *infini* quant au passé, ou quant à l'espace. En effet un tel concept de la grandeur, comme d'une infinité donnée, est impossible empiriquement, et par conséquent absolument impossible par rapport au monde, comme objet des sens. Je ne dirai pas non plus que la régression d'une perception donnée à tout ce qui la limite dans une série, soit dans l'espace, soit dans le temps passé, s'étend *à l'infini*, car cela suppose la grandeur infinie du monde; ni qu'elle est *finie*, car une limite absolue est tout aussi impossible empiriquement. Je ne pourrai donc rien dire de tout l'objet de l'expérience (du monde sensible), mais seulement de la règle d'après laquelle l'expérience doit être appropriée à son objet, instituée et continuée.

La première réponse à la question cosmologique touchant la grandeur du monde, est donc cette solution négative: le monde n'a pas de premier commencement dans le temps, ni de limite extrême dans l'espace.

En effet, dans le cas contraire, il serait limité d'un côté par le temps vide, et de l'autre par l'espace vide. Or, comme, en tant que phénomène, il ne peut être ainsi limité en soi, puisque le phénomène n'est pas une chose en soi, il faudrait admettre la possibilité d'une perception de la limite formée par un temps absolument vide ou par un espace vide, d'une perception par laquelle cette limite du monde serait donnée dans une expérience possible. Mais une telle expérience, étant absolument vide de contenu, est impossible. Une limite absolue du monde est donc impossible empiriquement et par conséquent absolument*.

De là résulte en même temps cette réponse *affirmative*, que la régression dans la série des phénomènes du monde, comme détermination de la grandeur du monde, va *in indefinitum*, ce qui revient à dire que le monde sensible n'a pas de grandeur absolue, mais que la régression (par laquelle seule il peut être donné du côté de ses conditions) a sa règle, laquelle consiste à marcher toujours, de chaque membre de la série, comme d'un conditionnel, à un membre encore plus éloigné (au moyen soit de l'expérience directe, soit du fil de l'histoire, soit de la chaîne des effets et des causes), et à ne jamais se dispenser d'étendre l'usage empirique possible de son entendement, ce qui est aussi la propre et unique affaire de la raison dans ses principes.

Une régression empirique déterminée, s'avançant sans cesse dans une certaine espèce de phénomènes, n'est point prescrite par là : il ne nous est pas enjoint, par

---

* On remarquera que la preuve est ici tout autrement administrée que ne l'était plus haut la preuve dogmatique dans l'antithèse de la première antinomie. Là nous avions présenté le monde sensible, suivant la représentation ordinaire et dogmatique, comme une chose qui était donnée en soi, quant à la totalité, antérieurement à toute régression, et nous lui avions refusé une place déterminée dans le temps et dans l'espace, s'il n'occupait pas tous les temps et tous les espaces. La conclusion était donc aussi tout autre qu'ici, c'est-à-dire qu'elle conduisait à l'infinité réelle du monde.

exemple, en partant d'un homme vivant, de remonter toujours plus haut dans la série de ses ancêtres, sans jamais atteindre un premier couple, ou d'avancer toujours dans la série des corps du monde, sans admettre un soleil extrême; seulement il nous est ordonné d'aller de phénomènes en phénomènes, dussent ceux-ci ne fournir aucune perception réelle (si la perception est d'un degré trop faible pour arriver à notre conscience et devenir une expérience), mais pourvu qu'ils appartiennent à l'expérience possible.

Tout commencement est dans le temps, et toute limite de ce qui est étendu, dans l'espace. Mais l'espace et le temps ne sont que dans le monde sensible. Les phénomènes ne sont donc *dans le monde* que d'une manière conditionnelle, mais *le monde* lui-même n'est ni conditionnel, ni limité d'une manière absolue.

C'est précisément pour cette raison et parce que le monde, non plus que la série même des conditions pour un conditionnel donné, ne peut jamais être, comme série cosmologique, *entièrement donné*, que le concept de la grandeur du monde n'est donné que par la régression, et non dans une intuition collective antérieure à cette régression. Mais celle-ci ne consiste jamais que dans la ***détermination*** de la grandeur, et par conséquent elle ne donne pas un concept *déterminé*, ni par conséquent un concept d'une grandeur qui serait infinie relativement à une certaine mesure ; elle ne va donc pas à l'infini (en quelque sorte donné), mais à l'indéfini, afin de donner (à l'expérience) une grandeur qui n'est réelle que par cette régression.

II

Solution de l'idée cosmologique de la totalité de la division d'un tout donné dans l'intuition

Quand je divise un tout qui est donné dans l'intuition, je vais d'un conditionnel aux conditions de sa possibilité. La division des parties (*subdivisio* ou *decompositio*) est une régression dans la série de ces conditions. La totalité absolue de cette série ne serait donnée que si la régression pouvait arriver à des parties *simples*. Mais, si toutes les parties sont toujours divisibles et si la décomposition continue toujours, la division, c'est-à-dire la régression, va du conditionnel à ses conditions *in infinitum*; les conditions en effet (les parties) sont contenues dans le conditionnel même, et, comme celui-ci est entièrement donné dans une intuition renfermée entre ses limites, toutes ensemble sont données avec lui. La régression ne doit donc pas être appelée simplement une régression *in indefinitum*, comme le permettait seule l'idée cosmologique précédente, puisque je devais aller du conditionnel à ses conditions qui étaient en dehors de lui, et qui par conséquent n'étaient point données en même temps, mais ne se présentaient que dans la régression empirique. Néanmoins il n'est nullement permis de dire d'un tout divisible à l'infini qu'*il se compose d'un nombre infini de parties*. En effet, bien que toutes les parties soient renfermées dans l'intuition du tout, elle ne contient cependant pas toute la *division* du tout, laquelle ne consiste que dans la décomposition continuelle, ou dans la régression même, qui rend d'abord réelle la *série*. Or, comme cette régression est infinie, tous les membres (les parties) auxquels elle arrive sont, il est vrai, contenus comme *agrégats* dans le tout donné, mais non pas la *série* entière *de la division*, laquelle est successivement infinie et n'est jamais complète, et par conséquent ne peut présenter une multitude infinie et une synthèse de cette multitude en un tout.

Cette remarque générale s'applique d'abord très-aisément à l'espace. Chaque espace perçu dans ses limites est un tout dont les parties décomposées sont toujours des espaces, et qui par conséquent est divisible à l'infini.

De là aussi résulte tout naturellement la seconde application à un phénomène extérieur renfermé dans ses bornes (à un corps). La divisibilité de ce corps se fonde sur la divisibilité de l'espace, lequel constitue la possibilité du corps comme d'un tout étendu. Celui-ci est donc divisible à l'infini, sans cependant se composer de parties infiniment nombreuses.

Il semble à la vérité que, puisqu'un corps doit être représenté comme une substance dans l'espace, il soit, en ce qui concerne la loi de la divisibilité de l'espace, distinct de celui-ci; car on peut accorder en tous cas que, dans l'espace, la décomposition ne peut jamais exclure toute composition, puisqu'alors tout espace, chose qui n'a d'ailleurs rien d'existant de soi, disparaîtrait (ce qui est impossible), tandis qu'admettre que, si toute composition de la matière était supprimée dans la pensée, il ne dût rien rester du tout, ne semble pas s'accorder avec le concept d'une substance, laquelle devrait être proprement le sujet de toute composition et subsister dans ses éléments, encore qu'eût disparu l'union de ces éléments dans l'espace, union par laquelle ils forment un corps.

Mais il n'en est pas de ce qui s'appelle substance dans le *phénomène* comme de ce que l'on penserait d'une chose en soi au moyen d'un concept purement intellectuel. Cette substance n'est pas un sujet absolu, mais une image permanente de la sensibilité; elle n'est qu'une intuition dans laquelle ne se trouve rien d'inconditionnel.

Or, bien que cette règle de la progression à l'infini s'applique sans aucun doute dans la subdivision d'un phénomène, considéré simplement comme remplissant l'espace, elle n'a plus de valeur quand nous voulons l'étendre à la multitude des parties déjà séparées d'une certaine manière dans le tout donné et qui constituent ainsi un *quantum discretum*. On ne saurait admettre que dans chaque tout organisé chaque partie soit organisée à son tour, et que, de cette manière, dans la division des parties à l'infini, on arrive toujours à de nouvelles parties organisées, en un mot que le tout soit organisé à l'infini, bien que les parties de la matière puissent être organisées, dans leur décomposition à l'infini. En effet l'infinité de la division d'un phénomène donné dans l'espace se fonde uniquement sur ce que par ce phénomène est donnée simplement la divisibilité, c'est-à-dire une multitude de parties absolument indéterminée en soi, tandis que les parties elles-mêmes ne sont données et déterminées que par la subdivision, en un mot sur ce que le tout n'est pas déjà divisé en lui-même. La division peut donc déterminer dans ce tout une multitude qui va aussi loin que l'on peut s'avancer dans la régression de la division. Au contraire, dans un corps organisé qui le serait à l'infini, le tout est représenté par ce concept comme étant déjà divisé, et il s'y trouverait, antérieurement à toute régression de la division, une multitude de parties déterminée en soi, mais infinie, ce qui est contradictoire, puisque ce développement infini est considéré comme une série qui n'est jamais complète (infinie) et qu'il est cependant regardé comme complet dans une synthèse. La division infinie ne désigne le phénomène que comme un *quantum continuum*, et elle est inséparable de l'idée de quelque chose qui remplit l'espace, puisque c'est dans cette idée qu'est le principe de la divisibilité infinie. Mais, dès que quelque chose est considéré comme un *quantum discretum*, la multitude des unités y est déterminée; elle est donc toujours égale à un nombre. Il n'y a donc que l'expérience qui puisse décider jusqu'où l'organisation peut aller dans un corps organisé; et, quand elle n'arriverait avec certitude à aucune partie inorganique, des parties de ce genre n'en devraient pas moins résider dans l'expérience possible. Mais de savoir jusqu'où s'étend la division transcendentale d'un phénomène en général, ce n'est point l'affaire de l'expérience; un principe de la raison nous défend de tenir jamais pour absolument complète la régression empirique dans la décomposition de ce qui est étendu, conformément à la nature de ce phénomène.

Remarque finale sur la solution des idées mathématiques transcendentales, et remarque préliminaire sur celle des idées dynamiques transcendentales.

En représentant en un tableau l'antinomie produite dans la raison pure par toutes les idées transcendentales, et en montrant le principe de ce conflit et l'unique moyen de le dissiper, moyen qui consiste à tenir pour fausses les deux assertions opposées, nous avons partout représenté les conditions comme appartenant à leur conditionnel suivant les rapports d'espace et de temps, ce qui est l'hypothèse ordinaire de la raison commune, et ce qui est aussi le principe de tout ce conflit. A ce point de vue toutes les représentations dialectiques de la totalité, dans la série des conditions d'un conditionnel donné, étaient absolument *de même espèce*. C'était toujours une série dans laquelle la condition était liée au conditionnel, comme à un membre de la série, et où par conséquent ils étaient *de même espèce;* la régression n'y devait donc jamais être conçue comme accomplie, ou, si cela arrivait, c'est qu'un membre conditionnel en soi aurait été faussement regardé comme premier, et par conséquent comme absolu. Si donc ce n'était pas l'objet, c'est-à-dire le conditionnel, c'était du moins la série des conditions du conditionnel qui était partout envisagée au seul point de vue de sa quantité, et la difficulté qu'on ne pouvait résoudre par aucun accommodement, mais seulement en coupant le nœud, consistait en ce que la raison faisait à l'entendement la chose ou trop longue ou trop courte, de telle sorte que celui-ci ne pouvait jamais égaler l'idée de celle-là.

Nous avons négligé ici une distinction essentielle qui domine parmi les objets, c'est-à-dire parmi les concepts de l'entendement que la raison s'efforce d'élever au rang d'idées; je veux parler de la distinction qui existe, d'après notre précédent tableau des catégories, entre deux d'entre elles désignant une synthèse *mathématique* des phénomènes, et les deux autres qui en désignent une synthèse *dynamique*. Nous pouvions jusqu'ici la laisser de côté, puisque, dans la représentation générale de toutes les idées transcendentales, nous en tenant toujours aux conditions *dans le phénomène*, nous n'avions aussi dans les deux catégories mathématiques transcendentales d'autre *objet* que l'objet dans le phénomène. Mais à présent que nous arrivons aux concepts *dynamiques* de l'entendement, en tant qu'ils doivent s'accorder avec l'idée de la raison, cette distinction devient importante, et elle nous ouvre une perspective toute nouvelle au sujet du procès où la raison est engagée. Ce procès avait été précédemment écarté par ce motif qu'il se fondait de part et d'autre sur de fausses suppositions ; mais maintenant qu'il se trouve peut-être dans l'antinomie dynamique une supposition compatible avec la prétention de la raison, il se peut que, de ce point de vue, le juge suppléant au défaut des moyens de droit qu'on avait méconnus des deux côtés, le différend soit terminé à la satisfaction des deux parties, ce qui était impossible dans le conflit auquel donne lieu l'antinomie mathématique.

Les séries des conditions sont assurément toutes homogènes, en tant que l'on regarde simplement à leur *extension* pour voir si elles sont appropriées à l'idée, si elles sont trop grandes ou trop petites pour elle. Mais le concept de l'entendement, qui sert de fondement à ces idées, contient ou bien simplement une *synthèse de l'homogène* (ce qui est supposé dans toute quantité, tant dans la composition que dans la division), ou même une synthèse de l'*hétérogène*, ce qui du moins peut être admis dans la synthèse dynamique, soit dans celle de la liaison causale, soit dans celle du nécessaire avec le contingent.

De là vient que dans la liaison mathématique

des séries des phénomènes aucune autre condition n'est possible qu'une condition *sensible*, c'est-à-dire une condition qui soit elle-même une partie de la série, tandis que la série dynamique des conditions sensibles permet encore une condition hétérogène, qui ne soit pas une partie de la série, mais qui, étant purement *intelligible*, réside en dehors de la série, ce qui donne satisfaction à la raison et place l'absolu en tête des phénomènes, sans troubler la série de ces phénomènes, qui restent toujours conditionnels, et sans la briser contrairement aux principes de l'entendement.

Or, par cela même que les idées dynamiques permettent une condition des phénomènes en dehors de leur série, c'est-à-dire une condition qui ne soit pas elle-même un phénomène, il arrive quelque chose qui est tout à fait distinct de la conséquence de l'antinomie. Celle-ci en effet faisait que les deux assertions dialectiques opposées devaient être déclarées fausses. Au contraire le conditionnel qui se trouve sans discontinuité dans les séries dynamiques [1] et qui est inséparable de ces séries considérées comme phénomènes, avec la condition, il est vrai empiriquement inconditionnelle, mais aussi *non sensible*, à laquelle il est joint, donne satisfaction, d'une part, à *l'entendement*, et, de l'autre, à la *raison**; et,

---

[1] *Das Durchgängigbedingte der dynamischen Reihen.*

* En effet l'entendement ne permet point *parmi les phénomènes* une condition qui serait elle-même empiriquement inconditionnelle. Mais, si l'on peut concevoir au conditionnel (dans le phénomène) une *condition intelligible*, qui à ce titre n'appartienne pas comme membre à la série des phénomènes, sans rompre pour cela le moins du monde la série des conditions empiriques, une telle condition pourrait être admise comme *empiriquement inconditionnelle*, de telle sorte que la régression empirique continue n'en serait nullement interrompue.

tandis que les arguments dialectiques qui cherchaient d'une manière ou de l'autre la totalité absolue dans de simples phénomènes, tombent également, les propositions rationnelles, ainsi rectifiées, peuvent être *vraies toutes deux*. Cela ne pouvait avoir lieu dans les idées cosmologiques qui concernent simplement l'unité mathématiquement inconditionnelle, parce que, dans ces idées, on ne trouve pas d'autre condition de la série des phénomènes que celle qui est elle-même un phénomène et à ce titre constitue un membre de la série.

III

Solution des idées cosmologiques de la totalité de la dérivation qui fait sortir les événements du monde de leurs causes.

On ne peut concevoir relativement à ce qui arrive que deux espèces de causalité: l'une suivant la *nature*, l'autre par la *liberté*. La première est la liaison dans le monde sensible d'un état avec le précédent, auquel il succède d'après une règle. Or, comme la *causalité* des phénomènes repose sur des conditions de temps, et que l'état précédent, s'il eût toujours été, n'aurait pas produit un effet qui se montre pour la première fois dans le temps, la causalité de la cause de ce qui arrive ou commence, *a commencé* aussi, et à son tour, d'après le principe de l'entendement, a besoin elle-même d'une cause.

J'entends au contraire par liberté, dans le sens cosmologique, la faculté de commencer *par soi-même* un état, dont la causalité ne rentre pas à son tour, suivant la loi naturelle, sous une autre cause qui la détermine dans le temps. La liberté est en ce sens une idée purement transcendentale, qui d'abord n'emprunte rien de l'expérience, et dont ensuite l'objet ne peut même être déterminé dans aucune expérience, parce que c'est une loi générale, même pour la possibilité de toute expérience, que tout ce qui arrive doit avoir une cause, et que par conséquent la causalité des causes qui elles-mêmes arrivent ou commencent d'être, doit aussi à son tour avoir sa cause; ce qui transforme tout le champ de l'expérience, aussi loin qu'il peut s'étendre, en un champ de pure nature. Mais, comme de cette manière on ne saurait arriver dans la relation causale à aucune totalité absolue des conditions, la raison se crée l'idée d'une spontanéité qui peut commencer d'elle-même à agir, sans qu'une autre cause ait dû précéder pour la déterminer à l'action suivant la loi de la liaison causale.

Il est surtout remarquable que c'est sur cette idée *transcendentale* de la liberté que se fonde le concept pratique que nous en avons, et que c'est là que réside le nœud des difficultés qui ont jusqu'ici environné la question de sa possibilité. La *liberté dans le sens pratique* est l'indépendance de la volonté par rapport à la *contrainte* des penchants de la sensibilité. En effet une volonté est *sensible*, en tant qu'elle est *pathologiquement affectée* (par les mobiles de la sensibilité); elle s'appelle animale (*arbitrium brutum*), quand elle peut être *pathologiquement nécessitée*. La volonté humaine est, il est vrai, un *arbitrium sensitivum*, mais non un *arbitrium brutum* ; c'est un *arbitrium liberum*, puisque la sensibilité ne rend pas son action nécessaire, mais qu'il y a dans l'homme un pouvoir de se déterminer de lui-même indépendamment de la contrainte des penchants sensibles.

On voit aisément que, si toute causalité dans le monde sensible n'était que nature, chaque événement serait déterminé par un autre dans le temps suivant des lois nécessaires, et que, par conséquent, comme les phénomènes, en tant qu'ils déterminent la volonté, devraient nécessiter chaque action comme leur suite naturelle, la suppression de la liberté transcendentale anéantirait en même temps toute liberté pratique. Celle-ci en effet suppose que, bien qu'une action n'ait pas eu lieu, elle aurait dû cependant avoir lieu, et que par conséquent la cause de ce qui a lieu dans le phénomène n'était pas tellement déterminante qu'il n'y eût dans notre volonté une causalité capable de produire, indépendamment de ces causes naturelles et même contre leur puissance et leur influence, quelque chose de déterminé dans l'ordre du temps d'après des lois empiriques, c'est-à-dire de commencer tout à fait de soi-même une série d'événements.

Il arrive donc ici ce qui se rencontre en général dans le conflit d'une raison qui se hasarde au delà des limites de l'expérience possible, que le problème n'est pas proprement *physiologique*, mais *transcendental*. La question de la possibilité de la liberté tourmente donc bien la psychologie; mais, comme elle repose sur des arguments dialectiques de la raison pure, il n'y a que la philosophie transcendentale qui puisse songer à la résoudre. Or, pour mettre celle-ci en état de donner à ce sujet une réponse satisfaisante qu'elle ne peut refuser, je dois d'abord chercher à déterminer avec plus de précision par une remarque la manière dont elle doit procéder dans cette question.

Si les phénomènes étaient des choses en soi, et si par conséquent l'espace et le temps étaient des formes de l'existence des choses en soi, les conditions et le conditionnel appartiendraient toujours comme membres à une seule et même série, et dans le cas présent il en résulterait l'antinomie qui est commune à toutes les idées transcendentales, c'est-à-dire que cette série devrait être nécessairement trop grande ou trop petite pour l'entendement. Mais les concepts dynamiques de la raison, dont nous nous occupons dans ce numéro et dans le suivant, ont cela de particulier que, n'ayant pas affaire à un objet au point de vue de sa quantité, mais seulement de son *existence*, on peut aussi faire abstraction de la grandeur de la série des conditions, et n'y considérer que le rapport dynamique de la condition au conditionnel. C'est ainsi que dans la question de la nature et de la liberté nous rencontrons déjà la difficulté de savoir si seulement la liberté en général est possible, et si, l'étant, elle peut s'accorder avec l'universalité de la loi naturelle de la causalité, si par conséquent c'est une proposition rigoureusement disjonctive que celle-ci : tout effet dans le monde doit résulter *ou de la nature, ou de la liberté,* ou bien si *l'une et l'autre* ne peuvent pas se trouver ensemble, mais en des sens différents, dans un seul et même événement. L'exactitude de ce même principe qui veut que tous les événements du monde sensible soient enchaînés sans solution de continuité suivant des lois naturelles immuables, est déjà établie par l'analytique transcendentale, et ne souffre aucune exception. La question est donc simplement de savoir si, malgré ce principe, la liberté est encore possible par rapport au même effet qui est déterminé suivant la nature, ou si elle en est absolument exclue par cette règle inviolable. Et ici l'hypothèse commune, mais trompeuse, de la *réalité absolue* des phénomènes montre aussitôt cette funeste influence qui égare la raison. En effet, si les phénomènes sont des choses en soi, la liberté est perdue sans retour. La nature est alors la cause parfaite et suffisante par elle-même de tout événement, et la condition de chacun est toujours renfermée dans la série des phénomènes, qui sont nécessairement soumis, avec leurs effets, à la loi naturelle. Si au contraire les phénomènes ne sont tenus que pour ce qu'ils sont en effet, c'est-à-dire non pour des choses en soi, mais pour de simples représentations qui s'enchaînent suivant des lois empiriques, ils doivent avoir eux-mêmes des causes qui ne sont pas des phénomènes. Mais une cause intelligible de ce genre n'est point déterminée relativement à sa causalité par des phénomènes, bien que ses effets puissent être des phénomènes et à ce titre être déterminés par d'autres phénomènes. Elle est ainsi avec sa causalité en dehors de la série, tandis que ses effets se trouvent dans la série des conditions empiriques. L'effet peut donc être considéré comme libre, par rapport à sa cause intelligible, et en même temps, par rapport aux phénomènes, comme une conséquence de ces phénomènes suivant la nécessité de la nature. Cette distinction, présentée d'une manière générale et tout à fait abstraite, doit paraître extrêmement subtile et obscure, mais elle s'éclaircira dans l'application. J'ai voulu seulement faire ici cette remarque, que, l'enchaînement universel de tous les phénomènes dans un contexte de la nature étant une loi indispensable, cette loi anéantirait nécessairement toute liberté, si l'on s'attachait obstinément à la réalité des phénomènes. Aussi ceux qui suivent ici l'opinion commune n'ont-ils jamais pu parvenir à accorder ensemble la nature et la liberté.

Possibilité de l'union de la causalité libre avec la loi générale de la nécessité naturelle

J'appelle *intelligible* ce qui, dans un objet des sens, n'est pas lui-même un phénomène. Si donc ce qui doit être considéré comme phénomène dans le monde sensible a en soi une faculté qui n'est pas un objet d'intuition sensible et par laquelle il peut être une cause de phénomènes, on peut alors envisager la *causalité* de cet être sous deux points de vue : comme intelligible, quant à son *action*, considérée comme celle d'une chose en soi, et comme *sensible*, quant aux *effets* de cette action, considérée comme phénomène dans le monde sensible. Nous nous ferions donc, de la faculté ou de la causalité d'un tel sujet, un concept empirique et en même temps aussi un concept intellectuel, qui se rencontreraient dans un seul et même effet. Cette double manière de concevoir la faculté d'un objet des sens ne contredit aucun des concepts que nous avons à nous faire des phénomènes et d'une expérience possible. En effet, comme ces phénomènes, n'étant pas des choses en soi, doivent avoir pour fondement un objet transcendental, qui les détermine comme simples représentations, rien n'empêche d'attribuer à cet objet transcendental, outre la propriété qui en fait un phénomène, une *causalité* qui ne soit pas un phénomène, bien que son *effet* se rencontre dans le phénomène. Mais toute cause efficiente doit avoir un *caractère*, c'est-à-dire une loi de sa causalité sans laquelle elle ne serait pas une cause. Et ainsi nous aurions dans un sujet du monde sensible, d'abord, un *caractère empirique*, par lequel ses actes, comme phénomènes, seraient enchaînés à d'autres phénomènes suivant des lois naturelles constantes, pourraient être dérivés de ceux-ci comme de leurs conditions, et par conséquent, dans leur rapport avec eux, constitueraient des membres d'une série unique de l'ordre de la nature; ensuite, un *caractère intelligible*, par lequel à la vérité il serait la cause de ces actes comme phénomènes, mais qui lui-même ne serait pas soumis aux conditions de la sensibilité et ne serait pas un phénomène. On pourrait aussi appeler le premier le caractère de la chose dans le phénomène, et le second, le caractère de la chose en soi.

Ce sujet agissant ne serait donc soumis, quant à son caractère intelligible, à aucune détermination de temps car le temps n'est que la condition des phénomènes, mais non des choses en soi. En lui ne *naîtrait* ni ne *périrait* aucun *acte*, et par conséquent il ne serait pas soumis à cette loi de toute détermination de temps, de tout ce qui est changeant, que tout ce qui arrive trouve sa cause dans les phénomènes (de l'état précédent). En un mot, sa causalité, en tant qu'elle est intellectuelle, ne rentrerait nullement dans la série des conditions empiriques qui nécessitent l'événement dans le monde sensible. Ce caractère intelligible ne pourrait jamais être à la vérité immédiatement connu, puisque nous ne pouvons percevoir aucune chose qu'en tant qu'elle apparaît, mais il devrait être conçu conformément au caractère empirique de la même manière que nous devons en général donner dans la pensée un objet transcendental pour fondement aux phénomènes, bien que nous ne sachions rien de ce qu'il est en soi.

D'après son caractère empirique ce sujet serait donc, comme phénomène, soumis à toutes les lois qui déterminent les effets suivant la liaison causale, et il ne serait en ce sens rien qu'une partie du monde sensible, dont les effets découleraient inévitablement de la nature, comme tout autre phénomène. De même que les phénomènes extérieurs influeraient sur lui, de même que son caractère empirique, c'est-à-dire la loi de sa causalité serait connue par expérience, tous ses actes devraient pouvoir s'expliquer suivant les lois de la nature, et toutes les conditions requises pour leur parfaite et nécessaire détermination devraient se trouver dans une expérience possible.

Mais d'après son caractère intelligible (bien que nous n'en puissions avoir qu'un concept général) le même sujet devrait être affranchi de toute influence de la sensibilité et de toute détermination par des phénomènes; et, comme rien n'*arrive* en lui, en tant qu'il est *noumène*, comme il ne s'y trouve aucun changement qui exige une détermination dynamique de temps, et par conséquent aucune liaison avec des phénomènes comme avec leurs causes, cet être actif serait dans ses actes indépendant et libre de toute nécessité naturelle, comme celle qui se trouve simplement dans le monde sensible. On dirait de lui très-exactement qu'il commence *de lui-même* ses effets dans le monde sensible, sans que l'action commence *en lui-même*, et cela serait vrai sans que les effets dussent pour cela commencer d'eux-mêmes dans le monde sensible, puisqu'ils y sont toujours antérieurement déterminés par des conditions empiriques, mais seulement au moyen du caractère empirique (lequel n'est que la manifestation de l'intelligible [1]), et qu'ils ne sont possibles que comme une continuation de la série des causes naturelles. Ainsi la liberté et la nature, chacune dans son sens parfait, se rencontreraient ensemble et sans aucune contradiction dans les mêmes actions, suivant qu'on les rapprocherait de leurs causes intelligibles ou de leurs causes sensibles.

Éclaircissement de l'idée cosmologique d'une liberté unie à la loi générale de la nécessité naturelle

J'ai trouvé bon d'esquisser d'abord la solution de notre problème transcendental, afin qu'on puisse mieux apercevoir la marche de la raison dans la solution de ce problème. Il faut maintenant décomposer cette solution dans ses divers moments et les examiner chacun en particulier.

Cette loi de la nature, que tout ce qui arrive a une cause, que la causalité de cette cause, c'est-à-dire l'*action*, la précédant dans le temps et étant en rapport avec un effet qui *en est résulté*, et ne pouvant pas par conséquent avoir toujours été elle-même, mais devant être arrivée, doit aussi avoir sa cause parmi les phénomènes et en être déterminée, et que par conséquent tous les événements sont déterminés empiriquement dans un or-

---

[1] *Die Erscheinung des intelligibelen.* Cf. la note du T. 1ᵉʳ, p. 99.

dre naturel, cette loi par laquelle seule les phénomènes peuvent constituer une *nature* et fournir les objets d'une expérience, cette loi, dis je, est une loi de l'entendement dont il n'est permis sous aucun prétexte de s'écarter ou de distraire quelque phénomène, parce qu'autrement on le placerait en dehors de toute expérience possible, pour en faire un pur être de raison et une chimère.

Mais, quoiqu'on n'ait ici en vue qu'une chaine de causes qui ne souffre pas de *totalité absolue* dans la régression vers ses conditions, cette difficulté ne nous arrête cependant pas; car elle a déjà été levée dans le jugement général porté sur l'antinomie où tombe la raison lorsque dans la série des phénomènes elle tend à l'absolu. Si nous nous livrions à l'illusion du réalisme transcendental, il ne resterait ni nature, ni liberté. Ici toute la question est de savoir si, en ne reconnaissant dans la série entière de tous les phénomènes qu'une nécessité naturelle, il est encore possible de regarder cette nécessité, qui n'est en un sens qu'un simple effet naturel, comme étant dans un autre un effet de la liberté, ou s'il y a une contradiction absolue entre ces deux espèces de causalité.

Parmi les causes phénoménales, il ne peut certainement rien y avoir qui commence absolument et de soi-même une série. Chaque action, comme phénomène, en tant qu'elle produit un événement, est elle-même un événement ou un accident, qui présuppose un autre état où il a sa cause; et ainsi tout ce qui arrive n'est qu'une continuation de la série, et aucun commencement qui se produirait de lui-même n'y est possible. Toutes les actions des causes naturelles dans la succession ne sont donc à leur tour que des effets qui supposent aussi leurs causes dans la série du temps. Il ne faut pas attendre de la liaison causale des phénomènes une action *primitive*, par laquelle arrive quelque chose qui n'était pas auparavant.

Mais est-il donc aussi nécessaire que, si les effets sont des phénomènes, la causalité de leur cause, laquelle cause est elle-même un phénomène, soit simplement empirique ? Ou plutôt n'est-il pas possible que, quoique chaque effet dans le phénomène veuille absolument être enchaîné à sa cause suivant les lois de la causalité empirique, cette causalité empirique elle-même, sans rompre le moins du monde son union avec les causes naturelles, soit cependant l'effet d'une causalité non empirique, mais intelligible, c'est-à-dire de l'action originaire, par rapport aux phénomènes, d'une cause qui à ce titre n'est pas un phénomène, mais est intelligible quant à cette faculté, bien que, du reste, elle doive être rattachée au monde sensible, comme anneau de la chaîne de la nature.

Nous avons besoin du principe de la causalité des phénomènes entre eux pour pouvoir chercher et fournir aux événements naturels des conditions naturelles, c'est-à-dire des causes phénoménales. Si ce point est accordé et n'est altéré par aucune exception, l'entendement, qui dans son usage empirique ne voit rien que la nature, en quoi il est d'ailleurs parfaitement fondé, a tout ce qu'il peut exiger, et les explications physiques poursuivent leur cours sans interruption. Or ce n'est pas lui faire le moindre tort que d'admettre, ne fît-on en cela qu'une simple fiction, que parmi les causes naturelles il en est aussi qui ont une faculté purement intelligible, en ce sens que ce qui détermine cette faculté à l'action ne repose jamais sur des conditions empiriques, mais sur de purs principes de l'entendement, de telle sorte cependant que *l'action phénoménale* de cette cause est conforme à toutes les lois de la causalité empirique. En effet de cette manière le sujet agissant, comme *causa phænomenon*, serait enchaîné à la nature, dans tous ses actes, par un lien indissoluble ; seulement le *phænomenon* de ce sujet (avec toute sa causalité dans le phénomène) contiendrait certaines conditions qui, si l'on remontait de l'objet empirique à l'objet transcendental, devraient être considérées comme purement intelligibles. En effet lorsque, dans la recherche de ce qui peut être cause parmi les phénomènes, nous ne faisons que suivre la règle de la nature, nous n'avons pas besoin de nous inquiéter de ce qui, dans le sujet transcendental, qui nous est inconnu, doit être conçu comme principe de ces phénomènes et de leur liaison. Ce principe intelligible n'intéresse en aucune manière les questions empiriques ; il ne concerne que la pensée dans l'entendement pur ; et, quoique les effets de cette pensée et de cette action de l'entendement pur se trouvent dans les phénomènes, ceux-ci n'en doivent pas moins pouvoir être parfaitement expliqués par leur cause phénoménale suivant des lois naturelles, puisqu'on en suit le caractère purement empirique comme un principe suprême d'explication, et qu'on laisse entièrement de côté, comme inconnu, le caractère intelligible qui est la cause transcendentale du premier, excepté en tant qu'il nous est indiqué par lui comme par son signe sensible. Appliquons cela à l'expérience. L'homme est un des phénomènes du monde sensible, et à ce titre il est aussi une des causes naturelles dont la causalité doit être soumise à des lois empiriques. Comme tel il doit donc avoir aussi un caractère empirique, ainsi que toutes les autres choses de la nature. Nous remarquons ce caractère par les forces et les facultés qu'il manifeste dans ses effets. Dans la nature inanimée ou purement animale, nous ne trouvons aucune raison de concevoir quelque autre faculté que celles qui sont soumises à des conditions purement sensibles. Mais l'homme, qui ne connait d'ailleurs toute la nature que par ses sens, se connaît lui-même par une simple aperception, et cela en des actes et des déterminations intérieures qu'il ne peut rapporter à l'impression des sens. Il est sans doute par un côté un phénomène, mais il est aussi par un autre, c'est-à-dire relativement à certaines facultés, un objet purement intelligible, puisque son action ne peut être attribuée à la réceptivité de la sensibilité. Ces facultés, nous les appelons entendement et raison; la dernière surtout se distingue d'une manière tout à fait particulière de toutes les facultés soumises à des conditions empiriques, puisqu'elle n'examine ses objets que d'après des idées et qu'elle détermine en conséquence l'entendement, lequel fait de ses concepts (même purs) un usage empirique.

Or que cette raison soit douée de causalité, ou que du moins nous nous représentions en elle une causalité, c'est ce qui résulte clairement des *impératifs* que nous donnons pour règles dans l'ordre pratique aux facultés actives. Le *devoir*[1] exprime une espèce de nécessité et de lien avec des principes qui ne se présente point ailleurs dans toute la nature. L'entendement ne peut connaître de celle-ci que *ce qui est*, a été, ou sera. Il est impossible que quelque chose y *doive être* autrement qu'il

---

[1] *Das Sollen.*

n'est en effet dans tous ces rapports de temps ; et même le *devoir*, quand on n'a devant les yeux que le cours de la nature, n'a aucune espèce de sens. On ne peut pas plus demander ce qui *doit être* dans la nature qu'on ne pourrait demander quelles propriétés un cercle *doit* avoir ; tout ce qu'on peut demander, c'est ce qui arrive dans la nature, ou quelles sont les propriétés du cercle.

Ce *devoir* exprime une action possible dont le principe n'est autre qu'un pur concept, tandis que le principe d'une action simplement naturelle est toujours nécessairement un phénomène. Or il faut sans doute que l'action soit possible sous des conditions naturelles, quand le *devoir* s'y applique ; seulement ces conditions naturelles ne concernent pas la détermination de la volonté elle-même, mais son effet et sa conséquence dans le phénomène. Quelque nombreuses que soient les raisons naturelles qui me poussent à *vouloir*, quelque nombreux que soient les mobiles sensibles, ils ne sauraient produire le *devoir*, mais seulement un vouloir qui, bien loin d'être nécessaire, est toujours conditionnel, et auquel au contraire le *devoir*, qui exprime la raison, impose une mesure et un but, même une défense et une autorité. Que l'on suppose un objet de la simple sensibilité (l'agréable), ou même un objet de la raison pure (le bien), la raison ne cède point à un principe qui est donné empiriquement, et elle ne suit pas l'ordre des choses, telles qu'elles se montrent dans le phénomène ; mais elle se crée avec une parfaite spontanéité un ordre propre suivant des idées auxquelles elle adapte les conditions empiriques et d'après lesquelles elle tient pour nécessaires des actions qui *ne sont pas arrivées* et qui peut-être n'arriveront pas, mais sur lesquelles elle suppose néanmoins qu'elle peut avoir de la causalité ; car autrement elle n'attendrait de ses idées aucun effet dans l'expérience.

Or tenons-nous en là, et admettons au moins comme possible que la raison ait réellement de la causalité par rapport aux phénomènes : il faut, à quelque haut degré qu'elle soit raison, qu'elle montre un caractère empirique, puisque toute cause suppose une règle d'après laquelle certains phénomènes suivent comme effets, et que toute règle exige une uniformité d'effets qui fonde le concept de la cause (comme d'une faculté). Ce rapport, en tant qu'il ressort de simples phénomènes, forme ce que nous pouvons appeler le caractère empirique. Cette faculté et ce caractère sont constants, tandis que les effets, suivant la diversité des conditions qui les accompagnent ou les limitent en partie, apparaissent sous des figures changeantes.

Tout homme a donc un caractère empirique de sa volonté, lequel n'est autre chose qu'une certaine causalité de sa raison, en tant que celle-ci montre dans ses effets phénoménaux [1] une règle d'après laquelle on peut inférer la nature et le degré des motifs et des actes de la raison, et juger les principes subjectifs de sa volonté. Puisque ce caractère empirique doit être lui-même, comme effet, tiré des phénomènes et de leur règle, que fournit l'expérience, toutes les actions de l'homme dans le phénomène sont déterminées, suivant l'ordre de la nature, par son caractère empirique et par les autres causes concomitantes ; et, si nous pouvions pénétrer jusqu'au fond tous les phénomènes de sa volonté, il n'y aurait pas une seule action humaine que nous ne pussions prédire

---

[1] *An ihren Wirkungen in der Erscheinung.*

avec certitude et dont nous ne pussions reconnaître la nécessité par ses conditions antérieures. Au point de vue de ce caractère empirique, il n'y a donc point de liberté, et ce n'est cependant qu'à ce point de vue que nous pouvons considérer l'homme, quand nous voulons l'*observer* simplement et scruter physiologiquement, comme cela se pratique dans l'anthropologie, les causes déterminantes de ses actions.

Mais, si nous examinons ces mêmes actions au point de vue de la raison, non pas il est vrai de la raison spéculative, pour en *expliquer* l'origine, mais de la raison en tant qu'elle est une cause capable de les *produire*, en un mot si nous les rapprochons de la raison au point de vue pratique, nous trouvons une tout autre règle et un tout autre ordre que celui de la nature. Car alors peut-être tout ce qui est *arrivé* suivant le cours de la nature, et ce qui était infaillible d'après ses causes empiriques, *ne devait-il* pas arriver. Or nous trouvons parfois, ou du moins nous croyons trouver que les idées de la raison ont réellement prouvé leur causalité par rapport aux actions de l'homme, considérées comme phénomènes, et qu'elles sont arrivées parce qu'elles étaient déterminées, non par des causes empiriques, mais par des principes de la raison.

Supposez donc que l'on puisse dire que la raison a de la causalité par rapport au phénomène; son action pourrait-elle être appelée libre, dès qu'elle est très-exactement déterminée et nécessaire dans son caractère empirique (dans la façon de sentir [1])? Celui-ci est à son tour déterminé dans le caractère intelligible (la façon de

---

[1] *Sinnesart.*

penser [1]). Or nous ne connaissons pas ce dernier; nous ne faisons que le désigner par les phénomènes, lesquels, à proprement parler, ne nous font connaître immédiatement que la façon de sentir (le caractère empirique*). Mais l'action, en tant qu'elle doit être attribuée à la façon de penser, comme à sa cause, n'en résulte cependant pas suivant des lois empiriques, c'est-à-dire de telle sorte que les conditions de la raison soient *antérieures ;* ce sont seulement ses effets dans le phénomène du sens interne qui précédent. La raison pure, comme faculté simplement intelligible, n'est pas soumise à la forme du temps et par conséquent aux conditions de la succession. La causalité de la raison dans le caractère intelligible ne *naît* pas, ou ne commence pas dans un certain temps à produire un effet. Car autrement elle serait elle-même soumise à la loi naturelle des phénomènes, en tant que cette loi détermine des séries de causes dans le temps, et la causalité serait alors nature et non point liberté. Nous pourrons donc dire : si la raison peut avoir de la causalité par rapport aux phénomènes, c'est qu'elle est une faculté par laquelle commence véritablement la condition sensible d'une série empirique d'effets. Car la condition qui réside dans la raison n'est pas sensible, et par conséquent ne commence pas elle-même. Nous trouvons donc ici ce que nous cherchions en vain dans toutes les séries em-

---

[1] *Denkungsart.*

* La moralité propre des actions (le mérite et la faute), celle même de notre propre conduite, nous demeure donc absolument cachée. Nos imputations ne peuvent se rapporter qu'au caractère empirique. Quelle part au juste attribuer à la liberté, à la simple nature, aux vices involontaires du tempérament, ou à ses heureuses qualités (*merito fortunæ*), c'est ce que personne ne peut découvrir, ni par conséquent juger avec une parfaite justice.

piriques : une *condition* d'une série d'événements successifs qui est elle-même empiriquement inconditionnelle. En effet la condition est ici *en dehors* de la série des phénomènes (dans l'intelligible), et par conséquent elle n'est soumise à aucune condition sensible et à aucune détermination de temps par des causes antérieures.

Pourtant cette même cause appartient aussi sous un autre rapport à la série des phénomènes. L'homme est lui-même un phénomène. Sa volonté a un caractère empirique, qui est la cause (empirique) de toutes ses actions. Il n'y a pas une des conditions déterminant l'homme d'après ce caractère qui ne soit contenue dans la série des effets naturels et n'appartienne à la loi de ces effets, d'après laquelle on ne trouve aucune causalité empiriquement inconditionnelle de ce qui arrive dans le temps. Aucune action donnée (toute action ne pouvant être perçue que comme phénomène) ne saurait donc commencer d'elle-même absolument. Mais on ne peut dire de la raison que l'état où elle détermine la volonté a été précédé d'un autre état où il était lui-même déterminé. Car la raison n'étant pas elle-même un phénomène et n'étant nullement soumise aux conditions de la sensibilité, il n'y a en elle, même relativement à sa causalité, aucune succession, et par conséquent la loi dynamique de la nature, qui détermine la succession suivant des règles, ne peut s'y appliquer.

La raison est donc la condition permanente de tous les actes volontaires par lesquels l'homme se manifeste. Chacun de ces actes est déterminé dans le caractère empirique de l'homme avant même d'arriver. Mais quant au caractère intelligible, dont le premier n'est que le schème sensible, il n'y a ni *avant* ni *après*, et toute action est, indépendamment du rapport de temps où elle se trouve avec les autres phénomènes, l'effet immédiat du caractère intelligible de la raison pure. Celle-ci agit donc librement, sans être déterminée dynamiquement, dans la chaîne des causes naturelles, par des principes antérieurs, externes ou internes; et cette liberté ne doit pas être considérée seulement d'une manière négative, comme indépendante des conditions empiriques (car alors la faculté de la raison cesserait d'être une cause de phénomènes), mais on peut aussi la caractériser d'une manière positive, comme une faculté de commencer d'elle-même une série d'événements, de telle sorte qu'en elle-même rien ne commence, mais que, comme condition absolue de tout acte volontaire, elle ne souffre au-dessus d'elle aucune condition antérieure, bien que cependant son effet commence dans la série des phénomènes, sans toutefois y former jamais un commencement absolument premier.

Pour éclaircir le principe régulateur de la raison par un exemple tiré de son usage empirique, je ne dis pas pour le confirmer (car des preuves de ce genre ne sont pas applicables aux affirmations transcendentales), que l'on prenne un acte volontaire, par exemple un mensonge méchant par lequel un homme a introduit un certain désordre dans la société; qu'on en recherche d'abord les causes déterminantes, et que l'on juge ensuite comment il lui peut être imputé avec toutes ses conséquences. Sous le premier point de vue on pénètre le caractère empirique de cet homme jusque dans ses sources, soit qu'on les découvre dans une mauvaise éducation, dans une détestable société, en partie aussi dans la méchanceté d'un naturel insensible à la honte, ou qu'on les rejette sur le compte de la légèreté et de l'irréflexion, sans perdre de vue les circonstances occasionnelles qui ont pu agir à leur tour. Dans tout cela on procède comme on le fait en général dans la recherche de la série des causes déterminantes d'un effet naturel donné. Or, bien que l'on croie que l'action a été déterminée par là, on n'en blâme pas moins l'auteur, et cela non pas à cause de son mauvais naturel, non pas à cause des circonstances qui ont influé sur lui, non pas même à cause de sa conduite antérieure, car on suppose que l'on peut laisser tout à fait de côté ce qu'a été cette conduite, regarder la série des conditions écoulées comme non avenue, et cette action comme entièrement indépendante de l'état antérieur, comme si l'auteur avait par là commencé absolument de lui-même une série d'effets. Ce blâme se fonde sur une loi de la raison, où l'on regarde celle-ci comme une cause qui a pu et dû déterminer la conduite de l'homme, indépendamment de toutes les conditions empiriques indiquées. Et l'on n'envisage point la causalité de la raison comme concomitante, mais comme complète par elle-même, quand même les mobiles sensibles ne lui seraient pas favorables, mais contraires ; l'action est attribuée au caractère intelligible de l'auteur : il se rend coupable au moment où il ment; par conséquent, malgré toutes les conditions empiriques de l'action, la raison était entièrement libre, et cet acte doit être absolument imputé à sa négligence.

On voit aisément par ce jugement d'imputabilité qu'en le formant on a dans la pensée que la raison n'est nullement affectée par toute cette sensibilité, qu'elle ne se modifie pas (bien que ses phénomènes, c'est-à-dire la manière dont elle se manifeste dans ses effets, soient variables), qu'il n'y a point en elle d'état antérieur qui détermine le suivant, que par conséquent elle n'appartient point à la série des conditions sensibles qui rendent les phénomènes nécessaires suivant des lois naturelles. Elle est, cette raison, identiquement présente à toutes les actions de l'homme dans toutes les circonstances du temps, mais elle n'est point elle-même dans le temps, et elle ne tombe pas dans un nouvel état où elle n'aurait pas été auparavant ; elle est, par rapport à tout état nouveau, *déterminante*, mais non *déterminable*. On ne peut donc pas demander pourquoi la raison ne s'est pas déterminée autrement, mais seulement pourquoi par sa causalité elle n'a pas autrement déterminé les *phénomènes*. Or il n'y a pas à cela de réponse possible. En effet un autre caractère intelligible aurait donné un autre caractère empirique, et quand nous disons que, malgré toute sa conduite antérieure, le menteur aurait pu s'abstenir du mensonge, cela signifie simplement que le mensonge est immédiatement au pouvoir de la raison, que la raison dans sa causalité n'est nullement soumise aux conditions du phénomène et du cours du temps, et que, si la différence de temps constitue une différence capitale entre les phénomènes, attendu que ceux-ci ne sont pas des choses en soi, ni par conséquent des causes en soi, elle n'en peut former aucune entre les actions par rapport à la raison.

Nous ne pouvons donc, quand il s'agit de juger les actions libres, que remonter, par rapport à leur causalité, *jusqu'aux* causes intelligibles, mais non pas *au delà*. Nous pouvons reconnaître qu'elles peuvent être déterminées librement, c'est-à-dire indépendamment de la sensibilité, et que, de cette manière, elles peuvent former pour les phénomènes une condition inconditionnelle au point de vue sensible; mais pourquoi le caractère intelligible donne-t-il précisément ces phénomènes et ce caractère empirique dans les circonstances présentes? C'est là une question dont la réponse dépasse de beaucoup toute la puissance de notre raison et son droit même d'élever de simples questions. C'est comme si l'on demandait pourquoi l'objet transcendental de notre intuition sensible extérieure ne donne justement que l'intuition *dans l'espace* et pas une autre. Mais le problème que nous avons à résoudre ne nous oblige pas du tout à répondre à cette question; car il s'agissait seulement de savoir si la liberté répugne à la nécessité naturelle dans une seule et même action, et nous avons suffisamment répondu à cette question en montrant que, comme dans celle-là il peut y avoir une relation à une tout autre espèce de conditions que dans celle-ci, la loi de la dernière n'affecte pas la première, et que par conséquent toutes deux peuvent avoir lieu indépendamment l'une de l'autre et sans être troublées l'une par l'autre.

Il faut bien remarquer que nous n'avons point voulu par là démontrer la *réalité* de la liberté, comme de l'une des facultés qui contiennent la cause des phénomènes de notre monde sensible. En effet, outre que cela n'eût point été une considération transcendentale, ce genre de considérations n'ayant affaire qu'à des concepts, cela n'eût pu d'ailleurs réussir, puisque de l'expérience nous ne saurions jamais conclure à quelque chose qui ne doit pas être conçu d'après les lois de l'expérience. Bien plus, nous n'avons pas même voulu démontrer la *possibilité* de la liberté; car cela n'aurait pas réussi non plus, puisqu'en général nous ne pouvons connaître par de simples concepts *à priori* la possibilité d'aucun principe réel et d'aucune causalité. La liberté n'est ici traitée que comme une idée transcendentale par laquelle la raison pense commencer absolument la série des conditions dans le phénomène par quelque chose d'inconditionnel au point de vue sensible, en quoi elle s'engage dans une antinomie avec les lois qu'elle prescrit elle-même à l'usage empirique de l'entendement. Or la seule chose que nous pussions faire était de montrer que cette antinomie repose sur une simple apparence, et que la nature n'est pas du moins *en contradiction* avec la causalité libre ; c'était aussi la seule chose qui nous importât.

IV

Solution de l'idée cosmologique de la totalité de la dépendance des phénomènes quant à leur existence en général.

Dans le numéro précédent nous avons considéré les changements du monde sensible dans leur série dynamique, où chacun est soumis à un autre comme à sa cause. A présent cette série d'états nous sert seulement de guide pour parvenir à une existence qui puisse être la condition suprême de tout ce qui est changeant, je veux dire à l'*être nécessaire*. Il ne s'agit pas ici de la causalité absolue, mais de l'existence absolue de la substance même. La série que nous avons maintenant en vue n'est donc proprement qu'une série de concepts, et non une série d'intuitions dont l'une est la condition de l'autre.

On voit aisément que, comme tout est changeant dans l'ensemble des phénomènes, et que par conséquent tout est conditionnel dans l'existence, il ne peut y avoir nulle part dans la série de l'existence dépendante un membre inconditionnel dont l'existence serait absolument nécessaire, et que par conséquent, si les phénomènes étaient des choses en soi, et que par là même leur condition appartînt toujours, avec le conditionnel, à une seule et même série d'intuitions, il ne pourrait jamais y avoir place pour un être nécessaire, comme condition de l'existence des phénomènes du monde sensible.

Mais la régression dynamique se distingue de la régression mathématique en ce que, celle-ci n'ayant affaire qu'à la composition des parties en un tout ou à la décomposition d'un tout en ses parties, les conditions de cette série doivent toujours être considérées comme des parties de la série, par conséquent comme homogènes, par conséquent encore comme des phénomènes, tandis que, celle-là ne s'occupant point de la possibilité d'un tout absolu formé de parties données ou de celle d'une partie absolue ramenée à un tout donné, mais de la dérivation qui fait sortir un état de sa cause, ou l'existence contingente de la substance même de l'existence nécessaire, la condition ne doit pas nécessairement former avec le conditionnel une série empirique.

Il nous reste donc une issue ouverte, dans l'antinomie apparente qui s'offre à nous, puisque les deux thèses contradictoires peuvent être vraies en même temps dans des sens différents, de telle sorte que toutes les choses du monde soient entièrement contingentes et par conséquent n'aient toujours qu'une existence empiriquement conditionnelle, et qu'il y ait pourtant aussi pour toute la série une condition non empirique, c'est-à-dire un être absolument nécessaire. Celui-ci en effet, en tant que condition intelligible, n'appartiendrait pas à la série comme membre de cette série (pas même comme en étant le membre le plus élevé), et il ne rendrait non plus aucun membre de la série empiriquement inconditionnel, mais il laisserait le monde sensible tout entier conserver son existence empiriquement conditionnelle à travers tous ses membres. Cette manière de donner pour principe aux phénomènes une existence inconditionnelle se distinguerait donc de la causalité empiriquement inconditionnelle (de la liberté) dont il était question dans l'article précédent, en ce que dans la liberté la chose elle-même faisait partie, comme cause (*substantia phænomenon*), de la série des conditions et que sa *causalité* seule était conçue comme intelligible, tandis qu'ici l'être nécessaire devrait être conçu tout à fait en dehors de la série du monde sensible (comme *ens extramundanum*) et d'une manière purement intelligible, ce qui seul peut l'empêcher d'être lui-même soumis à la loi de la contingence et de la dépendance qui régit tous les phénomènes.

Le *principe régulateur* de la raison est donc, relativement à notre problème, que tout dans le monde sensible

SOLUTION DU QUATRIÈME PROBLÈME

a une existence empiriquement conditionnelle, et qu'il n'y a nulle part en lui, par rapport à aucune propriété, une nécessité inconditionnelle, qu'il n'existe aucun membre de la série des conditions dont on ne doive toujours attendre et, aussi loin qu'on le peut, chercher la condition empirique dans une expérience possible, et que rien ne nous autorise à dériver une existence quelconque d'une condition placée en dehors de la série empirique, ou à la tenir dans la série même pour absolument indépendante et subsistant par elle-même, mais sans nier pour cela que toute la série puisse avoir son fondement dans quelque être intelligible (qui soit ainsi libre de toute condition empirique et contienne au contraire le principe de la possibilité de tous les phénomènes).

On ne songe nullement en cela à démontrer l'existence absolument nécessaire d'un être, ni même à fonder la possibilité d'une condition purement intelligible de l'existence des phénomènes du monde sensible, mais seulement, tout en limitant la raison de telle sorte qu'elle ne perde pas le fil des conditions empiriques et qu'elle ne s'égare pas en des principes d'explication *transcendants* et qui ne seraient susceptibles d'aucune représentation *in concreto*, à restreindre aussi, d'un autre côté, la loi de l'usage purement empirique de l'entendement, de manière à l'empêcher de décider de la possibilité des choses en général et de tenir l'intelligible *pour impossible*, bien qu'il n'y ait pas lieu de s'en servir pour l'explication des phénomènes. Tout ce que l'on veut montrer par là, c'est donc que la contingence universelle de toutes les choses de la nature et de toutes leurs conditions (empiriques) peut très-bien s'accorder avec la supposition arbitraire d'une condition nécessaire, quoique purement intelligible, que par conséquent il n'y a point de véritable contradiction entre ces assertions, mais qu'elles peuvent être *vraies toutes deux*. Un être intelligible de ce genre, un être absolument nécessaire fût-il impossible en soi, c'est du moins ce que l'on ne saurait conclure de la contingence universelle et de la dépendance de tout ce qui appartient au monde sensible, non plus que du principe qui veut qu'on ne s'arrête à aucun membre de ce monde, en tant qu'il est contingent, et qu'on en appelle à une cause hors du monde. La raison suit son chemin dans l'usage empirique et son chemin particulier dans l'usage transcendental.

Le monde sensible ne contient que des phénomènes, et ceux-ci sont de simples représentations qui à leur tour sont toujours soumises à des conditions sensibles; et, comme ici nous n'avons jamais pour objets des choses en soi, il n'y a point à s'étonner que nous ne soyons jamais fondés à sauter d'un membre des séries empiriques, quel qu'il soit, hors de l'enchaînement des choses sensibles, comme si elles étaient des choses en soi qui existassent en dehors de leur principe transcendental et que l'on pût abandonner pour chercher hors d'elles la cause de leur existence. C'est ce qui finirait certainement par arriver dans les *choses* contingentes, mais non dans de simples *représentations* de choses dont la contingence même n'est qu'un phénomène et ne saurait conduire à aucune autre régression qu'à celle qui détermine les phénomènes, c'est-à-dire qui est empirique. Mais il n'est contraire ni à la régression empirique illimitée de la série des phénomènes, ni à leur contingence universelle de concevoir un principe intelligible des phénomènes, c'est-à-dire du monde sensible. Mais aussi est-ce la seule chose que nous puissions faire pour lever l'antinomie apparente.

et elle ne peut se faire que de cette façon. En effet, si chaque condition pour chaque conditionnel (quant à l'existence) est sensible et par là fait partie de la série, elle est elle-même à son tour conditionnelle (comme le démontre l'antithèse de la quatrième antinomie). Il fallait donc ou bien laisser subsister le conflit avec la raison, laquelle exige l'inconditionnel, ou bien placer celui-ci en dehors de la série dans l'intelligible, dont la nécessité n'exige ni ne souffre aucune condition empirique, et qui est ainsi, par rapport aux phénomènes, inconditionnellement nécessaire.

L'usage empirique de la raison (relativement aux conditions de l'existence dans le monde sensible) n'est point affecté par ce fait que l'on accorderait un être purement intelligible, mais il va toujours, suivant le principe de la contingence universelle, de conditions empiriques à des conditions plus élevées, qui sont à leur tour également empiriques. Mais aussi ce principe régulateur n'exclut-il pas davantage l'admission d'une cause intelligible qui ne soit pas dans la série, quand il s'agit de l'usage pur de la raison (par rapport aux fins). En effet cette cause ne signifie que le principe, pour nous purement transcendental et inconnu, de la possibilité de la série sensible en général; et l'existence de ce principe, indépendante de toutes les conditions de cette série et, relativement à elle, absolument nécessaire, n'est point du tout contraire à leur contingence illimitée, ni par conséquent à la régression infinie de la série des conditions empiriques.

Remarque finale sur toute l'antinomie de la raison pure

Tant que nos concepts rationnels n'ont pour objet que la totalité des conditions du monde sensible et ce qui peut par rapport à ce monde tourner au profit de la raison, nos idées sont à la vérité transcendentales, mais *cosmologiques*. Mais, dès que nous plaçons l'absolu (dont pourtant il s'agit proprement) dans ce qui est tout à fait en dehors du monde sensible, par conséquent en dehors de toute expérience possible, les idées deviennent alors *transcendantes*; elles ne servent pas seulement à l'accomplissement de l'usage empirique de la raison (usage qui reste toujours une idée qu'on ne saurait jamais réaliser, mais qu'il faut toujours poursuivre), mais elles s'en séparent entièrement, et se transforment en objets dont la matière n'est point tirée de l'expérience, et dont la réalité objective ne repose pas non plus sur l'accomplissement de la série empirique, mais sur des concepts purs *à priori*. Ces sortes d'idées transcendantes ont un objet purement intelligible, qu'il est sans doute permis d'accorder comme un objet transcendental, tout à fait inconnu d'ailleurs, mais que nous n'avons aucune raison ni aucun droit d'admettre, en le concevant comme une chose déterminable par ses prédicats distinctifs et essentiels, et qui par conséquent n'est qu'un être de raison. Pourtant, parmi toutes les idées cosmologiques, celle qui a occasionné la quatrième antinomie, nous pousse à risquer ce pas. En effet l'existence des phénomènes, qui n'est nullement fondée en soi-même, mais qui est toujours conditionnelle, nous engage à chercher quelque chose de distinct de tous les phénomènes, par conséquent un objet intelligible en qui cesse cette contingence. Puis quand une fois nous avons pris la liberté d'admettre, hors du champ de la sensibilité, une réalité existant par elle-même, et de considérer les phénomènes comme de simples modes contingents de représentation d'objets intelligibles, d'êtres qui sont eux-mêmes des intelligences, il ne nous reste plus autre chose que l'analogie, suivant laquelle nous employons les concepts de l'expérience pour nous faire quelque concept des choses intelligibles, dont nous n'avons pas en soi la moindre connaissance. Mais, comme nous n'apprenons à connaître le contingent que par l'expérience, tandis qu'il est ici question de choses qui ne sauraient être des objets d'expérience, nous devrons en dériver la connaissance de ce qui est nécessaire en soi, de purs concepts des choses en général. Le premier pas que nous faisons en dehors du monde sensible nous oblige donc à commencer nos nouvelles connaissances par la recherche de l'être absolument nécessaire, et à dériver des concepts de cet être ceux de toutes les choses, en tant qu'elles sont purement intelligibles; c'est là l'essai que nous ferons dans le chapitre suivant.

CHAPITRE III

Idéal de la raison pure

PREMIÈRE SECTION

De l'idéal en général

Nous avons vu plus haut que les concepts purs de l'entendement, sans les conditions de la sensibilité, ne peuvent nous représenter absolument aucun objet, puisque les conditions de la réalité objective de ces concepts leur manquent alors, et qu'on n'y trouve plus autre chose que la simple forme de la pensée. On peut du moins les exhiber *in concreto*, en les appliquant à des phénomènes; car ils y trouvent proprement la matière qui en fait des concepts d'expérience, lesquels ne sont rien que des concepts de l'entendement *in concreto*. Mais les *idées* sont encore plus éloignées de la réalité objective que les *catégories*; car on ne saurait trouver un phénomène où elles puissent être représentées *in concreto*. Elles contiennent une certaine perfection à laquelle n'atteint aucune connaissance empirique possible, et la raison n'y voit qu'une unité systématique dont elle cherche à rapprocher l'unité empirique possible, mais sans pouvoir jamais l'atteindre.

Ce que j'appelle *idéal* paraît être encore plus

éloigné de la réalité objective que l'idée, et par là j'entends l'idée non-seulement *in concreto*, mais *in individuo*, c'est-à-dire l'idée d'une chose individuelle qu'elle seule peut déterminer ou qu'elle détermine en effet.

L'idée de l'humanité dans toute sa perfection ne contient pas seulement celle de toutes les qualités qui appartiennent essentiellement à notre nature et constituent le concept que nous en avons, poussées au point de concorder parfaitement avec leurs fins, ce qui serait notre idée de l'humanité parfaite; mais elle implique aussi tout ce qui, outre ce concept, appartient à la détermination complète de l'idée; car de tous les prédicats opposés il n'y en a qu'un seul qui puisse convenir à l'idée de l'homme parfait. Ce qui pour nous est un idéal était pour *Platon* une *idée de l'entendement divin*, un objet individuel dans la pure intuition de cet entendement, la perfection de chaque espèce d'êtres possibles, le prototype de toutes les copies dans le monde des phénomènes.

Sans nous élever si haut, nous devons avouer que la raison humaine ne contient pas seulement des idées, mais des idéaux, qui n'ont pas, il est vrai, comme ceux de *Platon*, une vertu créatrice, mais qui ont (comme principes régulateurs) une vertu *pratique*, et servent de fondement à la possibilité de la perfection de certains *actes*. Les concepts moraux ne sont pas tout à fait de purs concepts rationnels, puisqu'ils ont pour fondement quelque chose d'empirique (plaisir ou peine). Mais, en les envisageant du côté du principe par lequel la raison met des bornes à la liberté, qui elle-même est sans lois, (par conséquent en ne considérant que leur forme) on peut très-bien les donner comme exemples de concepts rationnels. La vertu et, avec elle, la sagesse humaine, dans toute leur pureté, sont des *idées*. Mais le sage (des stoïciens) est un *idéal*, c'est-à-dire un homme qui n'existe que dans la pensée, mais qui concorde parfaitement avec l'idée de la sagesse. De même que l'*idée* donne la règle, l'*idéal* en pareil cas sert de prototype pour la complète détermination de la copie, et nous n'avons pas d'autre mesure de nos actions que la conduite de cet homme divin que nous trouvons dans notre pensée, avec lequel nous nous comparons, et d'après lequel nous nous jugeons et nous corrigeons, mais sans jamais pouvoir atteindre sa perfection. Bien qu'on ne puisse attribuer à ces idéaux une réalité objective (une existence), on ne doit pas cependant les regarder comme de pures chimères; mais ils fournissent à la raison une mesure indispensable : la raison en effet a besoin du concept de ce qui est absolument parfait dans son espèce, afin de pouvoir estimer et mesurer en conséquence le degré et le défaut de ce qui est imparfait. Mais vouloir réaliser l'idéal dans un exemple, c'està-dire dans le phénomène, comme le sage dans un roman, c'est ce qui est impraticable et paraît en outre peu sensé et peu édifiant, puisque les bornes naturelles, en dérogeant continuellement à la perfection idéale, rendent toute illusion impossible dans une pareille tentative, et par là nous conduisent à regarder comme suspecte et comme imaginaire le bien même qui est dans l'idée.

Voilà ce qui est vrai de l'idéal de la raison, lequel doit toujours reposer sur des concepts déterminés, et servir de règle et de type, soit pour l'action, soit pour le jugement. Il en est tout autrement des créations de l'imagination, dont personne ne peut donner aucune explication ni aucune notion intelligible, et qui sont comme des *monogrammes*, composés de traits isolés, bien que déterminés d'après une prétendue règle, et formant plutôt en quelque sorte un dessin flottant au milieu d'expériences diverses qu'une image arrêtée. Telles sont celles que les peintres et les physionomistes prétendent avoir dans l'esprit, et qui doivent être comme les ombres de leurs productions ou même de leurs jugements, mais des ombres qu'ils ne sauraient communiquer. On peut les nommer, quoique improprement, des idéaux de la sensibilité, parce qu'ils doivent être le modèle inimitable d'intuitions empiriques possibles, sans fournir cependant aucune règle susceptible de définition et d'examen.

La raison avec son idéal a au contraire pour but une complète détermination fondée sur des règles *à priori* ; aussi conçoit-elle un objet qui doit être complétement déterminable d'après des principes, bien que l'expérience n'offre pas à cet égard de conditions suffisantes et que par conséquent le concept même soit transcendant.

DEUXIÈME SECTION

De l'idéal transcendental (Prototypon transcendentale)

Tout concept, par rapport à ce qui n'est pas contenu en lui, est indéterminé et soumis à ce principe de *déterminabilité*, à savoir que, de *deux* prédicats contradictoirement opposés, un seul peut lui convenir, principe qui lui-même repose sur le principe de contradiction, et par conséquent est un principe purement logique, faisant abstraction de toute matière de la connaissance pour n'en considérer que la forme logique.

Mais toute *chose*, quant à sa possibilité, est soumise encore au principe de la *détermination complète* [1], qui veut que, de *tous* les prédicats *possibles* des choses, en tant qu'ils sont comparés à leurs contraires, il y en ait un qui lui convienne. Cela ne repose plus seulement sur le principe de contradiction ; car, outre le rapport de deux prédicats contradictoires, on considère encore chaque chose dans son rapport avec *toute la possibilité*, conçue comme l'ensemble de tous les prédicats des choses en général, et, en supposant cette possibilité comme condition *à priori*, on se représente chaque chose comme si elle dérivait sa propre possibilité de la part qu'elle a dans cette possibilité totale*. Le principe de la détermination complète concerne donc le contenu et non pas seulement la forme logique. Il est le principe de la synthèse de tous les prédicats qui doivent former la notion parfaite d'une chose, et non pas seulement celui de la représentation analytique qui a lieu au moyen de l'un des deux prédicats opposés, et il renferme une supposition transcenden-

---

[1] *Grundsatz der durchgängigen Bestimmung.*

* Par ce principe chaque chose est donc rapportée à un corrélatif commun, c'est-à-dire à la possibilité totale, laquelle, si elle se trouvait (cette matière de tous les prédicats possibles) dans l'idée d'une seule chose, prouverait l'affinité de tout le possible par l'identité du principe de sa complète détermination. La *déterminabilité* de tout *concept* est soumise à l'*universalité* (*universalitas*) du principe qui exclut tout milieu entre deux prédicats opposés ; mais la *détermination* d'une *chose* est soumise à la totalité (*universitas*) ou à l'ensemble de tous les prédicats possibles.

tale, celle de la matière *de toute possibilité,* laquelle doit contenir *à priori* les *données* nécessaires à la possibilité *particulière* de chaque chose.

Cette proposition : *toute chose existante est complétement déterminée,* signifie que, non-seulement de chaque couple *donné* de prédicats opposés l'un à l'autre, mais aussi de tous les prédicats *possibles* il y en a toujours un qui lui convient ; elle n'implique pas seulement une comparaison logique entre des prédicats, mais une comparaison transcendentale entre la chose même et l'ensemble de tous les prédicats possibles. Elle revient à dire que, pour connaître parfaitement une chose, il faut connaître tout le possible et la déterminer par là, soit affirmativement, soit négativement. La détermination complète est donc un concept que nous ne pouvons jamais représenter *in concreto* dans sa totalité, et par conséquent elle se fonde sur une idée qui a uniquement son siége dans la raison, laquelle prescrit à l'entendement la règle de son parfait usage.

Or, bien que cette idée de l'*ensemble de toute possibilité,* en tant qu'il est pris pour fondement comme condition de la détermination-complète de chaque chose, bien, dis-je, que cette idée soit elle-même indéterminée relativement aux prédicats qui constituent cet ensemble, et que par là nous ne pensions rien de plus qu'un ensemble de tous les prédicats possibles en général, nous trouvons, en y regardant de plus près, que cette idée, comme concept primitif, exclut une foule de prédicats qui sont déjà donnés par d'autres comme dérivés ou qui ne peuvent exister ensemble, qu'elle s'épure jusqu'à devenir un concept complétement déterminé *à priori,* et qu'elle devient ainsi le concept d'un objet individuel qui est complétement déterminé par la seule idée et qui par conséquent peut être appelé un *idéal* de la raison pure.

Si nous examinons tous les prédicats possibles, non pas au point de vue logique, mais au point de vue transcendental, c'est-à-dire quant à leur contenu, nous trouvons que par quelques-uns d'entr'eux un être est représenté, et par d'autres un simple non-être. La négation logique, qui est simplement désignée par le petit mot *non*, ne s'applique jamais proprement à un concept, mais seulement au rapport d'un concept à un autre dans le jugement, et par conséquent elle est bien loin de suffire pour désigner un concept par rapport à son contenu. L'expression *non-mortel* ne peut faire connaître qu'un simple non-être est représenté par là dans l'objet, mais elle laisse de côté toute matière. Une négation transcendentale au contraire signifie le non-être en soi, auquel est opposée l'affirmation transcendentale, laquelle est quelque chose dont le concept en soi exprime déjà un être et par conséquent s'appelle *réalité*[1], parce que c'est par elle seule que les objets sont quelque chose (des choses) et cela dans toute l'étendue de sa sphère, tandis que la négation opposée désigne simplement un manque, et que là où elle est simplement conçue, on se représente toute chose comme supprimée.

Or personne ne peut concevoir une négation d'une manière déterminée sans prendre pour fondement l'affirmation opposée. L'aveugle-né ne peut se faire la moindre représentation de l'obscurité, parce qu'il n'en a aucune de la lumière; le sauvage ne peut avoir aucune idée de la misère, parce qu'il ne connaît pas l'opulence. L'igno-

---

[1] *Realität (Sachheit).*

rant n'a aucune idée de son ignorance, parce qu'il n'en a aucune de la science*, etc. Tous les concepts des négations sont donc dérivés, et les réalités contiennent les *données* et pour ainsi dire la matière, ou le contenu transcendental de la possibilité et de la complète détermination de toutes choses.

Si donc la complète détermination a pour fondement, dans notre raison, un substratum transcendental qui contienne en quelque sorte toute la provision de matière d'où peuvent être tirés tous les prédicats possibles des choses, ce substratum n'est autre chose que l'idée d'un tout de la réalité (*omnitudo realitatis*). Toutes les véritables négations ne sont donc que des *limites*, et l'on ne pourrait les désigner ainsi si l'on ne prenait pour base l'*illimité* (le tout).

Mais c'est aussi par cette entière possession [1] de la réalité que le concept d'une *chose en soi* est représenté comme complétement déterminé, et le concept d'un *ens realissimum* est celui d'un être individuel, puisque de de tous les prédicats opposés possibles, un seul entre dans sa détermination, celui qui appartient absolument à l'être. C'est donc un *idéal* transcendental qui sert de fondement à la complète détermination nécessairement inhérente à tout ce qui existe, et qui constitue la suprême et parfaite condition matérielle de sa possibilité, la condition à laquelle doit être ramenée toute pensée

---

* Les observations et les calculs des astronomes nous ont appris beaucoup de choses étonnantes; mais le plus important est qu'ils nous ont découvert l'abîme de l'ignorance, que la raison humaine, sans ces connaissances, n'aurait jamais pu se représenter aussi profond et la réflexion sur cette ignorance doit apporter un grand changement dans la détermination du but final de l'usage de notre raison.

[1] *Allbesitz*.

des objets en général au point de vue de leur contenu. Mais c'est aussi proprement le seul idéal dont la raison humaine soit capable, puisque c'est uniquement dans ce cas qu'un concept universel en soi d'une chose est complétement déterminé par lui-même et qu'il est connu comme la représentation d'un individu.

La détermination logique d'un concept par la raison repose sur un raisonnement disjonctif dont la majeure contient une division logique (la division de la sphère d'un concept général), la mineure limite cette sphère à une partie, et la conclusion détermine le concept par cette partie. Le concept universel d'une réalité en général ne peut pas être divisé *à priori*, puisque sans l'expérience on ne connaît aucune espèce déterminée de réalité qui soit comprise sous ce genre. La majeure transcendentale de la détermination complète de toutes choses n'est donc que la représentation de l'ensemble de toute réalité; par conséquent elle n'est pas seulement un concept qui comprenne *sous lui*, mais *en lui* tous les prédicats quant à leur contenu transcendental, et la détermination complète de chaque chose repose sur la limitation de ce *tout* de la réalité, puisque quelque partie de la réalité est attribuée à la chose, mais que le reste en est exclu, ce qui s'accorde avec le *ou* répété de la majeure disjonctive et la détermination de l'objet par un des membres de cette division dans la mineure. L'usage par lequel la raison donne l'idéal transcendental pour fondement à sa détermination de toutes les choses possibles est donc analogue à celui d'après lequel elle procède dans les raisonnements disjonctifs, ce qui est le principe que j'ai pris plus haut pour base dans la division systématique de toutes les idées transcendentales, et suivant lequel elles sont produites d'une manière parallèle et correspondante aux trois espèces de raisonnements.

Il est évident de soi que, pour atteindre ce but, c'est-à-dire pour se représenter simplement la détermination nécessaire et complète des choses, la raison ne présuppose pas l'existence d'un être conforme à l'idéal, mais seulement l'idée de cet être, et qu'elle n'a besoin que de cette idée pour dériver d'une totalité inconditionnelle de la détermination complète la détermination conditionnelle, c'est-à-dire la détermination du limité. L'idéal est donc pour elle le prototype (*prototypon*) de toutes les choses, qui, comme des copies défectueuses (*ectypa*), en tirent la matière de leur possibilité, et qui, en s'en rapprochant plus ou moins, en restent toujours infiniment éloignées.

Toute possibilité des choses (de la synthèse de leurs éléments divers quant à leur contenu) est donc considérée comme dérivée, et seule celle de ce qui renferme en soi toute réalité est regardée comme originaire. En effet toutes les négations (qui sont pourtant les seuls prédicats par lesquels tout ce qui n'est pas l'être réel par excellence se distingue de lui), sont de simples limitations d'une réalité supérieure et enfin de la plus haute réalité, et par conséquent elles la présupposent et en dérivent quant à leur contenu. Toutes les choses diverses ne sont donc que des manières également diverses de limiter le concept de la suprême réalité, qui est leur substratum commun, de même que toutes les figures ne sont que des manières diverses de limiter l'espace infini. C'est pourquoi leur objet idéal, qui ne réside que dans la raison, s'appelle aussi *l'être originaire* (*ens originarium*); en tant qu'il n'y en a aucun au-dessus de lui, *l'être suprême* (*ens summum*); et, en tant que tout lui est subordonné comme conditionnel, *l'être des êtres — ens entium*). Mais toutes ces expressions ne désignent point le rapport objectif d'un objet réel aux autres choses; elles ne désignent que le rapport de *l'idée à des concepts*, et nous laissent dans une complète ignorance touchant l'existence d'un être d'une supériorité si éminente.

Comme on ne peut pas dire non plus qu'un être originaire se compose de plusieurs êtres dérivés, puisque chacun d'eux le présuppose et par conséquent ne saurait le constituer, l'idéal de l'être originaire doit être aussi conçu comme simple.

Dériver de cet être originaire toute autre possibilité n'est donc pas non plus, à parler exactement, *limiter* sa suprême réalité et en quelque sorte la partager; car alors l'être originaire ne serait plus considéré que comme un simple agrégat d'êtres dérivés, ce qui, d'après ce qui vient d'être dit, est impossible, quoique nous ayons d'abord présenté ainsi la chose dans une première et grossière esquisse. La suprême réalité servirait plutôt de fondement à la possibilité de toutes choses comme *principe* que comme *ensemble*, et leur diversité ne reposerait pas sur la limitation même de l'être originaire, mais sur son parfait développement, dont ferait aussi partie toute notre sensibilité, avec toute réalité phénoménale, sans pour cela appartenir comme ingrédient à l'idée de l'être suprême.

Si nous poursuivons plus avant cette idée, en en faisant une hypostase [1], nous pourrons déterminer l'être premier par le seul concept de la réalité suprême comme un être unique, simple, suffisant à tout, éternel, etc.; en

---

[1] *Indem wir sie hypostasiren.*

un mot, nous pourrons le déterminer dans son absolue perfection par tous ses prédicats. Le concept d'un tel être est celui de *Dieu* conçu dans le sens transcendental, et c'est ainsi que l'idéal de la raison pure est l'objet d'une théologie transcendentale, comme je l'ai indiqué plus haut.

Cependant cet usage de l'idée transcendentale dépasserait déjà les bornes de sa destination et de son admissibilité. La raison, en effet, en la donnant pour fondement à la détermination complète des choses en général, ne la pose que comme le *concept* de toute réalité, sans demander que toute cette réalité soit donnée objectivement et constitue elle-même une chose. Cette chose est une pure fiction [1] par laquelle nous rassemblons et réalisons dans un idéal, comme dans un être particulier, la diversité de nos idées, sans avoir même le droit d'admettre la possibilité d'une pareille hypothèse. Il en est de même de toutes les conséquences qui découlent de cet idéal : elles ne concernent en rien la complète détermination des choses en général, laquelle n'a besoin que de l'idée seule, et elles n'ont pas sur elle la moindre influence.

Il ne suffit pas de décrire le procédé de notre raison et sa dialectique; il faut encore chercher à en découvrir les sources, afin de pouvoir expliquer cette apparence même comme un phénomène de l'entendement; car l'idéal dont nous parlons n'est pas fondé sur une idée simplement arbitraire, mais sur une idée naturelle. Je demande donc comment la raison arrive à regarder toute possibilité des choses comme dérivée d'une seule possi-

---

[1] *Eine blosze Erdichtung.*

bilité qui leur sert de fondement, c'est-à-dire de celle de la réalité suprême, et à présupposer celle-ci comme renfermée dans un premier être particulier.

La réponse à cette question ressort par elle-même des développements de l'analytique transcendentale. La possibilité des objets des sens est un rapport de ces objets à notre pensée où quelque chose (à savoir la forme empirique) peut être conçu *à priori*, mais où ce qui constitue la matière, la réalité dans le phénomène (ce qui correspond à la sensation), doit être donné, sans quoi il ne pourrait pas même être conçu et par conséquent sa possibilité ne pourrait être représentée. Or un objet des sens ne peut être complétement déterminé que quand il est comparé à tous les prédicats du phénomène, et qu'il est représenté au moyen de ces prédicats d'une manière affirmative ou négative. Mais, comme ce qui constitue la chose même (dans le phénomène), par conséquent le réel, doit être donné, sans quoi il ne pourrait pas même être conçu, et que ce en quoi le réel de tout phénomène est donné, est l'expérience unique et comprenant tout, la matière de la possibilité de tous les objets des sens doit être présupposée comme donnée dans un ensemble, dont la limitation seule peut servir de fondement à toute possibilité d'objets empiriques, à leur différence entre eux et à leur complète détermination. Or, si dans le fait il n'y a que les objets des sens qui puissent nous être donnés, et s'ils ne peuvent l'être que dans le contexte d'une expérience possible, il suit que rien n'est objet *pour nous* sans supposer l'*ensemble* de toute réalité empirique comme condition de sa possibilité. Mais, par une illusion naturelle, nous étendons à toutes les choses en général un principe qui n'a proprement de valeur que relativement à celles qui sont données comme objets de nos sens. Le principe empirique de nos concepts de la possibilité des choses comme phénomènes devient ainsi pour nous, par le retranchement de cette restriction, un principe transcendental de la possibilité des choses en général.

Que si, en outre, nous hypostasions cette idée de l'ensemble de toute réalité, c'est que nous transformons dialectiquement l'unité *distributive* de l'usage expérimental de l'entendement en unité *collective* d'un tout d'expérience, et que dans ce tout du phénomène nous concevons une chose individuelle, qui contient en soi toute réalité empirique, et qui, au moyen de la subreption transcendentale dont je viens de parler, se transforme en concept d'une chose placée au sommet de la possibilité de toutes les choses, qui trouvent en elle les conditions réelles de leur complète détermination*.

---

* Cet idéal de l'être souverainement réel est donc, bien qu'il ne soit qu'une simple représentation, d'abord *réalisé*, c'est-à-dire converti en objet, ensuite *hypostasié*, et enfin, par une marche naturelle de la raison vers l'achèvement de l'unité, *personnifié*, comme nous le montrerons bientôt. C'est que l'unité régulatrice de l'expérience ne repose pas sur les phénomènes eux-mêmes (sur la sensibilité toute seule), mais sur l'enchaînement de leurs éléments divers par l'entremise de l'*entendement* (dans une *aperception*), et que par conséquent l'unité de la suprême réalité et la complète déterminabilité de toutes choses (leur possibilité) semblent résider dans un entendement suprême, par conséquent dans une *intelligence*.

TROISIÈME SECTION

Des preuves de la raison spéculative en faveur de l'existence d'un être suprême

Malgré le pressant besoin qu'a la raison de supposer quelque chose qui puisse complétement servir de principe à l'entendement pour l'entière détermination de ses concepts, elle remarquerait trop aisément ce qu'il y a d'idéal et de purement fictif dans une telle supposition pour se trouver persuadée par cela seul de la nécessité d'admettre aussitôt comme un être réel une simple création de sa pensée, si elle n'était pas poussée par un autre endroit à chercher quelque part son repos dans la régression du conditionnel donné vers l'inconditionnel, lequel à la vérité n'est pas en soi et dans son simple concept donné comme réel, mais peut seul accomplir la série des conditions ramenées à leurs principes. Telle est la marche naturelle que suit chaque raison humaine, même la plus vulgaire, quoique toutes n'y restent pas. Elle ne commence pas par des concepts, mais par l'expérience commune, et elle prend ainsi pour fondement quelque chose d'existant. Mais ce fondement s'affaisse, quand il ne repose pas sur le roc immobile de l'absolue nécessité. Et celui-ci à son tour reste suspendu sans appui, quand il est entouré d'un espace vide, qu'il ne remplit pas tout lui-même et qu'il laisse encore une place au *pourquoi*, c'est-à-dire quand il n'est pas infini en réalité.

S'il existe quelque chose, quoi que ce soit, il faut accorder que quelque chose existe *nécessairement*. En effet le contingent n'existe que sous la condition d'une autre chose qui soit sa cause, et de celle-ci le raisonnement continue de remonter jusqu'à une cause qui ne soit plus contingente et qui par là existe nécessairement sans condition. Tel est l'argument sur lequel la raison fonde sa progression vers l'être suprême.

Or la raison cherche le concept d'un être à qui convienne une prérogative d'existence telle que celle de la nécessité absolue, non pas pour conclure *à priori* du concept de cet être à son existence (car si elle s'en croyait capable, elle n'aurait qu'à diriger ses recherches parmi de simples concepts, et elle n'aurait pas besoin de prendre pour fondement une existence donnée), mais seulement pour trouver un concept, entre tous ceux de choses possibles, qui n'implique rien de contraire à la nécessité absolue. En effet elle tient pour déjà démontré par son premier raisonnement qu'il doit exister quelque chose d'absolument nécessaire. Si donc elle peut écarter tout ce qui ne s'accorde pas avec cette nécessité, excepté une chose, cette chose est l'être absolument nécessaire, que l'on puisse ou non en comprendre la nécessité, c'est-à-dire la dériver de son seul concept.

Or il semble que ce dont le concept contient en soi le pourquoi de toute chose[1], un pourquoi qui n'est défectueux dans aucun cas et sous aucun point de vue, et qui suffit partout comme condition, soit par là même l'être à qui convient l'absolue nécessité, puisque, possé-

---

[1] *Dasjenige dessen Begriff zu allem Warum das Darum in sich enthält.*

dant toutes les conditions de tout le possible, il n'a besoin lui-même d'aucune condition, qu'il n'en est pas même susceptible, et que par conséquent il satisfait, au moins d'un côté, au concept de la nécessité absolue, ce que ne peut faire comme lui tout autre concept qui, étant défectueux et manquant de complément, ne montre pas ce caractère d'indépendance par rapport à toutes les conditions ultérieures. Il est vrai que l'on ne peut encore conclure sûrement de là que ce qui ne contient pas en soi la condition suprême et à tous égards parfaite doive être par là même conditionnel dans son existence ; mais il lui manque pourtant ce caractère unique de l'existence inconditionnelle qui sert à la raison pour reconnaître un être comme inconditionnel au moyen d'un concept *à priori*.

Le concept d'un être possédant la suprême réalité serait donc, entre tous les concepts de choses possibles, celui qui conviendrait le mieux au concept d'un être absolument nécessaire. Bien qu'il n'y satisfasse pas pleinement, nous n'avons pas le choix, et nous nous voyons obligés de nous y tenir, parce que nous ne pouvons jeter au vent l'existence d'un être nécessaire. Mais tout en accordant cette existence, nous ne saurions trouver dans tout le champ de la possibilité rien qui puisse élever une prétention fondée à une telle prérogative dans l'existence.

Telle est donc la marche naturelle de la raison humaine. Elle se persuade d'abord de l'existence de quelque être nécessaire, et elle reconnaît dans cet être une existence inconditionnelle. Or elle cherche le concept de ce qui est indépendant de toute condition, et elle le trouve dans ce qui contient soi-même la condition suffisante de toute autre chose, c'est-à-dire dans ce qui contient toute réalité. Mais le tout sans bornes est unité absolue, et il implique le concept d'un être unique, c'est-à-dire de l'être suprême. La raison conclut ainsi que l'être suprême existe d'une manière absolument nécessaire, comme principe fondamental de toutes choses.

On ne saurait contester à ce concept une certaine solidité, quand il s'agit de *se décider*[1], c'est-à-dire quand une fois l'existence de quelque être nécessaire est accordée et que l'on convient d'en embrasser la cause, où qu'on veuille le placer; car alors on ne peut faire un choix plus convenable, ou plutôt on n'a pas le choix, mais on est obligé de donner son suffrage à l'unité absolue de la réalité parfaite, comme à la source première de la possibilité. Mais si rien ne nous pousse à nous décider, et que nous aimions mieux ajourner toute cette affaire jusqu'à ce que nous soyons contraints par le poids des arguments à donner notre assentiment, c'est-à-dire s'il ne s'agit que de juger ce que nous savons sur cette question et ce que nous nous flattons seulement de savoir, le raisonnement précédent ne se montre plus à beaucoup près sous un jour aussi avantageux, et il a besoin que la faveur supplée au défaut des titres qu'il prétend faire valoir.

En effet, si nous laissons les choses comme elles se présentent ici à nous, c'est-à-dire si nous admettons d'abord que de quelque existence donnée (ne fût-ce que de la mienne) on peut légitimement conclure à l'existence d'un être absolument nécessaire, et ensuite qu'on doit regarder comme absolument nécessaire un être qui con-

---

[1] *Wenn von Entschlieszungen die Rede is'.*

tient toute réalité, partant aussi toute condition, que conséquemment le concept d'une chose à laquelle convient l'absolue nécessité est trouvé par là, nous ne pouvons pas encore en conclure que le concept d'un être borné qui n'a pas la réalité suprême répugne par cela même à la réalité absolue. Car, quoique dans ce concept je n'atteigne pas l'inconditionnel, qui implique déjà par lui-même le tout des conditions, on ne peut cependant pas en conclure que son existence doive être par là même conditionnelle, de même que dans un raisonnement hypothétique je ne puis pas dire : là où n'est pas une certaine condition (c'est-à-dire ici la perfection suivant des concepts), là n'est pas non plus le conditionnel. Il nous sera plutôt permis de donner tous les autres êtres bornés comme tout aussi absolument nécessaires, bien que nous ne puissions conclure leur nécessité du concept général que nous en avons. Mais de cette manière notre argument ne nous donne pas le moindre concept des propriétés d'un être nécessaire et il n'aboutit à rien du tout.

Toutefois cet argument conserve une certaine importance et une autorité qu'on ne saurait lui enlever tout d'un coup, malgré son insuffisance objective. En effet supposez des obligations tout à fait rigoureuses dans l'idée de la raison, mais qui seraient sans aucune app'ication réelle à nous-mêmes, c'est-à-dire sans mobiles, si nous ne supposions un être suprême qui pût assurer aux lois pratiques leur effet et leur impression; dans ce cas, nous aurions aussi l'obligation de suivre les concepts qui, bien qu'objectivement insuffisants, sont cependant décisifs selon la mesure de notre raison, et en comparaison desquels nous ne connaissons rien de meilleur et de plus convaincant. Le devoir de choisir[1] mettrait ici fin à l'irrésolution de la spéculation par une addition pratique; et même la raison, en sa qualité de juge très-vigilant, ne trouverait en elle aucune justification, si, sous l'influence de mobiles pressants, malgré l'insuffisance de ses lumières, elle ne suivait ces principes de son jugement, qui sont au moins les meilleurs que nous connaissions.

Bien que cet argument soit transcendental dans le fait, puisqu'il repose sur l'essentielle insuffisance du contingent, il est pourtant si simple et si naturel qu'il se trouve approprié au sens commun le plus vulgaire, dès qu'il lui est présenté. On voit des choses changer, naître et périr; il faut donc que ces choses ou que du moins leur état ait une cause. Mais toute cause qui peut être donnée dans le phénomène ramène à son tour la même question. Or où placerons-nous plus justement la *suprême* causalité[2] si ce n'est là où est aussi la causalité *la plus haute*[3], c'est-à-dire dans l'être qui contient originairement en soi la raison suffisante de l'effet possible, et dont le concept est très-aisément caractérisé par ce seul trait : la perfection absolue[4]. Cette cause suprême, nous la tenons pour absolument nécessaire, parce que nous trouvons absolument nécessaire de nous élever jusqu'à elle et que nous n'avons aucune raison de nous élever encore au-dessus d'elle. Aussi voyons-nous briller chez tous les peuples, à travers les nuages du plus aveugle polythéisme, quelques étincelles du monothéisme auquel ils sont conduits, non par la réflexion ou de profondes spéculations, mais par la marche naturelle de l'entendement vulgaire, s'éclairant peu à peu.

[1] *Die Pflicht zu wählen.* — [2] *Die oberste Causalität.* — [3] *Die höchste Causalität.* — [4] *Allbefassende Vollkommenheit.*

Il n'y a pour la raison spéculative que trois preuves possibles de l'existence de Dieu

Toutes les voies que l'on peut tenter dans ce dessein partent ou bien de l'expérience déterminée et de la nature particulière de notre monde sensible que l'expérience nous fait connaître, et elles s'élèvent de là, suivant les lois de la causalité, jusqu'à la cause suprême existant hors du monde; ou bien elles ne prennent pour point de départ empirique qu'une expérience indéterminée, c'est-à-dire une existence quelconque; ou bien enfin elles font abstraction de toute expérience et concluent tout à fait *à priori* de simples concepts à l'existence d'une cause suprême. La première preuve est la preuve *physico-théologique;* la seconde, la preuve *cosmologique,* et la troisième, la preuve *ontologique.* Il n'y en a pas, et il ne peut pas y en avoir davantage.

Je démontrerai que la raison n'avance pas plus dans l'une de ces voies (dans la voie empirique) que dans l'autre (dans la voie transcendentale), et qu'elle déploie vainement ses ailes pour s'élever au-dessus du monde sensible par la seule force de la spéculation. Pour ce qui est de l'ordre dans lequel ces preuves doivent être soumises à l'examen, il sera tout justement l'inverse de celui que suit la raison en se développant peu à peu et dans lequel nous les avons d'abord présentées. On verra en effet que, bien que l'expérience en fournisse la première occasion, ce n'en est pas moins le concept *transcendental* qui guide la raison dans son effort et fixe dans toutes les recherches de ce genre le but qu'elle s'est proposé. Je commencerai donc par l'examen de la preuve transcendentale, et je chercherai ensuite ce que l'addition de l'empirique peut ajouter à sa valeur démonstrative.

QUATRIÈME SECTION

De l'impossibilité d'une preuve ontologique de l'existence de Dieu

On voit aisément par ce qui précède que le concept d'un être absolument nécessaire est un concept purement rationnel, c'est-à-dire une simple idée dont la réalité objective est loin d'être prouvée par cela seul que la raison en a besoin, qui d'ailleurs ne fait que nous renvoyer à une certaine perfection inaccessible, et qui, à proprement parler, sert plutôt à limiter l'entendement qu'à l'étendre à de nouveaux objets. Il y a ici quelque chose d'étrange et de paradoxal : c'est que le raisonnement qui d'une existence donnée en général conclut à quelque existence absolument nécessaire semble être pressant et rigoureux, et que cependant nous avons contre nous toutes les conditions qu'exige l'entendement pour se faire un concept d'une telle nécessité.

On a de tout temps parlé de l'être *absolument nécessaire*, et l'on ne s'est pas donné autant de peine pour comprendre si et comment on peut seulement concevoir une chose de ce genre que pour en démontrer l'existence. Or il est tout à fait facile de donner de ce concept une définition de nom, en disant que c'est quelque chose dont la non-existence est impossible, mais on n'en est pas plus instruit touchant les conditions qui rendent impossible de regarder la non-existence d'une chose comme absolument inconcevable, et qui répondent proprement à la question que l'on veut résoudre ; concevons-nous ou non en général quelque chose par ce concept? En effet, de rejeter au moyen du mot *absolu* toutes les conditions dont l'entendement a toujours besoin pour regarder quelque chose comme nécessaire, cela est loin de me faire comprendre si par ce concept d'un être absolument nécessaire je pense encore quelque chose, ou si par hasard je ne pense plus rien du tout.

Bien plus, on a cru expliquer par une foule d'exemples ce concept risqué d'abord à tout hasard et à la fin devenu tout à fait familier, de telle sorte que toute recherche ultérieure touchant son intelligibilité parût entièrement inutile. Toute proposition géométrique, comme par exemple qu'un triangle a trois angles, est absolument nécessaire, et l'on a parlé ainsi d'un objet qui est tout à fait en dehors de la sphère de notre entendement, comme si l'on comprenait parfaitement ce que l'on veut dire avec le concept de cet objet.

Tous les exemples donnés ne sont tirés sans exception que des *jugements*, mais non des *choses* et de leur existence. Mais la nécessité absolue des jugements n'est pas une nécessité absolue des choses. En effet la nécessité absolue du jugement n'est qu'une nécessité conditionnelle des choses, ou du prédicat dans le jugement. La proposition citée tout à l'heure ne disait pas que trois angles sont chose absolument nécessaire, mais que, si l'on pose la condition qu'un triangle existe (soit donné), il y a (en lui) nécessairement trois angles. Toutefois cette nécessité logique a montré une si grande puissance d'illusion qu'en se faisant d'une chose un concept *à priori* qui, dans l'opinion qu'on s'en fait, embrasse l'existence dans sa sphère, on a cru pouvoir en conclure sûrement que, parce que l'existence convient nécessairement à l'objet de ce concept, c'est-à-dire sous la condition que je pose cette chose comme donnée (comme existante), son existence est aussi nécessairement posée (suivant la règle de l'identité), et que cet être est lui-même absolument nécessaire, parce que son existence est comprise dans un concept arbitrairement admis et sous la condition que j'en pose l'objet.

Si dans un jugement identique je supprime le prédicat et conserve le sujet, il en résulte une contradiction, et c'est pourquoi je dis que celui-là convient nécessairement à celui-ci. Mais si je supprime à la fois le sujet et le prédicat, il n'en résulte pas de contradiction; car *il n'y a plus rien* avec quoi il puisse y avoir contradiction. Il est contradictoire de poser un triangle et d'en supprimer les trois angles, mais il n'y a nulle contradiction à supprimer en même temps le triangle et ses trois angles. Il en est exactement de même du concept d'un être absolument nécessaire. Si vous en supprimez l'existence, vous supprimez la chose même avec tous ses prédicats; d'où peut venir alors la contradiction? Il n'y a rien extérieurement avec quoi il puisse y avoir contradiction, puisque la chose ne peut être extérieurement nécessaire; et il n'y a rien non plus intérieurement, puisqu'en supprimant la chose même, vous avez en même temps supprimé tout ce qui est intérieur. Dieu est tout-puissant; c'est là un jugement nécessaire. La toute-puissance ne peut être supprimée, dès que vous posez une divinité, c'est-à-dire un être infini avec le concept duquel cet attribut est identique. Mais si vous dites: *Dieu n'est pas*, alors ni la toute-puissance, ni aucun autre de ses prédicats n'est donné; car ils sont tous supprimés avec le sujet, et dans cette pensée il n'y a pas la moindre contradiction.

Vous avez donc vu que, si je supprime le prédicat d'un jugement en même temps que le sujet, il ne peut y avoir de contradiction intérieure, quel que soit d'ailleurs le prédicat. Or il ne vous reste pas d'autre ressource que de dire qu'il y a des sujets qui ne peuvent être supprimés, et qui par conséquent doivent subsister. Mais cela reviendrait à dire qu'il y a des sujets absolument nécessaires, supposition dont j'ai justement révoqué en doute la légitimité et dont vous vouliez me montrer la possibilité. En effet je ne puis pas me faire le moindre concept d'une chose telle qu'il y aurait contradiction à la supprimer avec tous ses prédicats, et sans la contradiction je n'ai, par des concepts purs *à priori*, aucun critérium de l'impossibilité.

Contre tous ces raisonnements généraux (auxquels aucun homme ne saurait se refuser) vous m'objectez un cas que vous présentez comme une preuve par le fait, en me répondant qu'il y a cependant un concept, mais celui-là seulement, où la non-existence est contradictoire en soi, c'est-à-dire dont il y a contradiction à supprimer l'objet, et que ce concept est celui de l'être absolument réel. Il a, dites-vous, toute réalité, et vous êtes fondé à admettre un tel être comme possible (ce que j'accorde pour le moment, bien que l'absence de contradiction dans un concept soit loin de prouver la possibilité de l'objet*). Or dans toute réalité est comprise aussi l'existence; l'existence est donc contenue dans le concept d'un possible. Si donc vous supprimez cette chose, vous supprimez la possibilité intérieure de la chose, ce qui est contradictoire.

Je réponds : vous êtes déjà tombés dans une contradiction, lorsque dans le concept d'une chose dont vous vouliez simplement concevoir la possibilité, vous avez introduit celui de son existence, sous quelque nom qu'il se cache. Si l'on vous accorde ce point, vous avez gagné la partie en apparence, mais en réalité vous n'avez rien dit, car vous n'avez fait qu'une pure tautologie. Je vous le demande, cette proposition : *telle ou telle chose* (que je vous accorde comme possible, quelle qu'elle soit) *existe*, est-elle une proposition analytique ou une proposition synthétique? Dans le premier cas, par l'existence de la chose vous n'avez rien ajouté à votre pensée de cette chose; mais en ce cas, ou bien la pensée qui est en vous devrait être la chose même, ou bien vous avez supposé une existence comme appartenant à la possibilité, et alors l'existence est soi-disant conclue de la possibilité

---

* Le concept est toujours possible, quand il n'est pas contradictoire. C'est là le critérium logique de la possibilité, et par là son objet se distingue du *nihil negativum*. Mais il n'en peut pas moins être un concept vide, quand la réalité objective de la synthèse par laquelle le concept est produit, n'est pas particulièrement démontrée ; et cette démonstration, comme nous l'avons montré plus haut, repose toujours sur des principes d'expérience possible, et non sur le principe de l'analyse (le principe de contradiction). Nous sommes ainsi avertis de ne pas conclure aussitôt de la possibilité (logique) des concepts à la possibilité (réelle) des choses.

interne, ce qui n'est qu'une misérable tautologie. Le mot *réalité*, qui dans le concept de la chose sonne tout autrement que l'existence dans le concept du prédicat, ne résout pas la question. Car, si vous appelez réalité tout ce que vous posez[1] (quoi que ce soit), vous avez déjà posé et admis comme réelle, dans le concept du sujet, la chose même avec tous ses prédicats, et vous ne faites que vous répéter dans le prédicat. Si vous avouez au contraire, comme le doit faire tout être raisonnable, que toute proposition relative à l'existence est synthétique, comment voulez-vous soutenir que le prédicat de l'existence ne peut se supprimer sans contradiction, puisque cet avantage n'appartient proprement qu'aux propositions analytiques, dont le caractère repose précisément là-dessus ?

Je pourrais espérer avoir directement anéanti cette vaine argutie par une exacte détermination du concept de l'existence, si je n'avais éprouvé que l'illusion qui naît de la confusion d'un prédicat logique avec un prédicat réel (c'est-à-dire avec la détermination d'une chose) repousse presque tout éclaircissement. Tout peut servir indistinctement de prédicat logique, et le sujet peut se servir à lui-même d'attribut, car la logique fait abstraction de tout contenu. Mais la *détermination* est un prédicat qui s'ajoute au concept du sujet et l'étend. Elle ne doit donc pas y être déjà contenue.

Être n'est évidemment pas un prédicat réel, c'est-à-dire un concept de quelque chose qui puisse s'ajouter au concept d'une chose. C'est simplement la position d'une chose ou de certaines déterminations en soi. Dans l'usage logique il n'est que la copule d'un jugement. La proposition : *Dieu*

---

[1] *Alles Setzen.*

est tout-puissant, contient deux concepts qui ont leurs objets : Dieu et toute-puissance ; le petit mot *est* n'est point un prédicat, mais seulement ce qui met le prédicat *en relation* avec le sujet. Si je prends le sujet (Dieu) avec tous ses prédicats (parmi lesquels est comprise la toute-puissance), et que je dise : *Dieu est*, ou, il est un Dieu, je n'ajoute pas un nouveau prédicat au concept de Dieu, mais je pose seulement le sujet en lui-même avec tous ses prédicats, et en même temps *l'objet* par rapport à mon *concept*. Tous deux doivent contenir exactement la même chose; et, de ce que (par l'expression : il est) je conçois l'objet comme absolument donné, rien de plus ne peut s'ajouter au concept qui en exprime simplement la possibilité. Et ainsi le réel ne contient rien de plus que le simplement possible. Cent thalers réels ne contiennent rien de plus que cent thalers possibles. Car, comme les thalers possibles expriment le concept, et les thalers réels l'objet et sa position en lui-même, si celui-ci contenait plus que celui-là, mon concept n'exprimerait plus l'objet tout entier, et par conséquent il n'y serait plus conforme. Mais je suis plus riche avec cent thalers réels que si je n'en ai que l'idée (c'est-à-dire s'ils sont simplement possibles). En effet l'objet en réalité n'est pas simplement contenu d'une manière analytique dans mon concept, mais il ajoute synthétiquement à mon concept (qui est une détermination de mon état), sans que les cent thalers conçus soient eux-mêmes le moins du monde augmentés par cet être placé en dehors de mon concept.

Quand donc je conçois une chose, quels que soient et si nombreux que soient les prédicats au moyen desquels je la conçois (même en la déterminant complétement), par cela seul que j'ajoute que cette chose existe, je n'ajoute absolument rien à la chose. Autrement il n'existerait plus la même chose, mais quelque chose de plus que je n'ai pensé dans le concept, et je ne pourrais plus dire que c'est exactement l'objet de mon concept qui existe. Si dans une chose je conçois toute réalité, à l'exception d'une seule, parce que je dis que cette chose défectueuse existe, la réalité qui lui manque ne s'y ajoute pas pour cela; mais elle existe précisément aussi défectueuse que je l'ai conçue, autrement il existerait quelque autre chose que ce que j'ai conçu. Si donc je conçois un être comme la suprême réalité (sans défaut), il reste toujours à savoir si cet être existe ou non. En effet, bien qu'à mon concept il ne manque rien du contenu réel possible d'une chose en général, il manque cependant encore quelque chose au rapport à tout mon état intellectuel, à savoir que la connaissance d'un objet soit possible aussi *à posteriori*. Et ici se montre la cause de la difficulté qui règne sur ce point. S'il s'agissait d'un objet des sens, je ne pourrais pas confondre l'existence de la chose avec le simple concept de la chose. En effet, le concept ne me fait concevoir l'objet que comme conforme aux conditions universelles d'une connaissance empirique possible en général, tandis que l'existence me le fait concevoir comme compris dans le contexte de toute l'expérience; et, si le concept de l'objet n'est nullement augmenté par sa liaison avec le contenu de toute l'expérience, notre pensée en reçoit de plus une perception possible. Si au contraire nous voulons penser l'existence par le seul moyen de la pure catégorie, il n'est pas étonnant que nous ne puissions indiquer aucun critérium qui serve à la distinguer de la simple possibilité.

IMPOSSIBILITÉ DE LA PREUVE ONTOLOGIQUE

Quelle que soit la nature et l'étendue du contenu de notre concept d'un objet, nous sommes obligés de sortir de ce concept pour lui attribuer l'existence. A l'égard des objets des sens le passage se fait au moyen de l'enchaînement qui rattache le concept à quelqu'une de mes perceptions suivant des lois empiriques; mais pour les objets de la pensée pure il n'y a aucun moyen de reconnaître leur existence, puisqu'il faudrait la reconnaître tout à fait *à priori*, mais que notre conscience de toute existence (qu'elle résulte soit immédiatement de la perception, soit de raisonnements qui rattachent quelque chose à la perception), appartient entièrement à l'unité de l'expérience, et que, si une existence hors de ce champ ne doit pas être tenue pour absolument impossible, elle n'en est pas moins une supposition que rien ne peut justifier.

Le concept d'un être suprême est une idée très-utile à beaucoup d'égards; mais, précisément parce qu'il n'est qu'une idée, il est tout à fait incapable d'étendre à lui seul notre connaissance par rapport à ce qui existe. Il ne peut même pas nous instruire davantage relativement à la possibilité. Le caractère analytique de la possibilité, qui consiste en ce que de simples positions (des réalités) n'engendrent pas de contradiction, ne peut pas sans doute lui être contesté; mais, comme la liaison de toutes les propriétés réelles en une chose est une synthèse dont nous ne pouvons juger *à priori* la possibilité, puisque les réalités ne nous sont pas données spécifiquement et que, quand même cela arriverait, il n'en résulterait aucun jugement, le caractère de la possibilité des connaissances synthétiques devant toujours être cherché dans l'expérience, à laquelle l'objet d'une idée ne peut appartenir, il s'en faut de beaucoup que l'illustre Leibnitz ait fait ce dont il se flattait, c'est-à-dire qu'il soit parvenu à connaître *à priori* la possibilité d'un être idéal aussi élevé.

Cette preuve ontologique (cartésienne) si vantée, qui prétend démontrer par des concepts l'existence d'un être suprême, perd donc toute sa peine, et l'on ne deviendra pas plus riche en connaissances avec de simples idées qu'un marchand ne le deviendrait en argent si, dans la pensée d'augmenter sa fortune, il ajoutait quelques zéros à son livre de caisse.

CINQUIÈME SECTION

De l'impossibilité d'une preuve cosmologique de l'existence de Dieu

C'était une chose tout à fait contre nature et une pure innovation de l'esprit scolastique que de vouloir extraire d'une idée arbitrairement jetée l'existence même de l'objet correspondant. Dans le fait on ne se serait jamais hasardé dans cette voie, si la raison n'avait senti le besoin d'admettre pour l'existence en général quelque chose de nécessaire (à quoi l'on pût s'arrêter en remontant), et si elle n'était forcée, cette nécessité devant être absolue et certaine *à priori*, de chercher un concept qui, autant que possible, satisfît ce besoin, et fît connaître tout à fait *à priori* une existence. Ce concept, on crut le trouver dans l'idée d'un être souverainement réel, et ainsi cette idée ne servit qu'à déterminer avec plus de précision la connaissance de ce qu'on s'était déjà convaincu ou persuadé d'ailleurs devoir exister, c'est-à-dire de l'être nécessaire. Cependant on dissimula cette marche naturelle de la raison; et, au lieu de finir par ce concept, on essaya de commencer par lui, afin d'en dériver cette nécessité d'existence qu'il était simplement destiné à compléter. De là résulta cette malheureuse preuve ontologique, qui n'est de nature ni à satisfaire un sain entendement naturel, ni à soutenir un examen scientifique.

La *preuve cosmologique*, que nous voulons maintenant examiner, maintient l'union de la nécessité absolue avec la suprême réalité; mais, au lieu de conclure, comme la précédente, de la réalité suprême à la nécessité dans l'existence, elle conclut au contraire de la nécessité absolue, préalablement donnée, de quelque être, à sa réalité infinie, et de cette façon elle a du moins le mérite de tout ramener à un raisonnement, rationnel ou sophistique, mais à coup sûr naturel, qui emporte avec lui la plus grande persuasion, non-seulement pour l'entendement vulgaire, mais même pour l'entendement spéculatif. Aussi bien est-ce cette preuve qui a visiblement fourni à tous les arguments de la théologie naturelle les premiers linéaments, que l'on a toujours suivis et que l'on suivra toujours, de quelques ornements qu'on les décore ou qu'on les déguise. Cette preuve, que *Leibnitz* appelait aussi la preuve *a contingentia mundi*, nous allons l'exposer et la soumettre à notre examen.

Elle se formule ainsi : si quelque chose existe, il doit exister aussi un être absolument nécessaire. Or j'existe au moins moi-même ; donc un être absolument nécessaire existe. La mineure contient une expérience, et la majeure conclut d'une expérience en général à l'existence du nécessaire*. La preuve commence donc proprement par l'expérience, et par conséquent elle n'est pas tout à fait déduite *à priori*, ou *ontologiquement*; et, comme l'objet de toute expérience possible s'appelle le monde, on la nomme pour cette raison la preuve *cosmologique*. Comme elle fait d'ailleurs abstraction de toute propriété particulière des objets de l'expérience, par laquelle ce monde se distingue de tout autre possible, elle se distingue déjà, par son titre même, de la preuve physico-théologique, qui cherche ses arguments dans des observations tirées de la nature particulière de notre monde sensible.

Mais la preuve va plus loin : l'être nécessaire ne peut être déterminé que d'une seule manière, c'est-à-dire, relativement à tous les prédicats opposés possibles, que par l'un d'eux, et par conséquent il doit être *complétement* déterminé par son concept. Or il ne peut y avoir qu'un seul concept de chose qui détermine complétement cette chose *à priori*, le concept de l'*ens realissimum*. Le concept de l'être souverainement réel est donc le seul par lequel un être nécessaire puisse être conçu, c'est-à-dire qu'il existe nécessairement un être suprême.

Il y a tant de propositions sophistiques réunies dans

---

* Cette argumentation est trop connue pour qu'il soit nécessaire de l'exposer ici plus longuement. Elle repose sur cette loi naturelle, soi-disant transcendentale, de la causalité, à savoir que tout ce qui est *contingent* a sa cause, et que cette cause, si elle est contingente à son tour, doit aussi avoir une cause, jusqu'à ce que la série des causes subordonnées les unes aux autres s'arrête à une cause absolument nécessaire, sans laquelle elle ne serait jamais complète.

cet argument cosmologique que la raison spéculative semble avoir ici déployé tout son art dialectique afin de produire la plus grande apparence transcendentale possible. Nous en laisserons cependant l'examen un moment de côté, afin de faire remarquer l'artifice avec lequel elle donne pour nouveau un vieil argument rhabillé, et en appelle à l'accord de deux témoignages, celui de la raison pure et celui de l'expérience, quand c'est seulement le premier qui change de figure et de voix afin de se faire passer pour le second. Pour se donner un fondement solide, cette preuve s'appuie sur l'expérience, et elle a ainsi l'air de se distinguer de la preuve ontologique, qui met toute sa confiance en de purs concepts *à priori*. Mais la preuve cosmologique ne se sert de cette expérience que pour faire un seul pas, c'est-à-dire pour s'élever à l'existence d'un être nécessaire en général. La preuve empirique ne peut rien apprendre des attributs de cet être, et ici la raison prend congé de cette preuve, et cherche derrière de purs concepts quels attributs doit avoir en général un être absolument nécessaire, c'est-à-dire un être qui, entre toutes les choses possibles, renferme les conditions requises (*requisita*) pour une nécessité absolue. Or ces conditions, on croit les trouver uniquement dans le concept d'un être souverainement réel, et l'on conclut que cet être est l'être absolument nécessaire. Mais il est clair que l'on suppose ici que le concept d'un être possédant la suprême réalité satisfait pleinement à celui de l'absolue nécessité dans l'existence, c'est-à-dire que l'on peut conclure de l'une à l'autre. Or c'est cette proposition qu'affirmait l'argument ontologique; on l'admet donc et on la prend pour fondement dans la preuve cosmologique, tandis qu'on avait voulu l'éviter. En effet la nécessité absolue est une existence purement intelligible. Or, si je dis que le concept de l'*ens realissimum* est un concept de ce genre, et qu'il est le seul qui soit conforme et adéquat à l'existence nécessaire, je dois accorder aussi que celle-ci en peut être conclue. C'est donc proprement la preuve ontologique par simples concepts qui fait toute la force de la prétendue preuve cosmologique, et l'expérience que l'on allègue ne sert tout au plus qu'à nous conduire au concept de la nécessité absolue, mais non à la démontrer dans une chose déterminée. En effet, dès que nous nous proposons ce but, nous devons abandonner aussitôt toute expérience et chercher parmi les purs concepts celui d'entr'eux qui contient les conditions de la possibilité d'un être absolument nécessaire. Mais si la possibilité d'un tel être se reconnaît de cette manière, son existence est aussi démontrée, car cela revient à dire : dans tout le possible il n'y a qu'un être qui implique la nécessité absolue, et par conséquent cet être existe d'une manière absolument nécessaire.

Tout ce qu'il y a de fallacieux dans un raisonnement se découvre aisément, quand on expose l'argument sous sa forme scolastique. C'est ce que nous allons faire.

Si cette proposition : tout être absolument nécessaire est en même temps l'être souverainement réel (ce qui est le *nervus probandi* de la preuve cosmologique), est juste, elle doit, comme tous les jugements affirmatifs, pouvoir se convertir, au moins *per accidens*, ce qui donnerait lieu à celle-ci : quelques êtres souverainement réels sont en même temps des êtres absolument nécessaires. Mais un *ens realissimum* ne se distingue d'un autre sous aucun rapport, et par conséquent ce qui s'applique à quelques êtres renfermés sous ce concept s'applique aussi à tous.

Je pourrais donc (dans ce cas) convertir aussi la proposition *absolument*, en disant : tout être souverainement réel est un être nécessaire. Or, comme cette proposition est déterminée *à priori* par ses seuls concepts, le simple concept de l'être souverainement réel doit impliquer aussi l'absolue nécessité de cet être. C'est précisément ce qu'affirmait la preuve ontologique, mais ce que la preuve cosmologique ne voulait pas reconnaître, et ce qu'elle n'en supposait pas moins dans ses conclusions, bien que d'une manière cachée.

Ainsi la seconde voie que suit la raison spéculative pour démontrer l'existence de l'être suprême n'est pas seulement aussi fausse que la première, mais elle a de plus ce défaut de tomber dans le sophisme appelé *ignoratio elenchi*, en nous promettant de nous ouvrir un nouveau sentier, et en nous ramenant, après un léger détour, à celui que nous avions quitté pour elle.

J'ai dit plus haut brièvement que dans cet argument cosmologique se cachait toute une nichée de prétentions dialectiques que la critique transcendentale peut aisément découvrir et détruire. Je vais me borner à les indiquer, en laissant au lecteur déjà exercé le soin de scruter plus à fond et de réfuter les faux principes.

On y trouve donc, par exemple : 1° le principe transcendental, de conclure du contingent à une cause, principe qui n'a de valeur que dans le monde sensible, et qui n'a plus même aucun sens en dehors de ce monde. En effet le concept purement intellectuel du contingent ne peut produire aucune proposition synthétique telle que celle de la causalité, et le principe de celle-ci n'a de valeur et d'usage que dans le monde sensible; or il faudrait ici qu'il servît précisément à sortir de ce monde. 2° Le raisonnement qui consiste à conclure de l'impossibilité d'une série infinie de causes données les unes au-dessus des autres dans le monde sensible à une cause première. Les principes de l'usage rationnel ne nous autorisent pas à conclure ainsi même dans l'expérience; à plus forte raison ne nous autorisent-ils pas à étendre ce principe au delà de l'expérience (là où cette chaîne ne peut pas être prolongée). 3° Le faux contentement de soi-même qu'éprouve la raison en croyant achever cette série par cela seul qu'elle écarte à la fin toute condition, quoique cependant sans condition aucun concept d'une nécessité ne puisse avoir lieu. Comme alors on ne peut plus rien comprendre, on prend cette impuissance pour l'achèvement de son concept. 4° La confusion de la possibilité logique d'un concept de toutes les réalités réunies (sans contradiction interne) avec la possibilité transcendentale. Celle-ci a besoin d'un principe qui rende une telle synthèse praticable, mais ce principe à son tour ne peut porter que sur le champ des expériences possibles, etc.

L'artifice de la preuve cosmologique a uniquement pour but d'éviter la preuve qui prétend démontrer *à priori* par de simples concepts l'existence d'un être nécessaire, et qui devrait être déduite ontologiquement, chose dont nous nous sentons tout à fait incapables. Dans ce but nous concluons, autant qu'on peut le faire, d'une existence réelle prise pour fondement (d'une expérience en général) à une condition absolument nécessaire. Nous n'avons pas besoin alors d'en expliquer la possibilité. Car, s'il est démontré qu'elle existe, toute question relative à sa possibilité devient absolument inutile. Voulons-nous déterminer avec plus de précision la nature de cet être nécessaire, nous ne cherchons pas ce qui est suffisant pour comprendre par son concept la nécessité de l'existence, car si nous pouvions le faire, nous n'aurions besoin d'aucune supposition empirique; non, nous ne cherchons que la condition négative (*conditio sine qua non*) sans laquelle un être ne serait pas absolument nécessaire. Or cela irait bien dans toute autre espèce de raisonnement concluant d'une conséquence donnée à son principe; mais il se trouve malheureusement ici que la condition exigée pour la nécessité absolue ne peut se rencontrer que dans un seul être, qui devrait ainsi renfermer dans son concept tout ce qui est requis pour la nécessité absolue, et qui par conséquent permet de conclure *à priori* à cette nécessité. Ce qui revient à dire que je devrais pouvoir aussi conclure réciproquement que la chose à laquelle convient ce concept (de la suprême réalité) est absolument nécessaire, et que, si je ne puis conclure ainsi (ce qu'il faut bien que j'avoue si je veux éviter la preuve ontologique), je ne serai pas plus heureux dans cette nouvelle voie, et me retrouverai toujours au point d'où je suis parti. Le concept de l'être suprême satisfait bien *à priori* à toutes les questions qui peuvent être élevées sur les déterminations internes d'une chose, et c'est aussi pour cette raison un idéal sans pareil, puisque le concept universel le désigne en même temps comme un individu entre toutes les choses possibles; mais il ne satisfait pas à la question de sa propre existence, ce qui était pourtant le point capital; et, si quelqu'un, admettant l'existence d'un être nécessaire, voulait seulement savoir quelle chose entre toutes les autres devrait être regardée comme telle, on ne saurait lui répondre : voilà l'être nécessaire.

Il peut bien être permis *d'admettre* l'existence d'un

être souverainement suffisant comme cause de tous les effets possibles, afin de faciliter à la raison l'unité des principes d'explication qu'elle cherche. Mais d'aller jusqu'à dire qu'*un tel être existe nécessairement*, ce n'est plus là la modeste expression d'une hypothèse permise, mais l'orgueilleuse prétention d'une certitude apodictique, car la connaissance de ce que l'on présente comme absolument nécessaire doit emporter aussi une nécessité absolue.

Tout le problème de l'idéal transcendental revient donc à trouver soit un concept à la nécessité absolue, soit au concept d'une chose l'absolue nécessité de cette chose. Si l'on peut faire l'un des deux, on doit aussi pouvoir faire l'autre ; car la raison ne reconnait comme absolument nécessaire que ce qui est nécessaire d'après son concept. Mais l'un et l'autre sont au-dessus de tous les efforts que nous pouvons tenter pour satisfaire sur ce point notre entendement, et de ceux aussi que nous pouvons faire pour le tranquilliser sur son impuissance.

La nécessité absolue dont nous avons si indispensablement besoin, comme du dernier soutien de toutes choses, est le véritable abime de la raison humaine. L'éternité même, sous quelque sublime et effrayante image que l'ait dépeinte *Haller*, ne frappe pas à beaucoup près l'esprit de tant de vertige ; car elle ne fait que *mesurer* la durée des choses, elle ne les *soutient* pas. On ne peut ni éloigner de soi ni supporter cette pensée qu'un être, que nous nous représentons comme le plus élevé entre tous les êtres possibles, se dise en quelque sorte à lui-même : je suis de toute éternité ; en dehors de moi, rien n'existe que par ma volonté ; mais *d'où suis-je donc ?* Ici tout s'écroule au-dessous de nous, et la plus grande perfection, comme la plus petite, flotte suspendue sans soutien devant la raison spéculative, à laquelle il ne coûte rien de faire disparaître l'une et l'autre sans le moindre empêchement.

Beaucoup de forces de la nature, qui manifestent leur existence par certains effets, restent impénétrables pour nous; car nous ne pouvons pas les sonder assez avant par le moyen de l'observation. L'objet transcendental qui sert de fondement aux phénomènes, et, avec lui, la raison pourquoi notre sensibilité est soumise à ces conditions suprêmes plutôt qu'à d'autres, sont et demeurent impénétrables pour nous, bien que la chose même soit donnée, mais sans être aperçue [1]. Mais un idéal de la raison pure ne peut être appelé *impénétrable* [2], par cela seul qu'il ne peut offrir d'autre garantie de sa réalité que le besoin qu'a la raison d'achever par ce moyen toute unité synthétique. Puisqu'il n'est pas même donné comme objet concevable [3], il n'est pas non plus comme tel impénétrable; mais au contraire, comme simple idée, il doit pouvoir trouver son siége et sa solution dans la nature de la raison, et par conséquent être pénétré [4]; car la raison consiste précisément à pouvoir rendre compte de tous nos concepts, opinions et assertions, soit par des principes objectifs, soit, quand il ne s'agit que d'une simple apparence, par des principes subjectifs.

[1] *Eingesehen.* — [2] *Unerforschlich* — [3] *Denkbarer.* — [4] *Erforscht*.

Découverte et explication de l'apparence dialectique dans toutes les preuves transcendentales de l'existence d'un être nécessaire.

Les deux preuves indiquées jusqu'ici étaient transcendentales, c'est-à-dire indépendantes des principes empiriques. En effet, quoique la preuve cosmologique prenne pour fondement une expérience en général, elle n'est cependant pas tirée de quelque propriété particulière de l'expérience, mais de principes purement rationnels, par rapport à une existence donnée par la conscience empirique en général, et elle abandonne même ce point de départ pour s'appuyer uniquement sur des concepts purs. Or quelle est dans ces preuves transcendentales la cause de l'apparence dialectique, mais naturelle, qui unit les concepts de la nécessité et de la suprême réalité, et qui réalise et substantifie [1] ce qui pourtant ne peut être qu'une idée? Quelle est la cause qui nous force d'admettre, entre les choses existantes, quelque chose de nécessaire en soi, mais en même temps nous fait reculer devant l'existence d'un tel être comme devant un abîme? Et comment la raison parvient-elle à se comprendre sur ce point et à sortir de l'incertitude d'une adhésion timide et toujours rétractée pour se reposer dans une paisible lumière?

Il y a ici un point tout à fait remarquable : c'est que, dès qu'on suppose que quelque chose existe, il est impossible de se refuser à cette conséquence, que

---

[1] *Hypostasirt.*

quelque chose aussi existe nécessairement. C'est sur ce raisonnement tout naturel (mais qui n'en est pas plus certain pour cela) que reposait l'argument cosmologique. D'un autre côté, quel que soit le concept que j'admette d'une chose, je trouve que l'existence de cette chose ne peut jamais être représentée comme absolument nécessaire, que rien ne m'empêche d'en concevoir la non-existence, et que par conséquent, quoique je doive admettre quelque chose de nécessaire pour ce qui existe en général, je ne puis cependant concevoir aucune chose particulière comme nécessaire en soi, ce qui revient à dire que je ne puis jamais *achever* la régression vers les conditions de l'existence sans admettre un être nécessaire, mais que je ne saurais *commencer* par lui.

Or, si je dois concevoir quelque chose de nécessaire pour les choses existantes en général, et que d'un autre côté je ne puisse concevoir aucune chose comme nécessaire en soi, il s'en suit inévitablement que la nécessité et la contingence ne doivent pas concerner les choses mêmes, puisque autrement il y aurait contradiction, que par conséquent aucun de ces deux principes n'est objectif, mais qu'ils ne peuvent être que des principes subjectifs de la raison, nous poussant, d'une part, à chercher pour tout ce qui est donné comme existant quelque chose qui soit nécessaire, c'est-à-dire à ne pas nous arrêter ailleurs que dans une explication achevée *à priori*, mais nous défendant, d'autre part, d'espérer jamais cet achèvement, c'est-à-dire d'admettre comme absolu rien d'empirique, et de nous dispenser par là de toute explication ultérieure. En ce sens les deux principes peuvent très-bien subsister l'un à côté de l'autre, comme principes *euristiques* et régulateurs, c'est-à-dire comme principes ne concernant que l'intérêt formel de la raison. En effet l'un de ces principes nous dit que nous devons philosopher sur la nature, comme s'il y avait pour tout ce qui appartient à l'existence un premier principe nécessaire, afin uniquement de mettre dans notre connaissance de l'unité systématique, en suivant une telle idée, je veux dire un principe suprême imaginaire. L'autre, de son côté, nous avertit de n'admettre comme principe suprême de ce genre, c'est-à-dire comme absolument nécessaire, aucune détermination concernant l'existence des choses, mais de tenir toujours la porte ouverte à une explication ultérieure, et par conséquent de ne regarder jamais aucune de ces déterminations que comme conditionnelle. Mais si tout ce qui est perçu dans les choses doit être nécessairement regardé comme conditionnel, aucune chose (pouvant être donnée empiriquement) ne peut être regardée comme absolument nécessaire.

Il suit de là que nous devons admettre l'absolument nécessaire *hors du monde*, puisqu'il doit uniquement servir de principe à la plus grande unité possible des phénomènes, comme leur raison suprême, et que nous ne pouvons jamais y parvenir *dans le monde*, parce que la seconde règle nous ordonne de regarder toujours comme dérivées toutes les causes empiriques de l'unité.

Les philosophes de l'antiquité regardaient toutes les formes de la nature comme contingentes, et la matière comme étant, au jugement de la raison commune, originelle et nécessaire. Mais si, au lieu d'envisager la matière d'une manière relative, comme substratum des phénomènes, ils l'avaient considérée en elle-même, dans son existence, l'idée de l'absolue nécessité se serait aussitôt évanouie. En effet il n'y a rien que la raison lie absolument à cette existence : elle peut toujours et sans conteste la supprimer dans la pensée; mais aussi l'absolue nécessité n'était-elle pour eux que dans la pensée. Il fallait donc, dans cette persuasion, qu'un certain principe régulateur servît de fondement. Dans le fait l'étendue et l'impénétrabilité (qui ensemble constituent le concept de matière) sont aussi le principe empirique suprême de l'unité des phénomènes, et ce principe, en tant qu'il est empiriquement inconditionnel, a la propriété d'un principe régulateur. Pourtant, comme toute détermination de la matière qui en constitue le réel, comme aussi, par conséquent, l'impénétrabilité est un effet (un acte) qui doit avoir sa cause et qui par conséquent n'est toujours que dérivé, la matière ne se prête pas à l'idée d'un être nécessaire comme principe de toute unité dérivée. Puisque chacune de ses propriétés réelles n'est, en tant que dérivée, que conditionnellement nécessaire, et que par conséquent elle peut être supprimée en soi, et avec elle toute l'existence de la matière, et que, si cela n'était pas, nous aurions atteint empiriquement le principe suprême de l'unité, ce que nous défend le second principe régulateur, il suit que la matière, ou en général ce qui appartient au monde, n'est pas applicable à l'idée d'un être premier et nécessaire comme simple principe de la plus grande unité empirique possible, et que nous devons placer cet être hors du monde : alors en effet nous pouvons toujours dériver avec confiance les phénomènes du monde et leur existence d'autres phénomènes, comme s'il n'y avait pas d'être nécessaire, et nous pouvons cependant tendre sans cesse à l'achèvement de la dérivation, comme si un tel être était supposé à titre de principe suprême.

D'après ces considérations l'idéal de l'être suprême n'est autre chose qu'un *principe régulateur* de la raison, qui consiste à regarder toute liaison dans le monde comme si elle dérivait d'une cause nécessaire absolument suffisante, afin d'y fonder la règle d'une unité systématique et nécessaire suivant des lois générales dans l'explication de cette liaison ; il n'est point l'affirmation d'une existence nécessaire en soi. Mais en même temps on ne peut éviter de se représenter, en vertu d'une subreption transcendentale, ce principe formel comme un principe constitutif, et de concevoir cette unité hypostatiquement. En effet tout comme l'espace, bien qu'il ne soit qu'un principe de la sensibilité, n'en est pas moins regardé comme quelque chose d'existant en soi et comme un objet donné en soi *à priori*, parce qu'il rend originairement possibles toutes les figures, lesquelles n'en sont que des limitations diverses ; de même, l'unité systématique de la nature ne pouvant être en aucune façon présentée comme le principe de l'usage empirique de notre raison qu'autant que nous prenons pour fondement l'idée d'un être souverainement réel comme cause suprême, il arrive tout naturellement que cette idée est représentée comme un objet réel, et celui-ci à son tour comme nécessaire, parce qu'il est la condition suprême, et qu'ainsi un principe *régulateur* est transformé en un principe *constitutif*. Cette substitution se révèle manifestement en ce que, quand je regarde comme une chose en soi cet être suprême, qui était absolument (inconditionnellement) nécessaire par rapport au monde, cette nécessité n'est susceptible d'aucun concept, et qu'ainsi elle ne doit s'être trouvée dans ma raison que comme condition formelle de la pensée, et non comme condition matérielle et hypostatique de l'existence.

SIXIÈME SECTION

De l'impossibilité de la preuve physico-théologique

Si donc ni le concept des choses en général, ni l'expérience de quelque *existence en général* ne peuvent fournir ce qui est requis, il ne reste plus qu'un moyen : c'est de chercher si une *expérience déterminée*, si par conséquent celle des choses du monde présent, si sa nature et son ordonnance ne fourniraient pas un argument qui pût nous conduire sûrement à la conviction de l'existence d'un être suprême. Nous nommerions une preuve de ce genre la preuve *physico-théologique*. Si cette preuve était elle-même impossible, il n'y aurait plus aucune preuve suffisante tirée de la raison purement spéculative en faveur de l'existence d'un être correspondant à notre idée transcendentale.

Après toutes les remarques précédentes, on verra tout de suite que la solution de cette question doit être aisée et concluante. En effet comment une expérience peut-elle être jamais donnée qui soit adéquate à une idée ? C'est précisément le propre de l'idée que jamais aucune expérience ne puisse lui être adéquate. L'idée transcendentale d'un être premier, nécessaire et absolument suffisant, est si immensément grande, si élevée au-dessus de tout ce qui est empirique, chose toujours conditionnelle, que, d'une part, on ne saurait jamais trouver assez de matière dans l'expérience pour remplir un tel concept, et que, d'autre part, on tâtonne toujours dans le conditionnel et que l'on cherche toujours en vain l'inconditionnel, dont aucune loi d'une synthèse empirique ne donne un exemple ni le moindre indice.

Si l'être suprême était dans cette chaîne des conditions, il serait lui-même un anneau de la série ; et, de même que les anneaux inférieurs en tête desquels il est placé, il exigerait la recherche ultérieure d'un principe encore plus élevé. Veut-on au contraire le détacher de cette chaîne, et, en tant qu'être purement intelligible, ne pas le comprendre dans la série des causes naturelles, quel pont la raison peut-elle bien jeter pour arriver jusqu'à lui ? Toutes les lois du passage des effets aux causes, toute synthèse même et toute extension de notre connaissance en général n'ont-elles pas uniquement pour but l'expérience possible, c'est-à-dire les objets du monde sensible, et peuvent-elles avoir un autre sens?

Le monde actuel, soit qu'on l'envisage dans l'immensité de l'espace ou dans son infinie division, nous offre un si vaste théâtre de variété, d'ordre, de finalité et de beauté que, malgré la médiocrité des connaissances que notre faible intelligence a pu en acquérir, devant tant et de si grandes merveilles, toute langue perd sa force d'expression, tout nombre sa puissance de mesure et nos pensées mêmes toutes leurs limites, si bien que notre jugement sur le tout finit par se résoudre en un étonnement muet, mais d'autant plus éloquent. Partout nous voyons une chaîne d'effets et de causes, de fins et de moyens, la régularité dans l'apparition ou la disparition des choses ; et, comme rien n'est arrivé de soi-même à l'état où il se trouve, cet état nous renvoie toujours à une autre chose comme à sa cause, laquelle à son tour appelle la même question, de telle sorte que le tout finirait par s'abîmer dans le gouffre du néant, si l'on n'admettait quelque chose qui, existant par soi-même originairement et d'une manière indépendante en dehors de cette infinie contingence, lui servît de soutien, et qui, cause de son origine, assurât aussi sa durée. Mais cette cause suprême (par rapport à toutes les choses du monde), quelle grandeur devons-nous concevoir en elle ? Nous ne connaissons pas le monde dans toute son étendue ; nous pouvons encore moins estimer sa grandeur en le comparant à tout ce qui est possible. Mais qu'est-ce qui nous empêche, dès qu'une fois nous avons besoin, au point de vue de la causalité, d'un être dernier et suprême, de le placer, quant au degré de perfection, *au-dessus de tout autre possible ?* Il nous est facile de le faire, bien que nous devions nous contenter de la légère esquisse d'un concept abstrait, en nous représentant réunies en lui, comme en une substance unique, toutes les perfections possibles, et ce concept, favorable aux exigences de la raison dans l'économie des principes, ne renferme en lui-même aucune contradiction ; il sert même à étendre l'usage de la raison au milieu de l'expérience en la dirigeant vers l'ordre et la finalité, et jamais il n'est décidément contraire à l'expérience.

Cet argument mérite d'être toujours rappelé avec respect. C'est le plus ancien, le plus clair et le mieux approprié à la raison commune. Il vivifie l'étude de la nature, en même temps qu'il en tire sa propre existence et qu'il y puise toujours de nouvelles forces. Il conduit à des fins et à des desseins que notre observation n'aurait pas découverts d'elle-même, et il étend notre connaissance de la nature en nous donnant pour fil conducteur une unité particulière dont le principe est en dehors de la nature même. Cette connaissance réagit à son tour sur sa cause, c'est-à-dire sur l'idée qui l'a suggérée, et elle élève notre croyance en un suprême auteur du monde jusqu'à la plus irrésistible conviction.

Ce serait donc vouloir non-seulement nous retirer une consolation, mais même tenter l'impossible que de prétendre enlever quelque chose à l'autorité de cette preuve. La raison, incessamment élevée par des arguments si puissants et qui s'accroissent sans cesse sous sa main, quoiqu'ils soient purement empiriques, ne peut être tellement rabaissée par les incertitudes d'une spéculation subtile et abstraite, qu'elle ne doive être arrachée à toute irrésolution sophistique comme à un songe, à la vue des merveilles de la nature et de la structure majestueuse du monde, pour parvenir de grandeur en grandeur jusqu'à la grandeur la plus haute, et de condition en condition jusqu'à l'auteur suprême et absolu des choses.

Quoique nous n'ayons rien à objecter contre ce qu'il y a de raisonnable et d'utile dans cette manière de procéder, et que notre intention soit plutôt de la recommander et d'y encourager les esprits, nous ne pouvons cependant approuver les prétentions que cet argument pourrait élever à une certitude apodictique et à une adhésion qui n'aurait besoin d'aucune faveur ni d'aucun appui étranger. On ne saurait nuire à la bonne cause en rabaissant le langage dogmatique d'un disputeur tranchant au ton de modération et de modestie convenable à une foi qui suffit pour le repos, mais qui ne commande pas une soumission absolue. Je soutiens donc que la preuve physico-théologique ne peut démontrer par elle seule l'existence d'un être suprême, mais qu'elle est toujours obligée de laisser à l'argument ontologique (auquel elle ne fait que servir d'introduction) le soin de combler la lacune qu'elle laisse après elle, et que par conséquent ce dernier argument est inévitable pour toute raison humaine et qu'il est *la seule preuve possible* (si tant est qu'il y ait une preuve spéculative).

Les principaux moments de la preuve physico-théologique en question sont les suivants : 1° Il y a partout dans le monde des signes manifestes d'une ordonnance réglée sur un dessein déterminé, exécutée avec une grande sagesse et formant un tout d'une variété inexprimable tant par son contenu que par la grandeur infinie de son étendue. 2° Cette ordonnance harmonieuse n'est pas inhérente aux choses du monde, mais elle ne leur appartient que d'une manière contingente, c'est-à-dire que la nature de choses diverses ne pouvait pas s'accommoder d'elle-même, par tant de moyens concordants, à des fins déterminées, si elles n'avaient pas été choisies tout exprès et appropriées à ce but par un principe raisonnable, ordonnant le monde suivant certaines idées. 3° Il existe donc une (ou plusieurs) cause sage et sublime qui doit produire le monde, non pas seulement, comme une nature toute-puissante agissant aveuglément, par sa *fécondité*, mais comme une intelligence, par sa *liberté*. 4° L'unité de cette cause se conclut de celle des rapports mutuels des parties du monde, envisagées comme les diverses pièces d'une œuvre d'art; elle s'en déduit avec certitude dans la sphère qu'atteint notre observation, et au delà avec vraisemblance, suivant tous les principes de l'analogie.

Nous ne chicanerons pas ici la raison naturelle sur ce raisonnement où, se fondant sur l'analogie de quelques productions de la nature avec ce que produit l'art humain, quand il fait violence à la nature et la force à se plier à nos fins, au lieu d'agir suivant les siennes (sur l'analogie de ces productions avec nos maisons, nos vaisseaux, nos montres), elle conclut que la nature doit avoir pour principe une causalité du même genre, c'est-à-dire une cause douée d'intelligence et de volonté, et où elle dérive la possibilité interne de la nature agissant spontanément (laquelle rend d'abord possible tout art et peut-être même la raison) d'un autre art encore, mais d'un art surhumain. Peut-être ce raisonnement ne soutiendrait-il pas un examen sévère de la critique transcendentale; il faut pourtant avouer que, dès qu'une fois nous devons nommer une cause, nous ne pouvons pas procéder ici plus sûrement qu'en suivant l'analogie avec des œuvres intentionnelles de ce genre, les seules dont nous connaissions pleinement les causes et le mode de production. La raison se rendrait blâmable à ses propres yeux, si elle voulait passer de la causalité qu'elle connaît à des principes d'explication obscurs et indémontrables qu'elle ne connaît pas.

Suivant ce raisonnement, la finalité et l'harmonie de tant de dispositions de la nature ne prouveraient que la contingence de la forme, mais non celle de la matière, c'est-à-dire de la substance du monde. Il faudrait en effet, pour établir ce dernier point, qu'il pût être démontré que les choses du monde seraient par elles-mêmes et suivant des lois générales impropres à un tel ordre et à une telle harmonie, si elles n'étaient pas, même dans leur *substance*, le produit d'une sagesse suprême; et pour cela il faudrait une tout autre preuve que celle qui se fonde sur l'analogie avec l'art humain. Cette preuve pourrait donc tout au plus démontrer un *architecte du monde*[1], qui serait toujours très-limité par la nature de la matière qu'il travaillerait, mais non un *créateur du monde*[2], à l'idée duquel tout serait soumis, ce qui est loin de suffire pour le grand but que l'on a en vue, qui est de démontrer un être suprême suffisant à tout. Que si nous voulions démontrer la contingence de la matière même, il nous faudrait recourir à un argument transcendental, qui a dû être écarté ici.

Le raisonnement conclut donc de l'ordre et de la finalité que l'on peut observer partout dans le monde, comme d'une disposition entièrement contingente, à l'existence d'une cause *qui y soit proportionnée*. Mais le concept de cette cause doit nous en faire connaître quelque chose de tout à fait *déterminé*, et il ne peut être autre par conséquent que celui d'un être possédant toute puissance, toute sagesse, etc., en un mot toute perfection, ou d'un être parfaitement suffisant. En effet les prédicats de puissance et d'excellence *très-grandes*, étonnantes, incommensurables, ne donnent pas du tout un concept déterminé et ne disent pas proprement ce que la chose est en soi; mais ils ne sont que des représentations relatives de la grandeur de l'objet, que l'observateur (du monde)

---

[1] *Weltbaumeister*. — [2] *Weltschöpfer*.

compare à lui-même et à sa faculté de compréhension, et ils ont toujours la même valeur d'estimation, soit que l'on grandisse l'objet, ou que l'on rapetisse, par rapport à lui, le sujet qui observe. Dès qu'il s'agit de la grandeur (de la perfection) d'une chose en général, il n'y a de concept déterminé que celui qui comprend toute la perfection possible, et il n'y a que le tout (*omnitudo*) de la réalité qui soit complétement déterminé dans le concept.

Or je ne puis croire que quelqu'un se vante d'apercevoir le rapport de la grandeur du monde par lui observé (quant à l'étendue et au contenu) à la toute-puissance, de l'ordre du monde à la suprême sagesse, de l'unité du monde à l'absolue unité de son auteur, etc. La théologie physique ne saurait donc nous donner un concept déterminé de la cause suprême du monde, et c'est pourquoi elle est hors d'état de fournir un principe suffisant à la théologie, laquelle à son tour doit former le fondement de la religion.

Le pas qui conduit à l'absolue totalité est absolument impossible par la voie empirique. C'est cependant ce pas que l'on prétend faire dans la preuve physico-théologique. Quel est donc le moyen qu'on emploie pour franchir un tel abime ?

Après en être venu à admirer la grandeur de la sagesse, de la puissance, etc., de l'auteur du monde, ne pouvant aller plus loin, on abandonne tout à coup cet argument qui se fondait sur des preuves empiriques, et l'on passe à la contingence du monde, conclue, dès le début, de l'ordre et de la finalité qui s'y trouvent. De cette contingence on s'élève maintenant, au moyen de concepts purement transcendentaux, jusqu'à l'existence d'un être absolument nécessaire, et du concept de l'absolue nécessité de la cause première on s'élève à un concept de cet être qui est complétement déterminé ou déterminant, c'est-à-dire au concept d'une réalité qui embrasse tout. La preuve physico-théologique se trouve donc arrêtée au milieu de son entreprise ; dans son embarras elle saute tout à coup à la preuve cosmologique : et, comme celle-ci n'est qu'une preuve ontologique déguisée, la première n'atteint réellement son but qu'au moyen de la raison pure, quoiqu'elle ait commencé par repousser toute parenté avec elle, et qu'elle ait voulu tout fonder sur des preuves tirées de l'expérience.

Les partisans de la théologie physique [1] ont donc tort de traiter si dédaigneusement la preuve transcendentale, et de la regarder, avec la présomption de naturalistes clairvoyants, comme une toile d'araignée ourdie par des esprits obscurs et subtils. En effet, s'ils voulaient seulement s'examiner eux-mêmes, ils trouveraient qu'après avoir fait une bonne traite sur le sol de la nature et de l'expérience, se voyant toujours également éloignés de l'objet qui apparaît en face de leur raison, ils abandonnent tout à coup ce terrain et se précipitent dans la région des pures possibilités, où ils espèrent s'approcher, sur les ailes des idées, de ce qui avait échappé à toutes leurs recherches empiriques. Une fois qu'ils se sont imaginé, grâce à un si grand saut, avoir enfin le pied ferme, ils étendent sur tout le champ de la création le concept maintenant déterminé (en possession duquel ils sont arrivés sans savoir comment) ; et cet idéal, qui n'était qu'un produit de la raison pure, ils l'expliquent, d'une manière, il est vrai, assez pénible et bien indigne de son

---

[1] *Die Physicotheologen.*

objet, par l'expérience, sans toutefois vouloir avouer qu'ils sont arrivés à cette connaissance ou à cette hypothèse par un autre sentier que par celui de l'expérience.

C'est ainsi que dans la démonstration d'un seul être premier comme être suprême, la preuve cosmologique sert de fondement à la preuve physico-théologique, tandis qu'elle s'appuie elle-même sur la preuve ontologique ; et, comme en dehors de ces trois voies il n'y en a plus une seule ouverte à la raison spéculative, la preuve ontologique qui se fonde sur des concepts purement rationnels est la seule preuve possible, si tant est qu'il y ait une preuve possible d'une proposition si extraordinairement élevée au-dessus de tout usage empirique de l'entendement.

SEPTIÈME SECTION

Critique de toute théologie fondée sur les principes spéculatifs de la raison

La *théologie*, c'est-à-dire la connaissance de l'être suprême, est ou rationnelle (*theologia rationalis*), ou révélée (*revelata*). La première ou bien conçoit simplement son objet par la raison pure, au moyen de concepts purement transcendantaux (*ens originarium, realissimum, ens entium*), et elle s'appelle alors la théologie *transcenden*-

tale ; ou bien elle le conçoit comme la suprême intelligence au moyen d'un concept qu'elle dérive de la nature (de notre âme), et elle devrait alors porter le nom de théologie *naturelle.* Celui qui n'admet qu'une théologie transcendentale s'appelle un *déiste,* et celui qui admet aussi une théologie naturelle, un *théiste.* Le premier accorde que nous pouvons en tous cas connaître par la raison seule l'existence d'un être premier, mais il croit que le concept que nous en avons est purement transcendental, c'est-à-dire que nous ne le concevons que comme un être ayant toute réalité, mais sans pouvoir le déterminer avec plus de précision. Le second soutient que la raison est en état de déterminer l'objet d'une manière plus précise par analogie avec la nature, c'est-à-dire comme un être contenant par son entendement et sa volonté le principe de toutes les autres choses. Sous le nom de Dieu, celui-là se représente simplement une *cause du monde* (en laissant indécise la question de savoir s'il en est la cause par la nécessité de sa nature, ou par sa liberté); celui-ci se représente un *auteur du monde.*

La théologie transcendentale ou bien pense dériver l'existence d'un être premier d'une expérience en général (sans rien déterminer de plus sur le monde auquel elle appartient), et elle s'appelle *cosmothéologie*; ou bien croit connaître son existence sans le moindre concours de l'expérience, et elle se nomme alors *ontothéologie.*

La *théologie naturelle* conclut les attributs et l'existence d'un auteur du monde de la constitution, de l'ordre et de l'unité qui se manifestent dans le monde, où une double espèce de causalité ainsi que la règle de l'une et de l'autre doivent être admises, je veux dire la nature et la liberté. Elle s'élève donc de ce monde à l'intelligence suprême comme au principe de tout ordre et de toute perfection, soit dans le règne de la nature, soit dans le règne moral. Dans le premier cas, elle s'appelle *théologie physique;* dans le second, *théologie morale**.

Comme on est accoutumé d'entendre, sous le concept de Dieu, non pas simplement une nature éternelle agissant aveuglément et formant la racine des choses, mais un être suprême qui doit être l'auteur des choses par son intelligence et sa liberté, et que ce dernier concept est d'ailleurs le seul qui nous intéresse, on pourrait, à la rigueur, refuser au *déiste* toute croyance en Dieu et ne lui laisser que l'affirmation d'un être premier ou d'une cause suprême. Cependant, comme personne ne doit être accusé de vouloir nier une chose, parce qu'il n'ose l'affirmer, il est plus équitable et plus juste de dire que le *déiste* croit en un Dieu, mais que le *théiste* croit en un *Dieu vivant* (*summa intelligentia*). Recherchons maintenant les sources possibles de toutes ces tentatives de la raison.

Je me contenterai ici de définir la connaissance théorétique une connaissance par laquelle je connais *ce qui est*, et la connaissance pratique une connaissance par laquelle je me représente *ce qui doit être*. D'après ces définitions l'usage théorétique de la raison est celui par lequel je connais *à priori* (comme nécessaire) que quelque

---

* Je ne dis pas morale théologique. Celle-ci en effet contient des lois morales qui *présupposent* l'existence d'un souverain maître du monde tandis que la théologie morale fonde sur des lois morales la croyance à l'existence d'un être suprême.

chose est; et l'usage pratique, celui qui me fait connaitre *à priori* ce qui doit être. Or, s'il est indubitablement certain que quelque chose est, ou doit être, mais si cela n'est cependant que conditionnel, alors ou bien une certaine condition déterminée peut être admise à cet effet comme absolument nécessaire, ou bien elle peut être simplement supposée comme arbitraire et accidentelle. Dans le premier cas, la condition est postulée (*per thesin*); dans le second, elle est supposée (*per hypothesin*). Comme il y a des lois pratiques qui sont absolument nécessaires (les lois morales), si ces lois supposent nécessairement quelque existence comme condition de la possibilité de leur force *obligatoire*, cette existence doit être *postulée*, puisque le conditionnel d'où part le raisonnement pour s'élever à cette condition déterminée est lui-même connu *à priori* comme absolument nécessaire. Nous montrerons plus tard que les lois morales ne supposent pas seulement l'existence d'un être suprême, mais que, comme elles sont absolument nécessaires sous un autre rapport, elles la postulent à juste titre, mais seulement à la vérité au point de vue pratique; pour le moment nous laisserons de côté cette espèce de raisonnement.

Puisque, quand il s'agit de ce qui est (non de ce qui doit être), le conditionnel qui nous est donné dans l'expérience est toujours conçu comme contingent, la condition qui lui est propre ne peut être connue par là comme absolument nécessaire; elle ne sert que comme une supposition relativement nécessaire, ou plutôt comme une supposition *indispensable* pour la connaissance rationnelle du conditionnel, mais qui en soi et *à priori* est arbitraire. Si donc la nécessité absolue d'une chose doit être connue dans la connaissance théorétique, cela ne pourrait avoir lieu que par des concepts *à priori*, mais jamais comme celle d'une cause par rapport à une existence donnée par l'expérience.

Une connaissance théorétique est *spéculative*, quand elle se rapporte à un objet ou à des concepts d'un objet auquel on ne peut arriver par aucune expérience. Elle est opposée à la *connaissance de la nature*, laquelle ne s'étend à d'autres objets ou à d'autres prédicats qu'à ceux qui peuvent être donnés dans une expérience possible.

Le principe en vertu duquel on conclut de ce qui arrive (de ce qui est empiriquement contingent), comme effet, à une cause, est un principe de la connaissance de la nature, mais non de la connaissance spéculative. En effet, si l'on en fait abstraction comme d'un principe contenant la condition de l'expérience possible en général, et qu'écartant tout élément empirique, on veut l'appliquer au contingent en général, il n'y a plus aucun moyen de justifier un pareil principe synthétique, et de comprendre comment je puis passer de quelque chose qui est à quelque chose de tout à fait différent (qu'on nomme cause); le concept d'une cause, aussi bien que celui du contingent, perd même, dans un pareil usage purement spéculatif, toute signification dont la valeur objective puisse se comprendre *in concreto*.

Quand donc l'on conclut de l'existence des *choses* dans le monde à leur cause, ce raisonnement appartient à l'usage spéculatif de la raison, et non à son usage *naturel*, puisque ce dernier ne rapporte pas à quelque cause les choses elles-mêmes (les substances), mais seulement ce qui *arrive*, c'est-à-dire leurs *états*, considérés comme empiriquement contingents. Si je pouvais affirmer que la substance même (la matière) est contingente dans son existence, ce serait là une connaissance rationnelle purement spéculative. Mais quand même il ne serait question que de la *forme* du monde, du mode de liaison et de la vicissitude de ses parties, si j'en voulais conclure une cause tout à fait distincte du monde, ce ne serait encore là qu'un jugement de la raison purement spéculative, parce que l'objet n'est point ici un objet d'expérience possible. Le principe de la causalité, qui n'a de valeur que dans le champ de l'expérience et qui en dehors de ce champ est sans usage, même sans signification, serait ici tout à fait détourné de sa destination.

Or je soutiens que tous les essais d'un usage purement spéculatif de la raison en matière de théologie sont absolument infructueux, et qu'ils sont en eux-mêmes nuls et de nulle valeur; que, d'un autre côté, les principes de son usage naturel ne conduisent à aucune théologie, et que par conséquent, si l'on ne prend pas pour base les lois morales, ou si l'on ne s'en sert pas comme d'un fil conducteur, il ne peut y avoir de théologie de la raison. En effet l'usage de tous les principes synthétiques de l'entendement est *immanent*, mais la connaissance d'un être suprême exige un usage *transcendant* de ces principes auquel notre entendement n'est point propre. Pour que la loi de la causalité, dont la valeur est empirique, pût conduire à l'être premier, il faudrait que celui-ci appartînt à la chaîne des objets de l'expérience; mais alors il serait lui-même à son tour conditionnel, comme tous les phénomènes. Mais nous permit-on de sauter hors des limites de l'expérience au moyen de la loi dynamique du rapport des effets à leurs causes, quel concept cette manière de procéder pourrait-elle nous fournir ? Ce n'est pas certainement celui d'un être suprême, puisque l'expérience ne nous présente jamais le plus grand de tous les effets possibles (comme devant témoigner de sa cause). Que s'il est permis, uniquement pour ne pas laisser de lacune dans notre raison, de combler ce défaut de complète détermination par une simple idée de perfection suprême et de nécessité originaire, c'est une faveur qui nous est accordée, ce n'est pas un droit qui puisse être exigé au nom d'une preuve irrésistible. La preuve physico-théologique pourrait donc bien donner de la force aux autres preuves (s'il y en a), en liant la spéculation avec l'intuition; mais par elle-même elle prépare plutôt l'entendement à la connaissance théologique et lui donne plutôt à cet effet une direction droite et naturelle qu'elle n'est capable d'achever l'œuvre *à elle seule*.

On voit donc bien par là que les questions transcendentales ne permettent que des réponses transcendentales, c'est-à-dire des réponses fondées uniquement sur des concepts *à priori*, sans le moindre mélange empirique. Mais la question ici est évidemment synthétique et veut que notre connaissance s'étende au delà de toutes les limites de l'expérience, c'est-à-dire qu'elle s'élève jusqu'à l'existence d'un être qui doit répondre à notre idée, mais auquel aucune expérience ne saurait être adéquate. Or, d'après nos précédentes preuves, toute connaissance synthétique *à priori* n'est possible que parce qu'elle exprime les conditions formelles d'une expérience possible, et par conséquent tous les principes n'ont qu'une valeur immanente, c'est-à-dire qu'ils se rapportent simplement à des objets de connaissance empirique ou à des phénomènes. Il n'y a donc rien non plus à espérer de la méthode transcendentale par rapport à la théologie d'une raison purement spéculative.

Si l'on aimait mieux révoquer en doute toutes les démonstrations précédentes de l'analytique, que de se laisser enlever toute confiance dans la valeur de preuves depuis si longtemps employées, on ne saurait cependant refuser de satisfaire à ma réclamation, quand je demande qu'on justifie du moins les moyens et les lumières auxquels on se fie pour dépasser toute expérience possible par la puissance des seules idées. Je prierai que l'on me fasse grâce de nouvelles preuves, ou d'un remaniement des anciennes. En effet, bien qu'on n'ait pas ici beaucoup de choix, puisqu'enfin toutes les preuves purement spéculatives aboutissent à une seule, à la preuve ontologique, et qu'ainsi je n'aie point à craindre d'être extrêmement accablé par la fécondité des défenseurs dogmatiques de cette raison affranchie des sens; bien qu'en outre, sans me croire pour cela très-batailleur, je ne veuille reculer devant le défi de découvrir dans chaque essai de ce genre le paralogisme caché et d'en rabattre ainsi les prétentions; comme l'espérance d'un meilleur succès n'abandonnera jamais entièrement ceux qui sont une fois accoutumés à la persuasion dogmatique, je m'en tiens à cette unique et juste réclamation : c'est que l'on justifie par des raisons générales et tirées de la nature de l'entendement humain, ainsi que de toutes les autres sources de connaissance, la manière dont on prétend s'y prendre pour étendre tout à fait *à priori* sa connaissance, et la pousser jusqu'à un point où aucune expérience possible et par conséquent aucun moyen ne sauraient plus garantir à un concept formé par nous-mêmes sa réalité objective. De quelque manière que l'entendement soit arrivé à ce concept, l'existence de l'objet n'y peut être trouvée analytiquement, puisque la connaissance de l'*existence* de l'objet consiste précisément en ce qu'il est posé par lui-même *hors de la pensée*. Mais il est absolument impossible de sortir par soi-même d'un concept, et, en abandonnant le fil de l'expérience (qui ne nous donne jamais que des phénomènes), de parvenir à la découverte de nouveaux objets et d'êtres transcendants.

Mais, bien que la raison dans son usage purement spéculatif ne soit pas à beaucoup près capable d'atteindre un but si élevé, je veux dire l'existence d'un être suprême, elle n'en a pas moins ce très-grand avantage d'en *rectifier* la connaissance, dans le cas où cette connaissance pourrait être puisée quelque part ailleurs, de la mettre d'accord avec elle-même et avec toute fin intelligible, de la purifier de tout ce qui pourrait être contraire au concept d'un être premier, et d'en exclure tout mélange de limitations empiriques.

La théologie transcendentale conserve donc, malgré toute son insuffisance, une utilité négative très-importante : elle est une censure continuelle de notre raison, quand celle-ci n'a affaire qu'à des idées pures, qui par là même ne permettent pas une autre mesure qu'une mesure transcendentale. En effet, si une fois, à un autre point de vue, peut-être au point de vue pratique, *l'hypothèse* d'un être suprême et absolument suffisant, comme intelligence suprême, établissait sa valeur sans contradiction, il serait alors de la plus grande importance de déterminer exactement ce concept par son côté transcendental, comme celui d'un être nécessaire et souverainement réel, d'en écarter ce qui est contraire à la suprême réalité, ce qui appartient au pur phénomène (à l'anthropomorphisme dans le sens le plus large), et en même temps de mettre de côté toutes les assertions contraires, qu'elles soient *athées, déistes* ou *anthropomorphiques,* ce qui est très-aisé dans un examen critique de ce genre, puisque les mêmes preuves qui démontrent l'impuissance de la raison humaine à l'endroit de l'affirmation de l'existence d'un tel être, suffisent nécessairement aussi pour démontrer la vanité de toute assertion contraire. En effet comment veut-on s'assurer par la pure spéculation de la raison qu'il n'y a pas d'être suprême, comme principe premier de tout, ou qu'aucune des propriétés que nous nous représentons, d'après leurs effets, comme analogues aux réalités dynamiques d'un être pensant, ne lui convient, ou que, dans ce dernier cas, elles seraient soumises aussi à toutes les restrictions que la sensibilité impose inévitablement aux intelligences que nous connaissons par expérience?

L'être suprême demeure donc pour l'usage purement spéculatif de la raison un simple idéal, mais un idéal *exempt de défauts*[1], un concept qui termine et couronne toute la connaissance humaine. La réalité objective de ce concept ne peut être prouvée par cette voie, mais elle ne peut pas non plus être réfutée; et, s'il y a une théologie morale capable de combler cette lacune, la théologie transcendantale, qui jusque-là n'était que problématique, montre alors combien elle est indispensable en déterminant le concept de cette théologie et en soumettant à une censure incessante une raison assez souvent abusée par la sensibilité et qui n'est pas toujours d'accord avec ses propres idées. La nécessité, l'infinité, l'unité,

---

[1] *Fehlerfreies.*

l'existence hors du monde (non comme âme du monde), l'éternité sans les conditions du temps, l'omniprésence sans les conditions de l'espace, la toute-puissance, etc., ce sont là des prédicats purement transcendantaux, et par conséquent le concept épuré de ces prédicats, dont a besoin toute théologie, ne peut être tiré que de la théologie transcendantale.

Appendice à la dialectique transcendentale

De l'usage régulateur des idées de la raison pure

L'issue de toutes les tentatives dialectiques de la raison pure ne confirme pas seulement ce que nous avons déjà prouvé dans l'analytique transcendantale, à savoir que tous ceux de nos raisonnements qui prétendent sortir du champ de l'expérience possible sont illusoires et sans fondement; mais elle nous enseigne aussi cette particularité, que la raison humaine a un penchant naturel à dépasser ces limites, et que les idées transcendantales lui sont tout aussi naturelles que les catégories à l'entendement, avec cette différence seulement que, tandis que les dernières conduisent à la vérité, c'est-à-dire à l'accord de nos concepts avec l'objet, les premières ne produisent qu'une apparence, mais une apparence inévitable, dont on ne peut découvrir l'illusion que par la critique la plus pénétrante.

Tout ce qui est fondé sur la nature de nos facultés doit être approprié à une fin et d'accord avec leur légitime usage; il ne s'agit que d'éviter ici tout malentendu, et de trouver la direction propre de ces facultés. Les idées transcendentales doivent donc avoir, suivant toute présomption, leur bon usage et conséquemment leur usage *immanent*, bien que leur sens puisse être méconnu, qu'elles puissent être prises pour des concepts de choses réelles, et devenir transcendantes dans l'application et par là trompeuses. En effet ce n'est pas l'idée en elle-même, mais seulement son usage qui peut être, par rapport à toute l'expérience possible, *transcendant* ou *immanent*, suivant que l'on applique cette idée ou bien directement à un objet qui est censé lui correspondre, ou bien seulement à l'usage de l'entendement en général par rapport aux objets auxquels il a affaire ; et tous les vices de subreption doivent toujours être attribués à un défaut de jugement, jamais à l'entendement ou à la raison.

La raison ne se rapporte jamais directement à un objet, mais simplement à l'entendement, et, par l'intermédiaire de l'entendement, à son propre usage empirique. Elle ne *crée* donc pas de concepts (d'objets), mais elle les *ordonne* seulement et leur communique cette unité qu'ils peuvent avoir dans leur plus grande extension possible, c'est-à-dire par rapport à la totalité des séries, à laquelle n'atteint pas l'entendement, qui s'occupe uniquement de l'enchaînement *par lequel* sont partout *constituées*, suivant des concepts, des *séries* de conditions. La raison n'a donc proprement pour objet que l'entendement et son emploi conforme à sa fin [1]; et, de même que celui-ci relie par des concepts ce qu'il y a de divers dans l'objet, celle-là de son côté relie par des idées ce qu'il y

---

[1] *Dessen zweckmäszige Anstellung.*

a de divers dans les concepts, en proposant une certaine unité collective pour but aux actes de l'entendement, qui sans cela se borneraient à l'unité distributive.

Je soutiens donc que les idées transcendentales n'ont jamais d'usage constitutif, comme si des concepts de certains objets étaient donnés par là, et que, entendues dans ce dernier sens, elles ne sont que des idées sophistiques (dialectiques). Mais elles ont au contraire un usage régulateur excellent et indispensablement nécessaire, celui de diriger l'entendement vers un certain but, où convergent les lignes que suivent toutes ses règles, et qui, bien qu'il ne soit qu'une idée *(focus imaginarius)*, c'est-à-dire un point d'où les concepts de l'entendement ne partent pas réellement, puisqu'il est placé tout à fait en dehors des limites de l'expérience possible, sert cependant à leur donner la plus grande unité avec la plus grande extension. Or il en résulte bien une illusion telle que ces lignes semblent partir d'un objet même qui serait placé en dehors du champ de la connaissance empiriquement possible (de même que les objets paraissent être derrière le miroir où on les voit); mais cette illusion (qu'on peut cependant empêcher de nous tromper) n'en est pas moins nécessaire, lorsque, outre les objets qui sont devant nos yeux, nous voulons voir aussi ceux qui sont loin derrière nous, c'est-à-dire, dans le cas présent, quand nous voulons pousser l'entendement au delà de toute expérience donnée (faisant partie de toute l'expérience possible) et le dresser ainsi à prendre l'extension la plus grande et la plus excentrique possible.

Si nous jetons un coup d'œil sur tout l'ensemble des connaissances de notre entendement, nous trouvons que la part qu'y a proprement la raison, ou ce qu'elle cherche à y constituer, c'est *le caractère systématique* de la connaissance[1], c'est-à-dire sa liaison tirée d'un principe. Cette unité rationnelle présuppose toujours une idée, je veux dire celle de la forme d'un ensemble de la connaissance qui précède la connaissance déterminée des parties et contienne les conditions nécessaires pour déterminer *à priori* à chaque partie sa place et son rapport avec les autres. Cette idée postule donc une parfaite unité de la connaissance intellectuelle, qui ne fasse pas seulement de cette connaissance un agrégat accidentel, mais un système lié suivant des lois nécessaires. On ne peut pas dire proprement que cette idée soit le concept d'un objet, mais bien celui de la complète unité de ces concepts, en tant qu'elle sert de règle à l'entendement. Ces sortes de concepts rationnels ne sont pas tirées de la nature; nous interrogeons plutôt la nature d'après ces idées, et nous tenons notre connaissance pour défectueuse, tant qu'elle ne leur est pas adéquate. On avoue qu'il se trouve difficilement de la *terre pure*, de l'*eau pure*, de l'*air pur*, etc.; pourtant on a besoin des concepts de ces choses (lesquels par conséquent, en ce qui concerne la pureté parfaite, n'ont leur origine que dans la raison), afin de déterminer exactement la part qui revient à chacune de ces causes naturelles dans le phénomène. C'est ainsi que l'on réduit toutes les matières aux terres (qui représentent en quelque sorte le poids), aux sels et aux substances combustibles (qui sont comme la force), et enfin à l'eau et à l'air comme à des véhicules (à des machines au moyen desquelles agissent les éléments précédents), afin d'expliquer les actions chimi-

---

[1] *Das Systematische der Erkenntnisz.*

ques des matières entre elles suivant l'idée d'un mécanisme. En effet, bien que l'on ne s'exprime pas réellement ainsi, cette influence de la raison sur les divisions des physiciens n'est pas difficile à apercevoir.

Si la raison est une faculté de dériver le particulier du général, alors de deux choses l'une : ou bien le général est déjà *certain en soi* et donné ; dans ce cas il n'exige que du *jugement* pour faire la subsomption, et le particulier est nécessairement déterminé par là. C'est ce que j'appellerai l'usage apodictique de la raison. Ou bien le général n'est admis que d'une *manière problématique* et il n'est qu'une simple idée ; le particulier est certain, mais l'universalité de la règle par rapport à cette conséquence est encore un problème : on rapproche alors de la règle plusieurs cas particuliers, qui tous sont certains, afin de voir s'ils en découlent, et dans ce cas, s'il y a apparence que tous les cas particuliers qu'on peut trouver en dérivent, on conclut à l'universalité de la règle, puis de celle-ci à tous les cas qui ne sont pas donnés en soi. C'est ce que je nommerai l'usage hypothétique de la raison.

L'usage hypothétique de la raison, qui se fonde sur des idées admises comme concepts problématiques, n'est pas proprement *constitutif ;* je veux dire qu'il n'est pas de telle nature qu'à juger en toute rigueur on en puisse déduire la vérité de la règle générale prise pour hypothèse. En effet comment veut-on connaître toutes les conséquences possibles, qui, dérivant d'un même principe, en prouvent l'universalité? Cet usage n'est donc que régulateur, c'est-à-dire qu'il sert à mettre, autant qu'il est possible, de l'unité dans les connaissances particulières et à *rapprocher* ainsi la règle de l'universalité.

L'usage hypothétique de la raison a donc pour objet l'unité systématique des connaissances de l'entendement, et cette unité est la *pierre de touche* de la vérité des règles. Réciproquement l'unité systématique (comme simple idée) n'est qu'une unité *projetée*, que l'on ne peut envisager comme donnée, mais seulement comme problématique, et qui sert à trouver un principe au divers et à l'usage particulier de l'entendement, et par là à diriger celui-ci vers les cas qui ne sont pas donnés, en le mettant d'accord avec lui-même.

Mais on voit aussi par là que l'unité synthétique ou rationnelle des connaissances diverses de l'entendement est un principe logique, qui sert, là où l'entendement ne suffit pas seul aux règles, à lui venir en aide au moyen d'idées, et en même temps à donner à la diversité de ses règles l'unité d'un principe (une unité systématique) et par là une liaison aussi étendue que possible. Mais de décider si la nature des objets, ou la nature de l'entendement, qui les connaît ainsi, est destinée en soi à l'unité systématique, et si l'on peut dans une certaine mesure la postuler *à priori*, même abstraction faite d'un tel intérêt de la raison, et dire par conséquent que toutes les connaissances possibles (y compris les connaissances empiriques) ont leur unité rationnelle et sont soumises à des principes communs d'où elles peuvent être dérivées, malgré leur diversité, ce serait là un principe *transcendental* de la raison, qui rendrait l'unité systématique nécessaire, non plus seulement d'une manière subjective et logique comme méthode, mais d'une manière objective.

Expliquons cela par un cas de l'usage de la raison. Parmi les diverses espèces d'unité auxquelles on arrive en suivant les concepts de l'entendement se trouve aussi cette unité de la causalité d'une substance qu'on appelle force. Les divers phénomènes d'une même substance montrent au premier aspect tant d'hétérogénéité que l'on commence nécessairement par y admettre presque autant de forces qu'il s'y manifeste d'effets, comme dans l'âme humaine la sensation, la conscience, l'imagination, le souvenir, l'esprit, le plaisir, le désir, etc. Une maxime logique ordonne d'abord de restreindre autant que possible cette diversité apparente, en tâchant de découvrir par la comparaison l'identité cachée, en cherchant, par exemple, si le souvenir ne serait pas l'imagination unie à la conscience, si l'esprit et le discernement ne seraient pas l'entendement et la raison. L'idée d'une *faculté fondamentale*, dont la logique ne démontre pas d'ailleurs l'existence, est au moins le problème d'une représentation systématique de la diversité des facultés. Le principe logique de la raison exige que l'on constitue autant que possible cette unité, et plus les phénomènes de telle faculté et de telle autre seront trouvés identiques entre eux, plus il sera vraisemblable qu'ils ne sont que les manifestations d'une seule et même faculté qui peut être appelée (comparativement) leur *faculté fondamentale*. De même pour les autres.

Les forces comparativement fondamentales doivent être à leur tour comparées entre elles, afin qu'en découvrant leur accord, on les rapproche d'une seule force radicalement, c'est-à-dire absolument fondamentale. Mais cette unité rationnelle est simplement hypothétique. On n'affirme pas qu'une telle force doive être trouvée en en effet, mais qu'on doit la chercher dans l'intérêt de la raison, c'est-à-dire afin de ramener à certains principes les diverses règles que l'entendement peut fournir, et que, partout où cela est possible, il faut chercher à introduire ainsi dans la connaissance une unité systématique.

Mais on aperçoit, en faisant attention à l'usage transcendental de l'entendement, que cette idée d'une force fondamentale en général n'est pas seulement déterminée comme un problème pour l'usage hypothétique, mais qu'elle offre une réalité objective par laquelle l'unité systématique des diverses forces d'une substance est postulée et un principe apodictique de la raison est constitué. En effet, sans avoir encore cherché l'accord des diverses forces, et même après avoir échoué dans toutes les tentatives faites pour le découvrir, nous présupposons cependant qu'il doit y avoir un accord de ce genre. Et ce n'est pas seulement, comme dans le cas cité, à cause de l'unité de la substance; mais, là même où il y a plusieurs substances, bien que jusqu'à un certain point analogues, comme dans la matière en général, la raison présuppose l'unité systématique de diverses forces, puisque les lois particulières de la nature rentrent sous des lois plus générales, et que l'économie des principes n'est pas seulement un principe économique de la raison, mais une loi interne de la nature.

Dans le fait on ne voit pas comment un principe logique de l'unité rationnelle des règles pourrait avoir lieu, si l'on ne présupposait un principe transcendental au moyen duquel cette unité systématique est admise *à priori* comme nécessairement inhérente aux objets mêmes. En effet de quel droit la raison pourrait-elle vouloir, dans son usage logique, traiter comme une unité cachée la diversité des forces que la nature nous fait connaître, et les dériver, autant qu'il est en elle, de quelque force fondamentale, s'il lui était loisible d'accorder qu'il est également possible que toutes les forces soient hétérogènes, et que l'unité systématique de leur dérivation ne soit pas conforme à la nature? car alors elle agirait contrairement à sa destination en se proposant pour but une idée tout à fait opposée à la constitution de la nature. On ne peut pas dire non plus qu'elle ait tiré d'abord de la constitution contingente de la nature cette unité conforme à ses principes. En effet la loi de la raison qui veut qu'on la cherche est nécessaire, puisque sans cette loi il n'y aurait plus de raison, sans raison plus d'usage régulier de l'entendement, sans cet usage plus de marque suffisante de la vérité empirique, et que par conséquent nous devons, en vue de celle-ci, présupposer l'unité systématique de la nature comme ayant une valeur objective et comme nécessaire.

Cette supposition transcendantale, nous la trouvons cachée d'une manière étonnante dans les principes des philosophes, bien qu'ils ne l'y aient pas toujours reconnue ou ne se la soient pas avouée à eux-mêmes. Qu toutes les diversités des choses individuelles n'excluent pas l'identité de l'espèce, que les diverses espèces doivent être traitées comme les différentes déterminations d'un petit nombre de genres, et ceux-ci comme dérivant de classes plus élevées encore ; que par conséquent il faille chercher une certaine unité systématique de tous les concepts empiriques possibles, en tant qu'ils peuvent être dérivés de concepts plus élevés et plus généraux ; c'est là une règle d'école ou un principe logique sans lequel il n'y aurait plus d'usage de la raison, puisque nous ne pouvons conclure du général au particulier qu'autant que nous admettons en principe des propriétés générales des choses sous lesquelles rentrent les propriétés particulières.

Mais que cette harmonie se trouve aussi dans la nature, c'est ce que supposent les philosophes dans cette règle scolastique si connue, qu'il ne faut pas multiplier les principes sans nécessité (*entia præter necessitatem non esse multiplicanda*). On veut dire par là que la nature même des choses offre une matière à l'unité rationnelle, et que la diversité infinie en apparence ne doit pas nous empêcher de soupçonner derrière elle l'unité des propriétés fondamentales d'où dérive la variété au moyen de diverses déterminations. Bien que cette unité ne soit qu'une idée, elle a été de tout temps recherchée avec tant d'ardeur qu'il a paru plus urgent de modérer que d'encourager le désir de l'atteindre. C'était déjà beaucoup pour les chimistes d'avoir pu ramener tous les sels à deux espèces principales, les acides et les alcalins; ils cherchent aussi à ne voir dans cette différence qu'une variété ou les diverses manifestations d'une seule et même matière première. On a cherché à ramener peu à peu à trois, puis enfin à deux les diverses espèces de terres (qui forment la matière des pierres et même des métaux); mais non content de cela, on ne peut se défaire de la pensée de soupçonner derrière ces variétés une espèce unique, et même un principe commun aux terres et aux sels. On serait peut-être tenté de croire que c'est là un procédé purement économique de la raison, pour s'épargner de la peine autant que possible, et un essai hypothétique, qui, quand il réussit, donne de la vraisemblance par cette unité même au principe d'explication supposé. Mais il est très-facile de distinguer un dessein aussi intéressé de l'idée d'après laquelle chacun suppose que cette unité rationnelle est conforme à la nature même, et que la raison ici ne prie pas, mais commande, bien qu'elle ne puisse déterminer les limites de cette unité.

S'il y avait entre les phénomènes qui s'offrent à nous une si grande diversité, je ne dis pas quant à la forme (car ils peuvent se ressembler sous ce rapport), mais quant à la matière, c'est-à-dire à la variété des êtres existants, que même l'intelligence humaine la plus pénétrante ne pût trouver, en les comparant les uns avec les autres, la moindre ressemblance entre eux (c'est là un cas que l'on peut bien concevoir), il n'y aurait plus place alors pour la loi logique des espèces; il n'y aurait même plus de concept de genre, ou de concept général, et par conséquent plus d'entendement, puisque l'entendement n'a affaire qu'à des concepts généraux. Le principe logique des genres suppose donc un principe transcendental, pour pouvoir être appliqué à la nature (par où je n'entends ici que les objets qui nous sont donnés). Suivant ce principe, dans la diversité d'une expérience possible l'homogénéité est nécessairement supposée (bien que nous n'en puissions déterminer le degré *à priori*), parce que, sans cette homogénéité, il n'y aurait plus de concepts empiriques, partant plus d'expérience possible.

Au principe logique des genres, qui postule l'identité, est opposé un autre principe, celui des espèces, qui, malgré l'accord des choses sous un même genre, a besoin de leur variété et de leurs diversités, et qui prescrit à l'entendement de ne pas faire moins attention aux espèces qu'aux genres. Ce principe (de pénétration ou de discernement) tempère beaucoup la légèreté du premier (de l'esprit), et la raison se trouve placée ici entre deux intérêts opposés : d'une part celui de l'*extension* (de la généralité) par rapport aux genres, et d'autre part, celui de la *compréhension* (de la déterminabilité) par rapport à la variété des espèces, puisque dans le premier cas l'entendement pense beaucoup de choses sous ces concepts, tandis que dans le second il pense davantage sous chacun d'eux. Cette opposition se manifeste même dans les méthodes très-diverses des physiciens : les uns (particulièrement les spéculatifs), ennemis pour ainsi dire de la diversité, cherchent toujours l'unité du genre, tandis que les autres (surtout les esprits empiriques) travaillent incessamment à diviser la nature en tant de variétés, qu'il faudrait presque désespérer d'en juger les phénomènes d'après des principes généraux.

Cette dernière méthode se fonde évidemment aussi sur un principe logique qui a pour but la perfection systématique de toutes les connaissances; c'est à quoi je tends lorsque, commençant par le genre, je descends aux variétés qui peuvent y être contenues, et que je cherche ainsi à donner de l'étendue au système, de même que dans le premier cas, en remontant au genre, je cherchais à lui donner de la simplicité. En effet la sphère du concept qui désigne un genre, tout comme l'espace qu'occupe une matière, ne saurait nous faire voir jusqu'où peut aller la division. Tout *genre* exige donc diverses *espèces*, qui à leur tour exigent diverses *sous-espèces* ; et, comme aucune de ces dernières n'a lieu sans avoir aussi une sphère (une extension comme *conceptus communis*), la raison veut, dans toute son étendue, qu'aucune espèce ne soit considérée en elle-même comme la dernière. Chacune en effet étant toujours un concept qui ne contient que ce qui est commun à diverses choses, celui-ci ne peut être complétement déterminé et par conséquent rapporté immédiatement à un individu, ou, en d'autres termes, il doit toujours renfermer d'autres concepts, c'est-à-dire des sous-espèces. Cette loi de la spécification pourrait être exprimée ainsi : *entium varietates non temere minuendas.*

Mais on voit aisément que cette loi logique n'aurait pas non plus de sens et d'application, si elle n'avait pour fondement une *loi* transcendentale *de la spécification.* Cette loi n'exige sans doute pas des choses qui peuvent devenir les objets de notre connaissance une *infinité* réelle de diversités : car le principe logique, se bornant à affirmer *l'indéterminabilité* des sphères logiques par rapport à la division possible, n'y donne pas sujet; mais elle prescrit à l'entendement de chercher, sous chaque espèce qui se présente à nous, des sous-espèces, et pour chaque différence des différences plus petites encore : car s'il n'y avait pas de concepts inférieurs, il n'y en aurait pas non plus de supérieurs. Or l'entendement ne connaît rien que par des concepts; et par conséquent, aussi loin qu'il aille dans la division, il ne connaît jamais rien par simple intuition, mais il a toujours besoin de concepts inférieurs. La connaissance des phénomènes dans leur complète détermination (laquelle n'est possible que par l'entendement) exige une spécification de nos concepts incessamment continuée, et une progression constante vers des différences qui restent encore, mais dont on a fait abstraction dans le concept de l'espèce et à plus forte raison dans celui du genre.

Cette loi de la spécification ne peut pas non plus être tirée de l'expérience; car celle-ci ne saurait ouvrir des perspectives aussi étendues. La spécification empirique s'arrête dans la distinction de la diversité, quand elle n'est pas guidée par la loi transcendentale de la spécification, qui, la précédant à titre de principe de la raison, la pousse à chercher toujours cette diversité et à ne pas cesser de la soupçonner alors même qu'elle ne se montre pas à nos sens. Pour découvrir qu'il y a des terres absorbantes de diverses espèces (les terres calcaires et les terres muriatiques), il a fallu une règle antérieure de la raison qui proposât à l'entendement ce problème de chercher la différence, en supposant la nature assez riche pour qu'on pût l'y soupçonner. En effet il n'y a d'entendement possible pour nous que sous la supposition des différences dans la nature, de même qu'il n'est possible que sous la condition que les objets de la nature aient entre eux de l'homogénéité, puisque la variété de ce qui peut être compris sous un concept constitue l'usage de ce concept et l'occupation de l'entendement.

La raison prépare donc à l'entendement son champ : 1° par le principe de l'*homogénéité* du divers sous des genres supérieurs; 2° par celui de la *variété* de l'homogène sous des espèces inférieures; et, pour compléter l'unité systématique, elle y joint encore 3° la loi de l'*affinité* de tous les concepts, c'est-à-dire une loi qui ordonne de passer continuellement de chaque espèce à chaque autre au moyen de l'accroissement graduel de la diversité. Nous pouvons nommer ces principes les principes de l'*homogénéité*, de la *spécification* et de la *continuité* des formes. Le dernier résulte de l'union que l'on établit entre les deux premiers, lorsqu'en s'élevant à des genres supérieurs, aussi bien qu'en descendant à des espèces inférieures, on a accompli en idée l'unité systématique; car alors toutes les variétés sont liées entre elles, puisqu'elles dérivent toutes d'un seul genre supérieur en passant par tous les degrés d'une détermination plus étendue.

L'unité systématique des trois principes logiques peut être rendue sensible de la manière suivante. On peut regarder chaque concept comme un point qui, semblable au point de vue d'un spectateur, a son horizon, c'est-à-dire permet de saisir et d'embrasser une multitude de choses. Dans l'intérieur de cet horizon il peut y avoir une multitude infinie de points de vue dont chacun à son tour a son horizon plus étroit, ce qui revient à dire que chaque espèce contient des sous-espèces, suivant le principe de la spécification, et que l'horizon logique ne se compose que de plus petits horizons (de sous-espèces), et non de points qui n'auraient pas de circonscription (d'individus). Mais à divers horizons, c'est-à-dire à divers genres déterminés par autant de concepts, on peut se représenter un horizon commun, d'où on les embrasse tous comme d'un point central, et qui est un genre plus élevé, jusqu'à ce qu'on atteigne enfin le genre le plus haut, l'horizon général et vrai, qui est déterminé du point de vue du concept le plus élevé et embrasse toute la variété des genres, des espèces et des sous-espèces.

C'est à ce point de vue le plus élevé que me conduit la loi de l'homogénéité; celle de la spécification me conduit à tous les points de vue inférieurs et à leur extrême variété. Mais, comme de cette manière il n'y a point de vide dans le vaste cercle de tous les concepts possibles, et qu'en dehors de ce cercle on ne peut rien trouver, la supposition de cet horizon général et sa complète division engendrent ce principe : *non datur vacuum formarum*, c'est-à-dire qu'il n'y a pas divers genres originaires et premiers qui soient en quelque sorte isolés et séparés les uns des autres (par un espace vide), et que tous les genres divers ne sont que des divisions d'un genre suprême, unique et universel. De ce principe dérive cette conséquence immédiate : *datur continuum formarum*, c'est-à-dire que toutes les différences des espèces touchent les unes aux autres et ne permettent pas que l'on passe de celle-ci à celle-là par un saut brusque, mais seulement par tous les degrés inférieurs de la différence, c'est-à-dire en un mot qu'il n'y a pas d'espèces et de sous-espèces qui soient (dans le concept de la raison) les plus rapprochées entre elles, mais qu'il y a encore et toujours entre elles des espèces intermédiaires qui diffèrent moins les unes des autres que de la première et de la seconde.

La première loi empêche donc qu'on ne s'égare dans la variété des divers genres originaires et recommande l'homogénéité; la seconde limite au contraire ce penchant pour l'uniformité et ordonne que l'on tienne compte de la distinction des sous-espèces avant de se tourner avec son concept général vers l'individu. La troisième réunit les deux autres en faisant de l'homogénéité une règle jusque dans la plus extrême variété au moyen d'un passage graduel d'une espèce à l'autre, ce qui annonce une sorte de parenté entre différentes branches sortant toutes d'un même tronc.

Mais cette loi logique du *continuum specierum (formarum logicarum)* présuppose une loi transcendantale (*lex continui in natura*) sans laquelle elle pourrait bien égarer l'entendement en lui faisant prendre un chemin opposé à celui de la nature. Cette loi doit donc reposer sur des principes purement transcendantaux et non sur des principes empiriques. En effet, dans ce dernier cas, elle n'arriverait qu'après les systèmes, tandis qu'au contraire c'est elle qui a produit ce qu'il y a de systématique dans la connaissance de la nature. Il ne faudrait pas voir derrière ces lois le dessein caché d'en faire l'épreuve à titre de simple essai, bien que sans doute, quand cet enchaînement se rencontre, il fournisse un puissant motif de tenir pour fondée l'unité hypothétiquement conçue, et que par conséquent ces lois aient aussi sous ce rapport leur utilité; mais il est clair qu'elles jugent rationnelles en soi et conformes à la nature l'économie des causes premières, la diversité des effets et, comme conséquence, l'affinité des membres de la nature, et qu'ainsi ces principes se recommandent directement et non pas simplement comme des procédés de la méthode.

Mais on voit aisément que cette continuité des formes est une simple idée à laquelle on ne saurait indiquer dans l'expérience un objet correspondant. C'est qu'en effet les espèces dans la nature, étant réellement divisées, doivent former en soi un *quantum discretum*, et que, si le progrès graduel dans l'affinité des espèces était continu, il y aurait aussi une véritable infinité de membres intermédiaires entre deux espèces données, ce qui est impossible. En outre nous ne pouvions faire de cette loi aucun usage empirique déterminé, attendu qu'elle ne nous indique pas le moindre critérium d'affinité d'après lequel nous puissions chercher, jusqu'à une certaine limite, la série graduelle de la diversité, mais qu'elle ne nous offre que cette indication générale d'avoir à la chercher.

Si nous transvertissions l'ordre des principes que nous venons de citer, de manière à les disposer conformément à *l'usage de l'expérience*, les principes de *l'unité* systématique pourraient bien se présenter ainsi : *diversité, affinité* et *unité*, chacune prise comme idée dans le degré le plus élevé de sa perfection. La raison suppose les connaissances de l'entendement, lesquelles sont immédiatement appliquées à l'expérience ; puis elle en cherche l'unité suivant des idées, et cette unité va beaucoup plus loin que ne peut aller l'expérience. L'affinité du divers sous un principe d'unité, sans préjudice de la diversité, ne concerne pas seulement les choses, mais beaucoup plus encore les simples qualités et propriétés des choses. Aussi, quand par exemple le cours des planètes nous est donné comme circulaire par une expérience (qui n'est pas encore parfaitement confirmée) et que nous trouvons des différences, soupçonnons-nous que ces différences sont des déviations du cercle résultant d'une loi constante qui le fait passer par tous les degrés intermédiaires à l'infini, c'est-à-dire que les mouvements des planètes, qui ne sont pas circulaires, se rapprochent plus ou moins des propriétés du cercle et tombent dans l'ellipse. Les comètes montrent encore une plus grande différence dans leurs orbites, puisque (autant que l'observation permet d'en juger) elles ne se meuvent pas en cercle ; mais nous leur soupçonnons un cours parabolique, qui est voisin de l'ellipse, et qui n'en peut être distingué dans toutes nos observations, quand le grand axe est très-étendu. C'est ainsi que nous arrivons, en suivant la direction de ces principes, à l'unité générique de ces orbites dans leur forme, et par là à l'unité des causes de toutes les lois de leur mouvement (la gravitation) ; que partant de là nous étendons nos conquêtes, en cherchant aussi à expliquer par le même principe toutes les variétés et les apparentes dérogations à ces règles, et qu'enfin nous ajoutons plus que l'expérience ne peut jamais confirmer, comme quand nous allons jusqu'à concevoir, suivant les règles de l'affinité, des courses hyperboliques de comètes, où ces corps abandonnent tout à fait notre monde solaire, et, en allant de soleil en soleil, unissent dans leur parcours les parties les plus éloignées d'un système du monde qui pour nous est sans bornes et qui est lié par une seule et même force motrice.

Ce qu'il y a de remarquable dans ces principes et ce qui d'ailleurs nous occupe uniquement, c'est qu'ils semblent être transcendentaux et que, bien qu'ils ne contiennent que de simples idées pour l'accomplissement de l'usage empirique de la raison, idées que cet usage ne peut suivre que d'une manière en quelque sorte asymptotique, c'est-à-dire purement approximative, ils ont cependant, comme principes synthétiques *à priori*, une valeur objective, mais indéterminée, qu'ils servent de règle à l'expérience possible, et qu'ils sont même réellement employés avec succès comme principes euristiques dans le travail de l'expérience, sans qu'on en puisse établir une déduction transcendentale; ce qui, comme nous l'avons montré plus haut, est toujours impossible par rapport aux idées.

Nous avons distingué, dans l'analytique transcendentale, parmi les principes de l'entendement, les principes *dynamiques*, qui sont simplement *régulateurs* de *l'intuition*, des principes *mathématiques*, qui sont *constitutifs* par rapport à cette même intuition. Malgré cette distinction les lois regardées comme dynamiques sont certainement constitutives par rapport à *l'expérience*, en rendant possibles *à priori* les *concepts* sans lesquels aucune expérience n'a lieu. Les principes de la raison pure au contraire ne peuvent jamais être constitutifs par rapport aux *concepts* empiriques, parce qu'aucun schème correspondant de la sensibilité ne peut leur être donné, et que par conséquent ils ne peuvent avoir aucun objet *in concreto*. Mais si je renonce à me servir empiriquement de ces principes comme de principes constitutifs, comment puis-je vouloir cependant leur assurer un usage régulateur, et avec cet usage quelque valeur objective, et quel sens peut-il avoir?

L'entendement fait pour la raison précisément ce que la sensibilité fait pour l'entendement. L'œuvre de la raison est de constituer systématiquement l'unité de tous les actes empiriques possibles de l'entendement, de même que celle de l'entendement est de relier par des concepts et de soumettre à des lois empiriques la diversité des phénomènes. Et de même que les actes de l'entendement, sans les schèmes de la sensibilité, sont *indéterminés*, de même l'*unité de la raison*, par rapport aux conditions sous lesquelles l'entendement doit unir systématiquement ses concepts et au degré où il doit le faire, est *indéterminée* par elle-même. Mais, bien qu'on ne puisse trouver dans l'*intuition* aucun schème pour l'unité systématique complète de tous les concepts de l'entendement, l'analogue d'un schème de ce genre peut et doit être donné, et cet analogue est l'idée du *maximum* de la division de la connaissance intellectuelle et de son union en un seul principe. En effet le plus grand et l'absolument parfait peuvent se concevoir d'une manière déterminée, puisque toutes les conditions restrictives qui donnent une diversité indéterminée sont écartées. L'idée de la raison est donc l'analogue d'un schème de la sensibilité, mais avec cette différence que l'application des concepts de l'entendement au schème de la raison n'est pas une connaissance de l'objet même (comme l'application des catégories à leurs schèmes sensibles), mais seulement une règle ou un principe de l'unité systématique de tout usage de l'entendement. Or, comme tout principe qui assure *à priori* à l'entendement l'unité complète de son usage se rapporte, bien qu'indirectement, à l'objet de l'expérience, les principes de la raison pure ont une réalité objective, même par rapport à celui-ci. Ce n'est pas sans doute qu'ils y *déterminent* quelque chose, mais ils indiquent la marche suivant laquelle on peut mettre l'usage empirique et déterminé de l'entendement complétement d'accord avec lui-même, en le rattachant, *autant que possible*, au principe de l'unité universelle et en l'en dérivant.

Tous les principes subjectifs qui ne sont pas dérivés de la nature de l'objet, mais de l'intérêt de la raison par rapport à une certaine perfection possible de la connaissance de cet objet, je les appelle *maximes* de la raison. Il y a donc des maximes de la raison spéculative, qui reposent uniquement sur l'intérêt spéculatif de cette faculté, bien qu'ils aient l'air d'être des principes objectifs.

Si les principes purement régulateurs sont regardés comme constitutifs, ils peuvent être contradictoires en tant que principes objectifs ; mais si on les regarde simplement comme des *maximes*, il n'y a plus de véritable contradiction, mais seulement des intérêts divers de la raison qui donnent lieu à des divergences dans la manière de voir. Dans le fait la raison n'a qu'un unique intérêt, et le conflit de ses maximes n'est qu'une différence et une limitation réciproque des méthodes ayant pour but de donner satisfaction à cet intérêt.

De cette manière l'intérêt de la *diversité* (suivant le principe de la spécification) peut l'emporter chez tel raisonneur, et l'intérêt de l'*unité* (suivant le principe de l'agrégation) chez tel autre. Chacun d'eux croit tirer son jugement de la vue de l'objet et le fonde uniquement sur un plus ou moins grand attachement à l'un des deux principes, dont aucun ne repose sur des fondements objectifs, mais seulement sur l'intérêt de la raison, et qui par conséquent mériteraient plutôt le nom de maximes que celui de principes. Quand je vois des savants disputer entre eux sur la caractéristique des hommes, des animaux ou des plantes, et même des corps du règne minéral, les uns admettant, par exemple, des caractères nationaux particuliers et fondés sur l'origine, ou encore des différences décisives et héréditaires de famille, de race, etc., tandis que d'autres se préoccupent de cette idée que la nature en agissant ainsi a suivi un plan identique, et que toute différence ne repose que sur des accidents extérieurs, je n'ai alors qu'à prendre en considération la nature de l'objet, et je comprends aussitôt qu'elle est beaucoup trop profondément cachée aux uns et aux autres pour qu'ils puissent en parler d'après une véritable connaissance. Il n'y a autre chose ici que le double intérêt de la raison, dont chaque partie prend à cœur ou affecte de prendre à cœur un côté, et par conséquent que la différence des maximes touchant la diversité ou l'unité de la nature. Ces maximes peuvent bien s'unir; mais, tant qu'on les tient pour des vues objectives, elles occasionnent non-seulement un conflit, mais des obstacles qui retardent longtemps la vérité, jusqu'à ce que l'on trouve un moyen de concilier les intérêts en litige et de tranquilliser la raison sur ce point.

Il en est de même de cette fameuse loi de l'*échelle continue des créatures*, que Leibnitz a mise en circulation et que Bonnet a excellemment appuyée, mais que d'autres ont attaquée: elle n'est qu'une application du principe de l'affinité qui repose sur l'intérêt de la raison; car on ne saurait la tirer, à titre d'affirmation objective, de l'observation et de la vue des dispositions de la nature. Les degrés de cette échelle, autant que l'expérience nous les peut montrer, sont beaucoup trop éloignés les uns des autres, et nos prétendues petites différences sont ordinairement dans la nature même de tels abîmes qu'il est impossible de demander à des observations de ce genre les desseins mêmes de la nature (d'autant plus que dans une grande variété il doit être très-aisé de trouver des analogies et des rapprochements). Au contraire, la méthode qui consiste à chercher l'ordre dans la nature suivant un tel principe, et la maxime qui veut que l'on regarde cet ordre comme fondé dans une nature en général, sans pourtant déterminer où et jusqu'où il règne, cette méthode est certainement un excellent et légitime principe régulateur de la raison, qui, comme tel, va sans doute beaucoup trop loin pour que l'expérience ou l'observation puisse lui être adéquate, mais qui, sans rien déterminer, les met cependant sur la voie de l'unité systématique.

*Du but final de la dialectique naturelle de la
raison humaine*

Les idées de la raison pure ne peuvent jamais être par elles-mêmes dialectiques, et leur abus seul peut faire qu'il en résulte une apparence trompeuse ; car elles nous sont données par la nature de notre raison, et il est impossible que ce tribunal suprême de tous les droits et de toutes les prétentions de notre spéculation renferme lui-même des illusions et des prestiges originels. Très-vraisemblablement elles doivent avoir leur bonne et utile destination dans la constitution naturelle de notre raison. Mais la tourbe des sophistes crie, comme c'est sa coutume, à l'absurdité et à la contradiction, et outrage le gouvernement dont elle ne saurait pénétrer les plans intimes, mais aux bienfaits duquel elle doit elle-même son salut et cette culture qui la met en état de le blâmer et de le condamner.

On ne peut se servir avec sécurité d'un concept *à priori*, sans en avoir établi la déduction transcendentale. Les idées de la raison pure ne permettent pas, il est vrai, une déduction semblable à celle des catégories ; mais, pour peu qu'elles aient quelque valeur objective, même indéterminée, et qu'elles ne soient pas simplement de vains êtres de raison (*entia rationis ratiocinantis*), il faut absolument qu'il y en ait une déduction possible, cette déduction s'écartât-elle beaucoup de celle que comportent les catégories. C'est là ce qui complète l'œuvre critique de la raison pure, et c'est là ce que nous voulons maintenant entreprendre.

Que quelque chose soit donné à ma raison comme un *objet absolument*[1], ou seulement comme un *objet en idée*[2], cela fait une grande différence. Dans le premier cas, mes concepts ont pour but de déterminer l'objet; dans le second, il n'y a réellement qu'un schème, auquel aucun objet n'est donné directement, ni même hypothétiquement, mais qui sert uniquement à représenter d'autres objets dans leur unité systématique, au moyen d'un rapport avec cette idée, et par conséquent d'une manière indirecte. Ainsi je dis que le concept d'une intelligence suprême est une simple idée, c'est-à-dire que sa réalité objective ne peut consister en ce qu'il se rapporte directement à un objet (car en ce sens nous ne saurions justifier sa valeur objective), mais qu'il n'est qu'un schème du concept d'une chose en général, ordonné suivant les conditions de la plus grande unité rationnelle et servant uniquement à maintenir la plus grande unité systématique dans l'usage empirique de notre raison, où l'on dérive en quelque sorte l'objet de l'expérience de l'objet imaginaire de cette idée comme de son principe ou de sa cause. Cela revient à dire, par exemple, que les choses du monde doivent être envisagées comme si elles tenaient leur existence d'une intelligence suprême. De cette manière l'idée n'est proprement qu'un concept euristique et non ostensif (1), et elle montre, non pas quelle est la nature d'un objet, mais comment, sous sa direction, nous devons *chercher* la nature et l'enchaînement des objets de

---

[1] *Als ein Gegenstand schlechthin.* — [2] *Als ein Gegenstand in der Idee.*

(1) Ce sont les termes mêmes employés par Kant ce qui suit en explique d'ailleurs suffisamment le sens.   J. B.

l'expérience en général. Or, si l'on peut montrer que, bien que les trois espèces d'idées transcendentales (*psychologiques*, *cosmologiques* et *théologiques*) ne se rapportent directement à aucun objet qui leur corresponde ni à sa *détermination*, toutes les règles de l'usage empirique de la raison n'en conduisent pas moins, sous la supposition d'un tel *objet en idée*, à l'unité systématique et étendent toujours la connaissance de l'expérience, sans pouvoir jamais lui être contraires, c'est alors une *maxime* nécessaire de la raison de procéder d'après des idées de ce genre. Et c'est là la *déduction transcendentale* de toutes les idées de la raison spéculative, non pas comme principes *constitutifs* servant à étendre notre connaissance à plus d'objets que l'expérience n'en peut donner, mais comme principes *régulateurs* de l'unité systématique des éléments divers de la connaissance empirique en général, laquelle est mieux construite et mieux justifiée, même dans ses propres limites, qu'elle ne pourrait l'être, sans le secours de ces idées, par le simple usage des principes de l'entendement.

C'est ce que je vais rendre plus clair. En prenant ce qu'on nomme les idées pour principes, *d'abord* (en psychologie) nous rattacherons au fil conducteur de l'expérience interne tous les phénomènes, tous les actes, toute la réceptivité de notre esprit, comme s'il était une substance simple subsistant (au moins dans la vie) avec identité personnelle, pendant que ses états, dont ceux du corps ne font partie que comme conditions extérieures, changent continuellement. *En second lieu* (dans la cosmologie) nous devons poursuivre sans jamais nous arrêter la recherche des conditions des phénomènes naturels, internes ou externes, comme si elle était infinie en soi et comme si elle n'avait pas de terme suprême, sans nier pour cela qu'en dehors de tous les phénomènes il n'y ait des causes premières, purement intelligibles, de ces phénomènes, mais aussi sans jamais nous permettre de les introduire dans l'ensemble des explications naturelles, puisque nous ne les connaissons pas du tout. *En troisième lieu* enfin (au point de vue de la théologie), nous devons considérer tout ce qui ne peut appartenir qu'à l'ensemble de l'expérience possible, comme si elle formait une unité absolue, mais entièrement dépendante et toujours conditionnelle dans les limites du monde sensible, et comme si en même temps l'ensemble de tous les phénomènes (le monde sensible lui-même) avait, en dehors de sa sphère, un principe suprême unique et absolument suffisant, c'est-à-dire une raison originaire et créatrice subsistant par elle-même. D'après cette idée nous réglons tout usage empirique de notre raison, dans sa plus grande extension, comme si les objets mêmes étaient sortis de ce prototype de toute raison. Cela ne veut pas dire que les phénomènes intérieurs de l'âme dérivent d'une substance pensante simple, mais seulement qu'ils dérivent les uns des autres suivant l'idée d'un être simple; de même cela ne veut pas dire que l'ordre du monde et son unité systématique dérivent d'une intelligence suprême, mais qu'ils tirent de l'idée d'une cause souverainement sage la règle d'après laquelle la raison doit procéder pour sa plus grande satisfaction dans la liaison des causes et des effets dans le monde.

Rien ne nous empêche d'*admettre* aussi ces idées comme objectives et hypostatiques, à l'exception seulement de l'idée cosmologique où la raison se heurte contre une antinomie, quand elle veut la réaliser (l'idée psychologique et l'idée théologique ne contiennent aucune antinomie de ce genre). En effet, s'il n'y a pas en elles de contradiction, comment quelqu'un pourrait-il nous en contester la réalité objective, puisque, n'en sachant pas plus que nous touchant leur possibilité, il n'est pas plus fondé à les nier que nous à les affirmer? Toutefois il ne suffit pas, pour admettre quelque chose, de n'y trouver aucun empêchement positif, et il ne peut pas nous être permis d'introduire, sur la foi de la raison spéculative, qui achève volontiers son œuvre, comme des objets réels et déterminés, des êtres de raison, qui, sans contredire aucun de nos concepts, les surpassent tous. Nous ne devons donc pas les admettre en soi, mais seulement leur attribuer la réalité d'un schème comme principe régulateur de l'unité systématique de toute connaissance naturelle, et par conséquent nous ne devons les prendre pour fondement que comme des analogues de choses réelles, et non comme des choses réelles en soi. Nous écartons de l'objet de l'idée les conditions qui restreignent le concept de notre entendement, mais qui seules aussi nous permettent d'avoir d'une chose quelconque un concept déterminé. Et nous pensons alors quelque chose dont la nature intime échappe à tous nos concepts, mais que nous lions cependant à l'ensemble des phénomènes par un rapport analogue à celui que les phénomènes ont entre eux.

Quand donc nous admettons des êtres idéaux de ce genre, nous n'étendons pas proprement notre connaissance au delà des objets de l'expérience possible, mais seulement l'unité empirique de celle-ci au moyen de l'unité systématique dont le schème nous est donné par l'idée, laquelle par conséquent n'a pas la valeur d'un principe constitutif, mais seulement d'un principe régulateur. En effet, de ce que nous posons une chose correspondant à l'idée, un quelque chose, ou un être réel, il ne s'ensuit pas que nous voulions étendre notre connaissance des choses au moyen de concepts transcendantaux ; car cet être n'est pris pour fondement qu'en idée et non en soi, et par conséquent uniquement pour exprimer l'unité systématique qui doit nous servir de règle dans l'usage empirique de la raison, sans que nous puissions rien décider sur le principe de cette unité ou sur la nature intime de l'être qui en est la cause et le fondement.

Le concept transcendental et le seul déterminé que nous donne de Dieu la raison purement spéculative est donc, dans le sens le plus étroit, un concept *déiste*. La raison, en effet, ne nous donne pas même la valeur objective de ce concept, mais seulement l'idée de quelque chose sur quoi toute réalité empirique fonde sa suprême et nécessaire unité ; et nous ne pouvons le concevoir que par analogie à une substance réelle qui serait, suivant des lois rationnelles, la cause de toutes choses, quand nous entreprenons de le concevoir absolument comme un objet particulier, et que nous n'aimons pas mieux, nous contentant de la simple idée du principe régulateur de la raison, laisser de côté, comme surpassant l'entendement humain, l'achèvement de toutes les conditions de la pensée, ce qui d'ailleurs ne peut s'accorder avec le but d'une parfaite unité systématique dans notre connaissance, à laquelle du moins la raison ne met pas de bornes.

Il arrive ainsi qu'en admettant un être divin, je n'ai pas à la vérité le moindre concept de la possibilité interne de sa souveraine perfection, ni de la nécessité de son existence, mais que je puis alors satisfaire à toutes les autres questions qui concernent le contingent, et procurer à la raison le plus parfait contentement, non pas par rapport à cette supposition même, mais par rapport à la plus grande unité qu'elle puisse chercher dans son usage empirique, ce qui prouve que c'est son intérêt spéculatif, et non sa pénétration, qui l'autorise à partir d'un point si haut placé au-dessus de sa sphère, pour envisager de là ses objets comme dans un ensemble parfait.

Ici se montre une différence de la façon de penser dans une seule et même supposition, qui est assez subtile, mais qui a pourtant une grande importance dans la philosophie transcendentale. Je puis avoir une raison suffisante d'admettre quelque chose relativement (*suppositio relativa*), sans être fondé à l'admettre absolument (*suppositio absoluta*). Cette distinction se présente quand il s'agit simplement d'un principe régulateur, dont nous connaissons, il est vrai, la nécessité en soi, mais non la source, et que nous admettons à cet égard une cause suprême uniquement afin de concevoir d'une manière plus déterminée l'universalité du principe, quand par exemple je conçois comme existant un être qui corresponde à une simple idée, à une idée transcendentale. En effet je ne puis jamais admettre en soi l'existence de cette chose, puisqu'aucun des concepts par lesquels je puis concevoir quelque objet d'une manière déterminée n'y suffisent, et que les conditions de la valeur objective de mes concepts sont exclues par l'idée même. Les concepts de la réalité, de la substance, de la causalité, même ceux de la nécessité dans l'existence, n'ont, en dehors de l'usage par lequel ils rendent possible la connaissance empirique d'un objet, aucun sens qui détermine quelque autre objet. Ils peuvent donc bien servir à l'explication de la possibilité des choses dans le monde sensible, mais non pas à celle de la possibilité d'un *univers* même, puisque ce principe d'explication devrait être en dehors du monde, et que par conséquent il ne saurait être un objet d'expérience possible. Je puis cependant admettre, relativement au monde sensible, mais non en soi, un être incompréhensible de ce genre, l'objet d'une simple idée. En effet, si une idée (celle de l'unité systématiquement parfaite, dont je parlerai bientôt d'une manière plus précise) sert de fondement au plus grand usage empirique possible de ma raison, et que cette idée ne puisse jamais être en soi représentée d'une manière adéquate dans l'expérience, bien qu'elle soit indispensablement nécessaire pour rapprocher l'unité empirique du plus haut degré possible; je ne suis pas alors seulement autorisé, mais obligé à réaliser cette idée, c'est-à-dire à lui supposer un objet réel, mais seulement comme quelque chose en général que je ne connais pas du tout en soi et auquel je ne donne des propriétés analogues aux concepts de l'entendement dans son usage empirique que comme à un principe de cette unité systématique et relativement à elle. Je concevrai donc, par analogie aux réalités du monde, aux substances, à la causalité et à la nécessité, un être qui possède tout cela dans la suprême perfection; et, puisque cette idée ne repose que sur ma raison, je pourrai concevoir cet être comme une *raison indépendante*, qui soit la cause de l'univers au moyen des idées de la plus grande harmonie et de la plus grande unité possible. J'élimine ainsi toutes les conditions qui limitent l'idée, uniquement afin de rendre possible, grâce à un tel principe, l'unité systématique de la diversité dans l'univers, et, par le moyen de cette unité, le plus grand usage empirique possible de la raison, en regardant toutes les liaisons des phénomènes *comme si* elles étaient ordonnées par une raison suprême, dont la nôtre fût une faible image. Je me fais alors une idée de cet être suprême au moyen de purs concepts qui n'ont proprement leur application que dans le monde sensible ; mais, comme je n'ai recours à cette supposition que pour un usage relatif, c'est-à-dire afin qu'elle me donne le substratum de la plus grande unité possible d'expérience, je puis bien concevoir un être que je distingue du monde au moyen d'attributs qui appartiennent proprement au monde sensible. En effet je ne prétends nullement et je n'ai pas le droit de prétendre connaître cet objet de mon idée suivant ce qu'il est en soi ; car je n'ai point de concepts pour cela, et même les concepts de réalité, de substance, de causalité, ceux aussi de nécessité dans l'existence, perdent toute signification et ne sont plus que de vains titres de concepts sans aucun contenu, quand je me hasarde à sortir avec eux du champ des choses sensibles. Je ne conçois la relation d'un être qui m'est tout à fait inconnu en soi avec la plus grande unité systématique possible de l'univers, que pour faire de cet être un schème du principe régulateur du plus grand usage empirique possible de ma raison.

Si nous jetons maintenant nos regards sur l'objet transcendental de notre idée, nous voyons que nous ne pouvons pas supposer son existence *en soi* d'après les concepts de réalité, de substance, de causalité, etc., puisque ces concepts n'ont pas la moindre application à quelque chose de tout à fait distinct du monde sensible. La supposition que la raison fait d'un être suprême, comme cause première, est donc purement relative, c'est-à-dire qu'elle a pour but l'unité systématique du monde sensible ; c'est simplement un quelque chose en idée dont aucun concept ne nous permet de dire ce qu'il est *en soi*. Par où l'on voit aussi pourquoi nous avons besoin par rapport à ce qui est donné aux sens comme existant, de l'idée d'un être premier *nécessaire en soi*, mais pourquoi nous ne saurions jamais avoir le moindre concept *de* cet être et de sa *nécessité* absolue.

Nous pouvons à présent mettre clairement devant les yeux le résultat de toute la dialectique transcendentale et déterminer exactement le but final des idées de la raison pure, qui ne deviennent dialectiques que par l'effet d'un malentendu et faute d'attention. La raison pure n'est dans le fait occupée que d'elle-même, et elle ne peut avoir d'autre fonction, puisque ce ne sont pas les objets qui lui sont donnés pour en recevoir l'unité du concept de l'expérience, mais les connaissances de l'entendement pour acquérir l'unité du concept de la raison, c'est-à-dire de l'enchaînement en un seul principe. L'unité rationnelle est l'unité du système, et cette unité systématique n'a pas pour la raison l'utilité objective d'un principe qui l'étendrait sur les objets, mais l'utilité subjective d'une maxime qui l'applique à toute connaissance empirique possible des objets. Cependant l'enchaînement systématique, que la raison peut donner à l'usage empirique de l'entendement, n'en favorise pas seulement l'extension, mais il en garantit aussi la justesse ; et le principe de cette unité systématique est aussi objectif, mais d'une manière indéterminée (*principium vagum*), non pas comme principe constitutif servant à déterminer quelque chose relativement à son objet direct, mais comme principe régulateur et comme maxime servant à favoriser et à affermir à l'infini (d'une manière indéterminée) l'usage empirique de la raison, en lui ouvrant de nouvelles voies que l'entendement ne connaît pas, sans jamais être en rien contraire aux lois de cet usage.

Mais la raison ne peut concevoir cette unité systématique sans donner en même temps à son idée un objet, lequel d'ailleurs ne peut être donné par aucune expérience; car l'expérience ne fournit jamais un exemple d'une parfaite unité systématique. Cet être de raison (*ens rationis ratiocinatæ*) n'est, à la vérité, qu'une simple idée, et par conséquent il n'est pas admis absolument et en soi comme quelque chose de réel; nous ne le prenons pour fondement que d'une manière problématique (car nous ne saurions l'atteindre par aucun concept de l'entendement), afin d'envisager toute liaison des choses du monde sensible comme si elles avaient leur principe dans cet être de raison, mais uniquement dans le dessein d'y fonder l'unité systématique qui est indispensable à la raison, et qui est avantageuse de toutes façons à la connaissance empirique de l'entendement, sans jamais pouvoir lui être contraire.

On méconnaît le sens de cette idée quand on la tient pour l'affirmation ou même pour la supposition d'une chose réelle, à laquelle on voudrait attribuer le principe de la constitution systématique du monde. On doit au contraire laisser tout à fait indécise la question de savoir quelle est en soi la nature de ce principe qui se soustrait à nos concepts, et ne faire de l'idée que le point de vue duquel seul on peut étendre cette unité si essentielle à la raison et si salutaire à l'entendement. En un mot, cette chose transcendentale n'est que le schème de ce principe régulateur par lequel la raison, autant qu'il est en elle, étend à toute expérience l'unité systématique.

Je suis moi-même, comme nature pensante (comme âme), le premier objet d'une pareille idée. Si je veux rechercher les propriétés avec lesquelles un être pensant existe en soi, il faut que je consulte l'expérience, et je ne puis même appliquer aucune des catégories à cet objet qu'autant que le schème m'en est donné dans l'intuition sensible. Mais je n'arrive jamais par là à une unité systématique de tous les phénomènes du sens intime. A la place donc du concept expérimental (de ce que l'âme est réellement), qui ne peut nous conduire loin, la raison prend celui de l'unité empirique de toute pensée, et, en concevant cette unité comme inconditionnelle et originaire, elle fait de ce concept le concept rationnel (l'idée) d'une substance simple, qui, demeurant immuable en soi (personnellement identique) est en relation avec d'autres, choses réelles en dehors d'elle, en un mot, d'une intelligence simple existant par elle-même. Mais elle n'a pas ici en vue autre chose que d'expliquer les phénomènes de l'âme au moyen des principes de l'unité systématique, en considérant toutes les déterminations comme appartenant à un objet unique, toutes les facultés, autant que possible, comme dérivées d'une unique faculté première, tout changement comme faisant partie des états d'un seul et même être permanent, et en représentant tous les *phénomènes* qui ont lieu dans l'espace comme entièrement distincts des actes de la *pensée*. Cette simplicité de la substance, etc., ne doit être regardée que comme le schème de ce principe régulateur, et l'on ne suppose pas qu'elle soit le principe réel des propriétés de l'âme. Il se peut en effet que celles-ci reposent sur de tout autres principes, que nous ne connaissons pas, puisqu'aussi bien nous ne saurions proprement connaître l'âme en elle-même au moyen de ces prédicats que nous supposons, quand même nous voudrions les lui appliquer d'une manière absolue, car ils ne sont qu'une simple idée qui ne peut être représentée *in concreto*. Une idée psychologique de ce genre ne peut offrir que des avantages, si l'on se garde bien de la prendre pour quelque chose de plus qu'une simple idée, c'est-à-dire si l'on se borne à l'appliquer à l'usage systématique de la raison par rapport aux phénomènes de notre âme. Alors en effet on ne mêle plus en rien les lois empiriques des phénomènes corporels, lesquelles sont d'une tout autre espèce, aux explications de ce qui appartient simplement au *sens intime;* on ne se permet plus aucune de ces vaines hypothèses de génération, de destruction et de palingénésie des âmes, etc.; la considération de cet objet du sens intime est ainsi tout à fait pure et sans mélange de propriétés hétérogènes; en outre la recherche de la raison est dirigée de manière à ramener, autant que possible, à un principe unique dans ce sujet les principes d'explication; toutes choses que fait excellemment, et même seul, un tel schème, comme si c'était un objet réel. L'idée psychologique ne peut donc représenter autre chose que le schème d'un concept régulateur. Car de demander seulement si l'âme n'est pas en soi de nature spirituelle, ce serait une question qui n'aurait pas de sens. En effet par un concept de ce genre je n'écarte pas simplement la nature corporelle, mais en général toute nature, c'est-à-dire les prédicats de quelque expérience possible, par conséquent toutes les conditions qui pourraient servir à concevoir un objet à un tel concept, en un mot tout ce qui seul permet de dire que ce concept a un sens.

La seconde idée régulatrice de la raison purement spéculative est le concept du monde en général. En effet la nature n'est proprement que l'unique objet donné par rapport auquel la raison a besoin de principes régulateurs. Cette nature est de deux espèces : pensante ou corporelle. Mais pour concevoir la dernière dans sa possibilité interne, c'est-à-dire pour déterminer l'application des catégories à cette nature, nous n'avons besoin d'aucune idée, c'est-à-dire d'aucune représentation qui dépasse l'expérience; aussi bien n'y en a-t-il point de possible par rapport à elle, puisque nous ne sommes guidés à son égard que par l'intuition sensible et qu'il n'en va pas ici comme dans le concept psychologique fondamental (moi), lequel contient *à priori* une certaine forme de la pensée, à savoir l'unité de la pensée. Il ne nous reste donc rien pour la raison pure que la nature en général et la plénitude en elle des conditions d'après quelque principe. L'absolue totalité des séries de ces conditions, dans la dérivation de leurs membres, est une idée qui, à la vérité, ne peut jamais être complétement réalisée dans l'usage empirique de la raison, mais qui cependant nous fournit la règle que nous devons suivre à cet égard. C'est-à-dire que, dans l'explication des phénomènes donnés, nous devons procéder (en rétrogradant ou en remontant), comme si la série était en soi infinie (c'est-à-dire *in indefinitum*); mais que, là où la raison même est considérée comme cause déterminante (dans la liberté), par conséquent dans les principes pratiques, nous devons agir comme si nous avions devant nous, non pas un objet des sens, mais un objet de l'entendement pur, où les conditions ne peuvent plus être placées dans la série des phénomènes, mais en dehors de cette série, et où la série des états peut être envisagée comme si elle commençait absolument (par une cause intelligible); toutes choses qui prouvent que les idées cosmologiques ne sont que des principes régulateurs et sont très-éloignées de poser, d'une manière en quelque sorte constitutive, une totalité réelle de ces séries. On peut voir le reste en son lieu dans l'antinomie de la raison pure.

La troisième idée de la raison pure, laquelle contient la supposition simplement relative d'un être considéré comme la cause unique et parfaitement suffisante de toutes les séries cosmologiques, est le concept rationnel de *Dieu*. Nous n'avons pas la moindre raison d'admettre absolument (*de supposer en soi*) l'objet de cette idée; car qu'est-ce qui pourrait nous autoriser ou seulement nous induire à croire ou à affirmer en soi, en vertu du seul concept que nous en avons, un être doué d'une perfection suprême et absolument nécessaire par sa nature, n'était le monde par rapport auquel seulement cette supposition peut être nécessaire? Par où l'on voit clairement que l'idée de cet être, comme toutes les idées spéculatives, ne signifie rien de plus sinon que la raison ordonne de considérer tout enchaînement dans le monde d'après les principes d'une unité systématique, par conséquent *comme si* tous étaient sortis d'un être unique comprenant tout, comme d'une cause suprême et parfaitement suffisante. Il est clair par là que la raison ne peut avoir ici pour but que sa propre règle formelle dans l'extension de son usage empirique, mais jamais une extension *au delà de toutes les limites de l'usage empirique*, et que, par conséquent, sous cette idée ne se cache aucun principe constitutif de son usage, lequel tend à l'expérience possible.

L'unité formelle suprême, qui repose exclusivement sur des concepts rationnels, est l'unité *finale* [1] des choses, et l'intérêt spéculatif de la raison nous oblige à regarder toute ordonnance dans le monde comme si elle était sortie des desseins d'une raison suprême. Un tel principe ouvre en effet à notre raison appliquée au champ des expériences des vues toutes nouvelles qui nous font lier les choses du monde suivant des lois téléologiques et nous conduisent par là à la plus grande unité systématique possible de ces choses. La supposition d'une intelligence suprême, comme cause unique de l'univers, mais qui à la vérité n'est que dans l'idée, peut donc toujours être utile à la raison et ne saurait jamais lui nuire. En effet si, relativement à la figure de la terre (qui est ronde, mais quelque peu aplatie*), des montagnes et des mers, etc., nous admettons d'avance de sages desseins d'un auteur suprême, nous pouvons faire dans cette voie une multitude de découvertes. Si nous nous en tenons à cette supposition comme à un principe purement régulateur, l'erreur même ne peut pas nous être nuisible. En effet il n'en peut ré-

---

[1] *Zweckmässige*.

* L'avantage qui résulte de la forme sphérique de la terre est assez connu ; mais peu de personnes savent que son aplatissement, qui la fait ressembler à un sphéroïde, est le seul obstacle qui empêche les saillies du continent ou même de plus petites montagnes qui peuvent être soulevées par un tremblement de terre, de changer continuellement et d'une manière grave en assez peu de temps l'axe de la terre, comme il arriverait si le renflement de la terre sous la ligne n'était pas une montagne assez forte pour que la secousse de toute autre montagne ne puisse jamais changer notablement sa situation relativement à l'axe. Et cependant on n'hésite pas à expliquer cette sage disposition par l'équilibre de la masse terrestre, autrefois fluide.

sulter rien de plus, sinon que, là où nous attendions un lien téléologique (*nexus finalis*), nous n'en trouvions qu'un purement mécanique ou physique (*nexus effectivus*), ce qui ne nous prive que d'une unité, mais ne nous fait pas perdre l'unité rationnelle dans son usage empirique. Mais ce contre-temps ne peut pas atteindre la loi même dans son but général et téléologique. En effet, bien qu'un anatomiste puisse être convaincu d'erreur, en rapportant quelque organe du corps d'un animal à une fin qui n'en résulte évidemment pas, il est cependant tout à fait impossible de *prouver* qu'une disposition de la nature, quelle qu'elle soit, n'ait pas du tout de fin. La physiologie (des médecins) étend donc aussi sa connaissance empirique, très-bornée d'ailleurs, des fins de la structure d'un corps organique au moyen d'un principe que fournit seule la raison pure, et qui va jusqu'à nous faire admettre très-hardiment, mais aussi avec le consentement de tous les hommes raisonnables, que tout dans l'animal a son utilité et une bonne fin. Mais cette supposition ne saurait être constitutive, car elle va beaucoup plus loin que ne le permettent les observations faites jusqu'ici. Par où l'on voit qu'elle n'est qu'un principe régulateur de la raison, dont nous nous servons pour arriver à l'unité systématique la plus haute, au moyen de l'idée de la causalité finale d'une cause suprême du monde, comme si cette cause avait tout fait, en tant qu'intelligence suprême, d'après le plan le plus sage.

Mais si nous négligeons de restreindre cette idée à un usage purement régulateur, la raison s'égare alors de diverses manières, car elle abandonne le sol de l'expérience, qui doit cependant contenir les jalons de son chemin, pour s'élancer au delà de ce sol, dans l'incompréhensible et dans l'insondable, sur des hauteurs où elle est nécessairement saisie de vertige, en se voyant entièrement privée de tout usage conforme à l'expérience.

Lorsqu'au lieu de se servir de l'idée d'un être suprême comme d'un principe purement régulateur, on l'emploie (ce qui est contraire à la nature d'une idée) comme un principe constitutif, le premier inconvénient qui en résulte est la *raison paresseuse (ignava ratio*)*. On peut nommer ainsi ce principe qui fait que l'on regarde son investigation de la nature, en quoi que ce soit, comme absolument achevée, et que la raison se livre au repos comme si elle avait entièrement accompli son œuvre. L'idée psychologique elle-même, quand on l'emploie comme un principe constitutif pour expliquer les phénomènes de notre âme, et ensuite pour étendre au delà de toute expérience notre connaissance de ce sujet (pour connaître son état après la mort), est sans doute très-commode pour la raison; mais elle corrompt et elle ruine tout l'usage naturel qu'on en peut faire en suivant la direction des expériences. C'est ainsi que le spiritualiste dogmatique explique l'unité de la personne, qui persiste toujours la même à travers tous les changements de ses états, par l'unité de la substance pensante, qu'il croit percevoir immédiatement dans le moi : ou bien l'intérêt

---

* C'est ainsi que les anciens dialecticiens nommaient un sophisme qui se formulait en ces termes : Si ton destin le veut, tu guériras de cette maladie, que tu prennes un médecin ou que tu n'en prennes pas. Cicéron dit que cette espèce de raisonnement tire son nom de ce qu'en le suivant, on ne fait plus dans la vie aucun usage de sa raison. Tel est le motif pour lequel je désigne sous ce même nom l'argument sophistique de la raison pure.

que nous prenons aux choses qui ne doivent arriver qu'après la mort, par la conscience de la nature immatérielle de notre sujet pensant, etc. Il se dispense de toute investigation naturelle des causes physiques de ces phénomènes intérieurs en laissant de côté, en vertu de la décision souveraine d'une raison transcendante, sans doute pour sa plus grande commodité, mais au détriment de ses lumières, les sources immanentes de la connaissance expérimentale. Cette conséquence fâcheuse se montre encore plus clairement dans le dogmatisme de notre idée d'une intelligence suprême et du système théologique de la nature (de la physico-théologie) qui s'y fonde faussement. En effet toutes les fins que nous attribuons à la nature, et qui souvent ne sont inventées que par nous-mêmes, nous servent à nous mettre fort à l'aise dans l'investigation des causes : nous nous abstenons ainsi de les chercher dans les lois générales du mécanisme de la matière pour en appeler directement aux insondables décrets de la sagesse suprême ; et nous regardons le travail de la raison comme achevé, parce que nous nous dispensons de son usage, lequel ne trouve de fil conducteur que là où il nous est donné par l'ordre de la nature et la série de ses changements suivant ses lois internes et générales. On peut éviter cette faute en ne considérant pas seulement du point de vue des fins quelques parties de la nature, comme par exemple la division du continent, sa structure, la nature et la position des montagnes, ou même l'organisation dans le règne végétal et dans le règne animal, mais en rendant *tout à fait générale*, par rapport à l'idée d'une intelligence suprême, cette unité systématique. Alors en effet nous prenons pour fondement une finalité réglée par des lois universelles de la nature, auxquelles aucune disposition particulière ne fait exception, bien qu'elle ne se montre pas toujours à nous aussi clairement, et nous avons un principe régulateur de l'unité systématique d'une liaison téléologique, mais nous ne la déterminons pas d'avance, et en attendant nous devons poursuivre la liaison physico-mécanique suivant des lois générales. C'est ainsi seulement que le principe de l'unité finale peut toujours étendre l'usage de la raison par rapport à l'expérience, sans lui faire tort en aucun cas.

Le second vice qui résulte d'une fausse interprétation du principe de l'unité systématique est celui de la *raison renversée* (*perversa ratio*, ὕστερον πρότερον *rationis*). L'idée de l'unité systématique ne devrait servir que comme un principe régulateur pour chercher cette unité dans la liaison des choses suivant des lois générales de la nature, et pour croire qu'à mesure qu'on a trouvé quelque chose par la voie empirique, on s'est approché de la perfection de son usage, bien qu'on ne puisse jamais l'atteindre. Mais on fait précisément le contraire : on commence par prendre pour fondement, en la considérant comme hypostatique, la réalité d'un principe de l'unité finale, et par déterminer anthropomorphiquement le concept d'une telle intelligence suprême, parce qu'elle est en soi tout à fait inaccessible, et l'on impose ensuite, violemment et dictatorialement, des fins à la nature, au lieu de les chercher, comme il convient, par la voie de l'investigation physique. De cette façon non-seulement la téléologie, qui ne devrait servir que pour compléter l'unité de la nature suivant des lois générales, tend plutôt à la supprimer, mais encore la raison manque son but, qui est de prouver par la nature l'existence d'une telle cause intelligente suprême. En effet, si l'on ne peut supposer *à priori* dans la nature la finalité suprême, c'est-à-dire comme appartenant à l'essence de la nature, comment veut-on être conduit à la chercher et s'approcher, au moyen de cette échelle, de la suprême perfection d'un premier auteur, comme d'une perfection absolument nécessaire et par conséquent pouvant être connue *à priori*? Le principe régulateur veut que l'on présuppose absolument, c'est-à-dire comme résultant de la nature des choses, l'unité systématique comme une *unité naturelle*, qui ne peut pas être connue d'une manière purement empirique, mais qui est supposée *à priori*, bien que d'une manière encore indéterminée. Que si je commence par poser en principe un être ordonnateur suprême, l'unité de la nature est alors supprimée par le fait. Car elle devient ainsi tout à fait étrangère à la nature des choses et contingente, et elle ne peut plus être connue au moyen des lois générales de cette nature. De là un cercle vicieux dans la démonstration, puisque l'on suppose ce qu'il s'agissait précisément de démontrer.

Prendre le principe régulateur de l'unité systématique de la nature pour un principe constitutif, et admettre hypostatiquement comme cause première ce qui n'est pris qu'en idée pour fondement de l'usage uniforme de la raison, c'est là ce qui s'appelle proprement égarer la raison. L'investigation de la nature va son chemin en suivant uniquement la chaîne des causes naturelles qui sont soumises aux lois générales de la nature; et, si elle a recours à l'idée d'un auteur suprême, ce n'est pas pour en dériver la finalité, qu'elle poursuit partout, mais pour en connaître l'existence au moyen de cette finalité qu'elle cherche dans l'essence des choses de la nature, et même autant que possible dans celle de toutes les choses en général, et par conséquent pour la connaitre comme absolument nécessaire. Que cette dernière chose réussisse ou non, l'idée reste toujours exacte, et aussi son usage, quand il est restreint aux conditions d'un principe purement régulateur.

L'unité finale complète est la perfection (considérée absolument). Si nous ne la trouvons pas dans l'essence des choses qui constituent tout l'objet de l'expérience, c'est-à-dire de toute notre connaissance objective, par conséquent dans les lois universelles et nécessaires de la nature, comment en conclurons-nous l'idée de la perfection suprême et absolument nécessaire d'un être premier qui soit la source de toute causalité? La plus grande unité systématique, par conséquent aussi la plus grande unité finale, est l'école et même le fondement qui rend possible le plus grand usage de la raison humaine. L'idée en est donc inséparablement liée à l'essence de notre raison. Cette même idée a donc pour nous la valeur d'une loi, et ainsi il est très-naturel d'admettre une raison législative qui lui corresponde (*intellectus archetypus*), et d'où toute unité systématique de la nature puisse être dérivée comme d'un objet de notre raison.

Nous avons dit, à propos de l'antinomie de la raison pure, que toutes les questions qu'élève la raison pure doivent être résolues, et que l'excuse qui se tire des bornes de notre connaissance, et qui dans beaucoup de questions physiques est aussi inévitable que juste, ne peut être admise ici, puisqu'il ne s'agit pas ici de la nature des choses, mais seulement de la nature de la raison et de sa constitution interne. Nous sommes maintenant en état de confirmer cette assertion, hardie au premier aspect, relativement aux deux questions auxquelles la raison attache son plus grand intérêt; nous compléterons ainsi nos considérations sur la dialectique de la raison pure.

Demande-t-on, *en premier lieu* (par rapport à une théologie transcendantale*), s'il y a quelque chose de distinct du monde qui contienne le principe de l'ordre du monde et de son enchaînement suivant des lois générales; la réponse est celle-ci : *oui sans doute*. En effet le monde est une somme de phénomènes; il doit donc y avoir pour ces phénomènes un principe transcendental, c'est-à-dire un principe que l'entendement pur puisse seul concevoir. Demande-t-on, *en second lieu*, si cet être est une substance, si cette substance a la plus grande réalité, si elle est nécessaire, etc.; je réponds *que cette question n'a pas de sens*. En effet toutes les catégories au moyen desquelles je cherche à me faire un concept d'un objet de ce genre n'ont d'autre usage que l'usage empirique, et elles n'ont plus aucun sens quand on ne les applique pas à des objets d'expérience possible, c'est-à-dire au monde sensible. En dehors de ce champ, elles ne sont que des titres de concepts que l'on peut bien accorder, mais par lesquels on ne saurait rien comprendre. Demande-t-on enfin, *en troisième lieu*, si nous ne pouvons pas du moins concevoir cet être distinct par *analogie* avec les objets de l'expérience, je réponds : *sans doute*, mais

---

* Ce que j'ai déjà dit précédemment de l'idée psychologique et de sa destination propre comme principe de l'usage purement régulateur de la raison me dispense de m'arrêter à expliquer encore en particulier l'illusion transcendantale d'après laquelle cette unité systématique de toute diversité du sens intime est représentée hypostatiquement. La méthode est ici fort semblable à celle que la critique a suivie par rapport à l'idéal théologique.

seulement comme objet en idée, et non en réalité, c'est-à-dire uniquement en tant qu'il est pour nous un substratum inconnu de cette unité systématique, de cet ordre et de cette finalité de la constitution du monde dont la raison doit se faire un principe régulateur dans son investigation de la nature. Bien plus, nous pouvons dans cette idée accorder hardiment et sans crainte de blâme un certain anthropomorphisme, qui est nécessaire au principe régulateur dont il s'agit ici. En effet ce n'est toujours qu'une idée, qui n'est pas directement rapportée à un être distinct du monde, mais au principe régulateur de l'unité systématique du monde, ce qui ne peut avoir lieu qu'au moyen d'un schème de cette unité, c'est-à-dire d'une intelligence suprême qui en soit la cause suivant de sages desseins. On ne saurait concevoir par là ce qu'est en soi le principe de l'unité du monde, mais comment nous devons l'employer, ou plutôt employer son idée relativement à l'usage systématique de la raison par rapport aux choses du monde.

Mais de cette manière *pouvons-nous* (continuera-t-on de demander) admettre un unique, sage et tout-puissant auteur du monde? *Sans aucun doute;* et non-seulement nous pouvons, mais *nous devons* le supposer. Mais alors étendons-nous notre connaissance au delà du champ de l'expérience possible? *Nullement.* En effet nous n'avons fait que supposer un quelque chose dont aucun concept ne nous fait connaitre la nature en soi (un objet purement transcendental); mais, par rapport à l'ordre systématique et final de la construction du monde, que nous devons supposer quand nous étudions la nature, nous n'avons conçu cet être, qui nous est inconnu, que *par analogie* avec une intelligence (dont le concept est empirique); c'est-à-dire que, par rapport aux fins et à la perfection qui se fondent sur lui, nous l'avons précisément doué des propriétés qui, suivant les conditions de notre raison, peuvent renfermer le principe d'une telle unité systématique. Cette idée est donc parfaitement fondée *relativement à l'usage cosmologique* de notre raison. Mais, si nous voulions lui attribuer une valeur absolument objective, nous oublierions que c'est simplement un être en idée que nous pensons; et, en commençant alors par un principe qui ne peut être nullement déterminé par la considération du monde, nous serions par là hors d'état d'appliquer convenablement ce principe à l'usage empirique de la raison.

Mais (demandera-t-on encore), puis-je ainsi faire usage du concept et de la supposition d'un être suprême dans la contemplation rationnelle du monde? *Oui*, et c'est proprement pour cela que cette idée a été posée en principe par la raison. Mais puis-je donc regarder comme une finalité une ordonnance analogue à une finalité, en la dérivant de la volonté divine, mais il est vrai grâce à l'intermédiaire de dispositions particulières établies à cet effet dans le monde? Oui, vous le pouvez aussi, mais à la condition qu'il vous soit indifférent d'entendre dire que la sagesse divine a tout ordonné ainsi pour ses fins suprêmes, ou que l'idée de la sagesse suprême est une règle dans l'investigation de la nature et un principe de son unité systématique et finale fondée sur des lois physiques générales, même là où nous ne l'apercevons pas; c'est-à-dire qu'il doit vous être parfaitement indifférent de dire, là où vous la remarquez: Dieu l'a ainsi voulu dans sa sagesse, ou bien la nature l'a ainsi sagement ordonné. En effet la plus grande unité systématique et finale que votre raison voulait donner pour principe régulateur à toute investigation de la nature, était précisément ce qui vous autorisait à prendre pour fondement l'idée d'une suprême intelligence comme schème du principe régulateur; et plus vous trouvez, suivant ce principe, de finalité dans le monde, plus vous voyez se confirmer la légitimité de votre idée. Seulement comme le principe dont il est question n'avait d'autre but que de chercher l'unité nécessaire et la plus grande possible de la nature, nous devons sans doute tout ce que nous en atteignons à l'idée d'un être suprême; mais nous ne pouvons, sans tomber en contradiction avec nous-mêmes, négliger les lois universelles de la nature, par rapport auxquelles uniquement l'idée a été prise pour fondement, et considérer cette finalité de la nature comme contingente et d'origine hyperphysique. Nous n'étions pas, en effet, autorisés à admettre au-dessus de la nature un être doué des attributs dont il s'agit, mais seulement à prendre pour fondement l'idée d'un tel être, afin d'envisager, par analogie avec une détermination causale, les phénomènes comme systématiquement liés entre eux.

Nous sommes aussi autorisés par là non-seulement à concevoir la cause idéale du monde suivant un anthropomorphisme subtil (sans lequel on n'en pourrait rien concevoir), c'est-à-dire comme un être doué d'intelligence, capable de plaisir et de peine, et par conséquent de désir et de volonté, etc., mais à lui attribuer une perfection infinie, qui par conséquent dépasse de beaucoup celle que pourrait nous autoriser à admettre la connaissance empirique de l'ordre du monde. En effet le principe régulateur de l'unité systématique veut que nous étudions la nature comme s'il s'y trouvait partout à l'infini une unité systématique et finale dans la plus grande variété possible. Car, quoique nous ne découvrions ou n'atteignions que peu de cette perfection du monde, c'est cependant le propre de la législation de notre raison de la chercher et de la soupçonner partout, et il doit toujours nous être avantageux, sans que cela puisse jamais nous être nuisible, de diriger d'après ce principe notre contemplation de la nature. Mais sous cette représentation, sous cette idée d'un auteur suprême que je prends pour fondement, il est clair aussi que ce n'est pas l'existence et la connaissance d'un tel être, mais seulement son idée qui me sert de principe, et qu'ainsi je ne dérive proprement rien de cet être, mais seulement de l'idée de cet être, c'est-à-dire de la nature des choses du monde envisagée suivant une telle idée. Aussi une certaine conscience, bien que confuse, du véritable usage de ce concept de notre raison paraît-elle avoir donné naissance au langage discret et réservé des philosophes de tous les temps, qui parlent de la sagesse et de la prévoyance de la nature ou de la sagesse divine comme si c'étaient des expressions synonymes, et qui même préfèrent la première expression, tant qu'ils n'ont affaire qu'à la raison spéculative, parce qu'elle modère notre prétention d'affirmer plus que nous n'avons le droit de le faire, et qu'en même temps elle ramène la raison à son propre champ, la nature.

Ainsi la raison pure, qui d'abord semblait ne nous promettre rien de moins que d'étendre nos connaissances au delà de toutes les limites de l'expérience, ne contient, si nous la comprenons bien, que des principes régulateurs, qui, à la vérité, prescrivent une unité plus grande que celle que peut atteindre l'usage empirique de l'entendement, mais qui, par cela même qu'ils reculent si loin le but dont il cherche à se rapprocher, portent au plus haut degré l'accord de cet usage avec lui-même au moyen de l'unité systématique. Que si, au contraire, on entend mal ces principes et qu'on les prenne pour des principes constitutifs de connaissances transcendantes, une apparence brillante mais trompeuse produit alors une persuasion et un savoir imaginaire, qui enfantent à leur tour des contradictions et des disputes éternelles.

Ainsi toute connaissance humaine commence par des intuitions, va de là à des concepts et finit par des idées. Bien qu'elle ait pour ces trois éléments des sources *à priori*, qui au premier aspect semblent repousser les limites de toute expérience, une critique complète nous convaint cependant que toute raison ne peut jamais dépasser avec ces éléments le champ de l'expérience possible, et que la véritable destination de cette suprême faculté de connaître est de ne se servir de toutes les méthodes et des principes de ces méthodes que pour poursuivre la nature jusque dans ce qu'elle a de plus intime suivant tous les principes possibles d'unité, dont le principal est celui de l'unité des fins, mais jamais pour sortir de ses limites, hors desquelles il n'y a plus pour nous que le vide. A la vérité, l'examen critique de toutes les propositions qui peuvent étendre notre connaissance au delà de l'expérience réelle nous a suffisamment convaincus, dans l'analytique transcendantale, qu'elles ne peuvent jamais nous conduire à quelque chose de plus qu'à une expérience possible ; et, si l'on ne se montrait défiant même à l'endroit des théorèmes abstraits ou généraux les plus clairs, si des perspectives attrayantes et apparentes ne nous entraînaient à en rejeter la force, nous aurions pu certainement nous dispenser d'interroger péniblement tous les témoins dialectiques qu'une raison transcendante appelle à l'appui de ses prétentions; car nous savions déjà d'avance, avec une parfaite certitude, que leurs allégations peuvent partir d'une intention honnête, mais qu'elles doivent être absolument nulles, parce qu'il s'agit ici d'une connaissance qu'aucun homme ne saurait jamais acquérir. Mais, comme il n'y a pas de fin au discours si l'on ne découvre la véritable cause de l'apparence par laquelle le plus raisonnable même peut être trompé, et que la résolution de toute notre connaissance transcendante en ses éléments (comme étude de notre nature intérieure) n'est pas en soi d'un prix médiocre, qu'elle est même un devoir pour le philosophe, il était nécessaire de rechercher en détail jusque dans ses premières sources tout ce travail de la raison spéculative, quelque vain qu'il soit; et de plus, comme l'apparence dialectique n'est pas ici seulement trompeuse quant au jugement, mais aussi quant à l'intérêt qu'on prend au jugement, qu'elle est par là aussi attrayante que naturelle et qu'elle demeurera telle en tout temps, il était prudent de rédiger explicitement les actes de ce procès et de les déposer dans les archives de la raison humaine afin que l'on puisse éviter à l'avenir de semblables erreurs.

II

MÉTHODOLOGIE TRANSCENDENTALE

En considérant l'ensemble de toutes les connaissances de la raison pure et spéculative comme un édifice dont nous avons au moins en nous l'idée, je puis dire que, dans la théorie élémentaire transcendentale, nous en avons évalué et déterminé les matériaux, quel que soit d'ailleurs cet édifice et quelles qu'en puissent être la hauteur et la solidité. Il est vrai que, bien que nous songeassions à une tour qui devait s'élever jusqu'au ciel, nous n'avons trouvé que tout juste les matériaux suffisants pour une habitation assez spacieuse et assez haute pour convenir à nos travaux sur la plaine de l'expérience, et que cette entreprise hardie a dû échouer pour cette raison, sans parler de la confusion des langues qui devait nécessairement diviser les travailleurs sur le plan à suivre et les amener à se disperser par tout le monde pour y bâtir chacun à sa guise. À présent il s'agit moins des matériaux que du plan; et comme, si nous sommes avertis de ne pas risquer un projet arbitraire et aveugle qui pourrait bien dépasser nos ressources, nous ne pouvons pas non plus nous dispenser de construire une habitation solide, nous avons à faire le devis d'un bâtiment en rapport avec les matériaux dont nous disposons et qui sont aussi appropriés à nos besoins.

J'entends donc par méthodologie transcendentale la détermination des conditions formelles d'un système complet de la raison pure. Nous aurons d'après cela à nous occuper d'une *discipline*, d'un *canon*, d'une *architectonique*, et enfin d'une *histoire* de la raison pure, et nous ferons à un point de vue transcendental ce que l'on tente dans les écoles sous le nom de *logique pratique* par rapport à l'usage de l'entendement en général, mais ce que l'on exécute fort mal, parce que la logique générale, n'étant restreinte à aucune espèce particulière de connaissances intellectuelles (par exemple aux connaissances pures), ni à aucun objet déterminé, ne peut que proposer des titres pour des méthodes possibles, et des expressions techniques qui se rapportent au côté systématique des diverses sciences, mais qui apprennent par avance à l'élève des noms dont il ne connaîtra que plus tard la signification et l'usage.

CHAPITRE PREMIER

Discipline de la raison pure

Les jugements qui ne sont pas seulement négatifs quant à leur forme logique, mais quant à leur matière, sont en médiocre estime à cause de notre désir de connaître; on les regarde comme des ennemis jaloux de ce besoin qui nous pousse incessamment à étendre nos connaissances, et il faut presque une apologie pour les faire tolérer, à plus forte raison pour leur concilier l'estime et la faveur.

On peut à la vérité exprimer *logiquement* sous une forme négative toutes les propositions que l'on veut; mais quant au contenu de notre connaissance en général, c'est-à-dire quant à la question de savoir si elle est étendue ou restreinte par un jugement, les jugements négatifs ont pour fonction propre *d'empêcher* simplement *l'erreur*. Aussi les propositions négatives, qui sont destinées à prévenir une fausse connaissance là où l'erreur n'est jamais possible, sont-elles, il est vrai, incontestables, mais vides, c'est-à-dire qu'elles ne sont pas du tout appropriées à leur but, et que par cette raison elles sont souvent ridicules. Telle est la proposition de ce rhéteur, qu'Alexandre n'aurait pas pu faire de conquêtes sans armée.

Mais là où les bornes de notre connaissance possible sont très-étroites, l'inclination à juger très-grande, l'apparence très-trompeuse et le préjudice causé par l'erreur très-considérable, une instruction *négative*, qui ne sert qu'à nous préserver des erreurs, a beaucoup plus d'importance que mainte instruction positive par où notre connaissance pourrait être augmentée. La contrainte qui réprime et finit par détruire le penchant qui nous pousse constamment à nous écarter de certaines règles, s'appelle *discipline*. La discipline se distingue de la *culture*, qui a pour but de procurer une aptitude sans en supprimer une autre déjà existante. Dans la culture d'une disposition naturelle qui est déjà portée par elle-même à se développer, la discipline ne fournira donc qu'un secours négatif*, mais la culture et la doctrine en donneront un positif.

Que le tempérament, ainsi que les dispositions naturelles qui se permettent volontiers un mouvement libre et illimité (comme l'imagination et l'esprit), aient à beaucoup d'égards besoin d'une discipline, c'est ce que chacun accordera aisément. Mais que la raison dont le propre est de nous obliger à prescrire une discipline à toutes les autres tendances de notre nature ait besoin elle-même d'une discipline, c'est ce qui peut sans doute paraître étrange; et dans le fait elle a échappé jusqu'ici à une pareille humiliation, parce qu'en voyant son air solennel et imposant, personne ne pouvait la soupçonner de subs-

---

* Je sais bien que, dans le langage de l'école, on a coutume d'employer le mot de *discipline* comme synonyme de celui d'instruction. Mais il y a beaucoup d'autres cas où la première expression est soigneusement distinguée de la seconde, chacune d'elles étant prise dans son sens propre; et la nature des choses exige même que l'on réserve en faveur de cette distinction les seules expressions convenables. Je souhaite donc que l'on ne se permette jamais d'employer ce mot dans un autre sens que dans le sens négatif.

tituer dans un jeu frivole les images aux concepts et les mots aux choses.

L'usage empirique de la raison ne réclame aucune critique de cette faculté, parce que là ses principes sont continuellement soumis à l'épreuve de l'expérience, qui leur sert de pierre de touche; il en est de même des mathématiques, dont les concepts doivent être d'abord représentés *in concreto* dans l'intuition pure, de telle sorte qu'on y aperçoit tout de suite tout ce qui est arbitraire et sans fondement. Mais là où ni l'intuition empirique, ni l'intuition pure ne retiennent la raison en un sûr chemin, c'est-à-dire dans cet usage transcendantal qui se règle sur de simples concepts, elle a tellement besoin d'une discipline qui réprime son penchant à s'étendre au delà des étroites limites de l'expérience possible et la préserve de tout écart et de toute erreur, que toute la philosophie de la raison pure n'a d'autre but que cette utilité négative. On peut remédier aux erreurs particulières par la *censure*, et aux causes de ces erreurs par la *critique*. Mais là où l'on rencontre, comme dans la raison pure, tout un système d'illusions et de prestiges liés entre eux et réunis sous des principes communs, il semble alors qu'on ait besoin d'une législation toute spéciale, mais négative, qui, sous le nom de *discipline*, établisse, en se réglant sur la nature de la raison et des objets de son usage pur, comme un système de circonspection et d'examen de soi-même devant lequel aucune fausse et sophistique apparence ne puisse subsister, mais qui la dévoile aussitôt, de quelque manteau qu'elle se couvre.

Mais il faut bien remarquer que, dans cette seconde partie de la critique transcendantale, je n'applique pas la discipline de la raison pure au contenu, mais seulement à la méthode de la connaissance issue de la raison pure. La première tâche a été remplie dans la théorie élémentaire. Mais l'usage de la raison, à quelque objet qu'il puisse être appliqué, est tellement semblable à lui-même, et en même temps, en tant qu'il veut être transcendental, il est si essentiellement distinct de tout autre, que, sans une doctrine négative qui renferme une discipline particulièrement établie à cet effet, il n'est pas possible d'éviter les erreurs résultant nécessairement de l'emploi inopportun de méthodes qui conviennent bien ailleurs à la raison, mais qui ne lui conviennent pas ici.

PREMIÈRE SECTION

Discipline de la raison pure dans l'usage dogmatique

Les mathématiques donnent le plus éclatant exemple d'une heureuse extension de la raison pure par elle-même et sans le secours de l'expérience. Les exemples sont contagieux, surtout pour cette faculté, qui se flatte naturellement d'avoir toujours le même bonheur qu'elle a eu dans un cas particulier. Aussi la raison pure espère-t-elle pouvoir s'étendre, dans son usage transcendental, avec autant de bonheur et de solidité qu'elle l'a fait dans son usage mathématique, surtout en appliquant ici cette même méthode qui lui a été là d'une si évidente utilité.

Il nous importe donc beaucoup de savoir si la méthode qui conduit à la certitude apodictique, et que dans cette dernière science on appelle *mathématique*, est identique à celle qui sert à chercher cette même certitude dans la philosophie et qui y devrait être appelée *dogmatique*.

La connaissance *philosophique* est la *connaissance rationnelle* par *concepts*, et la connaissance *mathématique* la connaissance rationnelle par *construction* des concepts. *Construire* un concept, c'est représenter [1] *à priori* l'intuition qui lui correspond. La construction d'un concept exige donc une intuition *non empirique*, qui par conséquent, comme intuition, soit un objet *singulier*, mais qui n'en exprime pas moins, comme construction d'un concept (d'une représentation générale), quelque chose d'universel qui s'applique à toutes les intuitions possibles appartenant au même concept. Ainsi je construis un triangle en représentant l'objet correspondant à ce concept soit par la simple imagination dans l'intuition pure, soit même, d'après celle-ci, sur le papier dans l'intuition empirique, mais dans les deux cas tout à fait *à priori*, sans en avoir tiré le modèle de quelque expérience. La figure particulière ici décrite est empirique, et pourtant elle sert à exprimer le concept sans nuire à son universalité, parce que, dans cette intuition empirique, on ne songe jamais qu'à l'acte de la construction du concept, auquel beaucoup de déterminations sont tout à fait indifférentes, comme celles de la grandeur, des côtés et des angles, et que l'on fait abstraction de ces différences qui ne changent pas le concept du triangle.

---

[1] *Darstellen*. Je voudrais rendre ce mot par un terme spécial (celui de *représenter* répondant déjà à *vorstellen*), mais je n'en trouve point dans notre langue. *Exposer* ou *exhiber* ne présenteraient ici aucun sens. J. B.

La connaissance philosophique considère le particulier uniquement dans le général, et la connaissance mathématique le général dans le particulier, même dans le singulier, mais *à priori* et au moyen de la raison, de telle sorte que, comme ce singulier est déterminé d'après certaines conditions générales de la construction, de même l'objet du concept auquel ce singulier ne correspond que comme son schème doit être conçu comme universellement déterminé.

C'est donc dans cette forme que consiste la différence essentielle de ces deux espèces de connaissances rationnelles; elle ne repose pas sur la différence de leur matière ou de leurs objets. Ceux-là ont pris l'effet pour la cause qui ont cru distinguer la philosophie des mathématiques en disant qu'elle a simplement pour objet la *qualité*, tandis que celui des mathématiques est la *quantité*. La forme de la connaissance mathématique est la cause qui fait que cette connaissance se rapporte uniquement à la quantité. Il n'y a en effet que le concept de la quantité qui se laisse construire, c'est-à-dire représenter *à priori* dans l'intuition; les qualités ne se laissent représenter dans aucune autre intuition que dans l'intuition empirique. Aussi une connaissance rationnelle de ces qualités n'est-elle possible qu'au moyen de concepts. Ainsi personne ne saurait tirer d'ailleurs que de l'expérience une intuition correspondant au concept de la réalité; on n'y arrivera jamais de soi-même *à priori* et antérieurement à la conscience empirique que nous en avons. On peut faire de la forme conique un objet d'intuition sans le secours d'aucune expérience et d'après le seul concept, mais la couleur de ce cône devra être donnée d'avance dans telle ou telle expérience. Je ne puis représenter le concept d'une cause en général dans l'intuition que dans un exemple que me fournisse l'expérience. D'ailleurs la philosophie traite de la quantité aussi bien que les mathématiques, par exemple de la totalité, de l'infinité, etc. De leur côté les mathématiques s'occupent aussi de la différence des lignes et des surfaces comme d'espaces de diverses qualités, de la continuité de l'étendue comme de l'une de ses qualités. Mais, bien que dans les cas de ce genre les mathématiques et la philosophie aient un objet commun, la manière de le traiter par la raison n'est pas du tout la même dans les deux sciences. Tandis que la philosophie s'en tient simplement à des concepts généraux, les mathématiques ne peuvent rien faire avec un simple concept, mais elles se hâtent de recourir à l'intuition, où elles considèrent le concept *in concreto*, non pas pourtant d'une manière empirique, mais dans une intuition qu'elles ont représentée *à priori*, c'est-à-dire qu'elles ont construite, et dans laquelle ce qui résulte des conditions générales de la construction doit s'appliquer aussi d'une manière générale à l'objet du concept construit.

Que l'on donne à un philosophe le concept d'un triangle, et qu'on le laisse chercher à sa manière le rapport de la somme des angles de ce triangle à l'angle droit. Il n'a rien que le concept d'une figure renfermée entre trois lignes droites, et dans cette figure celui d'un nombre égal d'angles. Or il aura beau réfléchir sur ce concept, il n'en tirera rien de nouveau. Il peut analyser et éclaircir le concept de la ligne droite, ou celui d'un angle, ou celui du nombre trois, mais non pas arriver à d'autres propriétés qui ne sont pas contenues dans ces concepts. Mais que l'on soumette cette question au géomètre. Il commence par construire un triangle. Comme il sait que deux angles droits pris ensemble valent autant que tous les angles contigus qui peuvent être tracés d'un point sur une ligne droite, il prolonge un côté de son triangle, et obtient ainsi deux angles contigus qui sont égaux à deux droits. Il partage ensuite l'angle externe, en tirant une ligne parallèle au côté opposé du triangle, et voit qu'il en résulte un angle externe contigu qui est égal à un angle interne, etc. Il arrive ainsi par une chaîne de raisonnements, toujours guidé par l'intuition, à une solution parfaitement claire et en même temps générale de la question.

Mais les mathématiques ne construisent pas seulement des quantités (*quanta*), comme la géométrie ; elles construisent aussi la pure quantité (*quantitatem*), comme dans l'algèbre, où l'on fait complétement abstraction de la nature de l'objet, lequel doit être conçu d'après un tel concept de quantité. Elles choisissent alors une certaine notation de toutes les constructions de quantités en général (de nombres, comme de l'addition, de la soustraction, de l'extraction des racines, etc.) (1); et, après avoir désigné le concept général des quantités d'après les différents rapports de ces quantités, elles représentent dans l'intuition, d'après certaines règles générales, toute opération engendrée et modifiée par la quantité. Quand il s'agit de diviser une quantité par une autre, elles combinent les caractères de toutes les deux suivant

---

(1) Dans le texte l'*etcætera* et le signe de la parenthèse sont placés après le mot *soustraction*, au lieu de l'être après les mots *extraction des racines*; mais c'est là évidemment un erratum, que j'ai dû corriger dans ma traduction. J. B.

la forme qui désigne la division, etc., et elles parviennent ainsi, au moyen d'une construction symbolique, tout aussi bien que la géométrie avec sa construction ostensive (des objets mêmes), là où la connaissance discursive ne pourrait jamais atteindre à l'aide de simples concepts.

Quelle peut être la cause de ces positions si diverses où se trouvent ces deux artisans de la raison, dont l'un procède suivant des concepts, tandis que l'autre a recours à des intuitions qu'il représente *à priori* conformément aux concepts? D'après les théories transcendentales établies plus haut, cette cause est claire. Il ne s'agit pas ici de propositions analytiques qui puissent être engendrées par une simple analyse des concepts (en quoi le philosophe aurait sans doute l'avantage sur son rival), mais de propositions synthétiques, lesquelles, il est vrai, doivent être connues *à priori*. En effet je n'ai point à regarder ce que je pense réellement dans mon concept du triangle (je n'y pense rien de plus que ce que contient la définition); il faut au contraire que j'en sorte pour passer à des propriétés qui ne résident pas dans ce concept, mais qui cependant lui appartiennent. Or je ne puis le faire qu'en déterminant mon objet d'après les conditions, soit de l'intuition empirique, soit de l'intuition pure. Dans le premier cas (en mesurant, par exemple, les angles du triangle) je n'aurais qu'une proposition empirique, qui ne contiendrait aucune universalité, encore moins aucune nécessité, et ce n'est pas de propositions semblables qu'il est question. Mais le second procédé est la construction mathématique, ici la construction géométrique, au moyen de laquelle j'ajoute dans une intuition pure, aussi bien que dans une intuition empirique, la diversité qui appartient au schème d'un triangle en général, par conséquent à son concept, par où certainement des propositions synthétiques universelles doivent être construites.

Je philosopherais donc vainement sur le triangle, c'est-à-dire j'y réfléchirais en vain d'une manière discursive, sans faire un seul pas au delà de la définition, par laquelle cependant il était juste de commencer. Il y a, à la vérité, une synthèse transcendentale formée de purs concepts, qui ne réussit qu'au philosophe, mais qui ne concerne jamais qu'une chose en général, sous quelques conditions que la perception de cette chose appartienne à l'expérience possible. Mais dans les problèmes mathématiques il n'est nullement question de cela ni en général de l'existence; il n'y est question que des propriétés des objets en soi, en tant seulement que ces propriétés sont unies au concept de ces objets.

Nous n'avons cherché par l'exemple cité qu'à montrer clairement quelle grande différence il y a entre l'usage discursif de la raison qui se fonde sur des concepts et l'usage intuitif qui se fonde sur la construction des concepts. Or on se demande naturellement quelle est la cause qui rend nécessaire ce double usage de la raison, et à quelles conditions on peut reconnaître si c'est le premier ou le second qui a lieu.

Toute notre connaissance se rapporte en définitive à des intuitions possibles, car ce n'est que par l'intuition qu'un objet est donné. Or ou bien un concept *à priori* (un concept qui n'est pas empirique) contient déjà une intuition pure, et alors il peut être construit; ou bien il ne contient rien que la synthèse d'intuitions possibles qui ne sont pas données *à priori*, et alors on peut bien par lui former un jugement synthétique et *à priori*, mais discursif, c'est-à-dire uniquement fondé sur des concepts, et non pas intuitif, c'est-à-dire fondé sur la construction du concept.

Or de toutes les intuitions il n'y en a aucune qui soit donnée *à priori*, si ce n'est la simple forme des phénomènes, l'espace et le temps, et un concept de l'espace et du temps, considérés comme *quanta*, peut être représenté *à priori* dans l'intuition, c'est-à-dire construit, ou bien conjointement avec leur qualité (leur figure), ou bien simplement dans leur quantité (la simple synthèse de la diversité homogène) par le nombre. Mais la matière des phénomènes, par laquelle des *choses* nous sont données dans l'espace et dans le temps, ne peut être représentée que dans la perception, par conséquent *à posteriori*. Le seul concept qui représente *à priori* ce contenu empirique des phénomènes, c'est le concept de la *chose* en général, et la connaissance synthétique que nous en avons *à priori* ne peut rien fournir de plus que la simple règle de la synthèse de ce que la perception peut donner *à posteriori*, mais jamais l'intuition de cet objet réel, parce que celle-ci doit être nécessairement empirique.

Les propositions synthétiques qui s'appliquent à des *choses* en général dont l'intuition ne peut être donnée *à priori*, sont transcendentales. Les propositions transcendentales ne peuvent donc jamais être données par la construction des concepts, mais seulement suivant des concepts *à priori*. Elles contiennent simplement la règle d'après laquelle une certaine unité synthétique de ce qui ne peut être représenté intuitivement *à priori* (des perceptions) doit être cherchée empiriquement. Mais elles ne sauraient représenter *à priori* dans quelque cas aucun de leurs concepts; elles ne peuvent le faire qu'*à posteriori*, au moyen de l'expérience, qui n'est possible que d'après ces propositions synthétiques.

Pour juger synthétiquement d'un concept, il faut sortir de ce concept, et recourir à l'intuition dans laquelle il est donné. En effet, si l'on s'en tenait à ce qui est contenu dans le concept, le jugement serait purement analytique, et il ne serait qu'une explication de la pensée suivant ce qui y est déjà réellement contenu. Mais je puis aller du concept à l'intuition, pure ou empirique, qui y correspond, afin de l'y examiner *in concreto* et de reconnaître *à priori* ou *à posteriori* ce qui convient à l'objet de ce concept. Dans le premier cas, on a la connaissance rationnelle et mathématique, qui se fait par la construction du concept; et dans le second, on a simplement la connaissance empirique (mécanique), qui ne peut jamais donner des propositions nécessaires et apodictiques. Ainsi je pourrais analyser mon concept empirique de l'or sans rien gagner par là que de pouvoir énumérer tout ce que je pense réellement sous ce mot, d'où résulte sans doute une amélioration logique dans ma connaissance, mais non pas une augmentation ou une addition. Mais je prends la matière qui se présente sous ce nom et j'y joins des perceptions qui me fournissent diverses propositions synthétiques, mais empiriques. Pour ce qui est des concepts mathématiques, je construirais, par exemple, celui d'un triangle, c'est-à-dire que je le donnerais *à priori* dans l'intuition, et de cette manière j'acquerrais une connaissance synthétique, mais rationnelle. Mais quand le concept transcendental d'une réalité, d'une substance, d'une force, etc., est donné, il ne désigne ni une intuition empirique, ni une intuition pure, mais simplement la synthèse des intuitions empiriques (qui par conséquent ne peuvent pas être données *à priori*); et, comme la synthèse ne peut passer *à priori* à l'intuition qui lui correspond, il n'en peut résulter non plus aucune proposition synthétique déterminante, mais seulement un principe de la synthèse* d'intuitions empiriques possibles. Une proposition transcendentale est donc une connaissance rationnelle synthétique fondée sur de simples concepts, et par conséquent discursive, puisque c'est par là seulement qu'est possible toute unité synthétique de la connaissance empirique, mais qu'aucune intuition n'est donnée par là *à priori*.

Il y a donc deux usages de la raison, qui, malgré l'universalité de la connaissance et sa génération *à priori*, deux choses qui leur sont communes, sont cependant très-différents dans leur marche. C'est que dans le phénomène, ou dans ce par quoi tous les objets nous sont donnés, il y a deux éléments : la forme de l'intuition (l'espace et le temps), qui peut être connue et déterminée tout à fait *à priori*, et la matière (le physique), ou le contenu, qui signifie un quelque chose qui se trouve dans l'espace et dans le temps, et par conséquent une existence qui correspond à la sensation. Quant à la dernière, qui ne peut jamais être donnée d'une manière déterminée qu'empiriquement, nous ne pouvons avoir à

---

* Au moyen du concept de la cause je sors réellement du concept empirique d'un événement (où quelque chose arrive), mais sans parvenir à l'intuition qui représente *in concreto* le concept de la cause ; je vais seulement aux conditions de temps en général qui pourraient être trouvées dans l'expérience conformément au concept de la cause. Je procède donc simplement suivant des concepts, et je ne puis procéder par la construction des concepts, puisque le concept est une règle de la synthèse des perceptions, lesquelles ne sont pas des intuitions pures, et par conséquent ne peuvent être données *à priori*.

priori que des concepts indéterminés de la synthèse de sensations possibles, en tant qu'elles appartiennent à l'unité de l'aperception (dans une expérience possible). Quant à la première, nous pouvons déterminer *à priori* nos concepts dans l'intuition, puisque par une synthèse uniforme nous nous créons les objets mêmes dans l'espace et dans le temps, en les considérant simplement comme des *quanta*. Le premier usage de la raison se fonde sur des concepts, puisque nous n'y pouvons rien faire de plus que de ramener sous des concepts des phénomènes, considérés dans leur contenu réel, qui ne peuvent être déterminés qu'empiriquement, c'est-à-dire *à posteriori* (mais conformément à des concepts comme à des règles d'une synthèse empirique). Le second usage se fonde sur la construction des concepts, puisque ces concepts, se rapportant déjà à une intuition *à priori*, peuvent être pour cette raison même donnés dans l'intuition pure d'une manière déterminée *à priori* et indépendamment de tout *datum* empirique. Examiner tout ce qui est (une chose dans l'espace ou dans le temps), pour savoir si et jusqu'à quel point cette chose est ou n'est pas un *quantum*, si par conséquent une existence ou un défaut d'existence y doit être représenté, jusqu'à quel point ce quelque chose (qui remplit l'espace ou le temps) est un premier substratum ou une simple détermination, si son existence a un rapport à quelqu'autre chose comme à sa cause ou à son effet, si enfin elle est isolée ou si elle est unie à d'autres choses quant à son existence par le lien d'une dépendance réciproque; examiner, en un mot, la possibilité de cette existence, sa réalité et sa nécessité ou leurs contraires, tout cela appartient à cette *connaissance rationnelle* par concepts [1] qui est appelée *philosophique*. Mais déterminer *à priori* dans l'espace une intuition (une figure), diviser le temps (la durée), ou simplement connaître ce que présente d'universel la synthèse d'une seule et même chose dans le temps et dans l'espace, et, comme résultat, la quantité d'une intuition en général (le nombre), c'est là une *opération rationnelle* [2] qui se fait par la construction des concepts et qui s'appelle *mathématique*.

Le grand succès qu'obtient la raison au moyen des mathématiques nous conduit tout naturellement à présumer que la méthode employée par cette science, sinon la science même, réussirait aussi en dehors du champ des quantités. On la voit en effet ramener tous ses concepts à des intuitions qu'elle peut donner *à priori*, et se rendre par là, pour ainsi parler, maîtresse de la nature, tandis que la philosophie pure avec ses concepts discursifs *à priori* divague sur la nature, sans pouvoir faire de leur réalité un objet d'intuition *à priori* et leur donner par là du crédit. Aussi les maîtres en cet art n'ont-ils jamais paru manquer de confiance en eux-mêmes, et le public a-t-il toujours beaucoup attendu de leur habileté, toutes les fois qu'ils se sont mis à l'œuvre. En effet, comme ils ont à peine philosophé sur leurs mathématiques (œuvre difficile), la différence spécifique qui existe entre un usage de la raison et un autre ne leur est pas venue à l'idée. Des règles vulgaires et empiriquement appliquées, qu'ils tirent de la raison commune, leur tiennent lieu d'axiomes.

---

[1] *Vernunfterkenntnisz aus Begriffen.* — [2] *Vernunftgeschäfte.*

Ils ne s'inquiètent nullement de savoir d'où ont pu leur venir les concepts d'espace et de temps dont ils s'occupent (comme des seuls *quanta* primitifs), et il leur paraît inutile de chercher l'origine des concepts purs de l'entendement et par là la sphère de leur légitime application; ils se contentent de s'en servir. En tout cela ils font très-bien, dès qu'ils ne transgressent pas les limites qui leur sont assignées, je veux dire les bornes de la *nature*. Autrement ils se laissent peu à peu glisser du champ de la sensibilité sur le terrain mal assuré des concepts purs et même transcendantaux, où ils ne trouvent ni terre solide qui les supporte, ni eau qui leur permette de nager (*instabilis tellus, innabilis unda*), et où leurs pas fugitifs ne laissent pas la moindre trace, tandis que dans les mathématiques ils ouvrent une grande route que la postérité la plus reculée peut encore suivre avec confiance.

Puisque nous nous sommes fait un devoir de déterminer exactement et avec certitude les limites de la raison pure dans l'usage transcendental, mais que cette faculté a ceci de particulier que, malgré les avertissements les plus pressants et les plus clairs, elle se laisse leurrer par l'espoir de parvenir, par de là les limites des expériences, dans les attrayantes contrées de l'intellectuel, il est nécessaire de lui enlever encore en quelque sorte la dernière ancre d'une espérance fantastique, en lui montrant que l'application de la méthode mathématique dans cette espèce de connaissance ne peut lui procurer le moindre avantage, si ce n'est peut-être celui de lui découvrir plus clairement ses propres défauts; que la géométrie et la philosophie sont deux choses tout à fait différentes, bien qu'elles se donnent la main dans la science de la nature, et que par conséquent les procédés de l'une ne peuvent jamais être imités par l'autre.

La solidité des mathématiques repose sur des définitions, des axiomes et des démonstrations. Je me contenterai de montrer qu'aucun de ces éléments ne peut être ni fourni ni imité par la philosophie dans le sens où le mathématicien le prend; que le géomètre, en transportant sa méthode, dans la philosophie, ne construit que des châteaux de cartes; que le philosophe, en appliquant la sienne aux mathématiques, ne peut faire que du verbiage; ce qui n'empêche pas que le rôle de la philosophie dans cette science ne soit d'en reconnaître les limites, et que le mathématicien lui-même, quand son talent n'est pas déjà circonscrit par la nature et restreint à sa sphère, ne soit obligé de tenir compte des avertissements de la philosophie et de ne pas se mettre au-dessus d'eux.

1° *Des définitions. Définir*, comme l'expression même l'indique, ne doit signifier proprement qu'exposer originairement le concept explicite [1] d'une chose en la renfermant dans ses limites*. D'après ces conditions un concept *empirique* ne peut pas être défini, mais seulement *expliqué*. En effet, comme nous n'avons en lui que quelques caractères d'une certaine espèce d'objets des sens, nous ne

---

[1] *Ursprünglich darstellen den ausführlichen Begriff.*

* *Explicite* [1] signifie la clarté et la suffisance des caractères; les *limites* [2], la précision, de telle sorte qu'il n'y ait pas plus de caractères que n'en contient le concept explicite; et *originairement* [3] veut dire que cette détermination des limites ne soit pas dérivée d'ailleurs, et que par conséquent elle n'ait pas besoin d'une autre preuve, ce qui rendrait la prétendue définition incapable de figurer en tête de tous les jugements sur un objet.

[1] *Ausführlichkeit.* — [2] *Grenzen.* — [3] *Ursprünglich.*

sommes jamais sûrs si, sous le mot qui désigne le même objet, on ne pense pas tantôt plus de caractères, et tantôt moins. Ainsi dans le concept de l'or, outre le poids, la couleur, la ténacité, celui-ci peut songer encore à cette propriété qu'a l'or de ne pas se rouiller, tandis que celui-là n'en sait peut-être rien. On ne se sert de certains caractères que tant qu'ils suffisent à la distinction; mais de nouvelles observations en font disparaître quelques-uns et en ajoutent d'autres, de telle sorte que le concept n'est jamais renfermé dans des limites certaines. Et à quoi servirait-il d'ailleurs de définir un concept de ce genre, puisque, quand il est question, par exemple, de l'eau et de ses propriétés, on ne s'en tient pas à ce que l'on conçoit sous le nom d'eau, mais que l'on y ajoute des expériences, et que le mot, avec les quelques caractères qui s'y attachent, ne peut offrir qu'une *désignation* et non un concept d'une chose, d'où il suit que la prétendue définition n'est qu'une explication de mot? En second lieu, on ne peut, à parler exactement, définir aucun concept *à priori*, comme par exemple ceux de la substance, de la cause, du droit, de l'équité, etc. En effet je ne puis jamais être sûr que la représentation claire d'un concept donné (encore confus) a été explicitement développée, qu'à la condition de savoir qu'elle est adéquate à l'objet. Mais comme le concept de cet objet, tel qu'il est donné, peut contenir beaucoup de représentations obscures que nous omettons dans l'analyse, quoique nous nous en servions toujours dans l'application, l'exacte étendue [1] de l'analyse de mon concept est toujours douteuse, et ne peut

---

[1] *Ausführlichkeit.*

être rendue que probable par un grand nombre d'exemples qui s'y rapportent, mais jamais apodictiquement certaine. Au lieu du mot *définition*, j'aimerais mieux employer celui d'*exposition*, qui est plus modeste, et sous lequel le critique peut jusqu'à un certain point accepter la définition, tout en concevant des doutes sur l'exactitude de son étendue. Puis donc que ni les concepts empiriques, ni les concepts donnés *à priori* ne peuvent être définis, il n'y a plus que ceux qui sont arbitrairement pensés [1] sur qui l'on puisse tenter cette opération. Dans ce cas je puis toujours définir mon concept; car je dois bien savoir ce que j'ai voulu penser, puisque je l'ai formé moi-même à dessein, et qu'il ne m'a été donné ni par la nature de l'entendement, ni par l'expérience; mais je ne puis pas toujours dire que j'ai défini par là un véritable objet. En effet, si le concept repose sur des conditions empiriques, comme par exemple celui d'une montre marine, l'objet et sa possibilité ne sont pas encore donnés par ce concept arbitraire; je ne sais pas même par là si ce concept a quelque part un objet, et ma définition est plutôt une déclaration (de mon projet) que la définition d'un objet. Il ne reste donc pas d'autres concepts susceptibles d'être définis que ceux qui contiennent une synthèse arbitraire pouvant être construite *à priori;* il n'y a par conséquent que les mathématiques qui aient des définitions. En effet l'objet qu'elles pensent, elles le représentent aussi *à priori* dans l'intuition, et cet objet ne peut certainement contenir ni plus ni moins que le concept, puisque le concept de l'objet a été donné originairement

---

[1] *Willkührlich gedachte.*

par la définition, c'est-à-dire sans que cette définition fût dérivée d'ailleurs. La langue allemande, pour rendre les expressions : *exposition, explication, déclaration* et *définition*, n'a qu'un seul mot : *Erklärung ;* aussi devons-nous nous relâcher un peu de la sévérité qui nous fait refuser aux explications philosophiques le titre de définitions. Nous bornerons donc toute cette remarque à faire observer que les définitions philosophiques ne sont que des expositions de concepts donnés, tandis que les définitions mathématiques sont des constructions de concepts originairement formés. Les premières ne sont faites qu'analytiquement par le moyen de la décomposition (dont l'intégrité n'est jamais apodictiquement certaine), tandis que les secondes sont faites synthétiquement, et *constituent* ainsi elles-mêmes le concept que les premières ne font qu'*expliquer*. D'où il suit :

A. Qu'en philosophie on ne doit pas imiter les mathématiques en commençant par les définitions, à moins que ce ne soit à titre de simple essai. En effet, comme les définitions philosophiques ne sont que des analyses de concepts donnés, ces concepts occupent le premier rang, bien que confus encore, et l'exposition incomplète précède l'exposition complète, de telle sorte que, de quelques caractères que nous avons tirés d'une analyse encore imparfaite, nous en pouvons conclure d'autres avant d'arriver à l'exposition parfaite, c'est-à-dire à la définition. En un mot, dans la philosophie, la définition, comme clarté appropriée, doit plutôt terminer l'œuvre que la commencer*.

---

* La philosophie fourmille de définitions défectueuses, surtout de définitions qui contiennent bien réellement certains éléments de la définition, mais non pas tous. Si donc on ne pouvait se servir d'un con-

Dans les mathématiques au contraire, nous n'avons aucun concept qui précède la définition, puisque c'est par elle que le concept est d'abord donné : elles doivent et elles peuvent toujours commencer par là.

B. Les définitions mathématiques ne peuvent jamais être fausses. En effet, comme le concept est d'abord donné par la définition, il ne contient exactement que ce que la définition veut que l'on pense par ce concept. Mais, s'il ne peut rien s'y trouver de faux quant au contenu, il peut y avoir parfois, mais rarement, quelque défaut dans la forme (dans l'expression), je veux dire du côté de la précision. Ainsi cette définition ordinaire de la ligne circulaire, qu'elle est une ligne courbe dont tous les points sont également éloignés d'un point unique (du centre), a le défaut d'introduire sans nécessité la détermination *courbe*. En effet il doit y avoir un théorème particulier qui est dérivé de la définition, et qui peut être aisément démontré, à savoir que toute ligne dont tous les points sont également éloignés d'un point unique est courbe (qu'aucune partie n'en est droite). Les définitions analytiques au contraire peuvent être fausses de plusieurs manières, soit en introduisant des caractères qui n'étaient réellement pas dans le concept, soit en manquant de cette exacte étendue qui est l'essentiel de la définition,

---

cept avant de l'avoir défini, il deviendrait impossible de philosopher. Mais, comme on peut toujours faire un bon et sûr usage des éléments (de l'analyse), quels qu'ils soient, on peut aussi employer très-utilement des définitions incomplètes, c'est-à-dire des propositions qui ne sont pas encore proprement des définitions, mais qui sont vraies d'ailleurs et par conséquent en approchent. Dans les mathématiques, la définition se rapporte à l'*esse;* dans la philosophie au *melius esse*. Il est beau, mais souvent très-difficile, d'y parvenir. Les juristes cherchent encore une définition pour leur concept du droit.

car on n'est jamais parfaitement sûr de la perfection de son analyse. La méthode des mathématiques à l'endroit de la définition n'est donc pas applicable à la philosophie.

2° *Des axiomes*. Les axiomes sont des propositions synthétiques *à priori*, qui sont immédiatement certaines. Or un concept ne peut être uni à un autre d'une manière à la fois synthétique et immédiate, parce que, pour pouvoir sortir d'un concept, une troisième connaissance intermédiaire est nécessaire. Comme la philosophie n'est qu'une connaissance rationnelle fondée sur des concepts, il n'y a donc point en elle de principe qui mérite le nom d'axiome. Les mathématiques au contraire sont susceptibles d'axiomes, parce qu'en construisant les concepts dans l'intuition de l'objet, elles peuvent unir *à priori* et immédiatement les prédicats de cet objet, par exemple qu'il y a toujours trois points dans un plan. Mais un principe synthétique fondé uniquement sur des concepts ne peut jamais être immédiatement certain, par exemple ce principe, que tout ce qui arrive a sa cause; car il faut que je me reporte à une troisième chose, c'est-à-dire à la condition de la détermination du temps dans une expérience, et je ne saurais connaître un tel principe directement et immédiatement par de simples concepts. Les principes discursifs sont donc tout autre chose que les principes intuitifs, c'est-à-dire que les axiomes. Les premiers exigent toujours une déduction, dont les derniers peuvent se dispenser absolument; et, comme par cette même raison ceux-ci sont évidents, tandis que les principes philosophiques, avec toute leur certitude, ne peuvent jamais se vanter de l'être, il s'en faut infiniment que quelque proposition synthétique de la raison pure et transcendentale soit aussi manifeste (comme on a coutume de le dire fièrement) que cette proposition : deux fois deux font quatre. J'ai, il est vrai, dans l'analytique, en traçant la table des principes de l'entendement pur, fait aussi mention de certains axiomes de l'intuition, mais le principe cité là n'était pas lui-même un axiome ; il ne servait qu'à fournir le principe de la possibilité des axiomes, et il n'était lui-même qu'un principe fondé sur des concepts. Car la possibilité des mathématiques doit être elle-même montrée dans la philosophie transcendentale. La philosophie n'a donc pas d'axiomes, et il ne lui est jamais permis d'imposer ses principes *à priori* aussi absolument, mais elle doit s'appliquer à justifier ses droits à leur égard par une solide déduction.

3° *Des démonstrations*. Seule la preuve apodictique, en tant qu'elle est intuitive, peut s'appeler démonstration. L'expérience nous apprend bien ce qui est, mais non pas que ce qui est ne puisse être autrement. Aussi les arguments empiriques ne peuvent-ils donner une preuve apodictique. Mais la certitude intuitive, c'est-à-dire l'évidence ne peut jamais résulter de concepts *à priori* (dans la connaissance discursive), quelque apodictiquement certain que puisse être d'ailleurs le jugement. Il n'y a donc que les mathématiques qui contiennent des démonstrations, parce qu'elles ne dérivent pas leurs connaissances de concepts, mais de la construction des concepts, c'est-à-dire de l'intuition qui peut être donnée *à priori* comme correspondant aux concepts. La méthode algébrique elle-même, avec ses équations d'où elle tire par réduction la vérité en même temps que la preuve, si elle n'est pas une construction géométrique, n'en est pas moins une construction caractéristique, où, à l'aide des signes, on représente les concepts dans l'intuition, surtout ceux du rapport des quantités, et où, indépendamment de tout essai de découverte, on garantit tous les raisonnements contre les erreurs par cela seul que chacun d'eux est mis devant les yeux. La connaissance philosophique au contraire est nécessairement privée de cet avantage, puisqu'elle doit toujours considérer le général *in abstracto* (au moyen des concepts), tandis que les mathématiques peuvent examiner le général *in concreto* (dans l'intuition particulière), et pourtant au moyen d'une représentation pure *à priori*, dans laquelle toute faute devient visible. Je donnerais donc plus volontiers aux preuves philosophiques le titre de preuves *acroamatiques* (discursives) que celui de *démonstrations*, parce que ces preuves ne peuvent se faire que par des mots (par l'objet en pensée), tandis que, comme l'expression l'indique déjà, les démonstrations pénètrent dans l'intuition de l'objet.

Il suit de tout cela qu'il ne convient pas à la nature de la philosophie, surtout dans le champ de la raison pure, de prendre des airs dogmatiques et de se parer des titres et des insignes des mathématiques, étrangère qu'elle est à leur ordre, bien qu'elle ait toute raison de souhaiter une alliance fraternelle avec elles. Ce sont là de vaines prétentions qui ne sauraient aboutir, mais qui doivent bientôt engager la philosophie à retourner en arrière afin de découvrir les illusions d'une raison qui méconnaît ses bornes, et de ramener, au moyen d'une explication suffisante de nos concepts, les prétentions de la spéculation à une modeste, mais solide connaissance de soi-même. La raison, dans ses recherches transcendentales, ne saurait donc, comme si la route qu'elle a suivie conduisait droit au but, regarder devant elle avec assez de confiance et compter assez sûrement sur ses prémisses pour se croire dispensée de reporter souvent ses regards en arrière et de voir si par hasard elle ne découvrirait pas dans le cours de ses raisonnements des fautes qui lui seraient échappées dans les principes et qui l'obligeraient soit à mieux déterminer ces principes, soit à les changer tout à fait.

Je divise toutes les propositions synthétiques (qu'elles soient démontrables ou immédiatement certaines) en *dogmata* et en *mathemata*. Une proposition directement synthétique par concepts est un *dogma*, tandis qu'une proposition synthétique par construction des concepts est un *mathema*. Les jugements analytiques ne nous apprennent proprement rien de plus sur l'objet que ce que le concept que nous en avons contient déjà, parce qu'ils n'étendent pas la connaissance au delà du concept du sujet, mais qu'ils ne font que l'éclaircir. Ils ne peuvent donc pas être proprement appelés des dogmes (expression que l'on pourrait traduire par celle de *sentences*[1]). Mais des deux espèces de propositions synthétiques *à priori* dont je viens de parler, celles qui appartiennent à la connaissance philosophique sont les seules qui, d'après la manière commune de parler, portent ce nom, et il serait difficile d'appeler du nom de dogmes les propositions de l'arithmétique ou de la géométrie. Cet usage confirme donc l'explication que nous avons donnée en disant que les jugements par concepts peuvent seuls être appelés dog-

---

[1] *Lehrsprüche.*

matiques, et non les jugements par construction des concepts.

Or la raison pure tout entière ne contient pas, dans son usage purement spéculatif, un seul jugement directement synthétique par concepts. En effet, comme nous l'avous montré, elle n'est capable de porter, au moyen des idées, aucun jugement synthétique qui ait une valeur objective, tandis qu'au moyen des concepts de l'entendement elle établit des principes certains, non pas il est vrai directement, mais indirectement par le rapport de ces concepts à quelque chose de tout à fait contingent, c'est-à-dire à *l'expérience possible;* car, quand cette expérience (c'est-à-dire quelque chose comme objet d'expériences possibles) est supposée, ils peuvent sans doute être apodictiquement certains, mais en soi (directement) ils ne peuvent pas même être connus *à priori.* Ainsi cette proposition : tout ce qui arrive a sa cause, personne ne peut la pénétrer à fond[1] par ces seuls concepts donnés. Ce n'est donc pas un dogme, bien qu'à un autre point de vue, je veux dire dans le seul champ de son usage possible, ou, en d'autres termes, dans le champ de l'expérience, elle puisse fort bien être prouvée apodictiquement. Mais elle s'appelle un *principe*[2] et non un *théorème*[3], bien qu'elle doive être démontrée, parce qu'elle a cette propriété particulière de rendre elle-même possible d'abord sa preuve, c'est-à-dire l'expérience, et qu'elle y doit être toujours supposée.

Si donc il n'y a pas de *dogmes* dans l'usage spéculatif de la raison pure, même quant au contenu, aucune mé-

---

[1] *Gründlich einsehen.* — [2] *Grundsatz.* — [3] *Lehrsatz.*

thode *dogmatique*, qu'elle soit empruntée au mathématicien ou qu'elle ait son caractère propre, ne saurait lui convenir. En effet cette espèce de méthode ne fait que cacher les fautes et les erreurs, et elle trompe la philosophie dont le but propre est de mettre en pleine lumière tous les pas de la raison. Pourtant la méthode peut toujours être systématique. En effet notre raison est elle-même (subjectivement) un système, quoique dans son usage pur, qui a lieu au moyen de simples concepts, elle ne soit qu'un système de recherche suivant des principes d'unité dont *l'expérience* seule peut fournir la matière. Il n'y a rien à dire ici de la méthode propre à une philosophie transcendentale, puisque nous n'avons à nous occuper que d'une critique de nos facultés, afin de savoir si nous pouvons bâtir, et à quelle hauteur, avec les matériaux que nous avons (les concepts purs *à priori*), nous pouvons élever notre édifice.

DEUXIÈME SECTION

Discipline de la raison pure par rapport à son usage polémique

La raison dans toutes ses entreprises doit se soumettre à la critique, et elle ne peut par aucune défense porter atteinte à la liberté de cette dernière sans se nuire à elle-même et sans s'attirer des soupçons fâcheux. Il n'y a rien de si important, au point de vue de l'utile, rien de si sacré qui puisse se soustraire à cet examen approfondi et rigoureux ; il ne s'arrête devant aucune considération de personne. C'est même sur cette liberté que repose l'existence de la raison ; celle-ci n'a point d'autorité *dictatoriale*, mais sa décision n'est toujours que l'accord de libres citoyens, dont chacun doit pouvoir exprimer sans obstacle ses difficultés et même son *veto*.

Or, si la raison ne peut jamais *se refuser* à la critique, elle n'a pas toujours sujet de la *redouter*. Mais la raison pure dans son usage dogmatique (je ne dis pas dans son usage mathématique) n'a pas si bien conscience d'observer rigoureusement ses lois les plus hautes qu'elle ne doive se montrer timide et renoncer à tous les airs dogmatiques, quand elle est appelée à comparaître devant le tribunal suprême de la critique.

Il en est tout autrement quand elle n'a pas affaire à la censure du juge, mais aux prétentions de ses concitoyens, et qu'elle n'a qu'à se défendre contre eux. En effet, quand ceux-ci veulent être aussi dogmatiques dans la négation qu'elle l'est dans l'affirmation, il y a lieu alors à une justification κατ' ἄνθρωπον qui la garantisse de tout préjudice et lui assure une possession régulière qui n'ait rien à redouter d'aucune prétention étrangère, bien qu'elle ne puisse être elle-même suffisamment prouvée κατ' ἀλήθειαν.

Or par usage polémique de la raison pure j'entends la défense de ses propositions contre les négations dogmatiques. Il ne s'agit pas ici de savoir si par hasard ses assertions ne seraient pas fausses, mais de constater que personne ne peut affirmer le contraire avec une certitude apodictique (ni même avec une plus grande apparence). Car alors ce n'est point tout à fait par grâce que nous restons dans notre possession, bien que nous ne puissions invoquer en sa faveur un titre suffisant; mais il est parfaitement certain que personne ne pourra jamais prouver l'illégitimité de cette possession.

C'est quelque chose de triste et d'humiliant que de songer qu'il puisse y avoir en général une antithétique de la raison pure, et que cette faculté, qui représente cependant le tribunal suprême où se résolvent toutes les difficultés, soit condamnée à tomber en contradiction avec elle-même. Il est vrai que nous avons eu plus haut devant nous une apparente antithétique de ce genre, mais on a vu qu'elle reposait sur un malentendu, qui consistait à prendre, suivant le préjugé vulgaire, des phénomènes pour des choses en soi, et à y demander, d'une manière ou d'une autre (mais avec une égale impossibilité dans les deux cas) une absolue perfection de leur synthèse, ce qu'on ne peut attendre de phénomènes. Il n'y avait donc alors réellement aucune *contradiction* de la *raison* avec elle-même dans ces deux propositions : 1° la série des phénomènes *donnés en soi* a un commencement absolument premier ; 2° cette série est absolument et *en soi* sans commencement; car les deux propositions subsistent très-bien ensemble, puisque les *phénomènes* quant à leur existence (comme phénomènes) ne sont rien *en soi*, c'est-à-dire qu'à ce point de vue ils sont quelque chose de contradictoire, et que par conséquent leur supposition doit naturellement entraîner des conséquences contradictoires.

Mais un semblable malentendu ne peut pas être prétexté et le conflit de la raison ne peut être ainsi terminé, quand on affirme avec les théistes *qu'il y a un être suprême*, ou avec les athées, *qu'il n'y a pas d'être suprême;* ou bien quand, en psychologie, on affirme que tout ce qui pense est une unité absolue et permanente et se distingue ainsi de toute unité matérielle et périssable, ou qu'à cette assertion on oppose cette autre, que l'âme n'est pas une unité immatérielle et qu'elle ne saurait échapper à la mort. En effet l'objet de la question est ici indépendant de tout élément étranger qui serait contraire à sa nature, et l'entendement n'a affaire qu'aux *choses en soi*, et non aux phénomènes. Il n'y aurait donc ici une véritable contradiction que si la raison pure avait à dire du côté de la négation quelque chose qui pût prendre le caractère d'une affirmation; car pour ce qui est de la critique des arguments du dogmatisme affirmatif, on peut bien la lui accorder sans renoncer pour cela à ces propositions qui ont au moins pour elles l'intérêt de la raison, intérêt que l'adversaire ne saurait invoquer.

Je ne partage pas, il est vrai, cette opinion si souvent exprimée par des hommes excellents et profonds (comme Sulzer) qui sentaient la faiblesse des preuves employées jusque-là, que l'on peut espérer trouver un jour des démonstrations évidentes de ces deux propositions cardinales de notre raison pure : il y a un Dieu, il y a une vie future. Je suis certain au contraire que cela n'arrivera jamais. En effet où la raison prendrait-elle le principe de ces affirmations synthétiques qui ne se rapportent pas à des objets d'expérience et à leur possibilité interne? Mais il est aussi apodictiquement certain que jamais homme ne pourra affirmer le *contraire* avec la moindre apparence, à plus forte raison dogmatiquement. Car comme il ne pourrait le démontrer qu'au moyen de la raison pure, il faudrait qu'il entreprît de prouver qu'un être suprême, ou que le sujet pensant en nous, comme pure intelligence, est *impossible*. Mais d'où tirerait-il les connaissances qui l'autoriseraient à juger ainsi synthétiquement des choses, en dehors de toute expérience possible? Nous n'avons donc nullement à craindre que quelqu'un vienne un jour nous prouver le contraire, et par conséquent nous n'avons pas besoin de recourir à des arguments d'école, mais nous pouvons toujours admettre ces propositions qui, dans l'usage empirique, s'accordent parfaitement avec l'intérêt spéculatif de notre raison et sont en outre les seuls moyens de le concilier avec l'intérêt pratique. Contre l'adversaire (qui ne doit pas être ici considéré simplement comme critique) nous avons à notre disposition notre *non liquet*, qui le confondra infailliblement, et que nous ne l'empêchons pas de rétorquer contre nous, puisque nous avons toujours en réserve la maxime subjective de la raison qui lui manque nécessairement, et que sous cette garantie nous pouvons regarder avec calme et indifférence les coups qu'il frappe dans l'air.

En ce sens il n'y a pas proprement d'antithétique de la raison pure. Car la seule arène pour elle devrait être cherchée dans le champ de la théologie et de la psychologie pure; mais ce terrain ne supporte aucun champion cuirassé des pieds à la tête et muni d'armes redoutables. On peut bien s'y avancer avec des paroles de raillerie ou de fanfaronnade; mais tout le monde s'en moquera comme d'un jeu d'enfant. C'est là une observation consolante, et qui doit ranimer le courage de la raison; car sur quoi pourrait-elle compter d'ailleurs, si, elle qui seule est appelée à écarter toutes les erreurs, elle se trouvait ébranlée en elle-même, sans pouvoir espérer ni paix ni tranquille possession?

Tout ce que la nature elle-même ordonne est bon à quelque fin. Les poisons mêmes servent à chasser d'autres poisons qui se forment dans nos humeurs, et par conséquent ils doivent avoir leur place dans une pharmacie complète. Les objections contre les entraînements et les prétentions de notre raison purement spéculative nous sont fournies par la nature même de cette raison, et par conséquent elles doivent avoir une bonne fin, qu'il ne faut pas dédaigner. Pourquoi la Providence a-t-elle placé certains objets d'un si grand intérêt pour nous à une telle hauteur qu'il ne nous est guère permis que de les entrevoir dans une perception obscure et douteuse, et que notre curiosité est plutôt excitée que satisfaite? Il est au moins incertain qu'il soit utile de hasarder, sur ces vues de l'esprit, des résolutions hardies, et peut-être cela est-il dangereux. Mais dans tous les cas et sans aucun doute il est utile de laisser à la raison une parfaite liberté d'investigation et de critique, afin qu'elle puisse s'occuper sans obstacle de son propre intérêt, qui veut qu'elle mette des bornes à ses vues, comme il exige qu'elle les étende, et qui souffre toujours quand des mains étrangères viennent la détourner de sa marche naturelle pour la pousser vers des fins qui ne sont pas les siennes.

Laissez donc parler votre adversaire, pourvu qu'il ne le fasse qu'au nom de la raison, et ne le combattez qu'avec les armes de la raison. Au reste soyez sans inquiétude pour la bonne cause (l'intérêt pratique), car elle n'est jamais en jeu dans un combat purement spéculatif.

Ce combat ne fait que découvrir une certaine antinomie de la raison, qui, reposant sur la nature même de cette faculté, doit être nécessairement prise en considération et examinée. Il est même utile à la raison : il la force à envisager son objet sous deux points de vue, et il rectifie son jugement en le circonscrivant. Ce qui est ici en litige n'est pas la *chose*, mais le *ton*. Car, si vous devez renoncer à parler le langage de la *science*, il vous reste celui d'une *foi* solide, qu'autorise la raison la plus sévère.

Si l'on demandait au grave *David Hume*, à cet homme si bien fait pour l'équilibre du jugement, ce qui l'a poussé à vouloir renverser par des objections laborieusement cherchées, cette persuasion si consolante et si salutaire aux hommes, que les lumières de leur raison suffisent pour affirmer l'existence d'un être suprême et s'en faire un concept déterminé : rien, répondrait-il, que le dessein de faire faire un pas à la raison dans la connaissance d'elle-même, et en même temps la peine que j'éprouve à voir la violence qu'on veut lui faire, lorsqu'on l'exalte outre mesure et qu'on l'empêche d'avouer loyalement les faiblesses qu'elle découvre en s'examinant elle-même. D'un autre côté, demandez à un homme accoutumé à ne faire des principes de la raison qu'un usage empirique, et ennemi de toute spéculation transcendentale, demandez à *Priestley* quels motifs l'ont engagé, lui, le pieux et zélé ministre de la religion, à saper les deux grandes colonnes de toute religion : la liberté et l'immortalité de notre âme (l'espérance de la vie future n'est chez lui que l'attente du miracle de la résurrection) ; il vous répondra que c'est uniquement l'intérêt de la raison, qui souffre toutes les fois que l'on veut soustraire certains objets aux lois de la nature matérielle, les seules que nous puissions connaître et déterminer exactement. Il paraîtrait injuste de décrier *Priestley*, qui sait concilier ses paradoxes avec le but de la religion, et d'en vouloir à un homme si bien pensant, parce qu'il est incapable de s'orienter dès qu'il a quitté le champ de la science de la nature. Mais il ne faut pas traiter avec moins de faveur *Hume*, dont les intentions n'étaient pas moins bonnes et dont le caractère moral était irréprochable, mais qui ne put renoncer à sa spéculation abstraite, parce qu'il pensait avec raison que l'objet de cette spéculation est placé en dehors des limites de la science de la nature dans le champ des idées pures.

Qu'y a-t-il donc à faire, surtout par rapport au danger qui semble menacer le bien commun? Rien de plus naturel, rien de plus juste que le parti que vous avez à prendre. Laissez faire ces gens-là: s'ils montrent du talent, une investigation neuve et profonde, en un mot, de la raison, la raison y gagnera toujours. Si vous employez d'autres moyens que ceux d'une raison libre, si vous criez à la trahison, si, comme pour éteindre un incendie, vous appelez au secours le public qui n'entend rien à de si subtils travaux, vous vous rendez ridicules. Car il n'est nullement question de savoir ce qui est ici avantageux ou nuisible au bien commun, mais seulement jusqu'où la raison peut s'avancer dans la spéculation, indépendamment de tout intérêt, et si l'on peut en général compter sur elle ou s'il faut la quitter dans l'ordre pratique. Ne vous jetez donc pas dans la mêlée l'épée à la main; mais, placé sur le terrain assuré de la critique, contentez-vous de regarder tranquillement ce combat qui peut être pénible pour les champions, mais qui doit être amusant pour vous, et dont l'issue ne sera certainement pas sanglante, mais fort utile à vos connaissances. Il est tout à fait absurde de demander à la raison des lumières, et de lui prescrire d'avance le parti qu'elle doit prendre. D'ailleurs la raison est assez bien réprimée et retenue dans ses limites par la raison; vous n'avez pas besoin d'appeler la garde pour opposer la force publique au parti dont la prédominence vous semble dangereuse. Dans cette dialectique, il n'y a pas de victoire dont vous ayez sujet de vous alarmer.

Bien plus, la raison a besoin d'une lutte semblable, et il serait à souhaiter qu'elle se fût engagée plus tôt et avec une liberté sans limites. Car alors on eût vu paraître plus tôt cette mûre critique qui doit faire tomber d'elles-mêmes toutes ces querelles, en apprenant aux combattants à reconnaître l'illusion dont ils étaient les jouets et les préjugés qui les ont divisés.

Il y a dans la nature humaine une certaine fausseté qui doit en définitive, comme tout ce qui vient de la nature, aboutir à une bonne fin; je veux parler de ce penchant que nous avons à cacher nos véritables sentiments et à en étaler certains autres que nous tenons pour bons et honorables. Il est bien certain que ce penchant qui porte les hommes à dissimuler leurs sentiments et à prendre une apparence avantageuse n'a pas servi seulement à les *civiliser*, mais à les *moraliser* peu à peu dans une certaine mesure, parce que personne ne pouvant pénétrer à travers le fard de la décence, de l'honnêteté et de la moralité, on trouva dans ces prétendus bons exemples qu'on voyait autour de soi une école d'amélioration pour soi-même. Toutefois cette disposition à vouloir paraître meilleur qu'on n'est, et à montrer des sentiments qu'on n'éprouve pas, n'a qu'une utilité *provisoire:* elle sert à dépouiller l'homme de sa rudesse et à lui faire prendre au moins d'abord *l'apparence* du bien qu'il connaît; mais une fois que les véritables principes sont développés et qu'ils sont entrés dans l'esprit, alors cette fausseté doit être peu à peu combattue avec force, car autrement elle corromprait le cœur et étoufferait les bons sentiments sous une belle mais trompeuse enveloppe.

Il m'est pénible de remarquer ce défaut de sincérité, cette dissimulation et cette hypocrisie jusque dans les manifestations de la pensée spéculative, où cependant les hommes trouvent bien moins d'obstacles à faire le libre aveu de leurs opinions et n'ont même aucun intérêt à les cacher. Que peut-il y avoir en effet de plus funeste à la connaissance humaine que de se communiquer réciproquement des pensées falsifiées, de cacher le doute que nous sentons s'élever contre nos propres assertions, ou de donner la couleur de l'évidence à des arguments qui ne nous satisfont pas nous-mêmes? Tant que la simple vanité privée suscite ces artifices secrets (ce qui est ordinairement le cas dans les jugements spéculatifs qui ne sont liés à aucun intérêt particulier et ne sont guère susceptibles d'une certitude apodictique), ils viennent échouer devant la vanité des autres, aidée de *l'assentiment public*, et les choses finissent par arriver au point où les eussent portées bien plus tôt un sentiment sincère et une intention loyale. Mais lorsque le public s'imagine que de subtils sophistes ne tendent à rien moins qu'à ébranler les fondements du bonheur général, il semble non-seulement prudent, mais permis et même honorable de venir au secours de la bonne cause avec des raisons spécieuses, plutôt que de laisser à ses prétendus adversaires l'avantage de nous forcer à rabaisser nos paroles au ton d'une conviction purement pratique, et à reconnaître que nous ne possédons pas une certitude spéculative et apodictique. Cependant je serais disposé à penser que rien au monde ne s'accorde plus mal avec le dessein de soutenir une bonne cause que la ruse, la dissimulation et le mensonge. Le moins qui puisse être exigé, c'est que l'on montre une entière sincérité dans l'appréciation des principes rationnels de la pure spéculation. C'est bien peu de chose; mais, si l'on pouvait seulement compter là-dessus, les luttes de la raison spéculative sur les importantes questions de Dieu, de l'immortalité (de l'âme) et de la liberté seraient depuis longtemps terminées ou ne tarderaient pas à l'être. Mais souvent la sincérité des sentiments est en raison inverse de la bonté de la cause, et la droiture est peut-être plus fréquemment du côté des adversaires de la bonne cause que du côté de ses défenseurs.

Je suppose donc des lecteurs qui ne veuillent pas qu'une bonne cause soit défendue par de mauvaises raisons. Pour ceux-là il est décidé maintenant que, d'après les principes de notre critique, si l'on regarde non ce qui a lieu, mais ce qui devrait avoir lieu, il n'y a point proprement de polémique de la raison pure. En effet comment deux personnes pourront-elles engager une discussion sur une chose dont ni l'une ni l'autre ne peuvent montrer la réalité dans une expérience réelle ou seulement possible, et dont elles sont obligées de couver en quelque sorte l'idée pour en tirer *quelque chose de plus* que l'idée, à savoir la réalité de l'objet même? Par quel moyen termineront-elles la controverse, puisqu'aucune des deux ne peut rendre sa cause compréhensible et certaine, mais seulement attaquer et réfuter celle de son adversaire? Tel est en effet le sort de toutes les affirmations de la raison pure: comme elles sortent des conditions de toute expérience possible, en dehors desquelles il n'y a aucun document de la vérité, et qu'elles sont néanmoins obligées de recourir aux lois de l'entendement, qui ne sont propres qu'à l'usage empirique, et sans lesquelles on ne saurait faire aucun pas dans la pensée synthétique, elles prêtent toujours le flanc à leurs adversaires, dont à leur tour elles peuvent attaquer le côté faible.

On peut considérer la critique de la raison pure comme le véritable tribunal où se jugent toutes les controverses de cette faculté; car elle n'a pas à se mêler des disputes qui portent immédiatement sur les objets, mais elle est établie pour déterminer et juger les droits de la raison en général, suivant les principes de son institution primitive.

Sans elle la raison demeure en quelque sorte à l'état de nature, et elle ne peut faire accepter ou assurer ses assertions et ses prétentions qu'au moyen de la *guerre*. La critique au contraire, qui tire toutes ses décisions des règles fondamentales de sa propre institution, dont l'autorité ne peut paraître douteuse à personne, nous procure la tranquillité d'un état civil où il n'est pas permis de traiter les différends autrement que par voie de *procédure*. Ce qui met fin aux querelles dans le premier état, c'est une *victoire* dont se vantent les deux partis et que suit ordinairement une paix mal assurée établie par l'intervention de quelque autorité supérieure; mais dans le second, c'est une *sentence*, qui, remontant à la source même des disputes, doit amener une paix éternelle. Les disputes interminables d'une raison purement dogmatique nous obligent à chercher enfin le repos dans une critique de cette raison même et dans une législation qui s'y fonde. C'est ainsi que, comme le dit Hobbes, l'état de nature est un état d'injustice et de violence, d'où l'on doit nécessairement sortir pour se soumettre à une contrainte légale qui ne limite notre liberté que pour l'accorder avec celle de chacun et par là avec le bien général.

A cette liberté se rattache donc aussi celle de soumettre au jugement public, sans être réputé pour cela un citoyen turbulent et dangereux, les difficultés et les doutes qu'on n'a pu résoudre soi-même. C'est ce qui résulte déjà du droit primitif de la raison humaine, laquelle ne connaît d'autre tribunal que la raison commune, où chacun a sa voix ; et comme c'est de cette raison commune que doivent venir toutes les améliorations dont notre état est susceptible, un tel droit est sacré et doit être respecté. Aussi est-il très-peu sensé de proclamer dangereuses certaines assertions hasardées ou certaines attaques inconsidérées contre des choses qui ont déjà pour elles l'assentiment de la plus grande et de la meilleure partie du public ; car c'est leur donner une importance qu'elles ne devraient pas avoir. Quand j'entends dire qu'un esprit peu commun a renversé par ses arguments la liberté de la volonté humaine, l'espérance d'une vie future et l'existence de Dieu, je suis curieux de lire son livre, car j'attends de son talent qu'il étende mes idées. Je suis parfaitement certain d'avance qu'il n'aura rien détruit de tout cela; non que je me croie en possession d'arguments irréfutables en faveur de ces importants objets, mais la critique transcendentale, qui m'a découvert tout le dépôt de notre raison pure, m'a appris de la manière la plus certaine que, si la raison est incapable d'établir des assertions affirmatives dans ce champ, elle ne l'est pas moins, elle l'est plus encore d'avancer sur ces questions quelque chose de négatif. Où en effet ce prétendu esprit fort puisera-t-il, par exemple, cette connaissance qu'il n'y a point d'être suprême? Cette proposition est placée hors du champ de l'expérience possible, et par conséquent hors des bornes de toute connaissance humaine. Je ne lirais point le défenseur dogmatique de la bonne cause contre cet ennemi, parce que je sais d'avance qu'il n'attaque les raisons spécieuses de son adversaire que pour préparer un chemin aux siennes, et qu'en outre une chose qui se produit chaque jour ne donne pas lieu à autant de remarques neuves qu'une chose extraordinaire et ingénieusement imaginée. Au contraire, cet adversaire de la religion qui est dogmatique aussi à sa façon fournirait à ma critique l'occupation qu'elle désire, et lui donnerait l'occasion de rectifier ses principes, sans qu'il y eût à craindre le moindre danger pour elle.

Mais la jeunesse qui est confiée à l'enseignement académique doit-elle être au moins prémunie contre des écrits de cette nature, et doit-on lui dérober la connaissance prématurée de propositions si dangereuses jusqu'à ce que son jugement soit mûr, ou plutôt que la doctrine qu'on lui veut inculquer soit assez fortement enracinée pour pouvoir résister à toute opinion contraire, de quelque part qu'elle vienne?

S'il fallait s'en tenir à la méthode dogmatique dans les choses de la raison pure, et que la réfutation des adversaires fût proprement polémique, c'est-à-dire de telle nature que l'on dût nécessairement entrer en lutte et s'armer d'arguments en faveur des assertions contraires, il n'y aurait sans doute rien de plus sage *pour le mo-*

ment, mais aussi rien de plus vain et de plus inutile *pour l'avenir*, que de tenir quelque temps en tutelle la raison des jeunes gens, et de les préserver de la séduction au moins pendant ce temps. Mais si, dans la suite, la curiosité ou la mode du siècle leur mettent dans les mains ces écrits prétendus dangereux, les convictions de leur jeune âge soutiendront-elles le choc? Celui qui n'apporte que des armes dogmatiques pour repousser les attaques de son adversaire et qui ne sait pas découvrir la dialectique cachée qui se joue de lui aussi bien que de son antagoniste, celui-là voit des raisons spécieuses qui ont l'avantage de la nouveauté opposées à d'autres raisons qui n'ont pas le même avantage, et il en conçoit ce soupçon que la crédulité de sa jeunesse a été trompée. Il ne croit pas alors pouvoir mieux montrer qu'il a échappé à la discipline de l'enfance qu'en rejetant les sages avertissements qu'il a reçus, et, accoutumé au dogmatisme, il boit à longs traits le poison qui corrompt dogmatiquement ses principes.

C'est précisément le contraire de ce que l'on conseille ici qui devrait avoir lieu dans l'enseignement académique, mais bien entendu à la condition qu'on lui donnerait pour fondement une solide instruction du côté de la critique de la raison pure. En effet, pour que le jeune homme applique le plus tôt possible les principes de cette critique et reconnaisse leur compétence à découvrir les plus grandes illusions dialectiques, il est tout à fait nécessaire de diriger contre sa raison, faible encore sans doute, mais éclairée par la critique, les attaques si redoutables au dogmatisme, et de l'exercer à examiner les vaines assertions de l'adversaire à la lumière de ces principes. Il ne lui sera pas difficile de réduire ces assertions en poussière, et ainsi de bonne heure il se sentira la force de se garantir de ces apparences nuisibles, qui finiront par perdre à ses yeux tout leur prestige. Il est bien vrai que les mêmes coups qui ruinent l'édifice de l'ennemi seraient également funestes à l'édifice spéculatif qu'il voudrait bâtir lui-même; mais il est à ce sujet sans inquiétude, parce qu'il n'a pas besoin d'une semblable construction, et qu'il aperçoit devant lui le champ pratique où il peut espérer avec raison de trouver un terrain plus solide pour y élever un système rationnel et salutaire.

Il n'y a donc proprement aucune polémique dans le champ de la raison pure. De part et d'autre les coups portent dans l'air, et les combattants n'ont affaire qu'à leur ombre, car ils sortent des limites de la nature et passent dans une région où leur dogmatisme ne trouve pas la moindre prise, où il n'y a rien qu'il puisse saisir et retenir. Quand ils se croient les vainqueurs, les ombres qu'ils ont pourfendues reparaissent en un clin d'œil comme les héros du Walhalla, et ils peuvent toujours se donner le plaisir de combats aussi peu sanglants.

On ne saurait admettre non plus qu'on fît de la raison pure un usage sceptique, qui serait comme un principe de neutralité dans toutes ses controverses. Mettre la raison aux prises avec elle-même, lui fournir des armes des deux côtés et regarder tranquillement et d'un air railleur cette lutte ardente, cela ne fait point bon effet au point de vue dogmatique, mais semble dénoter un esprit malin et méchant. Si cependant on considère l'aveuglement et l'orgueil des sophistes qu'aucune critique ne peut tempérer, il n'y a pas d'autre parti à prendre que d'opposer à leur jactance celle du parti contraire qui se fonde sur les mêmes droits, afin qu'au moins la raison, surprise par la résistance d'un ennemi, soit amenée à concevoir quelques doutes sur ses prétentions et à ouvrir l'oreille à la critique. Mais s'en tenir à ces doutes et vouloir recommander la conviction et l'aveu de son ignorance non-seulement comme un remède contre la présomption dogmatique, mais en même temps comme un moyen de terminer le conflit de la raison avec elle-même, c'est un dessein tout à fait vain et qui n'est nullement propre à procurer le repos à la raison; tout au plus peut-il servir à la tirer de son doux rêve dogmatique et à lui faire examiner attentivement son état. Toutefois comme cette manière sceptique de se tirer d'une affaire fâcheuse semble être en quelque sorte le plus court chemin pour arriver à une paix philosophique durable, ou du moins la grande route que suivent volontiers ceux qui croient se donner un air philosophique par un mépris moqueur de toutes les recherches de cette espèce, il est nécessaire de mettre dans son véritable jour cette façon de penser.

De l'impossibilité où est la raison en désaccord avec elle-même de trouver la paix dans le scepticisme

La conscience de mon ignorance (si cette ignorance n'est en même temps reconnue comme nécessaire), au lieu de terminer toutes mes recherches, est au contraire la véritable cause qui les provoque. Toute ignorance porte ou bien sur les choses, ou bien sur la détermination et les bornes de ma connaissance. Or, quand l'ignorance est accidentelle, elle doit me pousser, dans le premier cas, à soumettre les choses (les objets) à une investigation *dogmatique*, et, dans le second, à rechercher, *au point de vue critique*, les limites de ma connaissance possible. Mais que mon ignorance soit absolument nécessaire, et que par conséquent elle me dispense de toute recherche ultérieure, c'est ce que l'on ne peut prouver empiriquement par *l'observation*, mais seulement d'une manière critique, *en sondant* les sources premières de notre connaissance. La détermination des limites de notre raison ne peut donc se faire que suivant des principes *à priori*, mais nous pouvons connaître aussi *à posteriori* qu'elle est bornée, en remarquant ce qui, dans toute science, nous reste encore à savoir, bien que cette connaissance d'une ignorance à jamais invincible soit encore indéterminée pour nous. La première connaissance de l'ignorance de la raison, que peut seule nous donner la critique de la raison même, est donc une *science*; mais la seconde connaissance n'est qu'une *perception*, aux suites de laquelle je ne puis assigner des limites. Quand je me représente (suivant l'apparence sensible) la surface de la terre comme un plateau rond, je ne puis savoir jusqu'où elle s'étend. Mais l'expérience m'apprend que, où que j'aille, je vois toujours devant moi un espace où je puis continuer de m'avancer, et je reconnais ainsi les bornes de ma connaissance réelle de la terre, mais non pas celles de toute description possible de la terre. Que si j'en suis venu au point de savoir que la terre est un globe et que sa surface est sphérique, je puis alors connaître d'une manière déterminée et suivant des principes *à priori*, même par une petite partie de cette surface, un degré par exemple, le diamètre de la terre, et, par ce diamètre, la complète circonscription de la terre, c'est-à-dire sa surface entière; et, bien que je sois ignorant par rapport aux objets que cette surface peut contenir, je ne le suis pas quant à la circonscription qui les contient, à son étendue et à ses limites.

L'ensemble de tous les objets possibles de notre connaissance nous fait l'effet d'une surface plane qui a son horizon apparent, je veux parler de ce qui en embrasse toute l'étendue, ou de ce que nous avons appelé le concept rationnel de la totalité inconditionnelle. Il est impossible d'atteindre empiriquement cet horizon, et tous les essais tentés jusqu'ici pour le déterminer *à priori*, suivant un certain principe, ont été vains. Cependant toutes les questions de notre raison pure se rapportent à ce qui est hors de cet horizon ou à ce qui se trouve tout au plus sur la limite.

L'illustre *David Hume* a été un de ces géographes de la raison humaine: il crut avoir suffisamment répondu à toutes ces questions, en les reléguant au delà de cet horizon de la raison, qu'il ne pouvait cependant déterminer. Il s'arrêta surtout sur le principe de la causalité, et remarqua fort justement que la vérité de ce principe (que même la valeur objective du concept d'une cause efficiente en général) ne repose sur aucune connaissance *à priori*, et que par conséquent son autorité ne vient nullement de la nécessité même de cette loi, mais simplement de son utilité générale dans le cours de l'expérience et de la nécessité subjective qui en résulte et qu'il nommait habitude. De l'impuissance de notre raison à faire de ce principe un usage qui dépassât toute expérience, il conclut la vanité de toute prétention de la raison en général à sortir de l'empirique.

On peut désigner sous le nom de *censure* de la raison une méthode de ce genre, qui consiste à soumettre à l'examen, et, suivant les circonstances, au blâme, les *facta* de la raison. Il est incontestable que cette censure conduit inévitablement *au doute* par rapport *à tout* usage transcendant des principes. Mais ce n'est là que le second pas, qui est encore bien loin de terminer l'œuvre. Le premier pas dans les choses de la raison pure, qui en marque l'enfance, est *dogmatique*. Le second pas, dont nous venons de parler, est *sceptique*, et témoigne de la circonspection du jugement averti par l'expérience. Or il faut encore un troisième pas, qui ne peut être fait que par un jugement mûr, viril, appuyé sur des maximes fermes et d'une universalité inattaquable: il consiste à soumettre à l'examen, non plus seulement les *faits* de la raison, mais la raison même, dans toute son étendue et dans toutes les connaissances pures *à priori* dont elle est capable. Ce n'est plus ici la censure, mais la *critique* de la raison: celle-ci ne se contente plus de conjecturer que la raison a des *bornes*, et qu'elle est ignorante sur tel ou tel point, mais elle en montre, suivant des principes, les *limites* précises et l'ignorance relativement à toutes les questions possibles d'une certaine espèce. Ainsi le scepticisme est pour la raison humaine un lieu de repos, où elle peut songer au voyage dogmatique qu'elle vient de faire, et tracer le plan du pays où elle se trouve, afin de se rendre capable de choisir désormais sa route avec plus de sûreté; mais ce n'est pas un lieu où elle puisse fixer sa résidence. Ce lieu en effet ne peut se trouver que grâce à une parfaite certitude, soit de la connaissance des objets mêmes, soit des limites dans lesquelles est renfermée toute notre connaissance des objets.

Notre raison n'est pas en quelque sorte une plaine qui s'étende à l'infini et dont on ne connaisse les bornes que d'une manière générale, mais elle est plutôt comparable à une sphère dont le diamètre peut être trouvé par la courbe de l'arc de sa surface (par la nature des propositions synthétiques *à priori*), et dont la matière et les limites peuvent être aussi déterminées par là avec certitude. En dehors de cette sphère (le champ de l'expérience), il n'y a plus d'objet pour elle, et les questions mêmes concernant ses prétendus objets ne se rapportent qu'à des principes subjectifs d'une détermination complète des rapports qui se présentent, dans les limites de cette sphère, entre les concepts de l'entendement.

Nous sommes réellement en possession de connaissances synthétiques *à priori*, comme le prouvent les principes de l'entendement qui anticipent l'expérience. Or, si quelqu'un n'en peut comprendre la possibilité, il peut bien douter d'abord qu'elles soient réellement en nous *à priori*, mais il ne peut pour cela les déclarer impossibles par les seules forces de l'entendement et regarder comme nuls tous les pas que fait la raison en suivant leur direction. Tout ce qu'il peut dire, c'est que, si nous en apercevions l'origine et la vérité, nous pourrions déterminer l'étendue et les limites de notre raison, et que, tant que cela n'a pas lieu, toutes ses assertions sont téméraires et aveugles. Et de cette manière ce serait une chose tout à fait fondée qu'un doute général embrassant toute philosophie dogmatique qui suit son chemin sans faire la critique de la raison même; mais on ne pourrait pour cela refuser absolument à la raison toute marche en avant, si cette marche était préparée et assurée par de meilleurs fondements. En effet tous les concepts, même toutes les questions que nous propose la raison pure, ne résident pas en quelque sorte dans l'expérience, mais à leur tour elles ne sont que dans la raison; c'est par celle-ci qu'elles peuvent être résolues et que leur valeur ou leur inanité peut être comprise. Nous n'avons pas non plus le droit d'écarter ces problèmes en prétextant notre impuissance à saisir la nature des choses, comme si c'était là qu'en résidait réellement la solution, et de nous refuser en conséquence à toute investigation ultérieure sur ces questions; car c'est la raison même qui seule a engendré ces idées dans son sein, et elle est tenue par conséquent de rendre compte de leur valeur ou de leur apparence dialectique.

Toute polémique sceptique n'est proprement dirigée contre le dogmatique, qui poursuit gravement son chemin sans se méfier de ses premiers principes objectifs, c'est-à-dire sans critique, que pour le déconcerter et le ramener à la connaissance de lui-même. En soi elle ne décide absolument rien relativement à ce que nous savons ou ne pouvons pas savoir. Toutes les vaines tentatives dogmatiques de la raison sont des *facta*, qu'il est toujours utile de soumettre à la censure. Mais cela ne peut rien décider touchant l'espoir qu'a la raison d'arriver dans l'avenir à un meilleur résultat de ses efforts, et touchant ses titres à cet espoir; une simple censure ne peut donc jamais mettre fin à la querelle sur les droits de la raison humaine.

Comme Hume est peut-être le plus ingénieux de tous les sceptiques, et sans contredit celui qui montre le mieux l'influence que peut avoir la méthode sceptique pour provoquer un examen fondamental de la raison, il n'est pas sans intérêt d'exposer, autant que cela convient à mon dessein, la marche de ses raisonnements et les erreurs d'un homme si pénétrant et si estimable, erreurs qui n'ont pris naissance que sur le sentier de la vérité.

Hume pensait peut-être, bien qu'il ne se soit jamais parfaitement expliqué là-dessus, qu'il y a certains jugements où nous sortons de notre concept de l'objet. J'ai appelé *synthétique* cette espèce de jugements. Que je puisse sortir, au moyen de l'expérience, du concept que j'ai déjà, c'est ce qui ne présente aucune difficulté. L'expérience est elle-même une synthèse de perceptions, laquelle augmente le concept que j'ai déjà au moyen d'une perception, en y ajoutant des perceptions nouvelles. Mais nous croyons aussi pouvoir sortir *à priori* de notre concept et étendre notre connaissance. Nous tentons de le faire soit par l'entendement pur, relativement à ce qui peut être du moins un *objet d'expérience*, soit même par la raison pure, relativement à des propriétés de choses ou même à l'existence d'objets qui ne peuvent jamais se présenter dans l'expérience. Notre sceptique ne distingua point ces deux espèces de jugements comme il aurait dû le faire, et il regarda comme impossible cette augmentation des concepts par eux-mêmes, et, pour ainsi dire, cet enfantement spontané de notre entendement (et de notre raison) sans la coopération de l'expérience. Il tint donc pour imaginaires tous les prétendus principes *à priori*, et il crut qu'ils n'étaient autre chose qu'une habitude résultant de l'expérience et de ses lois, c'est-à-dire que des règles contingentes en soi auxquelles nous attribuons à tort la nécessité et l'universalité. A l'appui de cette étrange assertion, il en appelait au principe universellement reconnu du rapport de la cause à l'effet. Comme aucune faculté de l'entendement ne peut conduire du concept d'une chose à l'existence de quelque autre chose qui soit universellement et nécessairement donnée par là, il crut pouvoir en conclure que sans l'expérience il n'y a rien qui puisse augmenter notre concept et nous autoriser à former un jugement qui s'étende lui-même *à priori*. Que la lumière du soleil fonde la cire qu'elle éclaire, tandis qu'elle durcit l'argile, c'est ce qu'aucun entendement ne peut deviner et bien moins encore conclure régulièrement, en s'appuyant sur les concepts que nous avions déjà de ces choses ; il n'y a que l'expérience qui puisse nous enseigner une telle loi. Nous avons vu au contraire dans la logique transcendentale que, quoique nous ne puissions jamais *immédiatement* sortir de la matière du concept qui nous est donné, nous pouvons cependant connaître tout à fait *à priori* la loi de la liaison d'une chose avec d'autres, mais par rapport à une troisième chose, à savoir l'expérience *possible*. Quand donc la cire, qui auparavant était solide, vient à se fondre, je puis reconnaître *à priori* que quelque chose a dû précéder (par exemple la chaleur du soleil), après quoi ce fait s'est produit suivant une loi constante, bien que je ne puisse *à priori* et sans l'enseignement de l'expérience connaître d'une manière *déterminée* soit la cause par l'effet, soit l'effet par la cause. Hume conclut donc faussement de la contingence de ce que nous déterminons *d'après la loi* à la contingence de *la loi* même, et il confondit l'acte par lequel nous passons du concept d'une chose à l'expérience possible (laquelle a lieu *à priori* et constitue la réalité objective de ce concept) avec la synthèse des objets de l'expérience possible, laquelle à la vérité est toujours empirique. Par là d'un principe d'affinité, qui a son siége dans l'entendement et exprime une liaison nécessaire, il fit une règle d'association, qui ne se trouve que dans l'imagination imitative, et ne peut représenter que des liaisons contingentes et nullement objectives.

Mais les erreurs sceptiques de cet homme, d'ailleurs si pénétrant, vinrent surtout d'un défaut qui lui est commun avec tous les dogmatiques, c'est qu'il ne considérait pas systématiquement toutes les espèces de synthèses *à priori* de l'entendement. Car il aurait trouvé que le *principe de la permanence*, par exemple (pour ne faire ici mention que de celui-là), est, comme celui de la causalité, une anticipation de l'expérience. Par là il aurait pu prescrire aussi des bornes déterminées à l'entendement qui s'étend *à priori* et à la raison pure. Mais, lorsqu'il se contente de restreindre notre entendement sans lui assigner ses *limites*, et que, s'il arrive à une défiance générale, il ne donne pas une connaissance déterminée de l'ignorance à laquelle nous sommes condamnés; lorsqu'il soumet à sa censure quelques principes de l'entendement, sans soumettre cet entendement tout entier à l'épreuve de la critique, et qu'en refusant à cette faculté ce qu'elle ne peut réellement donner, il va plus loin, et lui conteste tout pouvoir de s'étendre *à priori*, bien qu'il n'ait pas examiné la faculté tout entière; il lui arrive alors ce qui renverse toujours le scepticisme, c'est que son système est lui-même mis en doute, parce que ses objections se fondent simplement sur des *faits* accidentels, et non sur des principes qui nous obligent à renoncer au droit de faire des assertions dogmatiques.

Comme en outre Hume n'établit aucune différence entre les droits fondés de l'entendement et les prétentions dialectiques de la raison, contre lesquelles ses attaques sont principalement dirigées, la raison, dont on a entravé, mais nullement abattu l'essor, sent que l'espace est encore ouvert devant elle pour s'y étendre, et elle ne peut jamais renoncer entièrement à ses tentatives, bien qu'elle ait été souvent gourmandée. N'ayant jamais été complétement repoussée, elle se met en garde contre de nouvelles attaques, et s'opiniâtre d'autant plus dans ses prétentions. Mais un examen complet de la faculté tout entière et la conviction que nous en retirons de posséder en toute sûreté une petite propriété, malgré la vanité de prétentions plus élevées, font disparaître toute dispute et nous décident à nous contenter de cette propriété limitée, mais incontestée.

Les attaques sceptiques ne sont pas seulement dangereuses, mais elles sont fatales pour le dogmatique sans critique, qui n'a pas mesuré la sphère de son entendement, qui n'a pas déterminé suivant des principes les bornes de sa connaissance possible, et qui par conséquent ne sait pas d'avance ce qu'il peut, mais pense le découvrir par de simples essais. En effet, si on le prend sur une seule assertion qu'il ne puisse justifier, et dont il ne puisse non plus expliquer l'apparence par certains principes, le soupçon tombe alors sur toutes les affirmations, quelque persuasives qu'elles puissent être.

C'est ainsi que le sceptique, ce surveillant du raisonneur dogmatique, conduit à une saine critique de l'entendement et de la raison même. Dès qu'il y est parvenu, il n'a plus à craindre aucune attaque; car il distingue alors de sa possession tout ce qui n'en fait pas partie; il n'y élève plus de prétentions et ne s'engage plus ainsi dans des querelles. A la vérité la méthode sceptique ne *satisfait* point par elle-même aux questions de la raison, mais elle la *prépare* à les résoudre en excitant sa vigilance et en lui indiquant les moyens de s'assurer dans ses légitimes possessions.

TROISIÈME SECTION

Discipline de la raison pure par rapport aux hypothèses

Puisque nous savons enfin par la critique de notre raison que, dans son usage pur et spéculatif, nous ne pouvons en réalité rien savoir, ne devrait-elle pas ouvrir un vaste champ aux *hypothèses*, un champ où il nous fût au moins permis d'imaginer et de nous faire des opinions, à défaut d'affirmations certaines?

Pour que l'imagination ne *rêve* pas, mais qu'elle s'exerce utilement, sous la sévère surveillance de la raison, il faut qu'elle s'appuie sur quelque chose qui soit parfaitement certain et qui ne soit pas à son tour imaginaire ou de pure opinion, et ce quelque chose est la *possibilité* de l'objet même. Alors il est bien permis de recourir à l'opinion touchant la réalité de cet objet; mais cette opinion, pour n'être pas sans fondement, doit être rattachée, comme principe d'explication, à ce qui est réellement donné et à ce qui par conséquent est certain, et alors elle s'appelle une *hypothèse*.

Comme nous ne pouvons nous faire le moindre concept de la liaison dynamique *à priori*, et que la catégorie de l'entendement pur ne sert pas à la trouver, mais seulement à la comprendre quand elle se rencontre dans l'expérience, nous ne saurions imaginer originairement, conformément à ces catégories, un seul objet d'une nature nouvelle et ne pouvant être montrée dans l'expérience, ni donner un objet de ce genre pour fondement à une hypothèse légitime; car ce serait soumettre à la raison de vaines chimères, au lieu des concepts des choses. Ainsi il n'est point permis d'imaginer de nouvelles facultés premières, comme par exemple un entendement capable de percevoir son objet sans le secours des sens, ou une force attractive sans contact, ni une nouvelle espèce de substances, une substance, par exemple, qui soit présente dans l'espace sans impénétrabilité, ni par conséquent un commerce des substances qui soit distinct de ceux que l'expérience nous fournit : aucune présence sinon dans l'espace, aucune durée sinon dans le temps. En un mot, notre raison ne peut que se servir des conditions de l'expérience possible, comme de conditions de la possibilité des choses; mais elle ne peut nullement se créer en quelque sorte des choses tout à fait indépendamment de ces conditions; car des concepts de ce genre, sans impliquer de contradiction, seraient cependant sans objet.

Les concepts rationnels sont, comme on l'a vu, de simples idées, et ils n'ont point d'objet dans quelque expérience, mais ils ne désignent pas pour cela des objets fictifs qui seraient en même temps regardés comme possibles.

On se borne à concevoir ces idées problématiquement, afin de fonder à leur point de vue (en les prenant comme des fictions euristiques) des principes régulateurs de l'usage systématique de l'entendement dans le champ de l'expérience. Si l'on s'éloigne de ce champ, elles ne sont plus que des êtres de raison, dont la possibilité n'est pas démontrable, et qui par conséquent ne peuvent être non plus donnés pour fondement, par hypothèse, à l'explication de phénomènes réels. Il est tout à fait permis de *concevoir* l'âme comme simple, afin de donner, suivant cette *idée*, pour principe à notre manière de juger ses phénomènes intérieurs une unité parfaite et nécessaire de toutes les facultés, bien qu'on ne puisse l'apercevoir *in concreto*. Mais *admettre* l'âme comme une substance simple (ce qui est un concept transcendant), serait une proposition non-seulement indémontrable (comme le sont plusieurs hypothèses physiques), mais tout à fait arbitraire et aveugle, parce que le simple ne peut se présenter dans aucune expérience, et que, si l'on entend ici par substance l'objet permanent de l'intuition sensible, la possibilité d'un *phénomène simple* ne peut être aperçue. La raison ne nous autorise nullement à admettre, à titre d'opinion, des êtres purement intelligibles ou des qualités purement intelligibles des choses du monde sensible, bien que (comme on n'a aucun concept de leur possibilité ou de leur impossibilité) aucune vue soi-disant meilleure ne nous permette de les nier dogmatiquement.

Pour expliquer des phénomènes donnés, on ne peut employer d'autres choses et d'autres principes d'explication que ceux qui se rattachent aux choses ou aux principes donnés suivant les lois déjà connues des phénomènes. Une *hypothèse transcendantale*, dans laquelle une simple idée de la raison servirait à expliquer les choses de la nature, ne serait point par conséquent une explication; car ce que l'on ne comprend pas suffisamment par des principes empiriques connus, on chercherait à l'expliquer par quelque chose dont on ne comprend rien du tout. Aussi le principe d'une telle hypothèse ne servirait-il proprement qu'à contenter la raison, et nullement à faire avancer l'entendement par rapport aux objets. L'ordre et la finalité dans la nature doivent être expliqués à leur tour par des raisons naturelles et suivant des lois naturelles, et ici les hypothèses même les plus grossières, pourvu qu'elles soient physiques, sont plus supportables qu'une hypothèse hyperphysique, c'est-à-dire que l'appel à un auteur divin que l'on suppose tout exprès. Ce serait suivre en effet le principe de la raison paresseuse (*ignava ratio*) que de laisser de côté tout d'un coup toutes les causes dont les progrès de l'expérience peuvent encore nous apprendre à connaître la réalité objective, du moins quant à la possibilité, pour se reposer dans une simple idée, très commode à la raison. Mais pour ce qui est de l'absolue totalité du principe d'explication dans la série des causes, cela ne peut faire d'obstacle par rapport aux objets du monde, puisque, ces objets n'étant que des phénomènes, on n'y peut jamais espérer quelque chose d'achevé dans la synthèse de la série des conditions.

On ne peut attribuer à la raison, dans son usage spéculatif, le droit de recourir à des hypothèses transcendantales, et lui accorder la liberté, pour suppléer au manque de principes physiques d'explication, d'en employer d'hyperphysiques. C'est que, d'une part, la raison, loin d'avancer par là, arrête bien plutôt tout le développement de son usage, et que, d'autre part, cette licence finirait par lui faire perdre tous les fruits de la culture de son propre sol, c'est-à-dire de l'expérience. En effet, si l'explication naturelle nous est difficile ici ou là, nous avons toujours sous la main un principe transcendant d'explication qui nous dispense de cette recherche et met fin à notre investigation, non par une connaissance, mais par la complète incompréhensibilité d'un principe déjà préconçu de manière à renfermer le concept de l'absolument premier.

La deuxième condition requise pour que l'on puisse admettre une hypothèse, c'est qu'elle suffise pour déterminer *a priori* les effets qui sont donnés. Si l'on est forcé pour cela de recourir à des hypothèses subsidiaires, elles encourent le soupçon d'être de pures fictions, puisque chacune d'elles en soi a besoin de cette même justification que réclamait déjà la pensée fondamentale, et que par conséquent elle ne peut fournir un témoignage valable. Si, en supposant une cause absolument parfaite, on ne manque pas de principes pour expliquer la finalité, l'ordre et la grandeur qui se trouvent dans le monde, cette supposition a besoin de nouvelles hypothèses encore pour se sauver des objections qui se tirent des anomalies et des maux qui s'y montrent aussi. Si l'on oppose à la substantialité simple de l'âme humaine, qui est donnée pour fondement à ses phénomènes, les difficultés qui naissent de l'analogie de ces phénomènes avec les changements de la matière (l'accroissement et le décroissement), il faut alors invoquer de nouvelles hypothèses, qui ne sont pas sans doute sans apparence, mais qui sont sans aucun crédit, en dehors de celui que leur donne l'opinion que l'on prend pour fondement et qu'elles doivent cependant servir à défendre.

Si les affirmations de la raison prises ici pour exemples (l'unité incorporelle de l'âme et l'existence d'un être suprême), doivent être tenues pour des dogmes démontrés *à priori*, il ne sera plus alors question d'hypothèses. Mais dans ce cas il faut veiller à ce que la preuve ait la certitude apodictique d'une démonstration. Car vouloir rendre simplement *vraisemblable* la réalité de ces idées, c'est une entreprise aussi absurde que si l'on voulait démontrer d'une manière simplement probable une proposition géométrique. La raison détachée de toute expérience, ou ne connait rien du tout, ou ne peut rien connaitre qu'*à priori* et nécessairement; son jugement n'est donc jamais une opinion, mais il est ou une abstention de tout jugement, ou une certitude apodictique. Des opinions et des jugements vraisemblables sur ce qui convient aux choses ne sont possibles qu'à titre de principes d'explication de ce qui est réellement donné, ou comme conséquences dérivant, suivant des lois empiriques, de ce qui sert de fondement comme réel, c'est-à-dire uniquement dans la série des objets de l'expérience. Hors de ce champ l'*opinion* n'est qu'un jeu de pensées, à moins que l'on ne croie qu'en suivant une route incertaine, le jugement y trouvera peut-être la vérité.

Cependant, bien que dans les questions purement spéculatives de la raison pure il n'y ait pas lieu de faire des hypothèses pour y fonder des propositions, les hypothèses y sont admissibles quand il ne s'agit que de se défendre, c'est-à-dire dans l'usage polémique, non dans l'usage dogmatique. Mais je n'entends pas par se défendre augmenter les preuves de son assertion; j'entends simplement réduire à néant les apparentes connaissances par lesquelles l'adversaire prétend ruiner notre propre assertion. Or toutes les propositions synthétiques tirées de la raison pure ont cela de propre que, si celui qui affirme la réalité de telle ou telle idée n'en sait jamais assez pour rendre certaine son affirmation, l'adversaire n'en sait pas davantage pour soutenir le contraire. Le sort de la raison humaine est le même des deux côtés : il ne favorise pas l'un plus que l'autre dans la connaissance spéculative ; aussi donne-t-il lieu à des combats sans fin. Mais on verra dans la suite que, par rapport à l'*usage pratique*, la raison a le droit d'admettre quelque chose qu'elle ne saurait en aucune façon supposer, sans des preuves suffisantes, dans le champ de la pure spéculation, parce que, si toutes les suppositions de ce genre font tort à la perfection de la spéculation, l'intérêt pratique n'a point à prendre ce souci. Dans l'ordre pratique elle a donc une possession dont elle n'a pas besoin de prouver la légitimité, et dont elle ne pourrait pas en fait donner la preuve. C'est à l'adversaire de prouver. Mais, comme celui-ci, pour démontrer la non-existence de l'objet en question, n'en sait pas plus que celui qui en affirme la réalité, l'avantage est ici du côté de celui qui affirme quelque chose comme une supposition pratiquement nécessaire (*melior est conditio possidentis*). Il est libre en effet de recourir en quelque sorte par nécessité, pour défendre sa bonne cause, aux mêmes moyens que l'adversaire emploie contre elle, c'est-à-dire aux hypothèses, non pas sans doute afin de fortifier la preuve de ce qu'il avance, mais seulement afin de montrer que l'adversaire sait trop peu de l'objet du débat pour pouvoir se flatter d'avoir sur nous l'avantage en fait de connaissance spéculative.

Les hypothèses ne sont donc permises dans le champ de la raison pure que comme armes de guerre; elles ne servent pas à y fonder un droit, mais seulement à le défendre. Mais c'est toujours en nous-mêmes que nous devons chercher ici l'adversaire. En effet la raison spéculative dans son usage transcendental est dialectique en soi. Les objections qui pourraient être à craindre résident en nous-mêmes. Nous devons les rechercher, comme des prétentions anciennes, mais toujours imprescriptibles, afin de fonder une paix éternelle sur leur anéantissement. Un repos extérieur n'est qu'apparent. Il faut extirper le germe des hostilités qui réside dans la nature de la raison humaine; mais comment l'extirper, si nous ne lui donnons pas la liberté et même la nourriture qui lui sont nécessaires pour pousser des feuilles et, en se montrant ainsi, nous fournir le moyen de le détruire jusque dans sa racine? Songez donc vous-mêmes aux objections qui ne sont encore venues à l'esprit d'aucun des adversaires, et prêtez-leur même des armes, ou accordez-leur tout le terrain favorable qu'ils peuvent souhaiter. Il n'y a ici rien à craindre, mais tout à espérer : vous acquerrez ainsi une position qui ne pourra plus jamais vous être disputée.

Pour vous armer complétement, il vous faut donc aussi les hypothèses de la raison pure; et, bien que ces hypothèses ne soient que des armes de plomb (puisqu'elles ne sont jamais trempées par aucune loi de l'expérience), elles sont toujours aussi bonnes que celles dont un adversaire peut se servir contre vous. Si donc, quand vous admettez (à quelqu'autre point de vue non spéculatif) une nature immatérielle et qui ne soit pas soumise au changement du corps, on vous oppose cette difficulté que cependant l'expérience semble prouver que l'accroissement et la diminution des facultés de notre esprit ne sont que des modifications diverses de nos organes, vous pouvez infirmer la force de cet argument en admettant que notre corps n'est rien que le phénomène fondamental auquel se rapporte, comme à sa condition, dans l'état actuel (dans la vie), toute la faculté de la sensibilité et par là toute pensée, et que la séparation d'avec le corps est la fin de cet usage sensible de notre faculté de connaître et le commencement de son usage intellectuel. Le corps ne serait donc pas la cause, mais simplement une condition restrictive de la pensée; par conséquent il devrait être considéré sans doute comme un instrument de la vie sensible et animale, mais aussi comme un obstacle à la vie pure et spirituelle, et la dépendance de la première par rapport à la constitution corporelle ne prouverait rien pour la dépendance de toute la vie par rapport à l'état de nos organes. Vous pouvez aller plus loin encore, et trouver de nouveaux doutes, qui n'ont pas été mis jusqu'ici en avant, ou qui n'ont pas été suffisamment approfondis.

Ce qu'il y a d'accidentel dans les générations, qui, chez les hommes comme chez les créatures privées de raison, dépendent de l'occasion, mais souvent aussi de l'alimentation, du gouvernement, de ses caprices et de ses fantaisies, souvent même du vice, forme une grande difficulté contre l'opinion qui attribue une durée éternelle à une créature dont la vie a commencé dans des circonstances si insignifiantes et si entièrement livrées à notre liberté. Pour ce qui est de la durée de toute l'espèce (ici sur la terre), cette difficulté a peu d'importance, parce que l'accident dans l'individu n'en est pas moins soumis à une règle dans le tout; mais il paraît certainement douteux d'attendre, pour chaque individu, un effet si puissant de causes si médiocres. Or contre une difficulté de ce genre, vous pouvez invoquer cette hypothèse transcendentale, que toute vie, n'étant proprement qu'intelligible, n'est nullement soumise aux vicissitudes du temps et ni n'a commencé avec la naissance ni ne doit finir avec la mort; que cette vie n'est qu'un simple phénomène, c'est-à-dire une représentation sensible de la vie purement spirituelle, et tout le monde sensible qu'une image, qui flotte devant notre mode actuel de connaissance, et qui, comme un songe, n'a en soi aucune réalité objective; que, si nous pouvions voir les choses, y compris nous-mêmes, *comme elles sont,* nous nous verrions dans un monde de natures spirituelles, avec lequel notre seul véritable commerce n'a pas commencé avec la naissance et ne doit pas finir avec la mort du corps (qui n'est qu'un phénomène), etc.

Quoique nous ne sachions pas la moindre chose de tout ce que nous avons mis ici hypothétiquement en avant pour repousser l'attaque, et que nous ne l'affirmions pas sérieusement; quoique tout cela ne soit pas même une idée de raison, mais seulement un concept *inventé* pour la défense, nous n'en procédons pas moins ici d'une manière tout à fait conforme à la raison : à l'adversaire, qui pense avoir épuisé toute possibilité, en donnant faussement le défaut de conditions empiriques pour une preuve de l'impossibilité absolue de ce que nous croyons, nous montrons qu'il ne peut pas plus embrasser avec de simples lois expérimentales tout le champ des choses possibles en soi, que nous ne pouvons acquérir pour notre raison quelque légitime possession en dehors de l'expérience. Celui qui tourne des moyens hypothétiques contre les prétentions d'un adversaire audacieusement négatif ne doit pas être tenu pour un homme qui voudrait se les approprier comme ses véritables opinions. Il les abandonne aussitôt qu'il a repoussé la présomption dogmatique de son adversaire. En effet, si l'on se montre modeste et mesuré quand on se borne à repousser et à nier les assertions d'autrui, dès que l'on veut faire valoir ses objections comme des preuves du contraire, on ne manque jamais alors d'afficher des prétentions tout aussi orgueilleuses et non moins imaginaires que si l'on avait embrassé le parti de l'affirmation.

On voit donc par là que, dans l'usage spéculatif de la raison, les hypothèses n'ont pas de valeur en soi comme opinions, mais seulement par rapport aux prétentions transcendantes opposées. En effet, étendre les principes de l'expérience possible à la possibilité des choses en général n'est pas moins transcendant que d'affirmer la réalité objective de ces concepts qui ne peuvent trouver leurs objets qu'en dehors des limites de toute expérience possible. Ce que la raison pure juge assertoriquement doit être nécessaire (comme tout ce que la raison connait), ou n'être rien du tout. Elle ne renferme donc dans le fait aucune opinion. Mais les hypothèses dont il s'agit ici ne sont que des jugements problématiques, qui du moins ne peuvent être réfutés, bien qu'ils ne puissent non plus être démontrés par rien; et par conséquent elles ne sont pas des opinions privées, quoiqu'elles ne puissent échapper aisément (même au point de vue de la tranquillité intérieure) au doute qui les poursuit. Il faut leur conserver cette qualité, et bien prendre garde qu'elles ne se posent comme si elles avaient par elles-mêmes quelque crédit et quelque valeur absolue, et qu'elles n'étouffent la raison sous des fictions et des chimères.

QUATRIÈME SECTION

Discipline de la raison pure par rapport à ses démonstrations

Les preuves de toutes les propositions transcendentales et synthétiques ont, entre toutes les preuves d'une connaissance synthétique *à priori*, ceci de particulier que la raison au moyen de ses concepts ne s'y doit pas appliquer directement aux objets, mais que la valeur objective des concepts et la possibilité de leur synthèse y doivent être d'abord démontrées *à priori*. Ce n'est pas là simplement une règle de prudence nécessaire, mais il y va de la nature et de la possibilité des preuves mêmes. Pour pouvoir sortir *à priori* du concept d'un objet, il faut nécessairement un fil conducteur particulier, qui se trouve en dehors de ce concept. Dans les mathématiques, c'est l'intuition *à priori* qui dirige ma synthèse, et tous les raisonnements peuvent être immédiatement déduits de l'intuition pure. Dans la connaissance transcendentale, tant qu'il ne s'agit que de concepts de l'entendement, cette règle est l'expérience possible. La preuve en effet n'établit pas que le concept donné (celui par exemple de ce qui arrive) conduit directement à un autre concept (celui d'une cause), car ce passage serait un saut qu'on ne pourrait justifier ; mais elle montre que l'expérience même, par conséquent l'objet de l'expérience, serait impossible sans une telle liaison. La preuve devait donc démontrer aussi la possibilité d'arriver synthétiquement et *à priori* à une certaine connaissance des choses qui n'était pas renfermée dans leur concept. Sans cette attention, semblables à des eaux qui sortent violemment de leur lit et se répandent à travers les campagnes, les preuves se précipitent là où les entraîne accidentellement la pente d'une association cachée. L'apparence de la conviction, apparence qui se fonde sur des causes subjectives d'association et que l'on tient pour la connaissance d'une affinité naturelle, ne peut contrebalancer le scrupule qu'excite justement un pas aussi hardi. Aussi toutes les tentatives que l'on a faites pour prouver le principe de la raison suffisante ont-elles été vaines, de l'aveu unanime des connaisseurs ; et, avant que la critique transcendentale n'eût paru, on aimait mieux, comme on ne pouvait pourtant pas abandonner ce principe, en appeler fièrement au sens commun (recours qui prouve toujours que la cause de la raison est douteuse), que de chercher de nouvelles preuves dogmatiques.

Mais, si la proposition qu'il s'agit de démontrer est une assertion de la raison pure, et si je veux m'élever, au moyen de simples idées, au delà de nos concepts d'expérience, c'est alors à bien plus forte raison que la preuve devrait renfermer la justification d'un tel pas de la synthèse (à supposer d'ailleurs qu'il fût possible), car sans cette condition elle ne peut avoir aucune valeur démonstrative. Ainsi, quelque spécieuse que puisse être la prétendue démonstration de la nature simple de notre substance pensante par l'unité de l'aperception, elle soulève une difficulté incontestable : c'est que, comme la simplicité absolue n'est point un concept qui puisse être immédiatement rapporté à une perception, mais qu'elle doit être conclue comme idée, il est impossible de voir comment la simple conscience qui est ou du moins peut être contenue *dans toute pensée*, peut me conduire, bien qu'elle ne soit qu'une représentation simple, à la conscience et à la connaissance d'une chose *dans laquelle* seule la pensée peut être contenue. En effet, si je me représente la force de mon corps en mouvement, il est pour moi en ce sens une unité absolue, et la représentation que j'en ai est simple ; aussi puis-je exprimer cette force par le mouvement d'un point, parce que le volume du corps ne fait rien ici et qu'on peut le concevoir, sans aucune diminution de force, aussi petit que l'on veut, et même réduit en quelque sorte à un point. Mais je n'en conclurai pourtant pas que, si rien ne m'était donné que la force motrice d'un corps, le corps pourrait être conçu comme une substance simple, parce que sa représentation est abstraite de toute quantité du contenu de l'espace et par conséquent simple. Or par là même que le simple dans l'abstraction est tout à fait distinct du simple dans l'objet, et que le moi, qui dans le premier sens ne renferme aucune diversité, peut être, dans le second, où il signifie l'âme même, un concept très-complexe, c'est-à-dire contenir et désigner beaucoup de choses sous lui, je découvre un paralogisme. Mais, pour soupçonner ce paralogisme (car sans cette conjecture préalable on ne concevrait aucun doute sur la valeur de la preuve), il est absolument nécessaire d'avoir en main un critérium permanent de la possibilité de ces propositions synthétiques qui doivent prouver plus que ne peut donner l'expérience, et ce critérium consiste à ne pas demander directement à la preuve le prédicat désiré, mais à passer par l'intermédiaire d'un principe de la possibilité d'étendre *à priori* notre concept donné jusqu'aux idées, et de les réaliser. Si l'on prenait toujours cette précaution, si, avant de chercher une preuve, on commençait par examiner sagement en soi-même comment et avec quel motif d'espérer on peut attendre de la raison pure une telle extension, et d'où, en pareil cas, on veut tirer ces vues qui ne peuvent être dérivées de concepts, ni être anticipées par rapport à l'expérience possible, on s'épargnerait beaucoup de peines, et des peines superflues ; car on n'attribuerait plus à la raison ce qui est évidemment au-dessus de sa portée, ou plutôt on soumettrait à la discipline de la tempérance cette faculté qui ne se modère pas volontiers dans les élans où l'emporte son désir d'extension spéculative.

La première règle est donc de ne tenter aucune preuve transcendentale sans avoir d'abord réfléchi et sans s'être demandé à quelle source on puisera les principes sur lesquels on veut la fonder, et de quel droit on peut en attendre un bon résultat. Sont-ce des principes de l'entendement (par exemple celui de la causalité), il est inutile de chercher à s'élever, par leur moyen, à des idées de la raison pure, car ils n'ont de valeur que pour des objets d'expérience possible. Sont-ce des principes tirés de la raison pure, toute peine est alors perdue. En effet ils ont sans doute leur origine dans la raison; mais, comme principes objectifs, ils sont tous dialectiques, et ils ne peuvent avoir de valeur que comme principes régulateurs d'un usage systématique de l'expérience. Que si de prétendues preuves de ce genre sont mises en avant, opposez à la fausse conviction le *non liquet* de votre mûr jugement; et, bien que vous ne puissiez pas encore en pénétrer l'illusion, vous avez parfaitement le droit d'exiger qu'on vous fournisse la déduction des principes qui y sont employés, ce que l'on ne fera jamais si ces principes sont tirés de la raison pure. Et ainsi vous n'avez pas besoin d'entreprendre de développer et de réfuter chaque fausse apparence; mais vous pouvez renvoyer d'un coup toute dialectique, quelqu'inépuisable qu'elle soit en artifices, devant le tribunal d'une raison critique qui demande des lois.

Le second caractère des preuves transcendentales est que pour chaque proposition transcendentale on ne peut trouver qu'*une seule* preuve. Quand ce n'est pas sur des concepts que je dois m'appuyer, mais sur l'intuition qui correspond à un concept, que ce soit une intuition pure, comme en mathématiques, ou une intuition empirique, comme dans les sciences physiques, alors l'intuition prise pour fondement me donne une matière diverse de propositions synthétiques que je puis lier de plus d'une manière; et, comme je puis partir de plus d'un point, je puis arriver à la même proposition par divers chemins.

Mais toute proposition transcendentale part d'un concept et suppose la condition synthétique de la possibilité de l'objet suivant ce concept. Il ne peut donc y avoir qu'un seul argument, puisque hors de ce concept il n'y a plus rien par quoi l'objet puisse être déterminé, et que par conséquent la preuve ne contient rien de plus que la détermination d'un objet en général d'après ce concept, qui est aussi unique. Nous avons, par exemple, dans l'analytique transcendentale, tiré ce principe : tout ce qui arrive a une cause, de la seule condition qui constitue la possibilité objective d'un concept de ce qui arrive en général; c'est que la détermination d'un événement dans le temps, et par conséquent cet événement comme appartenant à l'expérience, serait impossible, s'il n'était soumis à une règle dynamique de ce genre. Or tel est aussi le seul argument possible; car ce n'est que parce qu'un objet est déterminé pour le concept au moyen de la loi de la causalité que l'événement représenté a de la valeur objective, c'est-à-dire de la vérité. On a, il est vrai, tenté encore d'autres preuves de ce principe, en se servant, par exemple, de la contingence; mais, en le considérant de plus près, on ne saurait trouver d'autre critérium de la contingence que le fait d'*arriver*, c'est-à-dire l'existence précédée de la non-existence de l'objet, et ainsi l'on revient toujours au même argument. Quand il s'agit de prouver cette proposition, que tout ce qui pense est simple, on ne s'arrête pas à ce qu'il y a de divers dans la pensée, mais on s'attache simplement au concept du moi, qui est simple et auquel se rapporte toute pensée. Il en est de même de la preuve transcendentale de l'existence de Dieu : elle repose uniquement sur la réciprocité des concepts de l'être souverainement réel et nécessaire, et elle ne peut être tentée autrement.

Cette remarque réduit singulièrement la critique des

assertions de la raison. Là où la raison fait son œuvre avec de simples concepts, il n'y a qu'une seule preuve possible, si tant est qu'il y en ait une possible. Aussi quand on voit le dogmatique mettre dix preuves en avant, peut-on être sûr qu'il n'en a pas une. Car, s'il en avait une qui démontrât apodictiquement (comme cela doit être dans les choses de la raison pure), aurait-il besoin des autres? Son but est seulement d'avoir, comme cet avocat au parlement, un argument pour celui-ci, un autre pour celui-là, c'est-à-dire de tourner à son profit la faiblesse de ses juges, qui, sans beaucoup approfondir la cause et pour se débarrasser de leur besogne, saisissent la première raison qui leur paraît bonne et décident en conséquence.

La troisième règle propre à la raison pure, quand elle est soumise à la discipline par rapport aux preuves transcendentales, c'est que ces preuves ne doivent jamais être *apagogiques*, mais toujours *ostensives*. La preuve directe ou ostensive, dans toute espèce de connaissance, est celle qui joint à la condition de la vérité la connaissance de ses sources; la preuve apagogique au contraire peut bien produire la certitude, mais non l'intelligence de sa vérité considérée dans son rapport avec les principes de la possibilité. Aussi cette dernière espèce de preuve est-elle plutôt un secours en cas d'urgence qu'un procédé qui satisfasse à toutes les vues de la raison. Cependant elle a, sous le rapport de l'évidence, un avantage sur les preuves directes, en ce que la contradiction emporte toujours plus de clarté dans la représentation que la meilleure synthèse et par là se rapproche davantage du caractère intuitif d'une démonstration.

Ce qui fait sans doute que l'on emploie les preuves

apagogiques dans les différentes sciences, c'est que, quand les principes dont une certaine connaissance doit être dérivée, sont trop variés ou trop profondément cachés, on cherche si l'on ne pourrait pas l'atteindre par les conséquences. Or le *modus ponens*, qui consiste à conclure la vérité d'une connaissance de celle de ses conséquences, ne serait permis que si toutes les conséquences possibles en étaient vraies; car alors il ne peut y avoir qu'un seul principe, qui est par conséquent vrai aussi. Mais ce procédé est impraticable, parce qu'il est au-dessus de nos forces d'apercevoir toutes les conséquences possibles d'un principe admis. On se sert cependant de cette manière de raisonner, mais il est vrai avec une certaine complaisance, quand il s'agit de prouver quelque chose simplement comme hypothèse, en admettant ce raisonnement par analogie, que, si toutes les conséquences que l'on a cherchées s'accordent bien avec un principe admis, toutes les autres conséquences possibles s'accorderont aussi avec lui. Mais par cette méthode une hypothèse ne peut jamais être transformée en vérité démontrée. Au contraire le *modus tollens* des raisonnements qui concluent des conséquences aux principes ne prouve pas seulement d'une manière tout à fait rigoureuse, mais encore avec beaucoup de facilité. En effet il suffit qu'une seule fausse conséquence puisse être tirée d'un principe pour que ce principe soit faux. Or si, au lieu de parcourir dans une preuve ostensive toute cette série de principes qui peut conduire à la vérité d'une connaissance, grâce à la complète intelligence de sa possibilité, on peut trouver une seule conséquence fausse parmi celles qui découlent du principe contraire, ce contraire est faux aussi, et par conséquent la connaissance qu'on avait à prouver est vraie.

Mais la démonstration apagogique n'est permise dans les sciences que quand il est impossible de *substituer* le subjectif de nos représentations à l'objectif, c'est-à-dire à la connaissance de ce qui est dans l'objet. Dans le cas opposé, il doit arriver fréquemment ou bien que le contraire d'une certaine proposition répugne aux conditions subjectives de la pensée, sans répugner à l'objet, ou bien que deux propositions ne se contredisent l'une l'autre que sous une condition subjective, qui est faussement regardée comme objective, et que, comme la condition est fausse, toutes deux peuvent être fausses, sans que de la fausseté de l'une on puisse conclure à la vérité de l'autre.

Dans les mathématiques cette subreption est impossible ; aussi est-ce là que ces sortes de preuves trouvent leur véritable place. Dans la physique, où tout se fonde sur des intuitions empiriques, elle peut être, il est vrai, le plus souvent prévenue par un grand nombre d'observations comparées ; cependant là même cette espèce de preuve est la plupart du temps insignifiante. Mais les tentatives transcendentales de la raison pure sont toutes faites dans le propre medium de l'apparence dialectique, c'est-à-dire du subjectif, qui se présente ou même s'impose à la raison dans ses prémisses comme objectif. Or ici, en ce qui concerne les propositions synthétiques, il ne peut être permis de justifier ses assertions par la réfutation du contraire. En effet ou bien cette réfutation n'est autre chose que la simple représentation du conflit de l'opinion contraire avec les conditions subjectives qui permettent à notre raison de comprendre [1], et cela n'est pas un motif pour rejeter la chose même (c'est ainsi, par exemple, que la nécessité absolue dans l'existence d'un être ne peut nullement être comprise par nous, et que par conséquent cette impossibilité s'oppose justement, au point de vue subjectif, à toute preuve spéculative d'un être suprême nécessaire, mais s'oppose à tort à la possibilité d'un tel être en soi); — ou bien les deux parties, tant celle qui affirme que celle qui nie, trompées par l'apparence transcendentale, prennent pour fondement un concept impossible d'objet, et c'est alors le cas d'appliquer la règle : *non entis nulla sunt prædicata,* c'est-à-dire que ce que l'on affirme et ce que l'on nie de l'objet est également faux, et que l'on ne saurait arriver apagogiquement à la connaissance de la vérité par la réfutation du contraire. Ainsi, par exemple, si l'on suppose que le monde sensible est donné *en soi* quant à sa totalité, il est faux qu'il soit *ou bien* infini dans l'espace, *ou bien* fini et borné, car les deux choses sont fausses. En effet des phénomènes (comme simples représentations), qui seraient cependant donnés *en soi* (comme objets), sont quelque chose d'impossible, et l'infinité de ce tout imaginaire serait, il est vrai, inconditionnelle, mais (puisque tout est conditionnel dans les phénomènes) elle serait en contradiction avec la détermination inconditionnelle de la quantité, qui est cependant supposée dans le concept.

La preuve apagogique est aussi le vrai prestige qui retient toujours ceux qui admirent la solidité de nos rai-

---

[1] *Mit den subjectiven Bedingungen der Begreiflichkeit durch unsere Vernunft.*

sonneurs dogmatiques; elle est en quelque sorte le champion qui veut démontrer l'honneur et le droit incontestable du parti qu'il a embrassé en s'engageant à se battre avec quiconque voudrait en douter, bien que cette fanfaronnade ne prouve rien en faveur de la chose, mais ne fasse que montrer la force respective des antagonistes, ou seulement celle de l'agresseur. Les spectateurs, en voyant que chacun est à son tour tantôt vainqueur et tantôt vaincu, en prennent souvent occasion pour douter sceptiquement de l'objet même de la dispute. Mais ils ont tort, et il suffit de leur crier : *non defensoribus istis tempus eget*. Chacun doit établir sa cause au moyen d'une preuve légitime obtenue par la déduction transcendentale des arguments, c'est-à-dire directement, afin qu'on voie ce que chacun peut alléguer en faveur de ses prétentions rationnelles. Car si l'adversaire s'appuie sur des raisons subjectives, il est assurément facile de le réfuter, mais sans que le dogmatique en puisse tirer aucun avantage, puisque d'ordinaire il ne s'attache pas moins aux principes subjectifs du jugement, et qu'il peut également être mis au pied du mur par son antagoniste. Mais si les deux parties agissent d'une manière toute directe, ou bien elles remarqueront d'elles-mêmes la difficulté et même l'impossibilité de trouver le titre de leurs assertions, et elles finiront par ne plus invoquer que la prescription; ou bien la critique découvrira aisément l'apparence dogmatique, et elle obligera la raison pure à renoncer à ses prétentions exagérées dans l'usage spéculatif et à rentrer dans les limites du terrain qui lui est propre, c'est-à-dire des principes pratiques.

CHAPITRE II

Canon de la raison pure

Il est humiliant pour la raison humaine de n'aboutir à rien dans son usage pur et même d'avoir besoin d'une discipline qui réprime ses écarts et la préserve des illusions qui en résultent. Mais d'un autre côté il y a quelque chose qui la relève et lui donne de la confiance en elle-même, c'est qu'elle peut et doit exercer elle-même cette discipline, sans se laisser soumettre à aucune autre censure. Ajoutez à cela que les bornes où elle est obligée de renfermer son usage spéculatif limitent également les prétentions captieuses de tout adversaire, et que par conséquent elle peut mettre à l'abri de toutes les attaques tout ce qui lui reste encore de ses propres prétentions, après en avoir rabattu l'exagération. La plus grande et peut-être la seule utilité de toute philosophie de la raison pure est donc purement négative; car elle n'est pas un organe qui serve à étendre nos connaissances, mais une discipline qui en détermine les limites, et, au lieu de découvrir la vérité, elle a le modeste mérite de prévenir l'erreur.

Cependant il doit y avoir quelque part une source de connaissances positives qui appartiennent au domaine de la raison pure, et qui ne sont peut-être une occasion d'erreur que par l'effet d'un malentendu, mais qui en réalité donnent un but au zèle de la raison. Car autrement à quelle cause attribuer ce désir indomptable de poser quelque part un pied ferme au delà des limites de l'expérience? Elle soupçonne des objets qui ont pour elle un grand intérêt. Elle entre dans le chemin de la pure spéculation pour s'en rapprocher; mais ils fuient devant elle. Il est à présumer qu'il y a lieu d'espérer pour elle un plus heureux succès sur la seule route qui lui reste encore, celle de l'usage pratique.

J'entends par canon l'ensemble des principes *à priori* du légitime usage de certaines facultés de connaître en général. Ainsi la logique générale dans sa partie analytique est un canon pour l'entendement et la raison en général, mais seulement dans sa forme, car elle fait abstraction de tout contenu. Ainsi l'analytique transcendentale était le canon de *l'entendement* pur; car il est seul capable de véritables connaissances synthétiques *à priori*. Mais là où il ne peut y avoir d'usage légitime d'une faculté de connaitre, il n'y a point de canon. Or, suivant toutes les preuves qui ont été données jusqu'ici, toute connaissance synthétique de la raison pure dans son usage spéculatif est absolument impossible. Il n'y a donc pas de canon de l'usage spéculatif de la raison (car cet usage est entièrement dialectique), mais toute logique transcendentale n'est à cet égard que discipline. Par conséquent, s'il y a quelque part un usage légitime de la raison pure, auquel cas il doit y avoir aussi un *canon* de la raison pure, ce canon ne concerne pas l'usage spéculatif, mais *l'usage pratique* de cette faculté. C'est cet usage que nous allons maintenant rechercher.

PREMIÈRE SECTION

Du but final de l'usage pur de notre raison

La raison est poussée par un penchant de sa nature à quitter l'usage empirique pour un usage pur, à se lancer, au moyen de simples idées, jusqu'aux dernières limites de toute connaissance, et à ne trouver de repos que dans l'accomplissement de son cercle, dans un ensemble systématique subsistant par lui-même. Or cette tendance est-elle simplement fondée sur son intérêt spéculatif, ou ne l'est-elle pas plutôt uniquement sur son intérêt pratique ?

Je veux à présent laisser de côté le succès que peut avoir la raison pure au point de vue spéculatif, et je ne m'occupe que des problèmes dont la solution forme son dernier but, qu'elle puisse ou non l'atteindre, ce but par rapport auquel tous les autres n'ont que la valeur de simples moyens. Ces fins dernières, d'après la nature de la raison, doivent avoir à leur tour leur unité, afin qu'il puisse y avoir de l'harmonie dans cet intérêt de l'humanité qui n'est subordonné à aucun autre plus élevé.

Le but final auquel se rapporte la spéculation de la raison dans son usage transcendental, comprend trois objets : la liberté de la volonté, l'immortalité de l'âme et l'existence de Dieu. A l'égard de ces trois objets l'intérêt purement spéculatif de la raison est très-faible, et en vue de cet intérêt on entreprendrait difficilement un travail aussi fatigant et environné d'autant obstacles que celui de l'investigation transcendentale, puisqu'on ne saurait tirer de toutes les découvertes qui pourraient être faites à ce sujet aucun usage dont on pût montrer l'utilité *in concreto*, c'est-à-dire dans l'étude de la nature. La volonté a beau être libre, cela ne concerne que la cause intelligible de notre vouloir. En effet pour ce qui est des phénomènes ou des manifestations de la volonté, c'est-à-dire des actes, une maxime inviolable, sans laquelle nous ne pourrions faire de notre raison aucun usage empirique, nous fait une loi de ne les expliquer jamais autrement que tous les autres phénomènes de la nature, c'est-à-dire suivant des lois immuables. Supposons, en second lieu, que la nature spirituelle de l'âme (et avec elle son immortalité) puisse être aperçue, on n'en saurait cependant tenir compte comme d'un principe d'explication, ni par rapport aux phénomènes de cette vie, ni par rapport à la nature particulière de la vie future, puisque notre concept d'une nature incorporelle est purement négatif, qu'il n'étend pas le moins du monde notre connaissance, et qu'il n'y a point de conséquences à en tirer, si ce n'est des fictions que la philosophie ne peut avouer. Quand même, en troisième lieu, l'existence d'une intelligence suprême serait démontrée, nous pourrions bien comprendre par là la finalité dans la disposition et dans l'ordre du monde en général, mais nous ne serions nullement autorisés à en dériver un arrangement ou un ordre particulier, ni, là où nous ne le percevons pas, à l'en conclure hardiment, puisque c'est une règle nécessaire de l'usage spéculatif de la raison de ne pas laisser de côté les causes naturelles et de ne pas abandonner ce dont nous pouvons nous instruire par l'expérience pour dériver quelque chose que nous connaissons de quelque chose qui dépasse absolument toute notre connaissance. En un mot, ces trois propositions demeurent toujours transcendantes pour la raison spéculative, et elles n'ont pas d'usage immanent, c'est-à-dire applicable aux objets de l'expérience, et par conséquent utile pour nous de quelque façon; mais, considérées en elles-mêmes, elles sont des efforts tout à fait stériles et en outre extrêmement pénibles de notre raison.

Si donc ces trois propositions cardinales ne nous sont nullement nécessaires au point de vue du *savoir*, et si cependant elles nous sont instamment recommandées par notre raison, leur importance ne devra concerner proprement que *l'ordre pratique* [1].

J'appelle pratique tout ce qui est possible par la liberté. Mais si les conditions de l'exercice de notre libre arbitre sont empiriques, la raison n'y peut avoir qu'un usage régulateur et n'y saurait servir qu'à opérer l'unité des lois empiriques. C'est ainsi, par exemple, que, dans la doctrine de la prudence, l'union de toutes les fins qui nous sont données par nos penchants, en une seule : le *bonheur*, et l'harmonie des moyens propres à y arriver constituent toute l'œuvre de la raison, qui ne peut fournir à cet effet que des lois *pragmatiques* de notre libre conduite, propres à nous faire atteindre les fins qui nous sont recommandées par les sens, mais non point des lois pures, parfaitement déterminées *à priori*. Des lois pures pratiques au contraire, dont le but serait donné tout à

---

[1] *Das Practische*.

fait *à priori* par la raison et qui ne commanderaient pas d'une manière empiriquement conditionnelle, mais absolue, seraient des produits [1] de la raison pure. Or telles sont les lois *morales*, et par conséquent seules elles appartiennent à l'usage pratique de la raison pure et comportent un canon.

Tout l'appareil de la raison, dans le travail qu'on peut appeler philosophie pure, n'a donc en réalité pour but que les trois problèmes en question. Mais ceux-ci ont eux-mêmes à leur tour une fin plus éloignée, savoir *ce qu'il faut faire*, si la volonté est libre, et s'il y a un Dieu et une vie future. Or, comme il s'agit ici de notre conduite par rapport à la fin suprême, le but final des sages dispositions de la nature dans la constitution de notre raison n'appartient proprement qu'à la morale.

Mais, comme nous avons en vue un objet étranger à la philosophie transcendentale*, il faut beaucoup de circonspection soit pour ne pas s'égarer dans des épisodes et rompre l'unité du système, soit aussi pour ne rien ôter à la clarté ou à la conviction, en disant trop peu sur cette nouvelle matière. J'espère éviter ces deux écueils en me tenant aussi près que possible du trans-

---

[1] *Producte.*

* Tous les concepts pratiques se rapportent à des objets de satisfaction ou d'aversion, c'est-à-dire de plaisir ou de peine, et par conséquent, au moins indirectement, à des objets de sentiment. Mais comme le sentiment n'est pas une faculté représentative des choses, mais qu'il réside en dehors de toute la faculté de connaître, les éléments de nos jugements, en tant qu'ils se rapportent au plaisir ou à la peine, appartiennent à la philosophie pratique, et non pas à l'ensemble de la philosophie transcendentale, qui ne s'occupe que des connaissances pures *à priori*.

cendental et en laissant tout à fait de côté ce qu'il pourrait y avoir ici de psychologique, c'est-à-dire d'empirique.

Et d'abord il est à remarquer que je ne me servirai désormais du concept de la liberté que dans le sens pratique, et que je laisse ici de côté, comme chose réglée, le sens transcendental de ce concept, qui, à ce point de vue, ne peut être supposé empiriquement comme un principe d'explication des phénomènes, mais reste lui-même un problème pour la raison. Une volonté en effet est purement *animale (arbitrium brutum)*, quand elle ne peut être déterminée que par des impulsions sensibles, c'est-à-dire *pathologiquement*. Mais celle qui peut être déterminée indépendamment des impulsions sensibles, c'est-à-dire par des mobiles qui ne peuvent venir que de la raison, s'appelle le *libre arbitre (liberum arbitrium)*; et tout ce qui s'y rattache, soit comme principe, soit comme conséquence, se nomme *pratique*. La liberté pratique peut être démontrée par l'expérience. En effet ce n'est pas seulement ce qui attire, c'est-à-dire ce qui affecte immédiatement les sens qui détermine la volonté humaine : nous avons aussi le pouvoir de vaincre, au moyen des représentations de ce qui est utile ou nuisible, même d'une manière éloignée, les impressions produites sur notre faculté de désirer; mais ces réflexions sur ce qui est désirable par rapport à tout notre état, c'est-à-dire sur ce qui est bon ou nuisible, reposent sur la raison. Celle-ci donne donc aussi des lois qui sont impératives, c'est-à-dire qui sont des *lois* objectives de la *liberté*, expriment *ce qui doit arriver*, bien que peut-être cela n'arrive jamais, et se distinguent des *lois naturelles*, lesquelles ne traitent que de *ce qui arrive ;* c'est pourquoi elles sont appelées aussi des lois pratiques.

Quant à savoir si la raison même dans ces actes où elle prescrit des lois n'est pas déterminée à son tour par des influences étrangères, et si ce qui s'appelle liberté par rapport aux impulsions sensibles ne pourrait pas être à son tour nature par rapport à des causes efficientes plus élevées et plus éloignées, cela ne nous touche en rien au point de vue pratique, puisque nous ne faisons ici que demander immédiatement à la raison la *règle* de notre conduite ; mais c'est là une question purement spéculative, que nous pouvons laisser de côté tant qu'il s'agit simplement pour nous de faire ou de ne pas faire. Nous connaissons donc par l'expérience la liberté pratique comme une des causes naturelles, c'est-à-dire comme une causalité de la raison dans la détermination de la volonté, tandis que la liberté transcendentale exige une indépendance de cette raison même (au point de vue de sa causalité à commencer une série de phénomènes) à l'égard de toutes les causes déterminantes du monde sensible, qu'en ce sens elle semble être contraire à la loi de la nature, partant à toute expérience possible, et que par conséquent elle reste à l'état de problème. Mais ce problème ne regarde pas la raison dans son usage pratique ; et par conséquent, dans un canon de la raison pure, nous n'avons à nous occuper que de deux questions qui concernent l'intérêt pratique de la raison pure, et relativement auxquelles un canon de son usage doit être possible, à savoir : Y a-t-il un Dieu ? Y a-t-il une vie future ? La question touchant la liberté transcendentale concerne simplement le savoir spéculatif ;

nous pouvons la laisser de côté comme tout à fait indifférente, quand il s'agit de pratique, et nous avons déjà donné à ce sujet des explications suffisantes dans l'antinomie de la raison pure.

DEUXIÈME SECTION

De l'idéal du souverain bien comme principe servant à déterminer le but final de la raison pure

La raison, dans son usage spéculatif, nous a conduits à travers le champ des expériences; et, comme il n'y avait pas pour elle de satisfaction complète à trouver dans ce champ, elle nous a menés de là vers des idées spéculatives, qui à leur tour nous ont ramenés à l'expérience et ont ainsi rempli son dessein d'une manière utile, il est vrai, mais nullement conforme à notre attente. Or il nous reste encore un essai à faire, c'est de chercher s'il y a aussi une raison pure dans l'usage pratique, si dans cet usage elle nous conduit à des idées capables d'atteindre les fins suprêmes que nous avons indiquées tout à l'heure, et si par conséquent elle ne pourrait pas nous donner au point de vue de son intérêt pratique ce qu'elle nous refuse absolument au point de vue de l'intérêt spéculatif.

Tout intérêt de ma raison (tant spéculatif que pratique) se ramène aux trois questions suivantes :

1° Que puis-je savoir?
2° Que dois-je faire?
3° Qu'ai-je à espérer?

La première question est purement spéculative. Nous en avons épuisé (je m'en flatte) toutes les solutions possibles, et nous avons trouvé enfin celle dont la raison doit se contenter et dont, quand elle ne regarde que la pratique, elle a d'ailleurs sujet d'être satisfaite; mais nous sommes restés tout aussi éloignés des deux grandes fins où tendent proprement tous ces efforts de la raison pure que si nous avions dès le début renoncé à ce travail par paresse. Si donc c'est du savoir qu'il s'agit, il est du moins sûr et décidé que, sur ces deux problèmes, nous ne l'aurons jamais en partage.

La seconde question est purement pratique. Si elle peut comme telle appartenir à la raison pure, elle n'est cependant pas transcendentale, mais morale, et par conséquent elle ne peut d'elle-même occuper notre critique.

La troisième question : si je fais ce que je dois, que puis-je alors espérer? est à la fois pratique et théorétique, de telle sorte que l'ordre pratique ne conduit que comme un fil conducteur à la solution de la question théorétique et, quand celle-ci s'élève, de la question spéculative. En effet tout *espoir* tend au bonheur, et est à la pratique et à la loi morale ce que le *savoir* ou la loi naturelle est à la connaissance théorétique des choses. Le premier aboutit en définitive à cette conclusion, que *quelque chose est* (qui détermine le dernier but possible), *puisque quelque chose doit arriver;* et le second, à celle-ci, que quelque chose *est* (qui agit comme cause suprême), *puisque quelque chose arrive.*

Le bonheur est la satisfaction de tous nos penchants

(tant *extensive*, quant à leur variété, qu'*intensive*, quant au degré, et *protensive*, quant à la durée). J'appelle loi *pragmatique* (règle de prudence) la loi pratique qui a pour mobile le *bonheur*, et loi morale celle qui n'a d'autre mobile que *la qualité d'être digne du bonheur* [1]. La première conseille ce que nous avons à faire si nous voulons participer au bonheur; la seconde ordonne ce que nous devons faire pour en être dignes. La première se fonde sur des principes empiriques; car je ne puis savoir que par le moyen de l'expérience quels sont les penchants qui veulent être satisfaits et quelles sont les causes naturelles qui peuvent opérer cette satisfaction. La seconde fait abstraction des inclinations et des moyens naturels de les satisfaire, et ne considère que la liberté d'un être raisonnable en général et les conditions nécessaires sans lesquelles il ne pourrait y avoir d'harmonie entre cette liberté et une juste distribution du bonheur; et par conséquent elle peut du moins reposer sur de simples idées de la raison pure et être connue *à priori*.

J'admets qu'il y a réellement des lois morales pures qui déterminent tout à fait *à priori* (indépendamment de tout mobile empirique, c'est-à-dire du bonheur) le faire et le ne pas faire, c'est-à-dire l'usage de la liberté d'un être raisonnable en général, que ces lois commandent *absolument* (non pas seulement d'une manière hypothétique sous la supposition d'autres fins empiriques), et que par conséquent elles sont nécessaires à tous égards. Je puis présupposer à juste titre cette proposition en invoquant non-seulement les preuves des plus célèbres mo-

---

[1] *Die Würdigkeit glücklich zu seyn.*

ralistes, mais encore le jugement moral de tout homme, quand il veut concevoir clairement une telle loi.

La raison pure contient donc, non pas, à la vérité, dans son usage spéculatif, mais dans un certain usage pratique, c'est-à-dire dans l'usage moral, des principes de la *possibilité de l'expérience*, c'est-à-dire d'actes qui, dans l'*histoire* des hommes, *pourraient* être trouvés conformes aux principes moraux. En effet, comme elle proclame que ces actes doivent avoir lieu, il faut aussi qu'ils puissent avoir lieu, et par conséquent une espèce particulière d'unité systématique, savoir l'unité morale, doit être possible aussi, tandis que l'unité systématique naturelle ne pouvait être démontrée *par des principes spéculatifs de la raison;* car, si la raison a de la causalité par rapport à la liberté en général, elle n'en a pas par rapport à toute la nature, et, si les principes moraux de la raison peuvent produire de libres actes, ils ne sauraient produire des lois de la nature. Les principes de la raison pure dans leur usage pratique, c'est-à-dire dans leur usage moral, ont donc de la réalité objective.

En tant que le monde serait conforme à toutes les lois morales (tel qu'il *peut* être suivant la *liberté* des êtres raisonnables, et tel qu'il *doit* être suivant les lois nécessaires de la *moralité*), je l'appelle un *monde moral*. Il est simplement conçu en ce sens comme un monde intelligible, puisqu'il y est fait abstraction de toutes les conditions (des fins) de la moralité et même de tous les obstacles qu'elle y peut rencontrer (la faiblesse ou la corruption de la nature humaine). En ce sens il est donc une simple idée, mais une idée pratique qui peut et doit réellement avoir son influence sur le monde sensible, afin de le rendre autant que possible conforme à elle-même.

L'idée d'un monde moral a donc de la réalité objective. Ce n'est pas qu'elle se rapporte à un objet d'intuition intelligible (nous ne pouvons comprendre des objets de ce genre) ; elle se rapporte au monde sensible, mais comme à un objet de la raison pure dans son usage pratique, et au *corpus mysticum* des êtres raisonnables qui l'habitent, en tant que le libre arbitre de chacun d'eux, réglé par des lois morales, a en soi une unité systématique qui lui permet de s'accorder parfaitement avec lui-même et avec la liberté de tous les autres.

La réponse à la première des deux questions de la raison pure qui concernent l'intérêt pratique, était celle-ci : *fais ce qui peut te rendre digne d'être heureux.* Or la seconde question est de savoir si, en me conduisant de telle sorte que je ne sois pas indigne du bonheur, je puis espérer d'y participer. Il s'agit de savoir, pour répondre à cette question, si les principes de la raison pure qui prescrivent la loi *à priori*, y rattachent aussi nécessairement cette espérance.

Je dis donc que, tout comme les principes moraux sont nécessaires selon la raison considérée dans son usage *pratique*, il est aussi nécessaire selon la raison d'admettre, dans son usage théorétique, que chacun a sujet d'espérer le bonheur dans la mesure où il s'en est rendu digne par sa conduite, et que par conséquent le système de la moralité est inséparablement lié à celui du bonheur, mais seulement dans l'idée de la raison pure.

Or on peut aussi concevoir ce système du bonheur proportionnellement lié avec la moralité comme nécessaire dans un monde intelligible (c'est-à-dire dans le monde moral), dans le concept duquel on ferait abstraction de tous les obstacles de la moralité (des inclinations); car la liberté, mue en partie et en partie retenue par les lois morales, serait elle-même la cause du bonheur universel, et par conséquent les êtres raisonnables eux-mêmes, sous la direction de ces principes, seraient les auteurs de leur constant bien-être et en même temps de celui des autres. Mais ce système de la moralité qui se récompense elle-même n'est qu'une idée dont la réalisation suppose cette condition que chacun fasse ce qu'il doit, c'est-à-dire que toutes les actions des êtres raisonnables arrivent comme si elles émanaient d'une volonté suprême renfermant en soi ou dominant toute volonté particulière. Or, comme l'obligation imposée par la loi morale demeure la même pour l'usage particulier de la volonté de chacun, quand même les autres ne se conduiraient pas conformément à cette loi, ni la nature des choses du monde, ni la causalité des actions elles-mêmes et leur rapport à la moralité ne déterminent comment leurs conséquences se rapportent au bonheur, et la raison, en prenant uniquement la nature pour fondement, ne peut reconnaître ce lien nécessaire dont nous parlions tout à l'heure entre l'espoir d'être heureux et l'effort incessamment renouvelé pour se rendre digne du bonheur; elle ne peut l'espérer qu'en posant en principe comme cause de la nature une *raison suprême* qui commande suivant des lois morales.

J'appelle *idéal du souverain bien* l'idée d'une intelligence où la volonté la plus parfaite moralement, jouissant de la souveraine félicité, est la cause de tout bonheur dans le monde, en tant que ce bonheur est exactement proportionné à la moralité (comme à ce qui rend digne d'être heureux). La raison pure ne peut donc trouver que dans l'idéal du souverain bien originaire le principe de la liaison pratiquement nécessaire des deux éléments du souverain bien dérivé, c'est-à-dire d'un monde intelligible ou moral. Or, comme la raison veut nécessairement que nous nous représentions nous-mêmes comme appartenant à un tel monde, bien que les sens ne nous présentent rien qu'un monde de phénomènes, nous devrons l'admettre comme un monde futur pour nous, qui doit être la conséquence de notre conduite dans le monde sensible, lequel ne nous offre pas une telle liaison. Dieu et une vie future sont donc, suivant les principes de la raison, deux suppositions inséparables de l'obligation que cette même raison nous impose.

La moralité en soi constitue un système; mais il n'en est pas de même du bonheur, à moins qu'il ne soit exactement proportionné à la moralité. Or cette proportion n'est possible que dans un monde intelligible, gouverné par un sage créateur. La raison se voit donc forcée ou d'admettre un tel être, ainsi que la vie dans un monde que nous devons concevoir comme futur, ou de regarder les lois morales comme de vaines chimères, puisque la conséquence nécessaire qu'elle-même rattache à ces lois s'évanouirait sans cette supposition. Aussi chacun regarde-t-il les lois morales comme des *commandements*, ce qu'elles ne pourraient être si elles ne rattachaient *à priori* certaines suites à leurs règles, et si par conséquent elles ne renfermaient des *promesses* et des *menaces*. Mais c'est aussi ce qu'elles ne pourraient faire, si elles ne résidaient dans un être nécessaire comme dans le souverain bien, qui peut seul rendre possible une telle harmonie.

Leibnitz appelait le monde, en tant qu'on n'y a égard qu'aux êtres raisonnables et à leur accord, suivant des lois morales, sous le gouvernement du souverain bien, le *règne de la grâce,* par opposition au *règne de la nature,* où ces êtres sont, il est vrai, soumis à des lois morales, mais n'attendent d'autres conséquences que celles qui résultent du cours naturel de notre monde sensible. C'est donc une idée pratiquement nécessaire de la raison de se regarder comme appartenant au règne de la grâce, où tout bonheur nous attend, à moins que nous ne restreignions nous-mêmes notre part au bonheur en nous rendant indignes d'être heureux.

Les lois pratiques, en tant qu'elles sont en même temps des principes subjectifs d'action, s'appellent *maximes. L'appréciation* de la moralité, considérée dans sa pureté et dans ses conséquences, se fait suivant des *idées; l'observance* de ses lois, suivant des *maximes.*

Il est nécessaire que toute notre manière de vivre soit subordonnée à des lois morales; mais il est en même temps impossible que cela ait lieu si la raison ne joint pas à la loi morale, qui n'est qu'une idée, une cause efficiente qui détermine, d'après notre conduite par rapport à cette loi, un dénouement correspondant exactement, soit dans cette vie, soit dans une autre, à nos fins les plus hautes. Sans un Dieu et sans un monde qui n'est pas maintenant visible pour nous, mais que nous espérons, les magnifiques idées de la moralité peuvent bien être des objets d'approbation et d'admiration, mais ce ne sont pas des mobiles d'intention et d'exécution, parce qu'elles n'atteignent pas tout ce but, naturel à tout être raisonnable, qui est déterminé *à priori* par cette même raison pure et qui est nécessaire.

Le bonheur tout seul est loin d'être pour notre raison le souverain bien. Elle ne l'approuve (quelque ardemment que l'inclination puisse le souhaiter) que s'il s'accorde avec ce qui nous rend dignes d'être heureux, c'est-à-dire avec la bonne conduite morale. Mais d'un autre côté la moralité et avec elle la simple qualité d'être digne du bonheur ne sont pas non plus le souverain bien. Pour que le bien soit complet, il faut que celui qui ne s'est pas conduit de manière à se rendre indigne du bonheur puisse espérer d'y participer. La raison, en dehors même de toute considération personnelle, ne peut pas juger autrement, lorsque, sans avoir égard à aucun intérêt particulier, elle se met à la place d'un être qui aurait à distribuer aux autres tout le bonheur; car dans l'idée pratique les deux éléments sont nécessairement liés, mais de telle sorte que c'est l'intention morale qui est la condition de la participation au bonheur, et non la perspective du bonheur qui rend d'abord possible l'intention morale. Dans ce dernier cas en effet l'intention ne serait plus morale, et par conséquent elle ne serait plus digne de tout le bonheur, qui devant la raison ne connaît pas d'autres bornes que celles qui viennent de notre propre immoralité.

Le bonheur, exactement proportionné à la moralité des êtres raisonnables, qui s'en rendent dignes par là même, constitue donc seul le souverain bien d'un monde où, d'après les préceptes de la raison pure pratique, nous devons absolument nous placer, et qui n'est qu'un monde intelligible; car le monde sensible ne nous permet pas d'attendre de la nature des choses une telle unité systématique de fins, et la réalité n'en peut être fondée que sur la supposition d'un souverain bien originaire, où une raison subsistant par elle-même et douée de toute la puissance d'une cause suprême fonde, entretient et accomplit, suivant la plus parfaite finalité, l'ordre général des choses, bien que dans le monde sensible cet ordre nous soit profondément caché.

Cette théologie morale a sur la théologie spéculative cet avantage particulier, qu'elle conduit infailliblement au concept d'un premier être *unique, le plus parfait de tous* et *raisonnable*, concept que la théologie spéculative ne nous indique même pas par ses principes objectifs et de la vérité duquel, à plus forte raison, elle ne saurait nous convaincre. Nous ne trouvons en effet ni dans la théologie transcendentale, ni dans la théologie naturelle, si loin que la raison puisse nous conduire, aucun motif suffisant de n'admettre qu'un être unique qui domine toutes les causes naturelles, et dont elles dépendent sous tous les rapports. Lorsqu'au contraire nous recherchons, du point de vue de l'unité morale, comme loi nécessaire du monde, la seule cause qui puisse faire produire à cette loi tout son effet et par conséquent lui donner aussi une force obligatoire pour nous, nous voyons que ce doit être une volonté unique et suprême, renfermant toutes ces lois. Car comment trouver en diverses volontés une parfaite unité de fins? Cette volonté doit être toute puissante, afin que toute la nature et son rapport à la moralité dans le monde lui soient soumis; omnisciente, afin de connaître le fond des intentions et leur valeur morale; présente partout afin de pouvoir prêter immédiatement l'assistance que réclame le souverain bien du monde; éternelle, afin que cette harmonie de la nature et de la liberté ne fasse défaut en aucun temps, etc.

Mais cette unité systématique des fins dans ce monde des intelligences, qui, envisagé comme simple nature, ne mérite d'autre nom que celui de monde sensible, mais qui, comme système de la liberté, peut être appelé monde intelligible ou moral (*regnum gratiæ*), cette unité conduit inévitablement aussi à une unité finale de toutes les choses constituant ce grand tout fondée sur des lois naturelles générales, de même qu'elle-même se fonde sur des lois morales universelles et nécessaires, et elle relie la raison pratique à la raison spéculative. Il faut se représenter le monde comme résultant d'une idée, pour pouvoir l'accorder avec cet usage de la raison sans lequel nous nous conduirions nous-mêmes d'une manière indigne de la raison, c'est-à-dire avec l'usage moral, qui repose absolument sur l'idée du souverain bien. Toute investigation de la nature reçoit par là une direction suivant la forme d'un système des fins, et dans son plus haut développement devient une théologie physique. Mais celle-ci, partant de l'ordre moral comme d'une unité qui a son fondement dans l'essence de la liberté et qui n'est pas accidentellement établie par des commandements extérieurs, ramène la finalité de la nature à des principes qui doivent être inséparablement liés *à priori* à la possibilité interne des choses, et par là à une *théologie transcendentale* qui fait de l'idéal de la souveraine perfection ontologique un principe de l'unité systématique, servant à lier toutes choses suivant des lois naturelles universelles et nécessaires, puisqu'elles ont toutes leur origine dans l'absolue nécessité d'un seul être premier.

Quel *usage* pouvons-nous faire de notre entendement, même par rapport à l'expérience, si nous ne nous proposons des fins? Or les fins suprêmes sont celles de la moralité, et il n'y a que la raison pure qui puisse nous faire connaître celles-ci. Mais à l'aide de ces fins et sous leur direction nous ne pouvons faire de la connaissance de la nature même aucun usage final par rapport à la connaissance [1], si la nature n'a pas établi elle-même d'unité finale; car sans cette unité nous n'aurions pas même de raison, puisque nous n'aurions pas d'école pour la raison et que nous serions privés de la culture provenant des objets qui fournissent une matière à des concepts de ce genre. Or la première unité finale est nécessaire et fondée dans l'essence même de la volonté; donc la seconde, qui contient la condition de l'application de cette unité *in concreto*, doit l'être aussi, et ainsi l'élévation transcendentale de notre connaissance rationnelle ne serait pas la cause, mais simplement l'effet de la finalité pratique que nous impose la raison pure.

Aussi trouvons-nous dans l'histoire de la raison humaine qu'avant que les concepts moraux eussent été suffisamment épurés et déterminés et que l'unité systématique des fins eût été envisagée suivant ces concepts et d'après des principes nécessaires, la connaissance de la nature et même la culture de la raison, poussée à un remarquable degré dans beaucoup d'autres sciences, ou ne purent produire que des concepts grossiers et vagues de la divinité, ou laissèrent les hommes dans une éton-

---

[1] *Können wir von der Kenntnisz der Natur selbst keinen zweckmäszigen Gebrauch in Ansehung der Erkenntnisz machen.*

nante indifférence sur cette question en général. Une plus grande élaboration des idées morales, nécessairement amenée par la loi morale infiniment pure de notre religion, rendit la raison plus pénétrante à l'endroit de cet objet par l'intérêt qu'elle l'obligea à y prendre; et, sans que ni des connaissances naturelles plus étendues, ni des vues transcendantales exactes et positives (de pareilles vues ont manqué en tout temps) y aient contribué, elles produisirent un concept de la nature divine, que nous tenons maintenant pour le vrai, non parce que la raison spéculative nous en convainc, mais parce qu'il s'accorde parfaitement avec les principes moraux de la raison. Et ainsi en définitive c'est toujours à la raison pure, mais à la raison pure dans son usage pratique, qu'appartient le mérite de lier à notre intérêt suprême une connaissance que la simple spéculation ne peut qu'imaginer, mais qu'elle ne peut faire valoir, et d'en faire ainsi, non pas sans doute un dogme démontré, mais une supposition absolument nécessaire pour ses fins essentielles.

Mais quand la raison pratique est parvenue à ce point sublime, je veux dire au concept d'un être premier et unique, comme souverain bien, elle n'a pas le droit de faire comme si elle s'était élevée au-dessus de toutes les conditions empiriques de son application et qu'elle fût arrivée à la connaissance de nouveaux objets, c'est-à-dire de partir de ce concept et d'en dériver les lois morales mêmes. En effet c'est précisément la nécessité pratique interne de ces lois qui nous a conduits à supposer une cause subsistante par elle-même, ou un sage régulateur du monde, afin de donner à ces lois leur effet; et par conséquent nous ne pouvons pas après cela les regarder comme contingentes et comme dérivées d'une simple volonté, surtout d'une volonté dont nous n'aurions aucun concept si nous ne nous l'étions figurée d'après ces lois. Si loin que la raison pratique ait le droit de nous conduire, nous ne tiendrons pas nos actions pour obligatoires parce qu'elles sont des commandements de Dieu, mais nous les regarderons comme des commandements divins, parce que nous y sommes intérieurement obligés. Nous étudierons la liberté sous l'unité finale qui se fonde sur des principes de la raison; nous ne croirons nous conformer à la volonté divine qu'en tenant pour sainte la loi morale que la raison nous enseigne par la nature des actions mêmes, et nous ne croirons obéir à cette loi qu'en travaillant au bien du monde en nous et dans les autres. La théologie morale n'a donc qu'un usage immanent, je veux dire que nous devons nous en servir pour remplir notre destination ici dans le monde, en prenant notre place dans le système de toutes les fins, et non pour nous jeter dans le mysticisme ou abandonner témérairement le fil d'une raison qui nous dicte des lois morales pour la bonne conduite de notre vie, afin de le rattacher immédiatement à l'idée de l'être suprême, ce qui donnerait un usage transcendant, mais un usage qui, comme celui de la pure spéculation, doit pervertir et rendre vaines les dernières fins de la raison.

TROISIÈME SECTION

De l'opinion, du savoir et de la foi

Tenir quelque chose pour vrai [1] est un fait de notre entendement qui peut reposer sur des principes objectifs, mais qui suppose aussi des causes subjectives dans l'esprit de celui qui juge. Quand cet acte est valable pour chacun, pour quiconque du moins a de la raison, le principe en est objectivement suffisant, et c'est alors la *conviction* [2]. Quand il a uniquement son principe dans la nature particulière du sujet, on le nomme *persuasion* [3].

La persuasion est une simple apparence, parce que le principe du jugement, qui réside simplement dans le sujet, est tenu pour objectif. Aussi un jugement de ce genre n'a-t-il qu'une valeur individuelle, et ne se communique-t-il pas. Mais la vérité repose sur l'accord avec l'objet, et par conséquent, par rapport à cet objet, les jugements de tous les entendements doivent être d'accord (*consentientia uni tertio consentiunt inter se*). La pierre de touche servant à reconnaître si le fait de tenir quelque chose pour vrai [4] est une conviction ou une simple persuasion est donc extérieure : elle consiste dans la possibilité de le communiquer et de le trouver valable pour la raison de chaque homme ; car alors il est au

---

[1] *Das Fürwahrhalten.* — [2] *Ueberzeugung.* — [3] *Ueberredung.* — [4] *Der Probirstein des Fürwahrhaltens.*

moins présumable que la cause qui produit l'accord de tous les jugements, malgré la diversité des sujets entre eux, reposera sur un principe commun, je veux dire sur l'objet, et que, tous s'accordant ainsi avec l'objet, la vérité sera prouvée par là même.

La persuasion ne peut donc pas se distinguer subjectivement de la conviction, si le sujet ne se représente le fait de tenir quelque chose pour vrai que comme un phénomène de son propre esprit; l'épreuve que l'on fait sur l'entendement d'autrui des principes qui sont valables pour nous, afin de voir s'ils produisent sur une raison étrangère le même effet que sur la nôtre, est un moyen qui, bien que purement subjectif, sert, non pas sans doute à produire la conviction, mais à découvrir la valeur toute personnelle du jugement, c'est-à-dire à découvrir en lui ce qui n'est que simple persuasion.

Si nous pouvons en outre expliquer les *causes* subjectives du jugement, que nous prenons pour des *raisons* objectives, et par conséquent expliquer notre fausse croyance comme un phénomène de notre esprit, sans avoir besoin pour cela de la nature de l'objet, nous découvrons alors l'apparence, et nous ne serons plus trompés par elle, bien qu'elle puisse toujours nous tenter jusqu'à un certain point, si la cause subjective de cette apparence tient à notre nature.

Je ne saurais *affirmer*, c'est-à-dire exprimer comme un jugement nécessairement valable pour chacun, que ce qui produit la conviction. Je puis garder pour moi ma persuasion, quand je m'en trouve bien, mais je ne puis ni ne dois la faire valoir hors de moi.

Le fait de tenir quelque chose pour vrai, ou la valeur subjective du jugement par rapport à la conviction (qui a en même temps une valeur objective), présente les trois degrés suivants: *l'opinion*[1], *la foi*[2] et le *savoir*[3]. *L'opinion* est un jugement qui a conscience d'être insuffisant subjectivement *aussi bien* qu'objectivement. Quand le jugement n'est suffisant que subjectivement, et qu'en même temps il est tenu pour objectivement insuffisant, il s'appelle *foi*. Enfin celui qui est suffisant subjectivement aussi bien qu'objectivement s'appelle *savoir*. La suffisance subjective s'appelle *conviction* (pour moi-même), la suffisance objective, *certitude* (pour chacun). Je ne m'arrêterai pas à éclaircir des concepts aussi faciles.

Je ne puis me hasarder à former une *opinion*, sans avoir du moins quelque *savoir* au moyen duquel le jugement problématique en soi se trouve rattaché à la vérité par un lien qui, s'il est imparfait, est cependant quelque chose de plus qu'une fiction arbitraire. La loi de cette liaison doit en outre être certaine. En effet, si je n'ai aussi par rapport à cette loi qu'une simple opinion, tout alors n'est plus qu'un jeu de l'imagination, sans le moindre rapport à la vérité. Dans les jugements qui viennent de la raison pure il n'y a nulle place pour l'opinion. Car, puisqu'ils ne sont pas appuyés sur des principes d'expérience, mais que, là où tout est nécessaire, tout doit être connu *à priori*, le principe de la liaison exige l'universalité et la nécessité, par conséquent une entière certitude; autrement il n'y aurait pas de fil qui pût conduire à la vérité. Aussi est-il absurde de former des opinions dans les mathématiques pures: il faut ou savoir, ou s'abstenir de tout jugement. Il en est de même dans les

---

[1] *Meynen.* — [2] *Glauben.* — [3] *Wissen.*

principes de la moralité : on ne doit pas risquer une action sur la simple opinion que quelque chose est permis, mais il faut le savoir.

Dans l'usage transcendental de la raison, au contraire, l'opinion est à la vérité trop peu élevée, mais le savoir l'est trop. Nous ne pouvons donc pas juger ici, sous le rapport purement spéculatif, puisque les principes subjectifs qui nous font tenir quelque chose pour vrai, comme ceux qui peuvent opérer la foi, ne méritent aucun crédit dans les questions spéculatives, attendu qu'ils ne se tiennent pas exempts de tout secours empirique et qu'ils ne peuvent se communiquer aux autres au même degré.

Mais ce n'est en général que sous le *point de vue pratique* qu'un jugement théorétiquement insuffisant peut être appelé *foi*. Or ce point de vue pratique est ou celui de *l'habileté*, ou celui de la *moralité*, dont le premier se rapporte à des fins arbitraires et contingentes, et le second, à des fins absolument nécessaires.

Dès qu'une fois une fin est proposée, les conditions pour l'obtenir sont hypothétiquement nécessaires. Cette nécessité est subjective; elle n'est cependant que relativement suffisante, quand je ne connais pas d'autres conditions pour atteindre le but, mais elle est suffisante absolument et pour chacun, quand je sais certainement que personne ne peut connaître d'autres conditions qui conduisent au but proposé. Dans le premier cas, mon hypothèse, avec ma croyance à certaines conditions, est une foi purement contingente; mais, dans le second, elle est une foi nécessaire. Il faut que le médecin fasse quelque chose pour un malade qui est en danger, mais il ne connaît pas la maladie : il examine les phénomènes, et il juge, ne sachant rien de mieux, que c'est la phthisie. Sa foi, même suivant son propre jugement, est purement accidentelle; un autre trouverait peut-être mieux. Je nomme *foi pragmatique* une foi accidentelle de ce genre, mais qui sert de fondement à l'emploi réel des moyens pour certaines actions.

La pierre de touche ordinaire pour reconnaître si ce qu'affirme quelqu'un est une simple persuasion, ou du moins une conviction subjective, c'est-à-dire une foi ferme, est le *pari*. On voit souvent des gens exprimer leurs assertions avec tant d'assurance et d'aplomb qu'ils semblent avoir banni toute crainte d'erreur. Un pari les embarrasse. Ils se montrent parfois assez persuadés pour que leur persuasion vaille à leurs yeux un ducat, mais non pas dix. En effet ils risqueront bien un ducat; mais, quand il s'agit de dix, ils commencent à s'apercevoir de ce qu'ils n'avaient pas remarqué jusque-là, c'est qu'il serait bien possible qu'ils se fussent trompés. Représentons-nous par la pensée que nous sommes mis en demeure de parier le bonheur de notre vie entière, alors notre jugement tout à l'heure si triomphant baisse de ton, nous sommes effrayés, et nous commençons à découvrir que notre foi ne va pas si loin. La foi pragmatique n'a donc qu'un degré, mais qui peut être grand ou petit, suivant la différence des intérêts qui y sont en jeu.

Mais, bien que nous ne puissions rien entreprendre par rapport à un objet et que par conséquent le fait de le tenir pour vrai est purement théorétique, comme cependant nous pouvons, en beaucoup de circonstances, embrasser par la pensée et imaginer une entreprise pour laquelle nous croyons avoir des raisons suffisantes, au cas où il y aurait moyen de prouver la certitude de la chose, il y a dans les jugements purement théorétiques quelque chose *d'analogue* aux jugements *pratiques*, à quoi convient le mot *foi* et que nous pouvons appeler la *foi doctrinale*. S'il était possible de décider la chose par quelque expérience, je parierais bien toute ma fortune que quelqu'une au moins des planètes que nous voyons est habitée. Aussi n'est-ce pas une simple opinion, mais une ferme croyance (sur la vérité de laquelle je hasarderais beaucoup de biens de la vie), qui me fait dire qu'il y a aussi des habitants dans d'autres mondes.

Or nous devons avouer que la croyance à l'existence de Dieu appartient à la foi doctrinale. En effet, bien que, par rapport à la connaissance théorétique du monde, je n'aie rien à *décider* qui suppose nécessairement cette pensée comme condition de mes explications des phénomènes du monde, mais que je sois au contraire obligé de me servir de ma raison comme si tout n'était que nature, l'unité finale est cependant une si grande condition de l'application de la raison à la nature que je ne puis pas l'omettre, quand d'ailleurs l'expérience m'en fournit de si nombreux exemples. Or à cette unité que la raison me donne pour fil conducteur dans l'investigation de la nature, je ne connais pas d'autre condition que de supposer qu'une intelligence suprême a tout ordonné suivant les fins les plus sages. Supposer un sage auteur du monde est donc une condition d'un but qui à la vérité est contingent, mais qui n'est cependant pas sans importance, celui d'avoir un fil conducteur dans l'investigation de la nature. Le résultat de mes recherches confirme d'ailleurs si souvent l'utilité de cette supposition, et il est si vrai qu'on ne peut rien alléguer de décisif contre elle, que je dirais beaucoup trop peu en appelant ma croyance une simple opinion, mais que je puis dire, même sous ce rapport théorétique, que je crois à un Dieu ; mais alors cette foi n'est cependant pas pratique dans le sens strict, et elle doit être appelée une foi doctrinale, que la *théologie* de la nature (physico-théologie) doit nécessairement produire partout. En se plaçant au point de vue de cette sagesse, et en considérant les excellentes qualités de la nature humaine et la brièveté de la vie si peu appropriée à ces qualités, on peut aussi trouver une raison suffisante en faveur d'une foi doctrinale à la vie future de l'âme humaine.

Le mot foi est en pareil cas une expression modeste au point de vue *objectif*, mais qui annonce en même temps une ferme confiance au point de vue *subjectif*. Si je qualifiais ici de légitime hypothèse le jugement purement théorétique, je ferais entendre par là que j'ai de la nature d'une cause du monde et d'une autre vie un concept que je ne puis réellement montrer; car il faut au moins que je connaisse assez les propriétés de ce que j'admets comme hypothèse, pour n'avoir pas besoin d'en imaginer le *concept*, mais seulement l'*existence*. Mais le mot foi ne regarde que la direction qui m'est donnée par une idée, et l'influence subjective qu'elle exerce sur le développement des actes de ma raison et qui me fortifie dans cette idée, bien que je ne sois pas en état d'en rendre compte au point de vue spéculatif.

Mais la foi purement doctrinale a en soi quelque chose de vacillant; on en est souvent éloigné par les difficultés qui se présentent dans la spéculation, bien que l'on y revienne toujours infailliblement.

Il en est tout autrement de la *foi morale*. C'est qu'il est en ce cas absolument nécessaire que quelque chose soit fait, c'est-à-dire que j'obéisse de tous points à la loi morale. Le but est ici indispensablement fixé, et il n'y a, suivant toutes mes lumières, qu'une seule condition qui permette à ce but de s'accorder avec toutes les fins réunies, et lui donne ainsi une valeur pratique : c'est qu'il y ait un Dieu et une vie future; je suis très-sûr aussi que personne ne connaît d'autres conditions conduisant à la même unité de fins sous la loi morale. Si donc le précepte moral est en même temps ma maxime (comme la raison ordonne qu'il le soit), je croirai inévitablement à l'existence de Dieu et à une vie future, et je suis certain que rien ne peut faire chanceler cette croyance, puisque cela renverserait mes principes moraux mêmes, auxquels je ne saurais renoncer sans me rendre méprisable à mes propres yeux.

De cette manière, malgré la ruine de toutes les ambitieuses prétentions d'une raison qui s'égare au delà des limites de toute expérience, il nous reste encore assez pour avoir lieu d'être satisfaits au point de vue pratique. Sans doute personne ne peut se vanter de *savoir* qu'il y a un Dieu et une vie future; car, s'il le sait, il est précisément l'homme que je cherche depuis longtemps. Tout savoir (quand il s'agit d'un objet de la raison pure) peut se communiquer, et je pourrais alors espérer de voir ma science étonnamment étendue par ses instructions. Mais non, la conviction ici n'est pas une certitude *logique*, mais une certitude *morale*; et, puisqu'elle repose sur des principes subjectifs (le sentiment moral), je ne dois même pas dire : *il est* moralement certain qu'il y a un Dieu, etc., mais, *je suis* moralement certain, etc. Cela veut dire que la foi en un Dieu et en une autre vie est tellement unie à mon sentiment moral que je ne cours pas plus risque de perdre cette foi que je ne crains de me voir jamais dépouillé de ce sentiment.

La seule difficulté qui se présente ici, c'est que cette foi rationnelle se fonde sur la supposition de sentiments moraux. Si nous mettons de côté cette supposition et que nous admettions quelqu'un qui soit entièrement indifférent aux lois morales, la question que soulève la raison devient alors simplement un problème pour la spéculation, et elle peut bien encore s'appuyer sur de fortes raisons tirées de l'analogie, mais non pas sur des raisons auxquelles doive se rendre le scepticisme le plus obstiné*. Mais dans ces questions il n'y a pas d'homme qui soit exempt de tout intérêt. Car quand même, faute de bons sentiments, il serait étranger à l'intérêt moral, il ne pourrait s'empêcher de craindre un être divin et une vie future. Il suffit en effet qu'il ne puisse alléguer la *certitude* qu'il n'y a pas de Dieu et pas de vie future; certitude qui exigerait, la chose devant être prouvée par la raison pure, c'est-à-dire apodictiquement, qu'il démontrât l'impossibilité de l'un et de l'autre, ce qu'aucun homme raisonnable ne peut assurément entreprendre. Ce serait une foi *négative*, qui à la vérité n'engendrerait pas la moralité et de bons sentiments, mais qui produirait du moins quelque chose d'ana-

---

* L'esprit humain (comme je crois que cela arrive nécessairement à tout être raisonnable) prend un intérêt naturel à la moralité, bien que cet intérêt ne soit pas sans partage et qu'il n'ait pas toujours la prédominance dans la pratique. Affermissez et augmentez cet intérêt, et vous trouverez la raison très-docile et même plus éclairée pour unir à l'intérêt pratique l'intérêt spéculatif. Mais si vous ne prenez pas soin dès le début, ou au moins à moitié chemin, de rendre les hommes bons, vous n'en ferez jamais des hommes sincèrement croyants.

logue, c'est-à-dire qui empêcherait fortement les mauvais d'éclater.

Mais est-ce là, dira-t-on, tout ce que fait la raison pure, quand elle s'ouvre des vues par delà les limites de l'expérience? Rien que deux articles de foi? Le sens commun en aurait bien pu faire autant, sans avoir besoin de consulter là-dessus les philosophes !

Je ne veux pas vanter ici les services que la philosophie a rendus à la raison humaine par les pénibles efforts de sa critique, le résultat en dût-il être purement négatif; car j'aurai occasion d'en reparler dans le chapitre suivant. Mais exigez-vous donc qu'une connaissance qui intéresse tous les hommes surpasse le sens commun et ne puisse vous être découverte que par les philosophes ? Ce que vous blâmez est précisément la meilleure preuve de l'exactitude des assertions précédentes, puisque cela vous découvre ce que vous ne pouviez apercevoir jusque-là, à savoir que la nature, dans ce qui intéresse les hommes sans distinction, ne peut être accusée de distribuer partialement ses dons, et que la plus haute philosophie, par rapport aux fins essentielles de la nature humaine, ne peut pas conduire plus loin que ne le fait la direction qu'elle a accordée au sens commun.

CHAPITRE III

Architectonique de la raison pure

J'entends par *architectonique* l'art des systèmes. Comme l'unité systématique est ce qui convertit la connaissance vulgaire en science, c'est-à-dire ce qui d'un simple agrégat de connaissances fait un système, l'architectonique est donc la théorie de ce qu'il y a de scientifique dans notre connaissance en général, et ainsi elle appartient nécessairement à la méthodologie.

Sous le gouvernement de la raison nos connaissances en général ne doivent pas former une rapsodie, mais un système, et c'est seulement à cette condition qu'elles peuvent soutenir et favoriser les fins essentielles de la raison. Or j'entends par système l'unité des diverses connaissances sous une idée. Cette idée est le concept rationnel de la forme d'un tout où la sphère des éléments divers et la position respective des parties sont déterminées *à priori*. Le concept rationnel scientifique contient donc la fin et la forme du tout qui concorde avec lui. L'unité du but auquel se rapportent toutes les parties, en même temps qu'elles se rapportent les unes aux autres dans l'idée de ce but, fait que l'on ne peut manquer de remarquer l'absence d'une partie quelconque, quand on connaît toutes les autres, et qu'aucune addition accidentelle, ou aucune grandeur indéterminée de perfection, qui n'ait pas ses limites déterminées *à priori*, n'y peut trouver place. Le tout est donc un système articulé (*articulatio*) et non pas seulement un amas (*coacervatio*); il peut bien croitre par intussusception (*per intussusceptionem*), mais non par juxtaposition (*per appositionem*), semblable au corps d'un animal dont l'accroissement ne lui ajoute aucun membre, mais, sans changer la proportion, rend chacun de ses organes plus fort et mieux approprié à ses fins.

L'idée, pour être exécutée, a besoin d'un *schème*, c'est-à-dire d'une diversité et d'une ordonnance des parties qui soient essentielles et déterminées *à priori* d'après le principe de la fin. Le schème qui n'est pas formé d'après une idée, c'est-à-dire d'après une fin capitale de la raison, mais empiriquement, suivant des vues accidentelles (dont on ne peut savoir d'avance la quantité), ne donne qu'une unité *technique;* mais celui qui résulte d'une idée (où la raison fournit *à priori* les fins et ne les attend pas empiriquement), celui-là fonde une unité *architectonique*. Ce que nous nommons science ne peut se former techniquement, en raison de l'analogie des éléments divers ou de l'application accidentelle de la connaissance *in concreto* à toutes sortes de fins extérieures et arbitraires, mais architectoniquement, en vertu de l'affinité des parties et de leur dépendance d'une unique fin suprême et interne, qui rend d'abord possible le tout; et son schème doit renfermer, conformément à l'idée, c'est-à-dire *à priori*, le cadre (*monogramma*) du tout et sa division en parties, et le distinguer sûrement et suivant certains principes de tous les autres.

Personne ne tente de constituer une science sans lui donner une idée pour fondement. Mais, dans l'exécution de cette science, le schème et même la définition que l'on donne dès le début de sa science correspondent très-rarement à son idée; car celle-ci est dans la raison comme un germe où toutes les parties sont encore très-enveloppées et à peine saisissables à l'observation microscopique. C'est pourquoi, les sciences étant toutes conçues du point de vue d'un certain intérêt général, il faut les définir et les déterminer, non pas d'après la description qu'en donne leur auteur, mais d'après l'idée qu'on trouve fondée dans la raison même de l'unité naturelle des parties qu'il a rassemblées. On trouve alors en effet que l'auteur et souvent même ses derniers successeurs se trompent au sujet d'une idée qu'ils n'ont pas cherché à se rendre claire à eux-mêmes, et que c'est pour cela qu'ils ne peuvent déterminer le contenu propre, l'articulation (l'unité systématique) et les limites de la science.

Il est fâcheux que ce ne soit qu'après avoir passé beaucoup de temps à la recherche d'une idée profondément cachée en nous, après avoir rassemblé rapsodiquement, comme autant de matériaux, beaucoup de connaissances relatives à cette idée, et même après les avoir maintes fois disposées techniquement, qu'il nous soit enfin possible de voir l'idée dans un jour plus clair et d'esquisser architectoniquement un ensemble d'après les fins de la raison. Les systèmes, se montrant d'abord tronqués et ne se complétant qu'avec le temps, semblent être formés, comme des vers, par une *génération équivoque*, d'un simple assemblage de concepts réunis; et pourtant ils avaient tous leur schème, comme un germe primitif, dans la raison qui se développe elle-même. Aussi non-seulement chacun d'eux est-il en soi articulé suivant une idée, mais sont-ils tous harmonieusement unis entre eux, comme autant de membres d'un même

tout, dans un système de la connaissance humaine, et
permettent-ils une architectonique de tout le savoir humain, qui ne serait pas seulement possible, mais ne serait
même pas bien difficile aujourd'hui que beaucoup de matériaux sont déjà rassemblés ou peuvent être tirés des
ruines d'anciens édifices écroulés. Nous nous contenterons ici d'achever notre œuvre, c'est-à-dire d'esquisser
simplement l'*architectonique* de toute connaissance provenant de la *raison pure*, et nous partirons du point où
la racine commune de notre faculté de connaître se divise pour former deux branches, dont l'une est la *raison*. Mais j'entends ici par raison toute la faculté de
connaître supérieure, et j'oppose par conséquent le rationnel à l'empirique.

Si je fais abstraction de toute matière de la connaissance, considérée objectivement, toute connaissance est
alors, subjectivement, ou historique ou rationnelle. La
connaissance historique est *cognitio ex datis*; et la connaissance rationnelle, *cognitio ex principiis*. Une connaissance, quelle qu'en puisse être l'origine, est historique
chez celui qui la possède, quand il ne sait rien de plus que
ce qui lui a été transmis du dehors, qu'il l'ait appris par
l'expérience immédiate, ou par un récit, ou même par le
moyen de l'instruction (des connaissances générales).
Aussi celui qui a proprement *appris* un système de philosophie, par exemple le système de *Wolf*, eût-il dans la
tête tous les principes, toutes les définitions et toutes
les démonstrations, ainsi que la division de toute la doctrine, et fût-il en état d'en compter en quelque sorte toutes
les parties sur ses doigts, celui-là n'a encore qu'une
complète connaissance *historique* de la philosophie de
Wolf; il ne sait et ne juge que d'après ce qui lui a été

donné. Contestez-lui une définition, il ne saura plus où en prendre une autre. Il s'est formé sur une raison étrangère, mais la faculté d'imitation n'est pas la faculté d'invention; c'est-à-dire que la connaissance n'est pas résultée chez lui de la raison, et que, bien qu'elle soit sans doute, objectivement, une connaissance rationnelle, elle n'est toujours, subjectivement, qu'une connaissance historique. Il l'a bien reçue et bien retenue, c'est-à-dire bien apprise, et il n'est que la statue de plâtre d'un homme vivant. Les connaissances rationnelles, qui le sont objectivement (c'est-à-dire qui ne peuvent résulter originairement que de la propre raison de l'homme), ne peuvent porter aussi ce nom subjectivement que quand elles ont été puisées aux sources générales de la raison, d'où peut aussi résulter la critique et même le dessein de rejeter tout ce que l'on a appris, c'est-à-dire que quand elles sont tirées de principes.

Or toute connaissance rationnelle a lieu ou par concepts ou par construction des concepts; la première s'appelle philosophique, et la seconde, mathématique. J'ai déjà traité dans le premier chapitre de la différence intrinsèque de ces deux espèces de connaissances. Une connaissance peut donc être objectivement historique, comme chez la plupart des écoliers et chez tous ceux qui ne voient jamais plus loin que l'école et demeurent toute leur vie écoliers. Mais il est cependant étonnant que la connaissance mathématique, alors même qu'on l'a apprise, puisse avoir encore subjectivement la valeur d'une connaissance rationnelle, et qu'il n'y ait pas lieu d'y faire la même distinction que dans la connaissance philosophique. La cause en est que les sources de connaissances, où le maître peut puiser, ne résident que dans les principes essentiels et vrais de la raison, et que par conséquent ils ne peuvent être tirés d'ailleurs par l'élève ni contestés d'aucune façon, et cela parce que l'usage de la raison n'a lieu ici qu'*in concreto*, bien qu'*à priori*, c'est-à-dire dans une intuition pure et partant infaillible, et qu'il exclut ainsi toute illusion et toute erreur. Entre toutes les sciences rationnelles (*à priori*), il n'y a donc que les mathématiques qui puissent être apprises, mais jamais la philosophie (à moins que ce ne soit historiquement) : en ce qui concerne la raison, on ne peut apprendre tout au plus qu'à philosopher.

Le système de toute connaissance philosophique est la *philosophie*. On doit l'admettre objectivement, en entendant par là le type de l'appréciation de toutes les tentatives faites pour philosopher, type qui doit servir à juger toute philosophie subjective, dont l'édifice est souvent si divers et si changeant. De cette manière la philosophie est une simple idée d'une science possible, qui n'est donnée nulle part *in concreto*, mais dont on cherche à se rapprocher par différentes voies, jusqu'à ce que l'on ait découvert l'unique sentier qui y conduit, mais qu'obstruait la sensibilité, et que l'on réussisse, autant qu'il est permis à des hommes, à rendre la copie, jusque-là manquée, semblable au modèle. Jusqu'ici il n'y a pas de philosophie que l'on puisse apprendre ; car où est-elle ? Qui l'a en sa possession, et à quel caractère la reconnaître ? On ne peut qu'apprendre à philosopher, c'est-à-dire à exercer le talent de la raison dans l'application de ses principes généraux à certaines tentatives qui se présentent, mais toujours avec cette réserve du droit qu'a la raison de rechercher ces principes jusque dans leurs sources et de les confirmer ou de les rejeter.

Jusque-là le concept de la philosophie n'est qu'un *concept scolastique* [1], à savoir celui d'un système de la connaissance, qui n'est cherché que comme science, sans que l'on ait pour but quelque chose de plus que l'unité systématique de ce savoir, par conséquent la perfection *logique* de la connaissance. Mais il y a encore un concept cosmique (*conceptus cosmicus*) qui a toujours servi de fondement à cette dénomination, surtout quand on le personnifiait en quelque sorte et qu'on se le représentait comme un type dans l'idéal du *philosophe*. A ce point de vue la philosophie est la science du rapport de toute connaissance aux fins essentielles de la raison humaine (*teleologia rationis humanæ*), et le philosophe n'est pas un artiste de la raison, mais le législateur de la raison humaine. En ce sens il serait trop orgueilleux de s'appeler soi-même un philosophe, et de s'imaginer que l'on égale un modèle qui n'existe que dans l'idée.

Le mathématicien, le physicien, le logicien, quelque succès que puissent avoir le premier en général dans la connaissance rationnelle et les deux derniers en particulier dans la connaissance philosophique, ne sont toujours que des artistes de la raison. Il y a encore un maître en idéal, qui les emploie tous, se sert d'eux comme d'instruments pour aider aux fins essentielles de la raison humaine. C'est celui-là seul que nous devrions appeler philosophe; mais, comme il ne se rencontre nulle part et que l'idée de sa législation se trouve partout dans toute raison humaine, nous nous en tiendrons simplement à la dernière, et nous déterminerons avec plus de pré-

---

[1] *Schulbegriff*.

cision ce que la philosophie prescrit, d'après ce concept cosmique*, du point de vue des fins, pour l'unité systématique.

Les fins essentielles ne sont pas pour cela les fins les plus hautes : il ne peut y en avoir qu'une seule (dans la parfaite unité systématique de la raison). Elles sont ou le but final, ou les fins subalternes qui sont nécessaires à ce but à titre de moyens. Le premier n'est autre que la destination totale de l'homme, et la philosophie qui roule sur elle s'appelle la morale. C'est à cause de cette prééminence de la philosophie morale sur toute autre acquisition de la raison que chez les anciens on entendait toujours en même temps et principalement, sous le nom de philosophe, le moraliste; et même aujourd'hui encore, par une certaine analogie, l'apparence extérieure de la domination de soi-même par la raison suffit pour faire nommer quelqu'un philosophe, malgré son savoir borné.

La législation de la raison humaine (la philosophie) a deux objets: la nature et la liberté; et par conséquent elle embrasse la loi physique aussi bien que la loi morale, d'abord en deux systèmes particuliers, et puis enfin en un seul système philosophique. La philosophie de la nature s'étend à tout ce qui *est ;* celle des mœurs à tout ce qui *doit être*.

Toute philosophie est ou une connaissance issue de la raison pure, ou une connaissance rationnelle issue de

---

* Le *concept cosmique* est ici celui qui concerne ce qui intéresse nécessairement chacun ; par conséquent je détermine le *but* d'une science suivant des *concepts scolastiques*, quand je ne la considère que comme une des aptitudes pour certaines fins arbitraires.

principes empiriques. La première s'appelle philosophie pure, et la seconde, philosophie empirique.

La philosophie de la raison pure est ou une *propédeutique* (un exercice préliminaire) qui étudie la faculté de la raison par rapport à toute connaissance pure *à priori*, et elle s'appelle alors critique; ou elle est le système de la raison pure (la science), toute la connaissance philosophique (vraie ou apparente) venant de la raison pure et formant un ensemble systématique, et elle s'appelle alors *métaphysique*. Mais ce nom peut être donné aussi à toute la philosophie pure, y compris la critique, et embrasser ainsi aussi bien la recherche de tout ce qui peut jamais être connu *à priori* que l'exposition de ce qui constitue un système des connaissances philosophiques pures de cette espèce, et se distingue de tout usage empirique, ainsi que de tout usage mathématique de la raison.

La métaphysique se divise en métaphysique de l'usage *spéculatif* et métaphysique de l'usage *pratique* de la raison pure, et elle est ainsi ou une *métaphysique de la nature*, ou une *métaphysique des mœurs*. La première contient tous les principes purs de la raison qui, par de simples concepts (à l'exclusion par conséquent des mathématiques), se rapportent à la connaissance *théorétique* de toutes choses; la seconde contient ceux qui déterminent *à priori* et rendent nécessaires le *faire* et le *ne pas faire*. Or la moralité est la seule conformité des actes à des lois qui puisse être dérivée tout à fait *à priori* de certains principes. Aussi la métaphysique des mœurs est-elle proprement la morale pure, où l'on ne prend pour fondement aucune anthropologie (aucune condition empirique). La métaphysique de la raison spéculative est donc ce que l'on a coutume de nommer métaphysique *dans un sens plus étroit;* mais, en tant que la morale pure appartient aussi à la branche de la connaissance humaine, mais philosophique, qui vient de la raison pure, nous lui conserverons cette dénomination, bien que nous la mettions ici de côté, comme ne se rapportant pas actuellement à notre but.

Il est de la plus haute importance d'*isoler* des connaissances qui sont distinctes par leur espèce et leur origine, et de les empêcher soigneusement de se mêler et de se confondre avec d'autres, avec lesquelles elles sont ordinairement unies dans l'usage. Ce que fait le chimiste dans la séparation des matières, le mathématicien dans sa science pure de la quantité, le philosophe est encore plus tenu de le faire, afin de pouvoir déterminer sûrement la part de chaque espèce particulière de connaissances dans l'usage mobile de l'entendement, sa valeur propre et son influence. Aussi la raison humaine, depuis qu'elle a commencé à penser ou plutôt à réfléchir, n'a-t-elle jamais pu se passer d'une métaphysique, bien qu'elle n'ait pas su la dégager suffisamment de tout élément étranger. L'idée d'une telle science est aussi ancienne que la raison spéculative de l'homme, et quelle raison ne spécule pas, soit à la manière populaire, soit à la manière scolastique? Il faut pourtant avouer que la distinction des deux éléments de notre connaissance, dont l'un est en notre pouvoir tout à fait *à priori*, tandis que l'autre ne peut être tiré qu'*à posteriori* de l'expérience, est toujours demeurée très-obscure, même chez les penseurs de profession, et qu'ainsi on n'a jamais bien pu déterminer la limite d'une espèce particulière de connaissances, et par conséquent la véritable idée d'une science qui a si longtemps et si fort occupé la raison humaine. Quand on disait : la métaphysique est la science des premiers principes de la connaissance humaine, on ne désignait point une espèce particulière de principes, mais seulement un degré plus élevé de généralité, et l'on ne pouvait les distinguer nettement par là des principes empiriques ; car, même parmi ceux-ci, il y en a quelques-uns qui sont plus généraux et par conséquent plus élevés que d'autres, et dans la série d'une telle hiérarchie (où l'on ne distingue pas ce qui est tout à fait *à priori* de ce qui ne peut être connu qu'*à posteriori*), où tracer la ligne qui sépare la première partie de la dernière, et les membres supérieurs des inférieurs? Que dirait-on si la chronologie ne pouvait désigner les époques du monde qu'en les partageant en premiers siècles et en siècles suivants? On pourrait demander si le cinquième, si le dixième siècle, etc., font aussi partie des premiers? Je demande de même : l'idée de l'étendue appartient-elle à la métaphysique? Oui, répondez-vous! Eh bien, et celle du corps aussi? Oui. Et celle du corps fluide? Vous êtes étonnés, car si cela continue ainsi, tout appartiendra à la métaphysique. On voit par là que le seul degré de subordination (le particulier sous le général) ne peut déterminer les limites d'une science, mais qu'il nous faut ici une distinction radicale, une distinction d'origine. Mais ce qui obscurcissait encore d'un autre côté l'idée fondamentale de la métaphysique, c'était la ressemblance qu'elle a, comme connaissance *à priori*, avec les mathématiques. Cette ressemblance indique bien une certaine parenté entre les deux sciences, en tant qu'elles ont toutes deux une origine *à priori ;* mais, pour ce qui est du mode de connaissance qui, dans l'une, a lieu par concepts, tandis que dans l'autre il se fait simplement par la construction des concepts, il établit entre elles une différence si absolue qu'on l'a toujours sentie en quelque sorte, bien qu'on n'ait pu la ramener à des critériums évidents. De là il est arrivé que les philosophes mêmes, ayant échoué dans la définition de leur science, ne purent donner à leurs travaux un but déterminé et une direction sûre, et qu'avec un plan si arbitrairement tracé, ignorant le chemin qu'ils avaient à prendre, et toujours en désaccord sur les découvertes que chacun d'eux pensait avoir faites, ils rendirent leur science méprisable aux autres et finirent par la mépriser eux-mêmes.

Toute connaissance pure forme donc, grâce à la faculté de connaître particulière où elle a exclusivement son siége, une unité particulière, et la métaphysique est la philosophie qui l'expose dans cette unité systématique. La partie spéculative de cette science, qui s'est particulièrement approprié ce nom, ou que nous appelons la *métaphysique de la nature*, et qui examine tout, suivant des concepts *à priori*, en tant qu'il est (et non pas ce qui doit être), se divise de la manière suivante.

La métaphysique, dans le sens étroit de ce mot, se compose de la *philosophie transcendentale* et de la *physiologie* de la raison pure. La première ne considère que l'*entendement* et la raison même dans un système de tous les concepts et de tous les principes qui se rapportent à des objets en général, sans admettre des objets *qui seraient donnés* (*ontologia*); la seconde considère la *nature*, c'est-à-dire l'ensemble des objets donnés (qu'ils soient donnés aux sens, ou, si l'on veut, à une autre espèce d'intuition), et elle est ainsi une *physiologie* (mais purement rationnelle). Or l'usage de la raison dans cette étude rationnelle de la nature est soit physique, soit hyperphysique, ou mieux soit *immanent*, soit *transcendant*. Le premier a pour objet la nature, en tant que la connaissance en peut être appliquée dans l'expérience (*in concreto*); le second s'occupe de cette liaison des objets de l'expérience qui dépasse toute expérience. Cette physiologie *transcendante* a donc pour objet une liaison *interne* ou *externe*, mais qui dans les deux cas sort des limites de l'expérience possible; elle est ainsi ou la physiologie de toute la nature, c'est-à-dire la *cosmologie transcendentale*, ou celle de l'union de toute la nature avec un être élevé au-dessus de la nature, c'est-à-dire la *théologie transcendentale*.

La physiologie immanente considère au contraire la nature comme l'ensemble de tous les objets des sens, par conséquent telle qu'elle nous est donnée, mais seulement suivant les conditions *à priori* sous lesquelles elle peut nous être donnée en général. Or il y a deux espèces d'objets des sens : 1° ceux des sens extérieurs, par conséquent l'ensemble de ces objets, la *nature corporelle*; 2° l'objet du sens intérieur, l'*âme*, et, suivant les concepts fondamentaux de l'âme en général, la *nature pensante*. La métaphysique de la nature corporelle s'appelle *physique*, mais *physique rationnelle*, puisqu'elle ne doit renfermer que les principes de la connaissance *à priori* de la nature. La métaphysique de la nature pensante s'appelle *psychologie;* mais, par la même raison, il ne s'agit ici que de la *psychologie rationnelle*.

Tout le système de la métaphysique se compose donc de quatre parties principales : 1° l'*ontologie;* 2° la *physiologie rationnelle;* 3° la *cosmologie rationnelle;* 4° la *théologie rationnelle*. La seconde partie, c'est-à-dire la physique de la raison pure, renferme deux divisions : la *physique rationnelle**** et la *psychologie rationnelle*.

L'idée originaire d'une philosophie de la raison pure prescrit cette division ; celle-ci est donc *architectonique*, conforme aux fins essentielles de la raison, et non pas seulement *technique*, établie d'après des affinités accidentellement perçues et tracée en quelque sorte au hasard ; et c'est pourquoi elle est immuable et législative. Mais il y a ici quelques points qui pourraient exciter des doutes et infirmer la conviction touchant sa légitimité.

D'abord, comment puis-je attendre une connaissance *à priori*, par conséquent une métaphysique, d'objets qui sont donnés à nos sens, c'est-à-dire *à posteriori ?* Et comment est-il possible de connaître, suivant des principes *à priori*, la nature des choses, et d'arriver à une physiologie *rationnelle ?* La réponse est que nous ne prenons de l'expérience que tout juste ce qui est nécessaire pour nous donner un objet, soit du sens extérieur, soit du sens intérieur, le premier au moyen du simple concept de matière (étendue sans vie et impénétrable), le second au moyen du concept d'un être pensant (dans la

---

* Qu'on ne pense pas que j'entende par là ce qu'on nomme ordinairement la *physique générale* (*physica generalis*), laquelle est plutôt la mathématique que la philosophie de la nature. En effet la métaphysique de la nature se distingue complétement de la mathématique ; et, si elle est loin d'avoir à offrir des vues aussi étendues que celle-ci, elle n'en est pas moins très-importante par rapport à la critique de la connaissance purement intellectuelle en général dans son application à la nature. Faute de cette métaphysique, les mathématiciens eux-mêmes en s'attachant à certains concepts vulgaires, mais métaphysiques en réalité, ont, sans s'en apercevoir, chargé la physique d'hypothèses, qui s'évanouissent devant une critique de ces principes, sans pourtant faire le moindre tort à l'usage des mathématiques dans ce champ (usage qui est tout à fait indispensable).

représentation intérieure empirique : je pense). Nous devrions d'ailleurs nous abstenir entièrement, dans toute la métaphysique de ces objets, de tous les principes empiriques qui pourraient ajouter encore au concept quelque expérience, servant à porter un jugement sur ces objets.

En second lieu, où se placera donc la *psychologie empirique*, qui a toujours eu sa place dans la métaphysique, et dont on a attendu de notre temps de si grandes choses pour l'éclaircissement de cette science, après avoir perdu l'espoir de rien faire de bon *à priori*? Je réponds : elle vient là où doit être placée la physique proprement dite (la physique empirique), c'est-à-dire du côté de la philosophie *appliquée*, dont la philosophie pure contient les principes *à priori*, et avec laquelle par conséquent elle doit être unie, mais non pas confondue. La psychologie empirique doit donc être entièrement bannie de la métaphysique, et elle en est déjà absolument exclue par l'idée de cette science. Cependant on devra lui accorder là, pour se conformer à l'usage de l'école, une petite place, et cela par des motifs d'économie, parce qu'elle n'est pas encore assez riche pour constituer une étude à elle seule, et qu'elle est cependant trop importante pour qu'on puisse la repousser ou l'attacher quelque part où elle aurait encore moins d'affinité qu'avec la métaphysique. Elle n'est donc admise que comme une étrangère, à laquelle on accorde un séjour temporaire, jusqu'à ce qu'elle puisse établir son domicile propre dans une vaste anthropologie (formant le pendant de la physique empirique).

Telle est donc l'idée générale de la métaphysique, de cette science qui est tombée dans un discrédit général, parce qu'après lui avoir d'abord demandé plus qu'il n'était juste de le faire et s'être longtemps bercé des plus belles espérances, on s'est vu trompé dans son attente. On se sera suffisamment convaincu dans tout le cours de notre critique que, quoique la métaphysique ne puisse jamais servir de fondement à la religion, elle en restera toujours comme le rempart, et que la raison humaine, qui est déjà dialectique par la tendance de sa nature, ne pourra jamais se passer de cette science, qui lui met un frein, et qui, par une connaissance scientifique et pleinement lumineuse de soi-même, prévient les dévastations qu'une raison spéculative privée de lois ne manquerait pas sans cela de produire dans la morale aussi bien que dans la religion. On peut donc être sûr que, si dédaigneux et si méprisants que puissent être ceux qui jugent une science, non pas d'après sa nature, mais seulement d'après ses effets accidentels, on reviendra toujours à la métaphysique, comme à une amie avec laquelle on s'était brouillé, parce que, comme il s'agit ici de fins essentielles, la raison doit travailler infatigablement soit à l'acquisition de vues solides, soit au renversement de celles qu'on s'est faites antérieurement.

La métaphysique, celle de la nature aussi bien que celle des mœurs, surtout la critique d'une raison qui se hasarde à voler de ses propres ailes, critique qui précède comme *exercice préliminaire*[1] (comme propédeutique), constituent donc proprement à elles seules ce que nous pouvons nommer philosophie dans le véritable sens de ce mot. Celle-ci rapporte tout à la sagesse, mais par le

---

[1] *Vorübend.*

chemin de la science, le seul qui, une fois frayé, ne se referme pas et ne permette aucune erreur. Les mathématiques, la physique, même la connaissance empirique de l'homme, ont une haute valeur comme moyens pour les fins de l'humanité, dont une grande partie sont accidentelles, mais dont les dernières sont essentielles et nécessaires ; seulement elles n'acquièrent cette valeur que par l'intermédiaire d'une connaissance rationnelle par simples concepts qui, de quelque nom qu'on la nomme, n'est proprement que de la métaphysique.

La métaphysique est ainsi le complément de toute *culture* de la raison humaine, et ce complément est indispensable, même en laissant de côté son influence, comme science, sur certaines fins déterminées. En effet elle considère la raison d'après ses éléments et ses maximes suprêmes, qui doivent servir de fondement à la *possibilité* de quelques sciences et à l'*usage* de toutes. Que, comme simple spéculation, elle serve plutôt à prévenir les erreurs qu'à étendre nos connaissances, cela n'ôte rien à sa valeur, mais lui donne plutôt de la dignité et de la considération au moyen de la censure qui maintient l'ordre, la concorde générale, et même le bon état de toute la république scientifique, et qui empêche des travaux hardis et féconds de se détourner de la fin capitale, le bonheur universel.

CHAPITRE QUATRIÈME

Histoire de la raison pure

Ce titre n'est placé ici que pour désigner une lacune qui reste dans le système, et qui devra être remplie plus tard. Je me contente de jeter un rapide coup d'œil, d'un point de vue purement transcendental, c'est-à-dire du point de vue de la nature de la raison pure, sur l'ensemble des travaux qu'elle a faits jusqu'ici, et qui me représentent sans doute un édifice, mais un édifice en ruines.

Il est assez remarquable, bien que cela ne pût naturellement arriver d'une autre manière, que les hommes, dans l'enfance de la philosophie, aient commencé par où nous finirions plutôt maintenant, c'est-à-dire par étudier la connaissance de Dieu et l'espérance ou même la nature d'un autre monde. Quelque grossières que fussent les idées religieuses introduites par les anciens usages que les peuples avaient conservés de leur état de barbarie, cela n'empêcha pas la partie la plus éclairée de se livrer à de libres recherches sur ce sujet, et l'on comprit aisément qu'il ne peut y avoir de manière plus solide et plus certaine de plaire à la puissance invisible qui gouverne le monde et d'être ainsi heureux, au moins dans une autre vie, que la bonne conduite. La théologie et la morale furent donc les deux mobiles ou plutôt les deux points d'aboutissement pour toutes les recherches auxquelles on ne cessa de se livrer par la suite. Toutefois la première fut proprement ce qui engagea peu à peu la raison purement spéculative dans une œuvre qui devint plus tard si célèbre sous le nom de métaphysique.

Je ne veux pas distinguer ici les temps où s'opéra tel ou tel changement dans la métaphysique, mais seulement présenter dans une rapide esquisse la diversité de l'idée qui occasionna les principales révolutions. Et ici je trouve un triple but en vue duquel eurent lieu les plus remarquables changements sur ce champ de bataille.

1° *Au point de vue de l'objet* de toutes nos connaissances rationnelles, quelques philosophes furent simplement *sensualistes*, et d'autres, *intellectualistes*. *Épicure* peut être regardé comme le principal philosophe de la sensibilité, et *Platon*, de l'intellectuel. Mais cette distinction des écoles, si subtile qu'elle soit, avait déjà commencé dans les temps les plus reculés, et elle s'est longtemps maintenue sans interruption. Les premiers de ces philosophes affirmaient qu'il n'y a de réalité que dans les objets des sens, que tout le reste est imagination; les seconds au contraire disaient qu'il n'y a dans les sens rien qu'apparence, que l'entendement seul connaît le vrai. Les premiers ne refusaient pas pour cela de la réalité aux concepts de l'entendement, mais cette réalité n'était pour eux que *logique*, tandis qu'elle était *mystique* pour les autres. Ceux-là accordaient des *concepts intellectuels*, mais ils n'admettaient que des *objets* sensibles. Ceux-ci voulaient que les vrais objets fussent *purement intelligibles*, et admettaient une *intuition* de l'entendement pur, se produisant sans le secours d'aucun sens, mais seulement, suivant eux, d'une manière confuse.

2° *Au point de vue de l'origine* des connaissances rationnelles pures, la question est de savoir si elles sont dérivées de l'expérience, ou si elles ont leur source dans la raison, indépendamment de l'expérience. *Aristote* peut être considéré comme le chef des *empiristes*, et *Platon*, comme celui des *noologistes*. *Locke*, qui, dans les temps modernes, a suivi le premier, et *Leibnitz*, qui a suivi le second (tout en s'éloignant assez de son système mystique), n'ont pu dans ce débat arriver à rien décider. Épicure était du moins beaucoup plus conséquent dans son système sensualiste (car ses raisonnements ne sortaient jamais des limites de l'expérience) qu'Aristote et que Locke, surtout que ce dernier, qui, après avoir dérivé de l'expérience tous les concepts et tous les principes, en pousse l'usage jusqu'au point d'affirmer que l'on peut démontrer l'existence de Dieu et l'immortalité de l'âme aussi évidemment qu'aucun théorème mathématique (bien que ces deux objets soient placés tout à fait en dehors des limites de l'expérience possible).

3° Reste *le point de vue de la méthode.* Pour qu'une chose mérite le nom de méthode, il faut qu'elle procède suivant des *principes*. Or on peut diviser la méthode qui domine aujourd'hui dans cette branche de l'investigation en méthode *naturelle* et en méthode *scientifique.* Le *naturaliste* de la raison pure prend pour principe que, par la raison commune sans science (ou parce qu'il appelle la saine raison), on réussit beaucoup mieux dans ces hautes questions qui constituent les problèmes de la métaphysique que par la spéculation. Il affirme donc que l'on peut plus sûrement déterminer la grandeur et l'éloignement de la lune avec la mesure de l'œil que par le détour des mathématiques. Ce n'est là qu'une pure misologie mise en principes, et, ce qu'il y a de plus absurde, l'abandon de tous les moyens techniques recommandé comme la *véritable méthode* pour étendre ses connaissances. Car pour ceux qui se montrent naturalistes faute de plus grandes lumières, on ne peut les accuser justement. Ils suivent la raison commune, sans se vanter de leur ignorance comme d'une méthode qui doit renfermer le secret de tirer la vérité du puits de Démocrite.

Quod sapio satis est mihi ; non ego curo
Esse quod Arcesilas ærumnosique Solones.

Ces vers de Perse forment leur devise; ils peuvent avec cela vivre contents et dignes d'approbation sans se soucier de la science, ni sans en troubler les œuvres.

Pour ce qui est des observateurs d'une méthode *scientifique*, ils ont ici le choix entre la méthode *dogmatique* et la méthode *sceptique*, mais dans tous les cas ils ont l'obligation de procéder *systématiquement*. En nommant ici pour la première le célèbre *Wolf*, et *David Hume* pour la seconde, je puis, relativement à mon but actuel, me dispenser d'en citer d'autres. La route critique est la seule qui soit encore ouverte. Le lecteur qui a eu la complaisance et la patience de la suivre avec moi, peut juger maintenant si, dans le cas où il lui plairait de concourir à faire de ce sentier une route royale, ce que tant de siècles n'ont pu exécuter ne pourrait pas être accompli avant la fin de celui-ci, c'est-à-dire si l'on ne pourrait pas satisfaire entièrement la raison humaine dans une *matière* qui a toujours, mais inutilement jusqu'ici, occupé sa curiosité.

APPENDICE

A (*a*)

Déduction des concepts purs de l'entendement

DEUXIÈME SECTION

Des principes à priori de la possibilité de l'expérience

Qu'un concept puisse être produit tout à fait *à priori* et se rapporter à un objet, bien qu'il ne rentre pas lui-même dans le concept d'une expérience possible ou qu'il ne se compose pas d'éléments d'une expérience possible, c'est ce qui est absolument contradictoire. En effet il n'aurait point alors de matière, puisqu'il n'y aurait point d'intuition qui lui correspondît, les intuitions par lesquelles des objets peuvent nous être donnés constituant en général le champ ou tout l'objet de l'expérience possible. Un concept *à priori* qui ne s'y rapporterait pas ne serait que la forme logique d'un concept, mais non le concept par lequel quelque chose serait pensé.

(*a*) Voir tome Ier; page 158.

Si donc il y a des concepts purs *à priori*, il se peut sans doute que ces concepts ne contiennent rien d'empirique, mais ils n'en sont pas moins de simples conditions *à priori* d'une expérience possible, seule base sur laquelle puisse reposer leur réalité objective.

Veut-on savoir comment sont possibles les concepts purs de l'entendement, il faut donc chercher ce que sont les conditions *à priori* d'où dépend la possibilité de l'expérience possible et qui lui servent de fondement, quand on fait abstraction de tout ce que les phénomènes contiennent d'empirique. Un concept exprimant d'une manière générale et suffisante cette condition formelle et objective de l'expérience s'appellerait un concept pur de l'entendement. Une fois que je suis en possession de concepts purs de l'entendement, je puis bien concevoir aussi des objets qui sont peut-être impossibles, peut-être possibles en soi, mais ne peuvent être donnés dans aucune expérience, parce que dans la liaison de ces concepts quelque chose peut être omis qui appartienne nécessairement à la condition d'une expérience possible (comme dans le concept d'un esprit), ou que des concepts purs de l'entendement peuvent être étendus au delà de la capacité de l'expérience (comme le concept de Dieu). Mais, si les *éléments* de toutes les connaissances *à priori*, même de fictions arbitraires et absurdes, ne peuvent être dérivés de l'expérience (puisqu'autrement ils ne seraient plus des connaissances *à priori*), ils doivent toujours renfermer les conditions pures *à priori* d'une expérience possible et d'un objet de cette expérience, car autrement non-seulement rien ne serait pensé par leur moyen, mais ils ne pourraient pas même, sans *data*, naître dans la pensée.

Or ces concepts qui contiennent *à priori* la pensée pure dans chaque expérience, nous les trouvons dans les catégories, et c'est déjà en donner une déduction suffisante et justifier leur valeur objective que de prouver qu'un objet ne peut être pensé que par leur moyen. Mais, comme dans une telle pensée il y a en jeu quelque chose de plus que la simple faculté de penser, ou l'entendement, et que l'entendement lui-même, comme faculté de connaître se rapportant à des objets, a besoin précisément d'un éclaircissement touchant la possibilité de ce rapport, nous devons d'abord examiner, non pas dans leur nature empirique, mais dans leur nature transcendentale, les sources subjectives qui constituent les principes *à priori* de la possibilité de l'expérience.

Si chaque représentation particulière était étrangère aux autres, si elle en était en quelque sorte isolée ou séparée, il ne se produirait jamais quelque chose comme la connaissance, laquelle est un ensemble de représentations comparées et liées. Si donc j'attribue au sens une *synopsis*, parce qu'il y a de la variété dans son intuition, une synthèse correspond toujours à cette synopsis, et la *réceptivité* ne peut rendre possibles des connaissances qu'en s'unissant à la *spontanéité*. Or celle-ci est le principe d'une triple synthèse, qui se présente nécessairement dans toute connaissance : à savoir la synthèse de l'*appréhension* des représentations comme modifications de l'esprit dans l'intuition, celle de la *reproduction* de ces représentations dans l'imagination, et celle de leur *récognition* dans le concept. Ces trois synthèses nous conduisent à trois sources subjectives de connaissances, qui elles-mêmes rendent possible l'entendement, et par lui toute expérience, comme produit empirique de l'entendement.

Observation préliminaire

La déduction des catégories est hérissée de tant difficultés et nous force à pénétrer si profondément dans les premiers principes de la possibilité de notre connaissance en général que, pour éviter les développements d'une théorie complète et cependant ne rien négliger dans une recherche si nécessaire, j'ai trouvé convenable de préparer le lecteur, plutôt que de l'instruire, par les quatre numéros suivants, et de ne lui présenter systématiquement l'explication de ces éléments de l'entendement que dans la troisième section. Le lecteur ne se laissera donc pas rebuter jusque-là par une obscurité inévitable au début dans un chemin non encore frayé, mais qui, je l'espère, se dissipera et se convertira en pleine lumière dans la section suivante.

1

De la synthèse de l'appréhension dans l'intuition

De quelque source que sortent nos représentations, qu'elles soient produites par l'influence des choses extérieures ou par des causes internes, qu'elles se forment *à priori* ou empiriquement comme phénomènes, elles n'en appartiennent pas moins dans tous les cas, comme modifications de l'esprit, au sens intérieur, et à ce titre toutes nos connaissances sont soumises en définitive à la condition formelle de ce sens, c'est-à-dire au temps, où elles doivent être toutes ordonnées, liées et mises en rapport. C'est là une remarque générale qui doit servir de fondement dans tout ce qui suit.

Toute intuition contient une diversité qui ne serait pas représentée comme telle si l'esprit ne distinguait pas le temps dans la série des impressions successives ; car, *en tant que renfermée dans un moment,* toute représentation ne peut jamais être autre chose que l'unité absolue. Or, pour que l'unité de l'intuition puisse sortir de cette diversité (comme par exemple dans la représentation de l'espace), il faut d'abord parcourir les éléments divers et puis les réunir ; c'est cet acte que j'appelle la *synthèse de l'appréhension*, parce qu'il a directement pour but l'intuition, laquelle fournit sans doute une diversité, mais ne peut jamais, sans l'intervention d'une synthèse, produire cette diversité comme telle et en même temps comme renfermée dans *une représentation*.

Cette synthèse de l'appréhension doit aussi être pratiquée *à priori*, c'est-à-dire par rapport aux représentations qui ne sont pas empiriques. Sans elle en effet nous ne pourrions avoir *à priori* ni les représentations de l'espace, ni celles du temps : celles-ci ne peuvent être produites que par la synthèse des éléments divers que fournit la sensibilité dans sa réceptivité originelle. Nous aurons donc une synthèse pure de l'appréhension.

2

De la synthèse de la reproduction dans l'imagination

C'est à la vérité une loi purement empirique que celle en vertu de laquelle des représentations qui se sont souvent suivies ou accompagnées finissent par s'associer entre elles et par former ainsi une liaison telle que, même en l'absence de l'objet, l'une de ces représentations fait passer l'esprit à l'autre, suivant une règle constante. Mais cette loi de la reproduction suppose que les phénomènes eux-mêmes sont réellement soumis à une règle de ce genre et que leurs représentations diverses s'accompagnent ou se suivent conformément à certaines règles; car autrement notre imagination empirique n'aurait jamais rien à faire qui fût conforme à sa puissance, et par conséquent elle demeurerait enfouie dans le fond de l'esprit comme une faculté morte et inconnue à nous-mêmes. Si le cinabre était tantôt rouge, tantôt noir, tantôt léger, tantôt lourd; si un homme se transformait tantôt en un animal et tantôt en un autre; si dans un long jour la terre était couverte tantôt de fruits, tantôt de glace et de neige, mon imagination empirique ne trouverait pas l'occasion de recevoir dans la pensée le lourd cinabre avec la représentation de la couleur rouge; ou si un certain mot était attribué tantôt à une chose et tantôt à une autre, ou encore si la même chose était appelée tantôt d'un nom et tantôt d'un autre, sans qu'il y eût aucune règle à laquelle les phénomènes fussent déjà soumis par eux-mêmes, aucune synthèse empirique de l'imagination ne pourrait avoir lieu.

Il faut donc qu'il y ait quelque chose qui rende possible cette reproduction des phénomènes, en servant de principe *à priori* à une unité synthétique nécessaire. On ne tarde pas à s'en convaincre quand on songe que les phénomènes ne sont pas des choses en soi, mais le simple jeu de nos représentations, lesquelles reviennent en définitive aux déterminations du sens intime. Si donc nous pouvons prouver que même nos représentations *à priori* les plus pures ne nous procurent aucune connaissance qu'à la condition de renfermer une liaison des éléments divers qui rende possible une synthèse complète de la reproduction, cette synthèse de l'imagination même est fondée, antérieurement à toute expérience, sur des principes *à priori*, et il en faut admettre une synthèse transcendentale pure servant elle-même de fondement à la possibilité de toute expérience (en tant que celle-ci suppose nécessairement la reproductibilité des phénomènes). Or il est évident que, si je trace une ligne dans ma pensée ou que je veuille concevoir le temps d'un midi à l'autre, ou seulement me représenter un certain nombre, il faut nécessairement que je saisisse une à une dans ma pensée ces diverses représentations. Si je laissais toujours échapper de ma pensée les représentations antérieures (les premières parties de la ligne, les parties précédentes du temps, ou les unités représentées successivement) et que je ne les reproduisisse pas à mesure que j'arrive aux suivantes, jamais aucune représentation complète, jamais aucune des pensées indiquées ne pourrait avoir lieu, pas même les représentations fondamentales d'espace et de temps, quelque pures et quelque primitives qu'elles soient.

La synthèse de l'appréhension est donc inséparablement liée à la synthèse de la reproduction. Et comme cette synthèse constitue le principe transcendental de la possibilité de toutes les connaissances en général (non-seulement des connaissances empiriques, mais encore des connaissances pures *à priori*), la synthèse reproductive de l'imagination appartient aux actes transcendentaux de l'esprit, et eu égard à ceux-ci nous appellerons aussi cette faculté faculté transcendentale de l'imagination.

3

De la synthèse de la récognition dans le concept

Si nous n'avions la conscience que ce que nous pensons est précisément la même chose que ce que nous avons pensé un moment auparavant, toute reproduction dans la série des représentations serait vaine. Ce serait en effet dans l'état présent une nouvelle représentation qui n'appartiendrait nullement à l'acte par lequel elle aurait dû être produite peu à peu, et les éléments divers de cette représentation ne formeraient jamais un tout, puisqu'ils manqueraient de cette unité que la conscience seule peut leur donner. Si, en comptant, j'oublie que les unités que j'ai maintenant devant les yeux ont été successivement ajoutées par moi les unes aux autres, je ne connaîtrai pas la production du nombre par cette addition successive de l'unité à l'unité, et par conséquent je ne connaîtrai pas le nombre lui-même ; car ce concept réside simplement dans la conscience de cette unité de la synthèse.

Le mot concept pouvait déjà nous conduire par lui-même à cette remarque. En effet c'est cette conscience une qui réunit en une représentation les éléments divers perçus successivement et ensuite reproduits. Cette conscience peut être souvent faible, de telle sorte que nous ne la lions pas à la production de la représentation dans l'acte même, c'est-à-dire immédiatement, mais seulement dans l'effet ; mais malgré cette différence, et bien que la clarté y manque, il faut toujours qu'il y ait une conscience : autrement les concepts et avec eux la connaissance des objets seraient absolument impossibles.

Et ici il est nécessaire de bien s'entendre sur ce que l'on veut désigner par cette expression d'objet des représentations. Nous avons dit plus haut que les phénomènes eux-mêmes ne sont rien que des représentations sensibles, lesquelles ne doivent pas être considérées (en dehors de la faculté représentative) comme des objets. Qu'est-ce donc que l'on entend quand on parle d'un objet correspondant à la connaissance et par conséquent distinct de cette connaissance? Il est aisé de voir que cet objet ne doit être conçu que comme quelque chose en général = X, puisqu'en dehors de notre connaissance nous n'avons rien que nous puissions y opposer comme y correspondant.

Mais nous trouvons, d'une part, que notre pensée sur le rapport de toute connaissance à son objet emporte quelque chose de nécessaire, puisque cet objet est considéré comme ce qui est opposé; et, d'autre part, que nos connaissances ne sont pas déterminées au hasard ou arbitrairement, mais *à priori* et d'une certaine manière, puisque, en même temps qu'elles doivent se rapporter à un objet, elles doivent aussi nécessairement s'accorder entre elles relativement à cet objet, c'est-à-dire avoir cette unité qui constitue le concept d'un objet.

Mais, comme nous n'avons affaire qu'à la diversité de nos représentations, et comme cette X qui y correspond n'est rien pour nous, puisqu'elle est nécessairement quelque chose de différent de toutes nos représentations, il est clair que l'unité que l'objet constitue nécessairement ne peut être autre chose que l'unité formelle de la conscience dans la synthèse des représentations diverses. Nous disons que nous connaissons l'objet quand nous avons opéré une unité synthétique dans les divers éléments de l'intuition. Mais cette unité est impossible si la synthèse n'a pas pour fonction de ramener l'intuition à une règle qui rende nécessaire *à priori* la reproduction des éléments divers, et possible un concept où ils s'unissent. Ainsi nous concevons un triangle comme un objet, alors que nous avons conscience de l'assemblage de trois lignes droites suivant une règle d'après laquelle une telle intuition peut toujours être produite[1]. Or cette *unité de la règle* détermine toute la diversité et la restreint à des conditions qui rendent possible l'unité de l'aperception; et le concept de cette unité est la représentation de l'objet = x que je conçois au moyen des prédicats d'un triangle.

Toute connaissance exige un concept, si imparfait ou si obscur qu'il puisse être; et ce concept est toujours, quant à sa forme,

---

[1] *Dargestellt.*

quelque chose de général et qui sert de règle. Ainsi le concept du corps, en ramenant à l'unité les divers éléments que nous y concevons, sert de règle à notre connaissance des phénomènes extérieurs. Mais il ne peut être une règle des intuitions que parce qu'il représente, dans les intuitions données, la reproduction nécessaire de leurs éléments divers et par conséquent l'unité synthétique qui en accompagne la conscience. Ainsi le concept du corps suppose nécessairement, dans la perception de quelque chose d'extérieur à nous, la représentation de l'étendue, et avec elle celle de l'impénétrabilité, de la forme, etc.

Toute nécessité a toujours pour principe une condition transcendentale. Il faut donc trouver à l'unité de la conscience dans la synthèse des éléments divers de toutes nos intuitions, par conséquent aussi des concepts des objets en général, par conséquent encore de tous les objets de l'expérience, un principe transcendental sans lequel il serait impossible de concevoir un objet à nos intuitions; car cet objet n'est rien de plus que le quelque chose dont le concept exprime une telle nécessité de la synthèse.

Or cette condition originaire et transcendentale n'est autre que l'*aperception transcendentale*. La conscience de soi-même, à considérer les déterminations de notre état dans la perception intérieure, est purement empirique, toujours changeante, et elle ne saurait, au milieu de ce flux de phénomènes intérieurs, donner un moi fixe ou permanent ; on l'appelle ordinairement le *sens intérieur* ou l'*aperception empirique*. Ce qui doit être *nécessairement* représenté comme numériquement identique ne peut être conçu comme tel au moyen de données empiriques. Il doit donc y avoir une condition qui précède toute expérience et rende possible l'expérience elle-même, laquelle doit rendre valable une telle supposition transcendentale.

Or il ne peut y avoir en nous de connaissances, de liaison et d'unité de ces connaissances entre elles sans cette unité de la conscience qui précède toutes les données des intuitions et qui seule rend possible toute représentation d'objets. Cette conscience pure, originaire, immuable, je l'appellerai l'*aperception transcendentale*. Pour s'assurer qu'elle mérite ce nom, il suffit de songer que même l'unité objective la plus pure, à savoir celle des concepts *à priori* (espace et temps) n'est possible que par le rapport des intuitions à cette aperception. L'unité numérique de cette aperception sert donc tout aussi bien de principe *à priori* à tous les concepts que la multiplicité de l'espace et du temps aux intuitions de la sensibilité.

Mais cette même unité transcendentale de l'aperception fait de tous les phénomènes qui peuvent se trouver réunis dans une expérience un ensemble reliant toutes ces représentations suivant des lois. En effet cette unité de la conscience serait impossible si l'esprit dans la connaissance du divers ne pouvait avoir conscience de l'unité de la fonction par laquelle elle le lie synthétiquement en une connaissance. La conscience originaire et nécessaire de l'identité de soi-même est donc en même temps une conscience d'une unité également nécessaire de la synthèse qui relie tous les phénomènes suivant des concepts, c'est-à-dire suivant des règles, lesquelles non-seulement les rendent nécessairement reproductibles, mais par là aussi déterminent un objet à leur intuition, c'est-à-dire le concept de quelque chose où ils s'enchaînent nécessairement. L'esprit en effet ne pourrait pas concevoir *à priori* l'identité de lui-même dans la diversité de ses représentations, s'il n'avait devant les yeux l'identité de son acte, laquelle soumet à une unité transcendentale toute synthèse de l'appréhension (qui est empirique), et en rend d'abord l'enchaînement *à priori* possible suivant des règles. Nous pourrons maintenant déterminer d'une manière plus exacte nos concepts d'un *objet* en général. Toutes les représentations ont, comme représentations, *leur objet*, et peuvent être elles-mêmes à leur tour les objets d'autres représentations. Les phénomènes sont les seuls objets qui puissent nous être immédiatement donnés, et ce qui s'y rapporte immédiatement à l'objet s'appelle intuition. Or ces phénomènes ne sont pas des choses en soi, mais seulement des représentations qui à leur tour ont leur objet, lequel par conséquent ne peut plus être perçu par nous, et peut être appelé l'objet non empirique, c'est-à-dire transcendental $= X$.

Le concept pur de cet objet transcendental (qui en réalité dans toutes nos connaissances est toujours identiquement $= X$) est ce qui peut donner à tous nos concepts empiriques en général un rapport à un objet, c'est-à-dire de la réalité objective.

Or ce concept ne peut renfermer aucune intuition empirique déterminée, et par conséquent il ne concernera autre chose que cette unité qui doit se rencontrer dans la diversité de la connaissance, en tant que cette diversité est en rapport avec un objet. Mais ce rapport n'est autre chose que l'unité nécessaire de la conscience, par conséquent aussi de la synthèse du divers opérée par cette fonction commune de l'esprit qui consiste à le relier en une représentation. Or, comme cette unité doit être tenue pour nécessaire *à priori* (puisqu'autrement la connaissance serait sans objet), le rapport à un objet transcendental, c'est-à-dire la réalité objective de notre connaissance empirique doit reposer sur cette loi transcendentale, que tous les phénomènes, en tant que des objets doivent nous être donnés par là, doivent être soumis à des règles *à priori* de leur unité synthétique qui seules rendent possible leur rapport dans l'intuition empirique, c'est-à-dire qu'ils doivent être soumis dans l'expérience aux conditions de l'unité nécessaire de l'aperception, tout aussi bien que dans la simple intuition ils le sont aux conditions formelles de l'espace et du temps, et que même toute connaissance n'est d'abord possible qu'à cette double condition.

4

Explication préliminaire de la possibilité des catégories comme connaissances à priori

Il n'y a qu'une expérience où toutes les perceptions soient représentées comme dans un enchaînement complet et régulier, de même qu'il n'y a qu'un temps et un espace où aient lieu toutes les formes du phénomène et tous les rapports de l'être ou du non-être. Quand on parle de diverses expériences, il ne s'agit alors que d'autant de perceptions appartenant à une seule et même expérience générale. L'unité complète et synthétique des perceptions constitue en effet précisément la forme de l'expérience, et elle n'est pas autre chose que l'unité synthétique des phénomènes opérée d'après des concepts.

Si l'unité de la synthèse opérée d'après des concepts empiriques était tout à fait contingente, et si ceux-ci ne se fondaient pas sur un principe transcendental de l'unité, il serait possible qu'une foule de phénomènes remplît notre âme sans qu'il en pût jamais résulter aucune expérience. Mais alors aussi s'évanouirait tout rapport de la connaissance à des objets, puisque l'enchaînement qui se règle sur des lois universelles et nécessaires lui ferait défaut, que par conséquent il serait bien une intuition vide de pensée, mais jamais une connaissance, et qu'ainsi il serait pour nous comme s'il n'était pas.

Les conditions *à priori* d'une expérience possible en général sont en même temps les conditions de la possibilité des objets de l'expérience. Or je soutiens que les catégories indiquées ne sont autre chose que *les conditions de la pensée dans une expérience possible*, de même que *l'espace* et *le temps* contiennent *les conditions des intuitions* pour cette même expérience. Elles sont donc aussi des concepts fondamentaux qui servent à penser des objets en général pour les phénomènes, et par conséquent elles ont *à priori* une valeur objective, ce qui était proprement ce que nous voulions savoir.

Mais la possibilité et même la nécessité de ces catégories reposent sur le rapport que toute la sensibilité et avec elle aussi tous les phénomènes possibles ont avec l'aperception originaire, dans laquelle tout doit être nécessairement conforme aux conditions de l'unité complète de la conscience de soi-même, c'est-à-dire être soumis aux fonctions générales de la synthèse opérée suivant des concepts, seule chose où l'aperception puisse prouver *à priori* sa complète et nécessaire identité. Ainsi le concept d'une cause n'est autre chose qu'une synthèse (de ce qui suit dans la série du temps avec d'autres phénomènes) opérée suivant des *concepts* ; et sans une unité de ce genre, qui a ses règles *à priori* et se soumet les phénomènes, on ne trouverait pas une unité complète et générale, par conséquent nécessaire, de la conscience dans la diversité des perceptions. Mais celles-ci n'appartiendraient plus alors à aucune expérience, elles seraient par conséquent sans objet, et ne seraient qu'un jeu aveugle de représentations, c'est-à-dire moins qu'un songe.

Toutes les tentatives faites pour dériver de l'expérience ces concepts purs de l'entendement, et leur attribuer une origine purement empirique, sont donc absolument vaines et inutiles. Je ne veux prendre ici pour exemple que le concept de la cause, lequel implique un caractère de nécessité qu'aucune expérience ne saurait donner : l'expérience nous enseigne bien qu'à un phénomène succède ordinairement un autre phénomène, mais non pas que celui-ci doive nécessairement succéder à celui-là, ni qu'on le puisse conclure *à priori* et d'une manière tout à fait générale, comme on conclut d'une condition à la conséquence. Mais cette règle empirique de l'*association*, qu'il faut bien pourtant admettre partout, quand on dit que tout dans la série des événements de ce genre est soumis à des règles, que jamais quelque chose n'arrive qu'il n'ait été précédé de quelque autre chose qu'il suit toujours, cette règle, envisagée comme une loi de la nature, sur quoi, je le demande, repose-t-elle ? Et comment même cette association est-elle possible ? Le principe de la possibilité de l'association des éléments divers, en tant que cette diversité réside dans l'objet, s'appelle l'*affinité* du divers. Je demande donc comment vous vous rendez compréhensible la complète affinité des phénomènes (au moyen de laquelle ils sont soumis à des lois constantes et *doivent* y être soumis).

D'après mes principes elle est très-compréhensible. Tous les phénomènes possibles appartiennent, comme représentations, à toute la conscience de soi-même possible. Mais l'identité numérique est inséparable de cette conscience, comme d'une représentation transcendentale, et elle est certaine *à priori*, puisque rien ne peut arriver à la connaissance qu'au moyen de cette aperception originaire. Or, comme cette identité doit nécessairement intervenir dans la synthèse de tout ce qu'il a de divers dans les phénomènes, en tant qu'elle doit être une connaissance empirique, les phénomènes sont soumis à des conditions *à priori*, auxquelles leur synthèse (la synthèse de leur appréhension) doit être complétement conforme. Or la représentation d'une condition générale suivant laquelle une certaine diversité *peut être* posée (d'une manière identique par conséquent) s'appelle une *règle*, et elle s'appelle une *loi*, quand cette diversité y *doit* être posée ainsi. Tous les phénomènes sont donc universellement reliés suivant des lois nécessaires, et ils sont par conséquent dans une affinité transcendentale, dont l'affinité empirique n'est qu'une simple conséquence.

Il semble fort étrange et fort absurde que la nature doive se régler sur notre principe subjectif d'aperception, et que même elle en doive dépendre quant aux lois qui la régissent. Mais si l'on songe que cette nature n'est rien en soi qu'un ensemble de phénomènes, que par conséquent elle n'est pas une chose en soi, mais simplement une multitude de représentations de l'esprit, on ne s'étonnera pas de ne la voir que dans la faculté radicale de toute notre connaissance, à savoir dans l'aperception transcendentale, dans cette unité qui seule lui permet d'être appelée un objet de toute expérience possible, c'est-à-dire une nature, et l'on comprendra que par cette raison même nous puissions connaître cette unité *à priori*, par conséquent comme nécessaire, ce à quoi nous devrions renoncer si elle était donnée en soi indépendamment des premières sources de notre pensée. En effet je ne saurais alors où nous devrions prendre les principes synthétiques d'une telle unité universelle de la nature, puisqu'il faudrait dans ce cas la tirer des objets de la nature même. Mais comme cela ne pourrait avoir lieu qu'empiriquement, on n'en pourrait tirer qu'une unité simplement contingente, laquelle serait loin de suffire à l'enchaînement nécessaire que l'on conçoit sous le nom de nature.

TROISIÈME SECTION

Du rapport de l'entendement à des objets en général et à la possibilité de les connaître à priori

Ce que nous avons exposé dans la précédente section séparément et isolément, nous allons maintenant le représenter réuni et lié. Il y a trois sources subjectives de connaissance, d'où dérive la possibilité d'une expérience en général et de la connaissance de ses objets : le *sens*, l'*imagination* et l'*aperception*. Chacune d'elles peut être regardée comme empirique, dans son application à des phénomènes donnés ; mais toutes sont aussi des éléments ou des fondements *à priori*, qui rendent possible cet usage empirique même. Le *sens* représente les phénomènes empiriquement dans la *perception* ; l'*imagination*, dans l'association (et la reproduction) ; l'*aperception*, dans la *conscience empirique* de l'identité de ces représentations reproductives avec les phénomènes par lesquels elles ont été données, par conséquent dans la *récognition*.

Or tout ensemble de la perception repose *à priori* sur l'intuition pure (qui, pour la perception comme représentation, est le temps, forme de l'intuition interne) ; l'association, sur la synthèse pure de l'imagination ; et la conscience empirique, sur la pure aperception, c'est-à-dire sur la complète identité de soi-même dans toutes les représentations possibles.

Si donc nous voulons poursuivre le principe interne de cette liaison des représentations jusqu'au point où toutes doivent converger, pour y recevoir cette unité de la connaissance sans laquelle il n'y a pas d'expérience possible, il nous faut commencer par l'aperception pure. Toutes les intuitions ne sont rien pour nous et elles ne nous touchent nullement si elles ne sont reçues dans la conscience, qu'elles y arrivent directement ou indirectement ; ce n'est que par ce moyen que la connaissance est possible. Nous avons conscience *à priori* de la complète identité de nous-mêmes relativement à toutes les représentations qui peuvent jamais arriver à notre connaissance, comme d'une condition nécessaire de la possibilité de toutes ces représentations (en effet elles ne sauraient représenter en moi quelque chose qu'à la condition d'appartenir avec toutes les autres à une même conscience, et par conséquent de pouvoir au moins y être liées). Ce principe est fermement établi *à priori*, et on peut l'appeler le *principe* transcendental de l'*unité* dans les éléments divers de nos représentations (par conséquent aussi dans l'intuition). Or l'unité des éléments divers dans un sujet est synthétique ; l'aperception pure fournit donc un principe de l'unité synthétique du divers dans toute intuition possible*.

Mais cette unité synthétique suppose une synthèse ou la renferme ; et, si la première doit nécessairement être *à priori*, la

---

* Qu'on fasse bien attention à cette proposition, qui est d'une grande importance. Toutes les représentations ont un rapport nécessaire à une conscience empirique possible ; car, s'il n'en était pas ainsi, il serait absolument impossible d'en avoir conscience : elles seraient pour nous comme si elles n'étaient pas du tout. Mais toute conscience empirique a un rapport nécessaire à une conscience transcendentale (antérieure à toute expérience particulière), c'est-à-dire à la conscience de moi-même, comme aperception originaire. Il est donc absolument nécessaire que dans ma connaissance toute conscience se rapporte à une même conscience (de moi-même). Il y a donc ici une unité synthétique des éléments divers (de la conscience). qui est connue *à priori*, et qui sert ainsi de fondement à des propositions synthétiques *à priori* relatives à la pensée pure, de même que l'espace et le temps servent de fondement à des propositions qui concernent la forme de la simple intuition. Cette proposition synthétique. que toutes les diverses *consciences empiriques* doivent être liées en une seule conscience de soi-même. est. absolument parlant, le premier principe synthétique de notre pensée en général. Mais il ne faut pas perdre de vue que la simple représentation *Moi* est, par rapport à toutes les autres (dont elle rend possible l'unité collective), la conscience transcendentale. Que cette représentation soit claire (dans la conscience empirique), ou qu'elle soit obscure, peu importe ici. il ne s'agit même pas de sa réalité ; il suffit de constater que la possibilité de la forme logique de toute connaissance repose nécessairement sur le rapport à cette aperception comme à une faculté.

seconde aussi doit être une synthèse *à priori*. L'unité transcendentale de l'aperception se rapporte donc à la synthèse pure de l'imagination, comme à une condition *à priori* de la possibilité de tout assemblage des éléments divers en une même connaissance. Or la *synthèse productive* de l'*imagination* peut seule avoir lieu *à priori ;* car celle qui est reproductive repose sur des conditions expérimentales. Le principe de l'unité nécessaire de la synthèse pure (productive) de l'imagination est donc, antérieurement à l'aperception, le fondement de la possibilité de toute connaissance, particulièrement de l'expérience.

Or nous nommons transcendentale la synthèse des éléments divers dans l'imagination, quand, abstraction faite de la différence des intuitions, elle n'a trait *à priori* à rien autre chose qu'à la liaison des éléments divers ; et l'unité de cette synthèse s'appelle transcendentale, quand, relativement à l'unité originaire de l'aperception, elle est représentée comme nécessaire *à priori*. Comme cette dernière sert de fondement à la possibilité de toutes les connaissances, l'unité transcendentale de la synthèse de l'imagination est la forme pure de toute connaissance possible, et elle est par conséquent la condition *à priori* de la représentation de tous les objets d'expérience possible.

L'unité de l'aperception relativement à la synthèse de l'imagination est l'entendement, et cette même unité, relativement à la *synthèse transcendentale* de l'imagination, est l'*entendement pur*. Il y a donc dans l'entendement des connaissances pures *à priori*, qui contiennent l'unité nécessaire de la synthèse pure de l'imagination, relativement à tous les phénomènes possibles. Ce sont les *catégories*, car tel est le nom des concepts purs de l'entendement. Par conséquent la faculté empirique de connaître, que possède l'homme, contient nécessairement un entendement qui s'applique à tous les objets des sens, mais seulement par l'intermédiaire de l'intuition et de la synthèse qu'y opère l'imagination ; et tous les phénomènes, considérés comme des données pour une expérience possible, sont soumis à cet entendement. Or, comme ce rapport des phénomènes à une expérience possible est également nécessaire (puisque sans lui nous n'en recevrions aucune connaissance, et que par conséquent ils seraient pour nous comme s'ils n'étaient pas), il s'ensuit que l'entendement pur est, par le moyen des catégories, un principe formel et synthétique de toutes les expériences, et que les phénomènes ont un *rapport nécessaire à l'entendement*.

Nous exposerons maintenant l'enchaînement nécessaire de l'entendement avec les phénomènes au moyen des catégories, en allant de bas en haut, c'est-à-dire en partant de l'élément empirique. La première chose qui nous est donnée est le phénomène, lequel, quand il est accompagné de conscience, s'appelle perception (sans le rapport à une conscience, au moins possible, le phénomène ne serait pas pour nous un objet de connaissance, et par conséquent il ne serait rien pour nous, et, puisqu'il n'a en soi aucune réalité objective et qu'il n'existe pas dans la connaissance, il ne serait absolument rien). Mais, comme chaque phénomène renferme une diversité, et que par conséquent il y a dans l'esprit des perceptions diverses naturellement disséminées et isolées, il faut qu'il s'établisse entre elles une liaison qu'elles n'ont pas dans le sens même. Il y a donc une faculté active qui opère la synthèse de ces éléments divers ; cette faculté est ce que nous nommons l'imagination, et l'action de cette faculté s'exerçant immédiatement dans les perceptions est ce que j'appelle l'appréhension*. L'imagination doit en effet réduire en une *image* ce qu'il y a de divers dans l'intuition ; il faut donc qu'elle commence par recevoir les impressions dans son activité, c'est-à-dire par les appréhender.

Il est clair que même cette appréhension du divers ne produirait pas par elle seule une image et un ensemble d'impressions, s'il n'y avait une raison subjective d'évoquer une perception d'où l'esprit passe à une autre, à la suivante, et d'exhiber ainsi des séries entières de perceptions, c'est-à-dire s'il n'y avait

---

* Aucun psychologue n'a bien vu jusqu'ici que l'imagination est un ingrédient nécessaire de la perception. Cela vient en partie de ce que l'on bornait cette faculté à des reproductions, et en partie de ce que l'on croyait que les sens ne nous fournissaient pas seulement des impressions, mais les assemblaient aussi et en formaient des images des objets, ce qui certainement outre la réceptivité des impressions, exige quelque chose de plus encore, à savoir une fonction qui en opère la synthèse.

en nous une faculté reproductive de l'imagination, faculté qui n'est donc toujours qu'empirique.

Mais puisque, si des représentations se reproduisaient réciproquement sans distinction, comme elles se rencontreraient, elles ne pourraient former qu'un amas incohérent, mais jamais aucun enchaînement déterminé et par conséquent aucune connaissance, leur reproduction doit avoir une règle suivant laquelle une représentation s'unit à l'une plutôt qu'à l'autre dans l'imagination. Ce principe subjectif et empirique de la reproduction régulière est ce qu'on nomme l'*association* des représentations.

Or, si cette unité de l'association n'avait pas aussi un principe objectif, tel qu'il fût impossible que des phénomènes fussent appréhendés par l'imagination autrement que sous la condition d'une unité synthétique possible de cette appréhension, ce serait chose tout à fait accidentelle que des phénomènes s'accordassent de manière à former un enchaînement de connaissances humaines. En effet, encore que nous eussions la faculté d'associer des perceptions, cette faculté resterait par elle-même tout à fait indéterminée et contingente, quelque susceptibles d'association que fussent ces perceptions; et, si elles ne l'étaient pas, il pourrait sans doute y avoir une multitude de perceptions et même toute une sensibilité où beaucoup de consciences empiriques se rencontreraient dans mon esprit, mais ces consciences seraient séparées et ne formeraient pas une conscience de moi-même, ce qui est impossible. Car par cela seul que je rattache toutes les perceptions à une conscience (à l'aperception originaire), je puis dire de toutes les perceptions que j'en ai conscience. Il doit donc y avoir un principe objectif, c'est-à-dire perceptible *à priori* antérieurement à toutes les lois empiriques de l'imagination, sur lequel reposent la possibilité et même la nécessité d'une loi s'étendant à tous les phénomènes, et consistant à les regarder tous comme des données des sens susceptibles en soi d'association et soumises à des règles universelles d'une liaison complète dans la reproduction. Ce principe objectif de toute l'association des phénomènes, je le nomme l'*affinité* de ces phénomènes. Mais nous ne pouvons le trouver nulle part ailleurs que dans le principe de l'unité de l'aperception par rapport à toutes les connaissances qui doivent m'appartenir. D'après ce principe, il faut absolument que tous les phénomènes entrent dans l'esprit ou soient appréhendés de telle sorte qu'ils s'accordent avec l'unité de l'aperception, ce qui serait impossible sans unité synthétique dans leur enchaînement, unité qui par conséquent est aussi objectivement nécessaire.

L'unité objective de toutes les consciences (empiriques) en une seule conscience (celle de l'aperception originaire) est donc la condition nécessaire même de toute perception possible, et l'affinité (prochaine ou éloignée) de tous les phénomènes est une conséquence nécessaire d'une synthèse dans l'imagination qui est fondée *à priori* sur des règles.

L'imagination est donc aussi une faculté de synthèse à *priori*, ce qui fait que nous lui donnons le nom d'imagination productive; et, en tant que, par rapport à tout ce que le phénomène contient de divers, elle n'a d'autre but que l'unité nécessaire dans la synthèse de ce phénomène, elle peut être appelée la fonction transcendentale de l'imagination. Il est sans doute étrange, mais il résulte clairement de ce qui précède que c'est seulement au moyen de cette fonction transcendentale de l'imagination que sont possibles même l'affinité des phénomènes, avec elle l'association, et par celle-ci enfin la reproduction suivant des lois, par conséquent l'imagination elle-même, puisque sans elle jamais des concepts d'objets ne se réuniraient en une expérience.

En effet le moi fixe et permanent (de l'aperception pure) forme le corrélatif de toutes nos représentations, en tant qu'il est simplement possible d'avoir conscience de ces représentations, et toute conscience n'appartient pas moins à une aperception pure comprenant tout, que toute intuition sensible, comme représentation, à une intuition interne pure, à savoir au temps. C'est donc cette aperception qui doit s'ajouter à l'imagination pure pour rendre sa fonction intellectuelle. En effet en elle-même la synthèse de l'imagination, bien que pratiquée *à priori*, n'est toujours que sensible, puisqu'elle ne relie les éléments divers que comme ils apparaissent dans l'intuition, par exemple la figure d'un triangle. Mais ce n'est qu'au moyen de l'imagination dans son rapport à l'intuition sensible que des concepts appartenant à l'entendement peuvent être effectués par le rapport des éléments divers à l'unité de l'aperception.

Il y a donc en nous une imagination pure, comme faculté fondamentale de l'âme humaine servant *à priori* de principe à toute connaissance. Au moyen de cette faculté, d'une part nous relions les éléments divers de l'intuition, et d'autre part nous les rattachons à la condition de l'unité nécessaire de l'aperception pure. Les deux termes extrêmes, la sensibilité et l'entendement, doivent nécessairement s'accorder au moyen de cette fonction transcendentale de l'imagination, puisqu'autrement il y aurait bien des phénomènes, mais point d'objets d'une connaissance empirique, par conséquent point d'expérience. L'expérience réelle, qui se compose de l'appréhension, de l'association (de la reproduction), enfin de la récognition des phénomènes, contient, dans cette dernière et suprême condition (des éléments purement empiriques de l'expérience), certains concepts qui rendent possible l'unité formelle de l'expérience et avec elle toute valeur objective (toute vérité) de la connaissance empirique. Ces principes de la récognition du divers, en tant qu'ils ne concernent que *la forme d'une expérience en général*, sont nos catégories. C'est donc sur celles-ci que se fonde toute unité formelle dans la synthèse de l'imagination, et, par le moyen de cette synthèse, l'unité de tout usage empirique de cette faculté (dans la récognition, la reproduction, l'association, l'appréhension) jusqu'aux phénomènes, puisque ceux-ci ne peuvent appartenir à la connaissance et en général à notre conscience, par conséquent à nous-mêmes, qu'au moyen de ces éléments.

C'est donc nous-mêmes qui introduisons l'ordre et la régularité dans les phénomènes que nous appelons *nature*, et nous ne pourrions les y trouver s'ils n'y avaient été mis originairement par nous ou par la nature de notre esprit. En effet cette unité de la nature doit être une unité nécessaire, c'est-à-dire certaine *à priori*, de l'enchaînement des phénomènes. Mais comment pourrions-nous mettre en avant *à priori* une unité synthétique, si, dans les sources originaires d'où dérive la connaissance de notre esprit, il n'y avait des principes subjectifs de cette unité *à priori*, et si ces conditions subjectives n'avaient pas en même temps une valeur objective, puisqu'elles sont les principes de la possibilité des principes de connaître en général un objet dans l'expérience.

Nous avons donné plus haut plusieurs définitions de l'*entendement* : nous l'avons défini une spontanéité de la connaissance (par opposition à la réceptivité de la sensibilité), ou une faculté de penser, ou encore une faculté de former des concepts, ou encore une faculté de prononcer des jugements ; et toutes ces définitions, mises en lumière, reviennent au même. Nous pouvons à présent le caractériser en l'appelant la *faculté de donner des règles*. Ce caractère est plus fécond et approche davantage de son essence. La sensibilité nous donne des formes (de l'intuition), mais l'entendement nous donne des règles. Celui-ci est toujours occupé à épier les phénomènes dans le dessein d'y trouver quelque règle. Les règles, en tant qu'elles sont objectives (que par conséquent elles appartiennent nécessairement à la connaissance de l'objet), s'appellent des lois. Bien que nous apprenions beaucoup de lois par l'expérience, celles-ci ne sont toujours que des déterminations particulières de lois plus élevées encore, dont les plus hautes (celles dans lesquelles rentrent toutes les autres) procèdent *à priori* de l'entendement même, et, loin de dériver de l'expérience, donnent au contraire aux phénomènes leur caractère de conformité à des lois[1] et rendent précisément par là l'expérience possible. L'entendement n'est donc pas simplement une faculté de se faire des règles par la comparaison des phénomènes : il est lui-même une législation pour la nature, c'est-à-dire que sans lui il n'y aurait nulle part de nature, ou d'unité synthétique des éléments divers des phénomènes suivant des règles ; en effet les phénomènes ne peuvent, comme tels, avoir lieu hors de nous, mais ils n'existent que dans notre sensibilité. Mais celle-ci, comme objet de la connaissance dans une expérience, avec tout ce qu'elle peut contenir, n'est possible que dans l'unité de l'aperception. Or l'unité de l'aperception est le principe transcendantal de la conformité nécessaire de tous les phénomènes à des lois dans une expérience. Cette même unité de l'aperception par rapport à une diversité de représentations

---

[1] *Ihre Gesetzmässigkeit.*

(qu'il s'agit de déterminer en partant d'une seule) est la règle, et la faculté qui donne cette règle est l'entendement. Tous les phénomènes, comme expériences possibles, résident donc aussi *à priori* dans l'entendement, et en reçoivent leur possibilité formelle, de même que, comme simples intuitions, ils résident dans la sensibilité et ne sont possibles quant à la forme que par elle.

Si extravagant donc et si absurde qu'il paraisse de dire que l'entendement est la source des lois de la nature et par conséquent de l'unité formelle de la nature, cette assertion n'en est pas moins parfaitement exacte et parfaitement conforme à l'objet, c'est-à-dire à l'expérience. Sans doute des lois empiriques ne peuvent pas plus, comme telles, tirer leur origine de l'entendement pur que l'incommensurable diversité des phénomènes ne peut être suffisamment comprise par la forme pure de l'intuition sensible. Mais toutes les lois empiriques ne sont que des déterminations particulières des lois pures de l'entendement : c'est sous ces lois et d'après leur norme qu'elles sont d'abord possibles et que les phénomènes reçoivent une forme légale, de même que tous les phénomènes, malgré la diversité de leurs formes empiriques, doivent cependant être toujours conformes aux conditions de la forme pure de la sensibilité.

L'entendement pur est donc dans les catégories la loi de l'unité synthétique de tous les phénomènes, et par là il rend d'abord et originairement possible l'expérience quant à la forme. Mais, dans la déduction transcendantale des catégories, nous n'avions rien de plus à entreprendre qu'à faire comprendre ce rapport de l'entendement à la sensibilité, et, par le moyen de celle-ci, à tous les objets de l'expérience, par conséquent la valeur objective de ses concepts purs *à priori*, et à établir ainsi leur origine et leur vérité.

Idée sommaire de l'exactitude et de l'unique possibilité de cette déduction des concepts purs de l'entendement

Si les objets auxquels notre connaissance a affaire étaient des choses en soi, nous n'en pourrions avoir de concepts *à priori*. D'où en effet les tirerions-nous? Si nous les tirions de l'objet (sans chercher ici comment cet objet pourrait nous être connu), nos concepts seraient purement empiriques et ne seraient pas des concepts *à priori*. Si nous les tirions de nous-mêmes, ce qui est simplement en nous ne saurait déterminer la nature d'un objet distinct de nos représentations, c'est-à-dire être une raison pourquoi, au lieu que toutes ces représentations fussent vides, il devrait y avoir une chose à laquelle convînt ce que nous avons dans l'esprit. Au contraire, si nous n'avons partout affaire qu'à des phénomènes, il n'est pas seulement possible, mais il est nécessaire aussi que certains concepts *à priori* précèdent la connaissance empirique des objets. En effet comme phénomènes ils constituent un objet qui est simplement en nous, puisqu'une simple modification de notre sensibilité ne se rencontre pas hors de nous. Or cette représentation même exprime que tous ces phénomènes, par conséquent tous les objets dont nous pouvons nous occuper, sont en moi, ou sont des déterminations de mon moi identique, c'est-à-dire d'une complète unité de ces phénomènes dans une seule et même aperception nécessaire. Mais dans cette unité de la conscience possible réside aussi la forme de toute connaissance des objets (par où est pensé le divers comme appartenant à un objet). La manière dont le divers de la représentation sensible (de l'intuition) appartient à une conscience précède donc toute connaissance de l'objet, comme en étant la forme intellectuelle, et constitue elle-même une connaissance formelle de tous les objets *à priori* en général, en tant qu'ils sont pensés (les catégories). La synthèse de ces objets par l'imagination pure, l'unité de toutes les représentations par rapport à l'aperception originaire précède toute connaissance empirique. Les concepts purs de l'entendement ne sont donc possibles *à priori*, et même, par rapport à l'expérience, nécessaires, que parce que notre connaissance n'a affaire qu'à des phénomènes dont la possibilité réside en nous-mêmes, dont l'enchaînement et l'unité (dans la représentation d'un objet) ne se trouvent qu'en nous, et par conséquent doivent précéder l'expérience et la rendre d'abord possible quant à la forme. Et c'est ce principe, le seul possible entre tous, qui a dirigé toute notre déduction des catégories.

APPENDICE

B (a)

Premier paralogisme : paralogisme de la substantialité

Ce dont la représentation est le *sujet absolu* de nos jugements et ne peut par conséquent être employée comme détermination d'une autre chose, est *substance*.

Je suis, comme être pensant, le *sujet absolu* de tous mes jugements possibles, et cette représentation de moi-même ne peut servir de prédicat à aucune autre chose.

Je suis donc, comme être pensant (comme âme), une substance.

Critique du premier paralogisme de la psychologie pure

Nous avons montré dans la partie analytique de la logique transcendentale que les catégories pures (et parmi elles celle

(a) Voir tome II, page 9.

aussi de la substance) n'ont par elles-mêmes aucune signification objective tant qu'on n'y subsume pas une intuition aux éléments divers de laquelle elles puissent être appliquées comme fonctions de l'unité synthétique. Elles ne sont sans cela que des fonctions d'un jugement sans contenu. Je puis dire de chaque chose en général qu'elle est une substance, en tant que je la distingue des simples prédicats et des simples déterminations des choses. Or dans chacune de nos pensées le *moi* est le sujet auquel ces pensées sont inhérentes comme simples déterminations, et ce moi ne peut être employé comme la détermination d'une autre chose. Chacun se doit donc nécessairement regarder soi-même comme une substance, et sa pensée comme de simples accidents de son existence ou comme des déterminations de son état.

Or quel usage dois-je faire de ce concept d'une substance? Je ne saurais d'aucune façon en conclure que, comme être pensant, je *dure* par moi-même, et que je ne *nais* ni ne *péris* naturellement. Et cependant le concept de la substantialité de mon sujet pensant ne peut me servir qu'à cela; sans cet usage, je pourrais parfaitement m'en passer.

Il s'en faut tellement que l'on puisse conclure ces propriétés des simples catégories pures d'une substance, qu'au contraire nous ne pouvons prendre pour principe la permanence d'un objet donné qu'au moyen de l'expérience, quand nous voulons lui appliquer le concept d'une substance et en faire un usage empirique. Or dans notre proposition nous n'avons pris pour base aucune expérience, mais nous n'avons fait que conclure du concept de la relation qu'implique toute pensée, au moi, comme au sujet commun auquel elle est inhérente. Nous ne pourrions pas même, en prenant l'expérience pour base, prouver une telle permanence par aucune expérience certaine. En effet le moi est bien dans toutes les pensées; mais cette représentation n'entraîne pas la moindre intuition qui le distingue de tous les autres objets de l'intuition. On peut bien remarquer qu'elle reparait toujours dans toute pensée, mais non pas qu'elle est une intuition fixe et permanente où les pensées (variables) se succèdent.

Il suit de là que le premier raisonnement de la psychologie transcendentale ne nous apporte qu'une prétendue lumière nouvelle en nous donnant le sujet logique permanent de la pensée pour la connaissance du sujet réel d'inhérence dont nous n'avons ni ne pouvons avoir la moindre connaissance, puisque la conscience est la seule chose qui convertisse toutes les représentations en pensées, et où par conséquent elles doivent se rencontrer toutes comme dans le sujet transcendental ; et, en dehors de cette représentation logique du moi, nous n'avons aucune connaissance du sujet en soi qui lui servirait de base, à titre de substance, ainsi qu'à toutes les pensées. On peut cependant mettre en avant cette proposition : *l'âme est une substance*, pourvu que l'on reconnaisse que ce concept ne nous fait point faire un pas de plus, ou qu'il ne peut rien nous apprendre touchant les résultats ordinaires de la psychologie rationnelle, comme par exemple la durée constante de l'âme dans tous les changements et même après la mort de l'homme, et que par conséquent il ne signifie qu'une substance en idée, mais non en réalité.

Deuxième paralogisme : paralogisme de la simplicité

Une chose dont l'action ne peut jamais être regardée comme le concours de plusieurs choses agissantes est *simple*.

Or l'âme, comme moi pensant, est une chose dont l'action, etc.

Donc, etc.

Critique du deuxième paralogisme de la psychologie transcendentale

C'est ici l'Achille de tous les raisonnements dialectiques de la psychologie pure, non pas simplement un jeu sophistique imaginé par quelque dogmatique pour donner à ses assertions une apparence momentanée, mais un raisonnement qui semble supporter l'examen le plus pénétrant et la réflexion la plus profonde. Le voici.

Toute substance *composée* est un agrégat de plusieurs substances, et l'action d'un composé ou ce qui est inhérent à ce composé comme tel est un agrégat de plusieurs actes ou accidents qui sont répartis entre la multitude des substances. Or un effet résultant du concours de plusieurs choses agissantes est sans doute possible, quand cet effet est simplement extérieur (comme par exemple le mouvement d'un corps est le mouvement combiné de toutes ses parties). Mais il en est tout autrement des pensées, comme accidents internes inhérents à un être pensant. En effet supposez que le composé pense : chacune de ses parties renfermerait une partie de la pensée, et toutes ensemble seulement la pensée toute entière. Or cela est contradictoire. En effet, puisque les représentations réparties entre les différents êtres (par exemple les divers mots d'un vers) ne constituent jamais une pensée entière (un vers), la pensée ne peut être inhérente à un composé comme tel. Elle n'est donc possible que dans *une seule* substance, qui ne soit pas un agrégat de plusieurs, mais qui soit absolument simple*.

Le prétendu *nervus probandi* de cet argument réside dans cette proposition, que plusieurs représentations ne peuvent constituer une pensée qu'à la condition d'être renfermées dans l'unité absolue du sujet pensant. Mais nul ne peut prouver cette proposition *par des concepts*. En effet comment s'y prendrait-on pour le faire ? On ne saurait traiter analytiquement cette proposition : une pensée ne peut être que l'effet de l'absolue unité de l'être pensant. En effet l'unité de la pensée qui se compose de plusieurs représentations est collective et peut, au point de vue des seuls concepts, se rapporter à l'unité collective des substances qui y concourent (de même que le mouvement d'un corps est le mouvement combiné de toutes ses parties), tout aussi bien

---

* Il est très-aisé de donner à cette preuve la précision de la forme scolastique ordinaire. Mais pour le but que je me propose il suffit de présenter l'argument sous une forme populaire.

qu'à l'unité absolue du sujet. D'après la règle de l'identité, la nécessité de l'hypothèse d'une substance simple, dans une pensée composée, n'est donc nullement évidente. Mais d'un autre côté quiconque comprend le principe de la possibilité des propositions synthétiques *à priori*, tel que nous l'avons exposé plus haut, ne se hasardera pas à affirmer que la proposition dont il s'agit ici peut être connue synthétiquement et tout à fait *à priori* par de simples concepts.

Il est tout aussi impossible de dériver de l'expérience cette unité nécessaire du sujet, comme condition de la possibilité de chaque pensée. En effet l'expérience ne nous fait connaître aucune nécessité, outre que le concept de l'unité absolue dépasse de beaucoup sa sphère. Où prenons-nous donc cette proposition sur laquelle s'appuie toute la démonstration psychologique ?

Il est évident que, quand on veut se représenter un être pensant, il faut se mettre soi-même à sa place et par conséquent substituer son propre sujet à l'objet que l'on voudrait examiner (ce qui n'est le cas dans aucune autre espèce de recherche), et que nous n'exigeons l'absolue unité du sujet pour une pensée que parce qu'autrement on ne pourrait pas dire : *je* pense (le divers dans une représentation). En effet, bien que l'ensemble de la pensée puisse être partagé et distribué entre plusieurs sujets, le moi subjectif ne peut être partagé et distribué, et nous le supposons cependant dans toute pensée.

Ici donc, comme dans le paralogisme précédent, le principe formel de l'aperception : *je pense*. reste comme l'unique principe à l'aide duquel la psychologie rationnelle essaie d'étendre ses connaissances. Cette proposition n'est pas sans doute une expérience : elle n'est que la forme de l'aperception qui est inhérente à toute expérience et qui la précède ; mais relativement à une connaissance possible en général, elle doit être regardée comme une *condition purement subjective*, dont nous faisons à tort une condition de la possibilité d'une connaissance des objets, c'est-à-dire un *concept* de l'être pensant, puisque nous ne pouvons pas nous le représenter sans nous mettre nous-mêmes avec la formule de notre conscience à la place de tout autre être intelligent.

Aussi bien la simplicité de moi-même (comme âme) ne *se con-*

clut-elle pas réellement de la proposition : je pense ; elle est déjà dans toute pensée. Cette proposition : *je suis simple*, doit être regardée comme une expression immédiate de l'aperception, de même que le prétendu raisonnement cartésien : *cogito, ergo sum*, est dans le fait tautologique, puisque le *cogito* (*sum cogitans*) exprime immédiatement la réalité. Mais cette proposition : *je suis simple*, ne signifie rien de plus, sinon que cette représentation : le *moi*, ne renferme pas la moindre diversité, et qu'elle est une unité absolue (quoique purement logique).

Cette preuve psychologique tant vantée n'est donc fondée que sur l'unité indivisible d'une représentation qui se borne à diriger le verbe du côté d'une seule personne. Mais il est évident que le sujet d'inhérence n'est désigné par le moi attaché à la pensée que d'une manière transcendantale, sans qu'on en remarque la moindre propriété ou en général sans qu'on en connaisse ou qu'on en sache quelque chose. Il signifie un quelque chose en général (un sujet transcendental) dont la représentation doit certainement être simple, par la raison qu'on n'y détermine rien du tout, puisqu'en effet rien ne peut être représenté d'une manière plus simple que par le concept d'un simple quelque chose. Mais la simplicité de la représentation d'un objet n'est pas pour cela une connaissance de la simplicité du sujet lui-même, car nous faisons tout à fait abstraction de ses propriétés, quand nous le désignons simplement par cette expression vide de contenu : *moi* (expression que je puis appliquer à tout sujet pensant).

Il est donc certain que sous le mot moi je conçois toujours une unité absolue, mais logique du sujet (simplicité), mais que je ne connais point la simplicité réelle de mon sujet. De même que cette proposition : je suis une substance, n'exprime rien que la catégorie pure, dont je ne puis faire aucun usage *in concreto* (empirique), de même il m'est permis de dire : je suis une substance simple, c'est-à-dire une substance dont la représentation ne renferme jamais une synthèse d'éléments divers ; mais ce concept ou même cette proposition ne nous enseigne pas la moindre chose à l'égard de moi-même considéré comme objet de l'expérience, puisque le concept de la substance n'est lui-même employé que comme une fonction de la synthèse, sans qu'aucune intuition lui soit subsumée et par conséquent sans objet, et puisqu'il n'a de valeur que par rapport à la condition de notre connaissance et non point par rapport à un objet que l'on puisse indiquer. Mettons maintenant à l'épreuve la prétendue utilité de cette proposition.

Chacun avouera que l'affirmation de la nature simple de l'âme n'a quelque valeur qu'autant que je puis par là distinguer ce sujet de toute matière et par conséquent l'excepter de la dissolution à laquelle la matière est toujours soumise. La proposition précédente est proprement destinée à cet usage ; aussi l'exprime-t-on ordinairement de cette manière : l'âme n'est pas corporelle. Or, si je puis montrer que, bien que l'on accorde toute valeur objective à cette proposition cardinale de la psychologie rationnelle, en la prenant dans le sens pur d'un simple jugement rationnel (formé à l'aide des seules catégories), [tout ce qui pense est substance simple], on ne peut cependant en faire le moindre usage, par rapport à l'hétérogénéité ou à l'homogénéité de l'âme avec la matière, ce sera comme si j'avais rejeté cette prétendue vue psychologique dans le champ des pures idées auxquelles manque la réalité de l'usage objectif.

Nous avons prouvé d'une manière incontestable dans l'esthétique transcendentale que les corps sont de simples phénomènes de notre sens extérieur et non pas des choses en soi. D'après cela nous sommes fondés à dire que notre sujet pensant n'est pas corporel, c'est-à-dire que, puisque nous nous le représentons comme un objet du sens intérieur, il ne peut pas être, en tant qu'il pense, un objet des sens extérieurs, c'est-à-dire un phénomène dans l'espace. Cela signifie que des êtres pensants, *comme tels*, ne peuvent jamais présenter à nous parmi les phénomènes extérieurs, ou que nous ne pouvons percevoir extérieurement leurs pensées, leur conscience, leurs désirs, etc.; car tout cela appartient au sens intérieur. Dans le fait cet argument semble naturel et populaire : le sens commun lui-même paraît l'avoir adopté depuis longtemps, et c'est par là qu'il a commencé de bonne heure à regarder les âmes comme des êtres tout à fait distincts des corps.

Mais, quoique l'étendue, l'impénétrabilité, la composition et le mouvement, bref tout ce que les sens extérieurs peuvent nous fournir, ne soient pas des pensées, des sentiments, des inclinations, des résolutions, ou que l'on ne comprenne parmi ces derniers phénomènes que des choses qui en aucun cas ne peuvent être des objets d'intuition extérieure, cependant ce quelque chose qui sert de fondement aux phénomènes extérieurs, qui affecte notre sens de telle sorte qu'il reçoit les représentations d'espace, de matière, de figure, etc., ce quelque chose pourrait bien être aussi le sujet des pensées, quoique, par la manière dont notre sens extérieur en est affecté, nous ne recevions aucune intuition de représentations, de volitions, etc., mais seulement de l'espace et de ses déterminations. Mais ce quelque chose n'est ni étendu, ni impénétrable, ni composé de parties juxtaposées, puisque tous ces prédicats ne regardent que la sensibilité et son intuition, en tant que nous sommes affectés par de tels objets (lesquels nous sont d'ailleurs inconnus). Ces expressions ne nous font pas connaître ce qu'est l'objet lui-même ; au contraire elles nous montrent que ces prédicats de phénomènes extérieurs ne peuvent être attribués à l'objet considéré comme tel, c'est-à-dire en lui-même et indépendamment de tout rapport à des sens extérieurs. Mais les prédicats du sens intérieur, les représentations et les pensées, ne lui répugnent pas. D'après cela il ne suffit pas d'accorder à l'âme humaine une nature simple pour la distinguer, au point de vue de sa substance, de la matière, si l'on envisage celle-ci (ainsi qu'on doit le faire) comme un pur phénomène.

Si la matière était une chose en soi, elle se distinguerait absolument, comme être composé, de l'âme, être simple. Mais elle n'est qu'un phénomène purement extérieur dont le substratum ne m'est connu par aucun prédicat que je puisse indiquer ; je puis donc bien admettre que, bien que, par la manière dont il affecte nos sens, ce substratum produise en nous l'intuition de l'étendu et par conséquent du composé, il est simple en soi, et qu'ainsi la substance, qui a de l'étendue au point de vue de notre sens extérieur, renferme aussi en soi des pensées, qui peuvent être représentées avec conscience par leur propre sens intérieur. De cette manière ce qui, sous un rapport, s'appelle corporel serait en même temps, sous un autre, un être pensant, dont nous ne pouvons à la vérité percevoir dans le phénomène les pensées, mais seulement leurs signes. Ainsi tomberait cette expression que les âmes seules (comme espèces particulières de substances) pensent ; il vaudrait beaucoup mieux dire, suivant l'expression ordinaire, que les hommes pensent, c'est-à-dire que la même chose qui, comme phénomène extérieur, est étendue, est intérieurement (en soi-même) un sujet qui n'est pas étendu, mais simple, et qui pense.

Mais, sans se permettre des hypothèses de ce genre, on peut remarquer d'une manière générale que, si par âme j'entends un être pensant en soi, il est hors de propos de demander si elle est ou n'est pas de la même nature que la matière (qui n'est pas une chose en soi, mais seulement une espèce de représentations en nous) ; car il est évident qu'une chose en soi est d'une autre nature que les déterminations qui constituent simplement son état.

Que si nous comparons le moi pensant, non avec la matière, mais avec l'intelligible, qui sert de fondement au phénomène extérieur que nous nommons matière, ne sachant rien de ce dernier, nous ne pouvons dire non plus que l'âme s'en distingue essentiellement.

La conscience simple n'est donc pas une connaissance de la nature simple de notre sujet, en tant qu'il devrait être distingué par là de la matière, comme d'un être composé.

Mais si, dans le seul cas où ce concept puisse être employé, c'est-à-dire dans la comparaison de moi-même avec les objets de l'expérience *extérieure*, il ne sert pas à déterminer le caractère propre et distinctif de la nature de ce moi, on a beau prétendre savoir que le *moi* pensant, l'âme (nom de l'objet transcendental du sens intérieur) est simple. Cette expression n'a pas de sens par rapport aux objets réels, et elle ne peut nullement étendre notre connaissance.

Ainsi s'écroule toute la psychologie rationnelle avec ses principales colonnes, et nous ne pouvons pas plus ici qu'ailleurs espérer étendre nos vues par de simples concepts (encore moins par la simple forme subjective de nos concepts, la conscience), sans rapport à une expérience possible, d'autant plus que le concept fondamental d'une *nature simple* est de telle sorte qu'on ne peut le trouver nulle part dans aucune expérience, et que par conséquent il n'y a aucun moyen d'y arriver, comme à un concept ayant une valeur objective.

Troisième paralogisme : paralogisme de la personnalité

Ce qui a conscience de l'identité numérique de soi-même en différents temps est à ce titre une *personne* ;
Or l'âme, etc.
Donc elle est une personne.

Critique du troisième paralogisme de la psychologie transcendentale

Quand je veux connaître par expérience l'identité numérique d'un objet extérieur, je porte mon attention sur ce qu'il y a de constant dans ce phénomène, c'est-à-dire sur ce qui est comme le sujet auquel tout le reste se rapporte comme détermination, et je remarque l'identité de ce sujet dans le temps à travers le changement de ses déterminations. Or je suis un objet du sens intérieur, et tout temps n'est que la forme de ce sens. Je rapporte donc en tout temps, c'est-à-dire dans la forme de l'intuition intérieure de moi-même, chacune de mes déterminations successives et toutes ensemble à un moi numériquement identique. A ce compte la personnalité de l'âme ne devrait pas être conclue, mais il faudrait la regarder comme étant parfaitement identique à la conscience de soi-même dans le temps, et c'est aussi la raison pour laquelle cette proposition a une valeur *à priori*. En effet elle n'exprime réellement pas autre chose sinon que, dans tout le temps où j'ai conscience de moi-même, j'ai conscience de ce temps comme faisant partie de l'unité de mon moi, et c'est la même chose de dire : tout ce temps est en moi comme dans une unité individuelle, ou bien : je me trouve dans tout ce temps avec une identité numérique.

L'identité de ma personne se rencontre donc inévitablement dans ma propre conscience. Mais quand je me considère du point de vue d'un autre (comme objet de son intuition extérieure), cet observateur extérieur m'examine d'abord dans le temps, car dans l'aperception le temps n'est proprement représenté qu'en moi. Du moi qui accompagne en tout temps toutes les représentations *dans ma* conscience, avec une parfaite identité, de ce moi qu'il accorde cependant, il ne conclura donc pas encore la permanence objective de moi-même. En effet comme le temps où l'observateur me place alors n'est pas celui qui se trouve dans ma propre sensibilité, mais dans la sienne, l'identité qui est nécessairement liée à ma conscience ne l'est pas pour cela à la sienne, je veux dire à l'intuition extérieure de mon sujet.

L'identité de la conscience de moi-même en différents temps n'est donc qu'une condition formelle de mes pensées et de leur enchaînement, mais elle ne prouve pas du tout l'identité numérique de mon sujet, dans lequel, malgré l'identité logique du moi, un tel changement peut se produire qu'il ne permette pas d'en maintenir l'identité, tout en permettant de lui attribuer un même moi qui puisse, dans chaque nouvel état, même dans la transformation du sujet, conserver toujours les pensées du sujet précédent et les transmettre ainsi au suivant*.

Quoique cette proposition de quelques anciennes écoles que tout *s'écoule* dans le monde et que rien n'y est *fixe* et perma-

---

* Une boule élastique qui en choque une autre en droite ligne lui communique tout son mouvement, par conséquent tout son état (si l'on ne considère que les positions dans l'espace). Or admettez, par analogie avec ces corps, des substances dont l'une transmettrait à l'autre ses représentations avec la conscience qui les accompagne, on concevrait ainsi toute une série de substances dont la première communiquerait son état, avec la conscience qu'elle en a, à une seconde, celle-ci le sien propre, avec celui de la substance précédente, à une troisième, et celle-ci à son tour les états de toutes les précédentes avec son propre état et la conscience de cet état. La dernière substance aurait donc conscience de tous les états qui se seraient succédé avant elle comme des siens propres, puisque ces états seraient passés en elle avec la conscience qui les accompagne, et pourtant elle n'aurait pas été la même personne dans tous ces états.

nent, ne soit plus soutenable, dès que l'on admet des substances, elle n'est cependant pas réfutée par l'unité de la conscience de soi. En effet nous ne pouvons pas même juger par notre conscience si comme âmes nous sommes permanents ou non, en nous fondant sur cette raison que nous ne rapportons à notre moi identique que ce dont nous avons conscience, et qu'ainsi nous devons nécessairement juger que nous sommes les mêmes dans tout le temps dont nous avons conscience. Car, si nous nous plaçons au point de vue d'un étranger, nous ne pouvons faire valoir ce jugement, puisque, ne trouvant dans l'âme aucun phénomène permanent que la représentation moi, qui les accompagne tous et les relie, nous ne saurions décider si ce moi (une simple pensée) ne s'écoule pas tout aussi bien que les autres pensées qui se trouvent ainsi enchaînées les unes aux autres.

Mais il est remarquable que la personnalité et la supposition de cette personnalité, ou que la permanence, par conséquent la substantialité de l'âme doit être prouvée *avant tout*. En effet, quand nous pourrions la supposer, la durée de la conscience n'en résulterait pas encore, mais bien la possibilité d'une conscience durable dans un sujet permanent, ce qui est déjà suffisant pour la personnalité, qui ne cesse pas par cela seul que son action est interrompue quelque temps. Mais cette permanence ne nous est donnée par rien avant l'identité numérique de notre moi, identité que nous déduisons de l'aperception identique; il faut que nous commencions par l'en conclure (et, si les choses se passaient bien, celle-ci devrait précéder d'abord le concept de la substance, lequel n'a qu'un usage empirique). Or cette identité de la personne ne résulte nullement de l'identité du moi dans la conscience de tout le temps où je me connais; aussi la substantialité de l'âme n'a-t-elle pas pu, plus haut, y être fondée.

Cependant le concept de la personnalité, comme celui de la substance et du simple, peut subsister (en tant qu'il est simplement transcendental, c'est-à-dire unité du sujet, qui nous est d'ailleurs inconnu, mais dont les déterminations sont complétement reliées par l'aperception), et ce concept est d'ailleurs nécessaire à l'usage pratique, et il suffit pour cet usage; mais nous ne pouvons jamais compter sur lui, comme s'il étendait notre connaissance de nous-mêmes par la raison pure, laquelle nous offre l'illusion d'une durée ininterrompue du sujet déduite du simple concept du moi identique; car ce concept tourne toujours sur lui-même et il ne nous fait point faire un seul pas sur aucune question concernant la connaissance synthétique. Nous ignorons absolument, il est vrai, ce qu'est la matière comme chose en soi (comme objet transcendental); pourtant nous pouvons en observer la permanence, comme phénomène, en tant qu'elle est représentée comme quelque chose d'extérieur. Mais comme, quand je veux observer le moi dans le changement de ses représentations, je n'ai d'autre terme de comparaison que moi-même avec les conditions générales de ma conscience, je ne puis faire que des réponses tautologiques à toutes les questions, attendu que je substitue mon concept et son unité aux qualités qui m'appartiennent à moi-même comme objet, et que je suppose ce qu'on désirait savoir.

Quatrième paralogisme : paralogisme de l'idéalité

(du rapport extérieur)

Ce dont l'existence ne peut être conclue que comme celle d'une cause de perceptions données n'a qu'une existence douteuse;

Or tous les phénomènes extérieurs sont de telle nature que leur existence ne peut être immédiatement perçue, mais qu'elle ne peut être conclue que comme cause de perceptions données;

Donc l'existence de tous les objets des sens extérieurs est douteuse. J'appelle cette incertitude l'idéalité des phénomènes extérieurs, et la doctrine de cette idéalité se nomme l'*idéalisme*, auquel on peut opposer, sous le nom de *dualisme*, l'affirmation d'une certitude possible touchant les objets des sens extérieurs.

Critique du quatrième paralogisme de la psychologie transcendentale.

Soumettons d'abord à l'examen les prémisses de ce raisonnement. Nous pouvons affirmer avec raison qu'il n'y a que ce qui est en nous qui puisse être immédiatement perçu, et que seule ma propre existence peut être l'objet d'une simple perception. L'existence d'un objet réel en dehors de moi (en prenant ce mot dans le sens intellectuel) n'est donc jamais donnée directement dans la perception ; mais ce n'est jamais que par rapport à cette perception, qui est une modification du sens intime, qu'elle peut être conçue, et par conséquent conclue, comme cause extérieure de cette modification. Aussi *Descartes* avait-il raison de restreindre toute perception dans le sens le plus étroit à la proposition : je suis (comme être pensant). Il est clair en effet que, comme l'extérieur n'est pas en moi, je ne puis le trouver dans mon aperception, ni par conséquent dans aucune perception, la perception n'étant proprement que la détermination de l'aperception.

Je ne puis donc pas proprement percevoir les objets extérieurs, mais seulement conclure de ma perception interne à leur existence, en regardant cette perception comme l'effet dont quelque chose d'extérieur est la cause la plus prochaine. Or il est toujours incertain de conclure d'un effet donné à une cause déterminée ; car l'effet peut résulter de plus d'une cause. Dans le rapport de la perception à sa cause il reste donc toujours douteux si cette cause est intérieure ou extérieure, si par conséquent toutes les prétendues perceptions extérieures ne sont pas un simple jeu de notre sens intérieur, ou si elles se rapportent à des objets réellement extérieurs comme à leur cause. Du moins l'existence de ces objets n'est-elle que conclue, et court-elle le danger de toutes les conclusions, tandis qu'au contraire l'objet du sens intérieur (moi-même avec toutes mes représentations) est immédiatement perçu et que l'existence n'en souffre aucun doute.

Sous le nom d'*idéaliste* il ne faut donc pas entendre celui qui nie l'existence des objets extérieurs des sens, mais celui seulement qui n'admet pas qu'elle puisse être connue par une perception immédiate, et qui en conclut que nous ne pouvons jamais être parfaitement certains de sa réalité par aucune expérience.

Avant d'exposer notre paralogisme dans sa trompeuse apparence, je dois d'abord remarquer qu'il faut nécessairement distinguer deux sortes d'idéalisme, l'idéalisme transcendental et l'idéalisme empirique. J'entends par *idéalisme transcendental* de tous les phénomènes la doctrine qui les regarde tous, non comme des choses en soi, mais comme de simples représentations, et d'après laquelle l'espace et le temps ne sont que des formes sensibles de notre intuition, et non des déterminations données par elles-mêmes, ou des conditions des objets considérés comme choses en soi. A cet idéalisme est opposé un *réalisme transcendental*, qui regarde l'espace et le temps comme quelque chose de donné en soi (indépendamment de notre sensibilité). Le réaliste transcendental se représente donc les phénomènes extérieurs (si l'on en admet la réalité) comme des choses en soi, qui existent indépendamment de nous et de notre sensibilité, et qui par conséquent existeraient en dehors de nous suivant des concepts purement intellectuels. C'est ce réaliste transcendental qui joue ensuite le rôle d'un idéaliste empirique: après avoir faussement supposé que, si les objets des sens sont des objets extérieurs, ils doivent exister en eux-mêmes et indépendamment des sens, il trouve, à ce point de vue, toutes les représentations de nos sens insuffisantes à en rendre certaine la réalité.

L'idéaliste transcendental, au contraire, peut être un réaliste empirique, et par conséquent, comme on dit, un *dualiste*, c'est-à-dire accorder l'existence de la matière, sans sortir de la simple conscience de soi-même, et admettre quelque chose de plus que la certitude des représentations en moi, par conséquent que le *cogito, ergo sum*. En effet, comme il ne donne cette matière et même sa possibilité intrinsèque que pour un phénomène, qui, séparé de notre sensibilité, n'est rien, elle n'est chez lui qu'une espèce de représentations (d'intuitions) qu'on appelle extérieures, non parce qu'elles se rapportent à des objets *extérieurs* en soi, mais parce qu'elles rapportent les perceptions à l'espace, où toutes choses existent les unes en dehors des autres, tandis que l'espace lui-même est en nous.

Nous nous sommes déclaré dès le début pour cet idéalisme transcendental. Dans notre théorie il n'y a plus de difficulté à admettre l'existence de la matière sur le simple témoignage de notre conscience de nous-mêmes et à la tenir pour tout aussi bien prouvée par là que l'existence de moi-même comme être pensant. J'ai en effet conscience de mes représentations ; elles existent donc et moi-même avec elles. Or les objets extérieurs (les corps) ne sont que des phénomènes, et par conséquent ils ne sont rien qu'un mode de mes représentations, dont les objets ne sont quelque chose que par ces représentations, mais ne sont rien en dehors d'elles. Les choses extérieures existent donc tout aussi bien que moi-même, et cela, dans un cas comme dans l'autre, sur le témoignage immédiat de ma conscience, avec cette seule différence que la représentation de moi-même comme sujet pensant est simplement rapportée au sens intérieur, tandis que les représentations qui désignent des êtres étendus sont rapportées aussi au sens extérieur. Je n'ai pas plus besoin de faire un raisonnement par rapport à la réalité des objets extérieurs que par rapport à celle de l'objet de mon sens intérieur (de mes pensées), car les premiers et le dernier ne sont que des représentations dont la perception immédiate (la conscience) est en même temps une preuve suffisante de leur réalité.

L'idéaliste transcendental est donc un réaliste empirique : il accorde à la matière, considérée comme phénomène, une réalité qui ne peut être conclue, mais qui est immédiatement perçue. Le réalisme transcendental au contraire tombe nécessairement dans un grand embarras : il se voit forcé de faire place à l'idéalisme empirique, parce qu'il prend les objets des sens extérieurs pour quelque chose de distinct des sens mêmes, et de simples apparences pour des êtres indépendants qui se trouvent hors de nous. Quelque excellente en effet que soit la conscience de notre représentation de ces choses, il s'en faut encore de beaucoup que, si la représentation existe, l'objet qui lui correspond existe aussi, tandis que, dans notre système, ces choses extérieures, à savoir la matière, avec toutes ses formes et ses changements, ne sont que de purs phénomènes, c'est-à-dire des représentations en nous, de la réalité desquelles nous avons immédiatement conscience.

Puisque tous les psychologues attachés à l'idéalisme empirique ont été des réalistes transcendentaux, ils ont certainement agi d'une manière parfaitement conséquente en accordant une grande importance à l'idéalisme empirique, comme à un des problèmes dont la raison humaine ne sait guère se tirer. Si en effet on tient les phénomènes extérieurs pour des représentations produites en nous par leurs objets comme par des choses qui se trouvent en soi hors de nous, on ne voit pas comment on pourrait connaître l'existence de ces choses autrement que par un raisonnement concluant de l'effet à la cause, en quoi il est toujours douteux si cette cause est en nous ou hors de nous. Or on peut bien accorder que nos intuitions extérieures ont pour cause quelque chose qui, dans le sens transcendental, peut bien être hors de nous; mais ce quelque chose n'est pas l'objet que nous comprenons parmi les représentations de la matière et des choses corporelles; car celles-ci ne sont que des phénomènes, c'est-à-dire de simples modes de représentation qui ne se trouvent jamais qu'en nous et dont la réalité repose sur la conscience immédiate tout aussi bien que la conscience de nos propres pensées. Qu'il s'agisse de l'intuition interne ou l'intuition externe, l'objet transcendental nous est également inconnu. Aussi n'est-il pas question de cet objet, mais de l'objet empirique, lequel s'appelle un objet *extérieur*, quand il est représenté *dans l'espace*, et un objet *intérieur*, quand il est simplement représenté dans *un rapport de temps;* mais l'espace et le temps ne doivent être cherchés qu'en nous.

Cependant, comme l'expression : *hors de nous*, entraîne une équivoque inévitable, en signifiant tantôt quelque chose qui existe *comme chose en soi* distincte de nous, tantôt quelque chose qui appartient simplement au *phénomène* extérieur, pour mettre hors d'incertitude ce concept pris dans le dernier sens, qui est celui où le prend proprement la question psychologique concernant la réalité de notre intuition externe, nous distinguerons les objets *empiriquement extérieurs* de ceux qui pourraient être appelés ainsi dans le sens transcendental, par cela même que nous les nommons des choses *qui se trouvent dans l'espace*.

L'espace et le temps sont, il est vrai, des représentations *à priori*, qui résident en nous comme des formes de notre intuition sensible, avant même qu'un objet réel ait par la sensation déterminé notre sens à le représenter sous ces rapports sensibles. Mais ce quelque chose de matériel ou de réel, ce quelque chose qui doit être perçu dans l'espace présuppose nécessairement la perception et, sans cette perception qui montre la réalité de quelque chose dans l'espace, ne peut être ni feint ni produit par aucune imagination. La sensation est donc ce qui désigne une réalité dans l'espace ou le temps, suivant qu'elle est rapportée à l'une ou à l'autre espèce d'intuition sensible. Une fois que la sensation est donnée (la sensation s'appelle perception, quand elle est appliquée à un objet en général sans le déterminer), on peut, au moyen de ses éléments divers, se figurer dans l'imagination maint objet qui en dehors de cette faculté n'a plus de place empirique dans l'espace ou dans le temps. Cela est indubitablement certain : que l'on prenne les sensations de plaisir ou de peine, ou même des choses extérieures, telles que la couleur, la chaleur, etc., la perception est toujours ce par quoi la matière doit être d'abord donnée, pour que l'on puisse concevoir des objets d'intuition sensible. Cette perception représente donc (pour nous en tenir cette fois aux intuitions extérieures) quelque chose de réel dans l'espace. En effet d'abord la perception est la représentation d'une réalité, de même que l'espace est la représentation d'une simple possibilité de la coexistence. En second lieu cette réalité est représentée au sens extérieur, c'est-à-dire dans l'espace. En troisième lieu l'espace n'est lui-même rien autre chose qu'une simple représentation, et par conséquent, il ne peut y avoir en lui de réel que ce qui y est représenté*; et réciproquement ce qui y est donné, c'est-à-dire représenté par

---

* Il faut bien remarquer cette proposition paradoxale, mais exacte, qu'il n'y a rien dans l'espace que ce qui y est représenté. En effet, l'espace n'est lui-même autre chose qu'une représentation, et par conséquent ce qui est en lui doit être contenu dans la représentation, et rien absolument n'est dans l'espace qu'autant qu'il y est réellement représenté. C'est sans doute une proposition qui paraîtra étrange, que de dire qu'une chose ne peut exister que dans sa représentation, mais elle perd ici son étrangeté, puisque les choses auxquelles nous avons affaire ne sont pas des choses en soi, mais seulement des phénomènes, c'est-à-dire des représentations.

la perception, y est aussi réel ; car, s'il n'y était pas réel, c'est-à-dire donné immédiatement par l'intuition empirique, il ne pourrait pas être non plus imaginé, puisque l'on ne saurait imaginer *à priori* le réel de l'intuition.

Toute perception extérieure prouve donc immédiatement quelque chose de réel dans l'espace, ou plutôt elle est le réel même, et en ce sens le réalisme empirique est hors de doute, c'est-à-dire que quelque chose de réel dans l'espace correspond à nos intuitions. Sans doute l'espace même, avec tous ses phénomènes, comme représentations, n'existe qu'en moi ; mais dans cet espace pourtant le réel, ou la matière de tous les objets de l'intuition extérieure, m'est donné véritablement et indépendamment de toute fiction. Il est impossible d'ailleurs que quelque chose d'*extérieur à nous* (dans le sens transcendental) soit donné *dans cet espace*, puisqu'il n'est rien lui-même en dehors de notre sensibilité. L'idéaliste le plus rigoureux ne peut donc exiger que l'on prouve que l'objet correspond à notre perception extérieurement à nous (dans le sens strict du mot). Car, quand bien même il y aurait un tel objet, il ne pourrait être représenté et perçu comme extérieur à nous, puisque cela suppose l'espace et que la réalité dans l'espace, qui n'est qu'une simple représentation, n'est autre chose que la perception même. Le réel des phénomènes extérieurs n'est donc véritablement que dans la perception et il ne peut être d'aucune autre manière.

La connaissance des objets peut être tirée des perceptions ou par un simple jeu de l'imagination, ou au moyen de l'expérience. Et alors il en peut certainement résulter des représentations trompeuses auxquelles les objets ne correspondent plus et où l'illusion doit être attribuée, tantôt à un prestige de l'imagination (comme dans le rêve), tantôt à un vice du jugement (comme dans ce qu'on nomme les erreurs des sens). Pour échapper ici à la fausse apparence, on suit cette règle : *ce qui s'accorde avec une perception suivant des lois empiriques est réel.* Mais cette illusion, aussi bien que le moyen de s'en préserver, ne concernent pas moins l'idéalisme que le dualisme, puisqu'il ne s'agit là que de la forme de l'expérience. Pour réfuter l'idéalisme empirique, comme une fausse incertitude touchant la réalité objective de nos perceptions extérieures, il suffit de remarquer que la perception extérieure prouve immédiatement une réalité dans l'espace, lequel, bien qu'il ne soit qu'une simple forme des représentations, a cependant de la réalité objective par rapport à tous les phénomènes extérieurs (qui ne sont aussi que de simples représentations). Ajoutez à cela que sans la perception la fiction et le rêve mêmes ne seraient pas possibles, et que par conséquent, suivant les données d'où l'expérience peut résulter, nos sens extérieurs ont dans l'espace leurs objets réels correspondants.

On pourrait appeller *idéaliste dogmatique* celui qui *nie* l'existence de la matière, et *idéaliste sceptique*, celui qui la *révoque en doute*, parce qu'il la tient pour indémontrable. Le premier n'adopte cette doctrine que parce qu'il croit trouver des contradictions dans la possibilité d'une matière en général, et nous n'avons pas encore affaire à lui pour le moment. La section qui va suivre sur les raisonnements dialectiques, et qui représente la raison dans sa lutte intérieure touchant les concepts qu'elle se fait de la possibilité de ce qui appartient à l'enchaînement de l'expérience, lèvera aussi cette difficulté. Mais l'idéaliste sceptique, qui s'attaque au principe même de notre affirmation, et qui tient pour insuffisante notre persuasion de l'existence de la matière, que nous croyons fonder sur la perception immédiate, est un bienfaiteur de la raison humaine, en ce sens qu'il nous oblige à bien ouvrir les yeux jusque sur le plus petit pas de l'expérience commune, et à ne pas accepter tout de suite comme une possession bien acquise ce que nous n'avons peut-être obtenu que par surprise. L'utilité que nous procurent ici les objections de cet idéalisme saute maintenant aux yeux. Elles nous poussent avec force, si nous ne voulons pas nous égarer dans nos assertions les plus communes, à regarder toutes nos perceptions, qu'elles s'appellent intérieures ou extérieures, comme une simple conscience de ce qui appartient à notre sensibilité, et les objets extérieurs de ces perceptions, non comme des choses en soi, mais comme des représentations dont nous pouvons avoir immédiatement conscience ainsi que de toute autre représentation, mais qui s'appellent extérieures parce qu'elles appartiennent à ce sens que nous nommons le sens extérieur, dont l'intuition est l'espace, lequel n'est lui-même autre chose qu'un mode intérieur de représentation où certaines perceptions s'enchaînent les unes aux autres.

Si nous donnons aux objets extérieurs la valeur de choses en soi, il est alors absolument impossible de comprendre comment nous pourrions arriver à la connaissance de leur réalité hors de nous, en nous appuyant simplement sur la représentation qui est en nous. En effet on ne peut sentir hors de soi, mais seulement en soi-même, et par conséquent toute la conscience de nous-mêmes ne nous fournit rien que nos propres déterminations. L'idéalisme sceptique nous force donc à recourir au seul refuge qui nous reste, je veux dire à l'idéalité de tous les phénomènes, idéalité que nous avons établie dans l'esthétique transcendentale indépendamment de ces conséquences que nous ne pouvions alors prévoir. Me demande-t-on si d'après cela le dualisme n'a lieu que dans la psychologie ; sans doute, répondrai-je, mais seulement dans le sens empirique, c'est-à-dire que dans l'enchaînement de l'expérience la matière est réellement donnée au sens extérieur, comme substance dans le phénomène, de même que le moi pensant est également donné comme substance dans le phénomène avant le sens intérieur, et que, de part et d'autre, les phénomènes doivent être liés entr'eux suivant les règles que cette catégorie introduit dans l'enchaînement de nos perceptions, tant externes qu'internes, pour en former une expérience. Mais si l'on voulait étendre, comme il arrive ordinairement, le concept du dualisme et le prendre dans le sens transcendental, alors ni ce concept, ni le *pneumatisme* qui lui est opposé d'une part, ni le *matérialisme* qui lui est opposé de l'autre n'auraient plus le moindre fondement, puisque l'on fausserait alors la détermination de ses concepts en prenant la différence du mode de représentation d'objets qui nous demeurent inconnus dans ce qu'ils sont en soi pour une différence de ces choses mêmes. Le moi, représenté dans le temps par le sens intérieur et les objets représentés hors de moi dans l'espace sont, il est vrai, des phénomènes tout à fait différents spécifiquement, mais ils ne sont pas conçus pour cela comme des choses distinctes. L'*objet transcendental* qui sert de fondement aux phénomènes extérieurs, tout comme celui qui sert de fondement à l'intuition interne, n'est ni matière, ni être pensant en soi, mais un principe à nous inconnu des phénomènes qui nous fournissent le concept empirique de la première aussi bien que de la seconde espèce.

Si donc, comme la présente critique nous y oblige évidemment, nous restons fidèles à la règle précédemment établie, qui nous enjoint de ne pas pousser plus loin nos questions dès que l'expérience possible cesse de nous en fournir l'objet, nous ne nous laisserons pas même entraîner à rechercher ce que les objets des sens peuvent être en soi, c'est-à-dire indépendamment de tout rapport aux sens. Mais si le psychologue prend des phénomènes pour des choses en soi, qu'il admette dans sa théorie, comme choses existantes en elles-mêmes, soit, en qualité de matérialiste, la matière toute seule, soit, comme spiritualiste, l'être pensant tout seul (considéré suivant la forme de notre sens interne), soit, comme dualiste, tous les deux, il est toujours arrêté par la difficulté de prouver comment peut exister en soi ce qui n'est pas une chose en soi, mais seulement le phénomène d'une chose en général.

RÉFLEXION

sur l'ensemble de la psychologie pure, en conséquence de ces paralogismes.

Si nous comparons la *psychologie*, comme physiologie du sens interne, avec la *science des corps*, comme physiologie des objets des sens extérieurs, nous trouvons, indépendamment de tout ce qui peut être connu empiriquement dans les deux sciences, cette différence remarquable, que dans la dernière science beaucoup de connaissances peuvent encore être tirées *à priori* du seul concept d'un être étendu et impénétrable, tandis que, dans la première, aucune connaissance synthétique *à priori* ne peut être tirée du concept d'un être pensant. En voici la raison. Bien que l'un et l'autre soient des phénomènes, le phénomène qui s'offre au sens extérieur a cependant quelque chose de fixe et de permanent, qui fournit un substratum servant de fondement aux déterminations changeantes et par conséquent un concept synthétique, à savoir celui de l'espace et d'un phénomène dans l'espace, tandis que le temps, qui est la seule forme de notre intuition interne, n'a rien de fixe, et par conséquent ne nous fait connaître que le changement des déterminations, mais non l'objet déterminable. En effet, dans ce que nous nommons l'âme tout est en un flux continuel, et il n'y a rien de fixe, si ce n'est peut-être (si on le veut absolument) le moi, qui n'est si simple que parce que cette représentation n'a point de contenu, par conséquent point de diversité, ce qui fait qu'elle semble aussi représenter, ou, pour mieux dire, désigner un objet simple. Il faudrait que ce *moi* fût une intuition, qui, étant présupposée dans la pensée en général (antérieurement à toute expérience), fournît comme intuition *à priori* des propositions synthétiques, pour qu'il fût possible d'établir une connaissance purement rationnelle de la nature d'un être pensant en général. Mais ce moi est aussi peu une intuition qu'un concept de quelque objet; il n'est que la forme de la conscience qui peut accompagner les deux espèces de représentations et les élever par là au rang de connaissances, à condition que quelque autre chose encore soit donnée dans l'intuition qui fournisse une matière à la représentation d'un objet. Toute la psychologie rationnelle s'écroule donc comme une science qui dépasse toutes les forces de la raison humaine; il ne nous reste qu'à étudier notre âme suivant le fil de l'expérience, et à nous renfermer dans les limites des questions qui ne vont pas au delà des données de l'expérience interne possible.

Mais, bien que la psychologie rationnelle n'offre aucune utilité quant à l'extension de la connaissance, et que comme telle elle ne soit composée que de purs paralogismes, on ne peut cependant lui refuser une grande utilité négative, quand on ne la considère que comme un examen critique de nos raisonnements dialectiques, même de ceux de la raison commune et naturelle.

Quel besoin avons-nous d'une psychologie fondée sur des principes purs de la raison? C'est sans doute surtout afin de mettre notre moi pensant à l'abri du danger du matérialisme. Mais c'est ce que fait le concept rationnel de notre moi pensant, que nous avons donné. Tant s'en faut en effet qu'avec ce concept il reste la moindre crainte de voir s'évanouir, avec la suppression de la matière, toute pensée et l'existence même des êtres pensants, qu'au contraire il est clairement établi que, si j'écarte le sujet pensant, tout le monde des corps doit disparaître, comme n'étant rien que le phénomène dans la sensibilité de notre sujet et un mode de représentation de ce sujet.

Il est vrai que je n'en connais pas mieux ce moi pensant quant à ses qualités, et que je ne puis apercevoir sa permanence, ni même l'indépendance de son existence par rapport à quelque substratum transcendental des phénomènes extérieurs, car celui-ci ne m'est pas moins inconnu que celui-là. Mais, comme il est possible que je tire de quelqu'autre source que de principes purement spéculatifs des raisons d'espérer une existence indépendante, c'est déjà un grand point de gagné que de pouvoir, en avouant librement ma propre ignorance, repousser les attaques dogmatiques d'un adversaire spéculatif, et lui montrer que, ne connaissant pas plus que moi la nature de mon sujet, il n'est pas plus fondé à contester la possibilité de mes espérances que moi à m'y attacher.

Sur cette apparence transcendentale de nos concepts psychologiques se fondent encore trois questions dialectiques, qui constituent le but propre de la psychologie rationnelle, et ne peuvent être résolues autrement que par les recherches précédentes. Ce sont celles 1° de la possibilité de l'union de l'âme avec un corps organique, c'est-à-dire de l'animalité et de l'état de l'âme dans la vie de l'homme ; 2° du commencement de cette union, c'est-à-dire de l'âme dans et avant la naissance de l'homme ; 3° de la fin de cette union, c'est-à dire de l'âme dans et après la mort de l'homme (question de l'immortalité).

Or je soutiens que toutes les difficultés que l'on croit trouver dans ces questions, et dont on se sert comme d'objections dogmatiques pour se donner l'air de pénétrer plus profondément dans la nature des choses que ne peut faire l'intelligence commune, je soutiens, dis-je, que toutes ces difficultés ne reposent que sur une simple illusion : celle qui consiste à hypostasier ce qui n'existe que dans la pensée et à l'admettre comme un objet réel en dehors du sujet pensant, c'est-à-dire à regarder l'étendue, qui n'est qu'un phénomène, comme une propriété des choses extérieures subsistant même indépendamment de notre sensibilité, et le mouvement comme antérieur à son effet, qui précéderait aussi en soi réellement en dehors de nos sens. En effet la matière dont l'union avec l'âme soulève de si grandes difficultés n'est autre chose qu'une simple forme, ou une certaine espèce de représentation d'un objet inconnu formée par cette intuition qu'on nomme le sens externe. Il peut donc bien y voir hors de nous quelque chose à quoi corresponde ce phénomène que nous appelons matière ; mais en qualité de phénomène ce quelque chose n'est pas hors de nous, il n'est que comme une pensée en nous, bien que cette pensée le représente par ce qu'on nomme le sens comme se trouvant hors de nous. La matière ne signifie donc pas une espèce de substance si complétement hétérogène et si entièrement distincte de l'objet du sens intérieur (de l'âme), mais seulement une espèce particulière de manifestation d'objets (qui nous sont inconnus en soi), dont les représentations sont nommées extérieures par opposition à celles que nous rapportons au sens interne, bien qu'elles n'appartiennent pas moins uniquement au sujet pensant que toutes les autres pensées : toute la différence est dans cette illusion qui vient de ce que, représentant des objets dans l'espace, elles se détachent en quelque sorte de l'âme et semblent s'offrir hors d'elle, tandis que l'espace même où elles sont perçues n'est rien qu'une représentation dont une image correspondante et de même qualité ne peut être trouvée hors de l'âme. La question ne porte donc plus sur l'union de l'âme avec d'autres substances connues et étrangères hors de nous, mais seulement sur la liaison des représentations du sens interne avec les modifications de notre sensibilité extérieure, et sur la manière dont elles peuvent s'unir entre elles suivant des lois constantes de façon à former ensemble une expérience.

Tant que nous rapprochons les phénomènes, internes et externes, comme simples représentations dans l'expérience, nous ne trouvons rien d'absurde et d'étrange dans l'union des deux espèces de sens. Mais, dès que nous substantifions les phénomènes extérieurs, que nous les regardons non plus comme des représentations, mais comme *des choses existant en soi, hors de nous, de la même manière qu'elles sont en nous*, et que, d'un autre côté, nous rapportons à notre sujet pensant leurs effets, qui les montrent comme des phénomènes en rapport les uns avec les autres, nous avons alors hors de nous des causes efficientes dont le caractère ne s'accorde plus avec les effets qu'elles produisent en nous, parce qu'il se rapporte simplement aux sens extérieurs, tandis que ces effets se rapportent au sens interne, et que ces deux sens, bien que réunis en un sujet, sont cependant tout à fait hétérogènes. Nous n'avons plus alors d'autres effets extérieurs que des changements de lieu, et d'autres forces que des efforts aboutissant à des rapports dans l'espace comme à leurs effets. En nous, au contraire, les effets sont des pensées parmi lesquelles on ne trouve point de rapport de lieu, point de mouvement, de figure ou de détermination d'espace en général, et nous perdons entièrement le fil conducteur des causes aux effets qui en devraient résulter dans le sens interne. Mais nous devrions songer que les corps ne sont pas des objets en soi, qui nous soient présents, mais une simple manifestation [1] de je ne sais quel objet inconnu ; que le mouvement n'est pas l'effet de cette cause inconnue, mais seulement la manifestation de leur influence sur nos sens ; que, par conséquent, ni les corps, ni leur mouvement ne sont quelque chose hors de nous, mais de simples représentations en nous ; qu'ainsi ce n'est pas le mouvement de la matière qui produit en nous des représentations, mais qu'il n'est lui-même (et par conséquent aussi la matière, qui se fait connaître par là) qu'une simple représentation, et qu'enfin toute la difficulté, qui s'offre ici d'elle-même, revient à savoir comment et par quelles causes les représentations de notre sensibilité sont liées entre elles de telle sorte que celles que nous nommons des intuitions extérieures puissent être représentées suivant des lois empiriques, comme des objets hors de nous, question qui n'implique pas du tout la prétendue difficulté d'expliquer l'origine des représentations de causes efficientes existant hors de nous et tout à fait hétérogènes, car cette difficulté n'a lieu que quand nous prenons les manifestations d'une cause inconnue pour la cause hors de nous, ce qui ne peut produire que de la confusion. Lorsque des jugements contiennent un malentendu enraciné par une longue habitude, il est impossible de les rectifier avec cette clarté qu'on est en droit d'exiger dans d'autres cas où le concept

---

[1] *Eine blosse Erscheinung.*

n'est pas ainsi troublé par une illusion inévitable. Aussi, en travaillant à délivrer la raison des théories sophistiques, atteindrons-nous difficilement ce degré de clarté qu'on exige pour être pleinement satisfait.

Je crois cependant pouvoir y arriver de la manière suivante.

Toutes les *objections* peuvent se diviser en *dogmatiques, critiques* et *sceptiques*. L'objection dogmatique est celle qui est dirigée contre une *proposition;* l'objection critique, celle qui est dirigée contre la *preuve* d'une proposition. La première a besoin d'une connaissance directe de la nature de l'objet[1], afin de pouvoir affirmer le contraire de ce que la proposition met en avant touchant cet objet; elle est donc elle-même dogmatique et prétend mieux connaître la nature de la chose dont il est question que la proposition contraire. L'objection critique, laissant de côté la valeur de la proposition et ne s'attaquant qu'à la preuve, n'a pas besoin de mieux connaître l'objet ou de s'en attribuer une meilleure connaissance; elle montre seulement que l'assertion est sans fondement, et non pas qu'elle est fausse. L'objection sceptique oppose l'une à l'autre la proposition et la contre-proposition, comme des objections d'égale valeur, présentant chacune d'elles à son tour comme thèse et l'autre comme son antithèse; elle est ainsi en apparence dogmatique de deux côtés opposés, afin de réduire à néant tout jugement sur l'objet. L'objection dogmatique et l'objection sceptique doivent toutes deux s'attribuer autant de connaissance de leur objet qu'il est nécessaire pour en pouvoir affirmer ou nier quelque chose. L'objection critique est de telle nature qu'en se bornant à montrer qu'on invoque à l'appui de son assertion quelque chose qui est nul et purement imaginaire, elle ébranle la théorie, par cela seul qu'elle lui soustrait son prétendu fondement, sans vouloir d'ailleurs décider quelque chose sur la nature de l'objet.

Or nous sommes dogmatiques dans les concepts ordinaires de notre raison touchant le commerce de notre sujet pensant avec les choses extérieures, et nous les regardons comme de véritables objets existant indépendamment de nous, suivant un

---

[1] *Einer Einsicht in die Beschaffenheit der Natur des Gegenstandes.*

certain dualisme transcendental qui ne rapporte pas au sujet ces phénomènes extérieurs comme des représentations, mais qui, les prenant tels que l'intuition sensible nous les donne, les transporte hors de nous comme des objets et les détache entièrement du sujet pensant. Cette subreption est le fondement de toutes les théories sur le commerce entre l'âme et le corps, et l'on ne demande jamais si cette réalité objective des phénomènes est parfaitement exacte, mais on la prend pour accordée et l'on ne raisonne que sur la manière de l'expliquer et de la comprendre. Les trois systèmes ordinaires imaginés sur ce point et qui sont réellement les seuls possibles sont ceux de l'*influence* physique, de l'*harmonie* préétablie et de *l'assistance surnaturelle*.

Les deux dernières manières d'expliquer l'union de l'âme avec la matière sont fondées sur les objections que soulève la première, qui est celle du sens commun : suivant elles, ce qui apparaît comme matière ne peut être, par son influence immédiate, la cause de représentations qui sont des effets d'une tout autre nature. Mais alors elles ne peuvent pas attacher à ce qu'elles entendent par objet des sens extérieurs le concept d'une matière qui n'est rien qu'un phénomène et qui par conséquent est déjà en soi une simple représentation produite par un objet extérieur quelconque; car autrement elles diraient que les représentations des objets extérieurs (les phénomènes) ne peuvent être les causes extérieures qui produisent les représentations dans notre esprit, ce qui serait une objection tout à fait vide de sens, puisque personne ne songe à regarder comme une cause extérieure ce qu'il a une fois reconnu pour une simple représentation. Il faut donc, d'après nos principes, qu'elles fondent leur théorie sur ce que le véritable objet (l'objet transcendantal) de nos sens extérieurs ne peut être la cause de ces représentations (de ces phénomènes) que nous comprenons sous le nom de matière. Or, comme personne ne peut prétendre connaître quelque chose de la cause transcendantale des représentations de nos sens extérieurs, leur assertion est tout à fait sans fondement. Que si ceux qui pensent rectifier la doctrine de l'influence physique voulaient, suivant l'idée ordinaire du dualisme transcendantal, regarder la matière, en tant que telle, comme une chose en soi (et non comme une simple manifestation d'une chose inconnue) et fonder là-dessus leur objection, en montrant qu'un objet extérieur de ce genre, qui ne révèle pas d'autre causalité que celle des mouvements, ne saurait jamais être une cause efficiente de représentations, mais que l'intervention d'un troisième être est nécessaire pour fonder, sinon une action réciproque, du moins une correspondance et une harmonie entre les deux autres, ils commenceraient leur réfutation par admettre dans leur dualisme le πρῶτον ψεῦδος de l'influence physique, et par conséquent par leur objection ils ne réfuteraient pas seulement l'influence naturelle, mais leur propre hypothèse dualiste. En effet toutes les difficultés qui concernent l'union de la nature pensante avec la matière résultent sans exception de cette idée dualiste qui se glisse dans l'esprit, à savoir que la matière, comme telle, n'est pas un phénomène, c'est-à-dire une simple représentation de l'esprit à laquelle corresponde un objet inconnu, mais l'objet en soi, tel qu'il existe hors de nous et indépendamment de notre sensibilité.

Contre l'influence physique, ordinairement admise, on ne peut donc faire aucune objection dogmatique. En effet, si l'adversaire admet que la matière et son mouvement ne sont que des phénomènes, et, par conséquent, que des représentations. il ne peut faire consister la difficulté qu'en ce que l'objet inconnu de notre sensibilité ne peut être la cause des représentations qui se produisent en nous ; mais c'est là de sa part une supposition toute gratuite, puisque personne ne saurait dire ce qu'un objet inconnu peut ou ne peut pas faire. Il faut, d'après les preuves que nous avons établies plus haut, qu'il admette cet idéalisme transcendental, s'il ne veut pas manifestement substantifier des représentations et les transporter hors de lui comme des choses véritables.

Mais on peut élever avec raison une objection *critique* contre l'opinion ordinaire de l'influence physique. Cette hypothèse d'une union entre deux espèces de substances, la substance pensante et la substance étendue, a pour fondement un grossier dualisme, qui transforme cette dernière, laquelle n'est qu'une simple représentation du sujet pensant, en une chose existant en soi. On peut donc rendre absolument inutile la fausse théorie de l'influence physique, en montrant que la preuve sur laquelle elle s'appuie est nulle et fallacieuse.

Cette fameuse question de l'union de ce qui pense et de ce qui est étendu reviendrait donc, si l'on en écartait tout ce qui est imaginaire, simplement à ceci : *comment, dans un sujet pensant en général, une intuition extérieure est-elle possible*, je veux dire l'intuition de l'espace (de ce qui le remplit, la figure et le mouvement)? Mais à cette question il n'y a de réponse possible pour aucun homme, et l'on ne peut jamais remplir cette lacune de notre savoir, mais seulement indiquer par là que l'on attribue les phénomènes extérieurs à un objet transcendental, qui est la cause de cette espèce de représentation, mais que nous ne connaissons pas et dont nous ne saurions jamais avoir aucun concept. Dans tous les problèmes que peut présenter le champ de l'expérience, nous traitons ces phénomènes comme des objets en soi, sans nous soucier du premier principe de leur possibilité (comme phénomènes); mais, si nous en franchissons les limites, le concept d'un objet transcendental devient nécessaire.

De ces remarques sur l'union de l'être pensant et de l'être étendu dérive, comme une conséquence immédiate, la solution de toutes les difficultés et de toutes les objections qui concernent l'état de la nature pensante avant cette union (avant la vie), ou après la rupture de cette union (dans la mort). L'opinion que le sujet pensant a pu penser antérieurement à toute union avec les corps reviendrait à dire qu'antérieurement à cette espèce de sensibilité par laquelle quelque chose nous apparaît dans l'espace, ces mêmes objets transcendentaux qui, dans l'état présent, apparaissent comme des corps, ont pu être perçus de toute autre matière. Quant à l'opinion que l'âme, après la rupture de tout commerce avec le monde temporel, peut continuer de penser, elle se traduirait de cette manière : si le mode de la sensibilité par lequel nous apparaissent des objets transcendentaux et, quant à présent, tout à fait inconnus en soi, venait à disparaître, toute intuition de ces objets ne serait pas pour cela supprimée, et il serait bien possible que ces mêmes objets continuassent d'être connus du sujet pensant, mais non plus en qualité de corps.

Or personne ne saurait tirer des principes spéculatifs la moindre raison en faveur de cette assertion : on n'en peut pas même démontrer la possibilité; on ne peut que la supposer; mais personne aussi ne saurait lui opposer une objection dogmatique de quelque valeur. Personne, en effet, n'en sait pas plus que moi ou que tout autre sur la cause absolue et intrinsèque des phénomènes extérieurs et corporels. On n'est donc pas non plus fondé à prétendre savoir sur quoi repose la réalité des phénomènes extérieurs dans l'état actuel (dans la vie), ni, par conséquent, à affirmer que la condition de toute intuition extérieure, ou que le sujet pensant lui-même doit cesser après cet état (dans la mort).

Tout débat sur la nature de notre être pensant et sur son union avec le monde corporel résulte donc uniquement de ce que l'on remplit les lacunes de notre ignorance par des paralogismes de la raison, en transformant ses pensées en choses et en les substantifiant, ce qui donne lieu à une science imaginaire, aussi bien du côté de celui qui affirme que de celui qui nie, puisque chacun d'eux s'imagine savoir quelque chose d'objets dont nul homme n'a le moindre concept, ou qu'il transforme ses propres représentations en objets et tourne ainsi dans un cercle éternel d'équivoques et de contradictions. Il n'y a que le sang-froid d'une critique sévère, mais juste, qui puisse affranchir les esprits de cette illusion dogmatique, qui, par l'attrait d'un bonheur imaginaire, retient tant d'hommes dans les théories et les systèmes. Seule elle est capable de restreindre toutes nos prétentions spéculatives au champ de l'expérience possible, non point par de fades plaisanteries sur des tentatives si souvent malheureuses, ni par de pieux soupirs sur les bornes de notre raison, mais en traçant les limites de cette faculté d'après des principes certains, et en inscrivant en caractères lumineux son *nihil ulterius* sur les colonnes d'Hercule posées par la nature même. De cette manière, nous ne poursuivrons pas notre voyage au delà des côtes toujours continues de l'expérience, de ces côtes dont nous ne pouvons nous éloigner sans nous hasarder sur un océan sans rivages, qui, en nous offrant un horizon toujours trompeur, finirait par nous désespérer et par nous forcer à renoncer à tout long et difficile effort.

Exposer d'une manière claire et générale l'apparence transcendentale et pourtant naturelle qui se produit dans les paralogismes de la raison pure, et en même temps en justifier l'ordonnance systématique et parallèle au tableau des catégories, c'est une tache dont il nous reste toujours à nous acquitter. Nous n'aurions pu l'entreprendre au début de cette section sans courir le risque de tomber dans l'obscurité, ou d'anticiper mal à propos. Nous allons maintenant chercher à remplir cette obligation.

On peut dire que toute *apparence* consiste à prendre pour une connaissance de *l'objet* la condition *subjective* de la pensée. Nous avons montré en outre dans l'introduction à la dialectique transcendentale que la raison pure s'occupe uniquement de la totalité de la synthèse des conditions pour un conditionnel donné. Or, comme l'apparence dialectique de la raison pure ne peut être une apparence empirique qui s'offre dans une connaissance empirique déterminée, elle concerne ce qu'il y a de général dans les conditions de la pensée, et il n'y a que trois cas de l'usage dialectique de la raison pure :

1. Synthèse des conditions d'une pensée en général ;
2. Synthèse des conditions de la pensée empirique ;
3. Synthèse des conditions de la pensée pure.

Dans ces trois cas la raison pure ne s'occupe que de l'absolue totalité de cette synthèse, c'est-à-dire d'une condition qui est elle-même inconditionnelle. C'est aussi sur cette division que se fonde la triple apparence transcendentale qui donne lieu aux trois sections de la dialectique, et fournit l'idée d'autant de sciences apparentes de la raison pure, la psychologie, la cosmologie et la théologie transcendentales. Nous n'avons à nous occuper ici que de la première.

Comme dans la pensée en général nous faisons abstraction de tout rapport de la pensée à quelque objet (soit des sens, soit de l'entendement pur), la synthèse des conditions d'une pensée en général (n° 1) n'est point du tout objective ; elle est simplement une synthèse de la pensée avec le sujet, mais une synthèse qui est prise faussement pour une représentation synthétique d'un objet.

Or il suit de là que le raisonnement dialectique concluant à une condition de toute pensée en général qui soit elle-même inconditionnelle ne commet point de faute quant au contenu (puisqu'il fait abstraction de tout contenu ou de tout objet), mais qu'il pèche seulement dans la forme et doit être appelé un paralogisme.

Comme en outre l'unique condition qui accompagne toute pensée, le moi, est dans la proposition générale : je pense, la raison a affaire à cette condition en tant qu'elle est elle-même inconditionnelle. Mais elle n'est que la condition formelle, c'est-à-dire l'unité logique de toute pensée où je fais abstraction de tout objet, et elle est pourtant représentée comme un objet que je pense, à savoir moi-même et l'unité absolue de ce moi.

Si quelqu'un me faisait en général cette question : de quelle nature est une chose qui pense, je ne saurais y répondre *à priori* la moindre chose, puisque la réponse devrait être synthétique. En effet une réponse analytique éclaircirait peut-être bien la pensée, mais ne donnerait pas une connaissance plus étendue de ce sur quoi repose la possibilité de cette pensée. D'un autre côté, toute solution synthétique exige une intuition, et l'intuition est tout à fait écartée dans une question aussi générale. De même, personne ne peut répondre à la question qui est posée ainsi dans toute sa généralité : de quelle nature doit être une chose qui est mobile ? En effet l'étendue impénétrable (la matière) n'est point donnée alors. Cependant, quoique je ne sache pas en général de réponse à ces questions, il me semble que je puis en donner une, en ce cas particulier, dans la proposition qui exprime la conscience : je pense. En effet ce moi est le premier sujet, c'est-à-dire une substance, il est simple, etc. Mais ce ne seraient plus alors que de simples propositions d'expérience, lesquelles, sans une règle universelle exprimant en général et *à priori* les conditions de la possibilité de penser, ne pourraient contenir de prédicats *à priori* (non empiriques). De cette manière ma prétention d'abord si plausible de juger de la nature d'un être pensant, et cela par de simples concepts, me devient suspecte, bien que je n'en aie pas découvert le vice.

Mais les recherches ultérieures sur l'origine de ces attributs, que je me donne à moi-même comme à un être pensant en général, peuvent mettre ce vice à découvert. Ils ne sont rien de plus que de pures catégories, par lesquelles je ne conçois jamais un objet déterminé, mais seulement l'unité des représentations, afin de déterminer leur objet. Sans une intuition qui serve de fondement, la catégorie ne peut me donner aucun concept d'objet; car ce n'est que par l'intuition qu'est donné l'objet, qui, ensuite, est pensé conformément à la catégorie. Quand je définis une chose, une substance dans le phénomène, il faut que des prédicats de son intuition m'aient été donnés d'abord, et que j'y distingue le permanent du changeant, et le substratum (la chose même) de ce qui y est simplement inhérent. Quand j'appelle *simple* une chose qui m'est donnée dans un phénomène, j'entends par là que l'intuition de cette chose est bien une partie du phénomène, mais qu'elle ne peut être elle-même divisée, etc. Mais, lorsque quelque chose n'est reconnu comme simple que dans le concept que j'en ai et non dans le phénomène, alors je n'ai réellement par là aucune connaissance de l'objet, mais seulement du concept que je me fais en général de quelque chose qui ne comporte aucune intuition propre. Je me borne à dire que je conçois quelque chose comme tout à fait simple, parce que je ne puis réellement dire rien de plus, sinon que c'est quelque chose.

Or la simple aperception (le moi) est substance en concept, simple en concept, etc., et ainsi tous ces théorèmes psychologiques ont une exactitude incontestable. Mais on ne connaît nullement par là ce qu'on veut proprement savoir de l'âme, car tous ces prédicats ne s'appliquent pas à l'intuition, et ne peuvent pas non plus par conséquent avoir de conséquences qui s'appliqueraient à des objets de l'expérience; ils sont donc complétement vides. En effet ce concept de la substance ne m'apprend point que l'âme dure par elle-même; il ne m'apprend point qu'elle est une partie des intuitions extérieures qui ne peut plus être elle-même divisée, et qui par conséquent ne peut naître ni périr par aucun changement de la nature. Ce sont là les seules propriétés qui pourraient me faire connaître l'âme dans l'enchaînement de l'expérience et m'ouvrir des vues sur son origine et sur son état futur. Si donc je dis, en me fondant uniquement sur des catégories, que l'âme est une substance simple, il est clair que, comme le pur concept intellectuel de substance ne contient rien de plus, sinon qu'une chose doit être représentée comme un sujet en soi, qui n'est pas à son tour le prédicat d'un autre sujet, on ne peut rien conclure de là touchant la permanence, que l'attribut de simple ne peut certainement ajouter cette permanence, et que par conséquent on n'est nullement instruit par là de ce qui peut concerner l'âme dans les changements du monde. Si l'on pouvait nous dire qu'elle est une *partie simple de la matière*, nous pourrions dériver de là que l'expérience en apprend la permanence, et, avec la simplicité, l'indestructibilité. Mais le concept du moi, dans le principe psychologique, je pense, n'en dit pas un mot.

Mais d'où vient que l'être qui pense en nous croit se connaître lui-même par de pures catégories et par celles qui expriment l'unité absolue sous chacun de leurs titres ? Le voici. L'aperception est elle-même le principe de la possibilité des catégories, lesquelles, de leur côté, ne représentent rien autre chose que la synthèse des éléments divers de l'intuition, en tant que ces éléments trouvent leur unité dans l'aperception. La conscience de soi est donc en général la représentation de ce qui est la condition de toute unité, mais est soi-même inconditionnel. On peut donc dire du moi pensant (de l'âme), qui se conçoit comme substance, comme simple, comme numériquement identique en tout temps, et comme le corrélatif de toute existence, ou comme le terme d'où toute autre existence doit être conclue, qu'*au lieu de se connaître lui-même par des catégories*, il connaît les catégories, et, avec elles, tous les objets, *par lui-même*, dans l'unité absolue de l'aperception. A la vérité il est très-évident que ce que je dois présupposer afin de connaître en général un objet, je ne puis le connaître lui-même comme objet, et que le moi déterminant (la pensée) est distinct du moi déterminable (le sujet pensant), comme connaissance d'un objet. Mais rien n'est cependant plus naturel et plus séduisant que l'apparence qui nous fait prendre l'unité, dans la synthèse des pensées, pour une unité perçue dans le sujet de ces pensées. On pourrait la nommer la subreption de la conscience substantifiée (*apperceptiones substantiatæ*).

Si l'on veut donner un titre logique au paralogisme que renferment les raisonnements dialectiques de la psychologie rationnelle, en tant qu'ils ont cependant des prémisses exactes, on peut l'appeler un *sophisma figuræ dictionis*, dans lequel la majeure fait de la catégorie, relativement à sa condition, un usage purement transcendental, tandis que la mineure et la conclusion en font, par rapport à l'âme subsumée sous cette condition, un usage empirique. Ainsi, par exemple, dans le paralogisme de la simplicité, le concept de la substance est un concept intellectuel pur, qui, sans les conditions de l'intuition sensible, n'a qu'un usage purement transcendental, c'est-à-dire n'a aucun usage. Mais dans la mineure ce même concept est appliqué à l'objet de toute expérience interne, sans cependant établir d'abord et prendre pour principe la condition de son application *in concreto*, c'est-à-dire la permanence de cet objet, et par conséquent on en fait un usage empirique, mais qui n'est pas admissible ici.

Pour montrer enfin l'enchaînement systématique de toutes ces assertions dialectiques d'une psychologie rationnelle dans l'ordre de la raison pure, et en faire ressortir ainsi l'intégralité, il faut remarquer que l'aperception traverse toutes les classes des catégories, mais qu'elle ne s'arrête qu'aux concepts intellectuels qui, dans chacune d'elles, servent aux autres de fondement pour l'unité d'une perception possible : substance, réalité, unité (non pluralité), existence ; seulement la raison les représente toutes ici comme des conditions, elles-mêmes inconditionnelles, de la possibilité d'un être pensant. L'âme reconnaît donc en elle-même :

1
L'unité inconditionnelle
de la *relation*,
c'est-à-dire
elle-même, non comme inhérente,
mais comme
subsistante.

2
L'unité inconditionnelle
de la *qualité*,
c'est-à-dire
non comme un tout réel,
mais comme
simple[1].

3
L'unité inconditionnelle
dans la *pluralité* dans le temps,
c'est-à-dire
non différente numériquement
dans les différents temps,
mais comme
un seul et même sujet.

[1] Je ne puis montrer encore maintenant comment le simple correspond ici à son tour à la catégorie de la réalité, mais cela sera expliqué dans le chapitre suivant, à l'occasion d'un autre usage du même concept.

4
L'unité inconditionnelle
de l'*existence* dans l'espace,
c'est-à-dire,
non comme conscience de plusieurs choses hors d'elle,
mais
seulement de l'existence d'elle-même,
et des autres choses, simplement
comme de ses *représentations*.

La raison est la faculté des principes. Les assertions de la psychologie pure ne contiennent pas des prédicats empiriques de l'âme, mais des prédicats qui, s'ils sont réels, doivent déterminer l'objet en lui-même, indépendamment de l'expérience, par conséquent au moyen de la seule raison. Elles devraient donc se fonder sur des principes et des concepts universels de natures pensantes en général. Au lieu de cela il se trouve qu'elles sont toutes régies par la représentation singulière : je suis. Cette représentation exprimant (d'une manière indéterminée) la pure formule de toute mon expérience, s'annonce comme une proposition universelle, qui s'applique à tous les êtres pensants ; mais, comme elle n'en est pas moins individuelle à tous égards, elle porte en elle l'apparence d'une unité absolue des conditions de la pensée en général, et par là elle s'étend au delà de la portée de l'expérience possible.

TABLE

DE LA

CRITIQUE DE LA RAISON PURE

TOME PREMIER

	Pages
AVANT-PROPOS DU TRADUCTEUR.	
INTRODUCTION DU TRADUCTEUR	
PRÉFACE DE LA PREMIÈRE ÉDITION (1781)	5
TABLE DE LA PREMIÈRE ÉDITION	16
PRÉFACE DE LA SECONDE ÉDITION (1787)	17
INTRODUCTION	45
I. De la différence de la connaissance pure et de la connaissance empirique	45
II. Nous sommes en possession de certaines connaissances *à priori*, et le sens commun lui-même n'en est jamais dépourvu	47
III. La philosophie a besoin d'une science qui détermine *à priori* la possibilité, les principes et l'étendue de toutes nos connaissances	50
IV. De la différence des jugements analytiques et des jugements synthétiques	54
V. Toutes les sciences théorétiques de la raison contiennent des jugements synthétiques qui leur servent de principes	58
VI. Problème général de la raison pure	63
VII. Idée et division d'une science spéciale appelée critique de la raison pure	67
THÉORIE ÉLÉMENTAIRE TRANSCENDENTALE	73
PREMIÈRE PARTIE. ESTHÉTIQUE TRANSCENDENTALE. § 1er	73
Première Section. De l'Espace	76
§ 2. Exposition métaphysique du concept de l'espace	76
§ 3. Exposition transcendentale du concept de l'espace	80
Conséquences	81

TABLE DE LA CRITIQUE DE LA RAISON PURE

	Pages
Deuxième Section. Du temps	85
§ 4. Exposition métaphysique du concept du temps	85
§ 5. Exposition transcendentale du concept du temps	87
§ 6. Conséquences	88
§ 7. Explication	92
§ 8. Remarques générales sur l'esthétique transcendentale	97
DEUXIÈME PARTIE. LOGIQUE TRANSCENDENTALE	110
Introduction. Idée d'une logique transcendentale	110
I. De la logique en général	110
II. De la logique transcendentale	115
III. De la division de la logique générale en analytique et dialectique	117
IV. De la division de la logique transcendentale en analytique et dialectique transcendentales	121
PREMIÈRE DIVISION. ANALYTIQUE TRANSCENDENTALE	123
Livre Premier. Analytique des concepts	124
CHAPITRE Iᵉʳ. *Du fil conducteur servant à découvrir tous les concepts purs de l'entendement*	125
1ʳᵉ Section. De l'usage logique de l'entendement en général	126
2ᵐᵉ Section. § 9. De la fonction logique de l'entendement dans les jugements	128
3ᵐᵉ Section. § 10. Des concepts purs de l'entendement ou des catégories	134
§ 11	141
§ 12	144
CHAPITRE II. *De la déduction des concepts purs de l'entendement*	147
1ʳᵉ Section. § 13. Des principes d'une déduction transcendentale en général	147
§ 14. Passage conduisant à la déduction transcendentale des catégories	154
2ᵐᵉ Section. § 15. De la possibilité d'une synthèse en général	158
§ 16. De l'unité originairement synthétique de l'aperception	160
§ 17. Le principe de l'unité synthétique de l'aperception est le principe suprême de tout usage de l'entendement	164
§ 18. Ce que c'est que l'unité objective de la conscience de soi-même	167
§ 19. La forme logique de tous les jugements consiste dans l'unité objective de l'aperception des concepts qui y sont contenus	168
§ 20. Toutes les intuitions sensibles sont soumises aux catégories comme aux seules conditions sous lesquelles ce qu'il y a en elles de divers puisse être ramené à l'unité de conscience	170
§ 21. Remarque	171

§ 22. La catégorie n'a d'autre usage dans la connaissance des choses que de s'appliquer à des objets d'expérience . . 173
§ 23. 175
§ 24. De l'application des catégories aux objets des sens en général 176
§ 25. 182
§ 26. Déduction transcendentale de l'usage expérimental qu'on peut faire généralement des concepts de l'entendement pur 184
§ 27. Résultat de cette déduction des concepts de l'entendement 190
Résumé de cette déduction 192
LIVRE DEUXIÈME. ANALYTIQUE DES PRINCIPES . . . 193
INTRODUCTION. *Du jugement transcendental en général* . . 195
CHAPITRE Ier. *Du schématisme des concepts purs de l'entendement* 198
CHAPITRE II. *Système de tous les principes de l'entendement pur* 208
1re Section. Du principe suprême de tous les jugements analytiques 210
2me Section. Du principe suprême de tous les jugements synthétiques 213
3me Section. Représentation systématique de tous les principes synthétiques de l'entendement pur 217
1. Axiomes de l'intuition 221
2. Anticipations de la perception 226
3. Analogies de l'expérience 236
   A. Ire analogie: Principe de la permanence de la substance 242
   B. IIme analogie : Principe de la succession dans le temps suivant la loi de la causalité 249
   C. IIIme analogie : Principe de la simultanéité suivant la loi de l'action réciproque ou de la communauté . . 270
4. Postulats de la pensée empirique en général 278
   Réfutation de l'idéalisme 285
   Théorème 286
   Remarque générale sur le système des principes . . . 298
CHAPITRE III. *Du principe de la distinction de tous les objets en général en phénomènes et noumènes* 304
Appendice 325
Remarque sur l'amphibolie des concepts de réflexion . . 332
DEUXIÈME DIVISION. DIALECTIQUE TRANSCENDENTALE 354
INTRODUCTION 354
I. De l'apparence transcendentale 354
II. De la raison pure comme siége de l'apparence transcendentale 359

A. De la raison en général	359
B. De l'usage logique de la raison	363
C. De l'usage pur de la raison	365
Livre Premier. Des concepts de la raison pure	369
1ʳᵉ *Section.* Des idées en général	371
2ᵐᵉ *Section.* Des idées transcendentales	378
3ᵐᵉ *Section.* Système des idées transcendentales	388

TOME SECOND

DIALECTIQUE TRANSCENDENTALE	1
Livre deuxième. Des raisonnements dialectiques de la raison	1
CHAPITRE Iᵉʳ. *Des paralogismes de la raison pure*	3
Réfutation de l'argument de Mendelssohn en faveur de la permanence de l'âme	15
Conclusion de la solution du paralogisme psychologique	25
Remarque générale concernant le passage de la psychologie rationnelle à la cosmologie	27
CHAPITRE II. *Antinomie de la raison pure*	30
1ʳᵉ *Section.* Système des idées cosmologiques	33
2ᵐᵉ *Section.* Antithétique de la raison pure	43
Premier conflit des idées transcendentales	48
Remarques sur la première antinomie	50
Deuxième conflit des idées transcendentales	54
Remarques sur la deuxième antinomie	57
Troisième conflit des idées transcendentales	61
Remarques sur la troisième antinomie	64
Quatrième conflit des idées transcendentales	67
Remarques sur la quatrième antinomie	70
3ᵐᵉ *Section.* De l'intérêt de la raison dans ce conflit avec elle-même	75
4ᵐᵉ *Section.* Des problèmes transcendentaux de la raison pure, en tant qu'il doit absolument y en avoir une solution possible	87
5ᵐᵉ *Section.* Représentation sceptique des questions cosmologiques soulevées par les quatre idées transcendentales	94
6ᵐᵉ *Section.* L'idéalisme transcendental comme clef de la solution de la dialectique cosmologique	99
7ᵐᵉ *Section.* Décision critique du conflit cosmologique de la raison avec elle-même	104
8ᵐᵉ *Section.* Principe régulateur de la raison pure par rapport aux idées cosmologiques	113

	Pages
9ᵐᵉ *Section.* De l'usage empirique du principe régulateur de la raison par rapport à toutes les idées cosmologiques	120
I. Solution de l'idée cosmologique de la totalité de la réunion des phénomènes en un univers.	121
II. Solution de l'idée cosmologique de la totalité de la division d'un tout donné dans l'intuition	127
Remarque finale sur la solution des idées mathématiques transcendentales, et remarque préliminaire sur celle des idées dynamiques transcendentales.	130
III. Solution des idées cosmologiques de la totalité de la dérivation qui fait sortir les événements du monde de leurs causes	134
Possibilité de l'union de la causalité libre avec la loi générale de la nécessité naturelle	139
Éclaircissement de l'idée cosmologique d'une liberté unie à la loi générale de la nécessité naturelle	142
IV. Solution de l'idée cosmologique de la totalité de la dépendance des phénomènes quant à leur existence en général	156
Remarque finale sur toute l'antinomie de la raison pure	162
Chapitre III. *Idéal de la raison pure*	164
1ʳᵉ *Section.* De l'idéal en général	164
2ᵐᵉ *Section.* De l'idéal transcendental (Prototypon transcendentale)	167
3ᵐᵉ *Section.* Des preuves de la raison spéculative en faveur de l'existence d'un être suprême	178
Il n'y a pour la raison spéculative que trois preuves possibles de l'existence de Dieu	184
4ᵐᵉ *Section.* De l'impossibilité d'une preuve ontologique de l'existence de Dieu	185
5ᵐᵉ *Section.* De l'impossibilité d'une preuve cosmologique de l'existence de Dieu	194
Découverte et explication de l'apparence dialectique dans toutes les preuves transcendentales de l'existence d'un être nécessaire	204
6ᵐᵉ *Section.* De l'impossibilité de la preuve physico-théologique	209
7ᵐᵉ *Section.* Critique de toute théologie fondée sur les principes spéculatifs de la raison	218
Appendice a la dialectique transcendentale	228
De l'usage régulateur des idées de la raison pure	228
Du but final de la dialectique naturelle de la raison humaine	251
Méthodologie transcendentale	281
Chapitre Iᵉʳ. *Discipline de la raison pure*	283
1ʳᵉ *Section.* Discipline de la raison pure dans l'usage dogmatique	286

480 TABLE DE LA CRITIQUE DE LA RAISON PURE

	Pages
2ᵐᵉ *Section*. Discipline de la raison pure par rapport à son usage polémique	309
De l'impossibilité où est la raison en désaccord avec elle-même de trouver la paix dans le scepticisme	325
3ᵐᵉ *Section*. Discipline de la raison pure par rapport aux hypothèses	335
4ᵐᵉ *Section*. Discipline de la raison pure par rapport à ses démonstrations	346
CHAPITRE II. *Canon de la raison pure*	357
1ʳᵉ *Section*. Du but final de l'usage pur de notre raison	359
2ᵐᵉ *Section*. De l'idéal du souverain bien comme principe servant à déterminer le but final de la raison pure	365
3ᵐᵉ *Section*. De l'opinion, du savoir et de la foi	379
CHAPITRE III. *Architectonique de la raison pure*	389
CHAPITRE IV. *Histoire de la raison pure*	406

APPENDICE	411
A. *Déduction des concepts purs de l'entendement*	411
2ᵐᵉ *Section*. Des principes à priori de la possibilité de l'expérience	411
Observation préliminaire	413
1. De la synthèse de l'appréhension dans l'intuition	414
2. De la synthèse de la reproduction dans l'imagination	415
3. De la synthèse de la récognition dans le concept	417
4. Explication préliminaire de la possibilité des catégories comme connaissances *à priori*	421
3ᵐᵉ *Section*. Du rapport de l'entendement à des objets en général et à la possibilité de les connaître *à priori*	425
Idée sommaire de l'exactitude de l'unique possibilité de cette déduction des concepts purs de l'entendement	434
B. 1ᵉʳ PARALOGISME : *Paralogisme de la substantialité*	437
Critique du premier paralogisme de la psychologie pure	437
2ᵐᵉ PARALOGISME : *Paralogisme de la simplicité*	439
Critique du deuxième paralogisme de la psychologie transcendentale	439
3ᵐᵉ PARALOGISME : *Paralogisme de la personnalité*	446
Critique du troisième paralogisme de la psychologie transcendentale	446
4ᵐᵉ PARALOGISME : *Paralogisme de l'idéalité*	449
Critique du quatrième paralogisme de la psychologie transcendentale	450
Réflexion sur l'ensemble de la psychologie pure, en conséquence de ces paralogismes	458

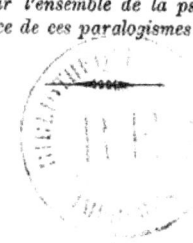

www.ingramcontent.com/pod-product-compliance
Lightning Source LLC
Chambersburg PA
CBHW071625230426
43669CB00012B/2074